Heinrich Weinel

Die Wirkungen des Geistes und der Geister im nachapostolischen Zeitalter bis auf Irenäus

Heinrich Weinel

Die Wirkungen des Geistes und der Geister im nachapostolischen Zeitalter bis auf Irenäus

ISBN/EAN: 9783965062993

Auflage: 1

Erscheinungsjahr: 2019

Erscheinungsort: Treuchtlingen, Deutschland

Literaricon Verlag UG (haftungsbeschränkt), Uhlbergstr. 18, 91757 Treuchtlingen. Geschäftsführer: Günther Reiter-Werdin, www.literaricon.de. Dieser Titel ist ein Nachdruck eines historischen Buches. Es musste auf alte Vorlagen zurückgegriffen werden; hieraus zwangsläufig resultierende Qualitätsverluste bitten wir zu entschuldigen.

Printed in Germany

DIE WIRKUNGEN

DES

GEISTES UND DER GEISTER

IM

NACHAPOSTOLISCHEN ZEITALTER BIS AUF IRENÄUS.

VON

HEINRICH WEINEL
LIC. THEOL. DR. PHIL.

FREIBURG I. B.
LEIPZIG UND TÜBINGEN
VERLAG VON J. C. B. MOHR (PAUL SIEBECK)
1899.

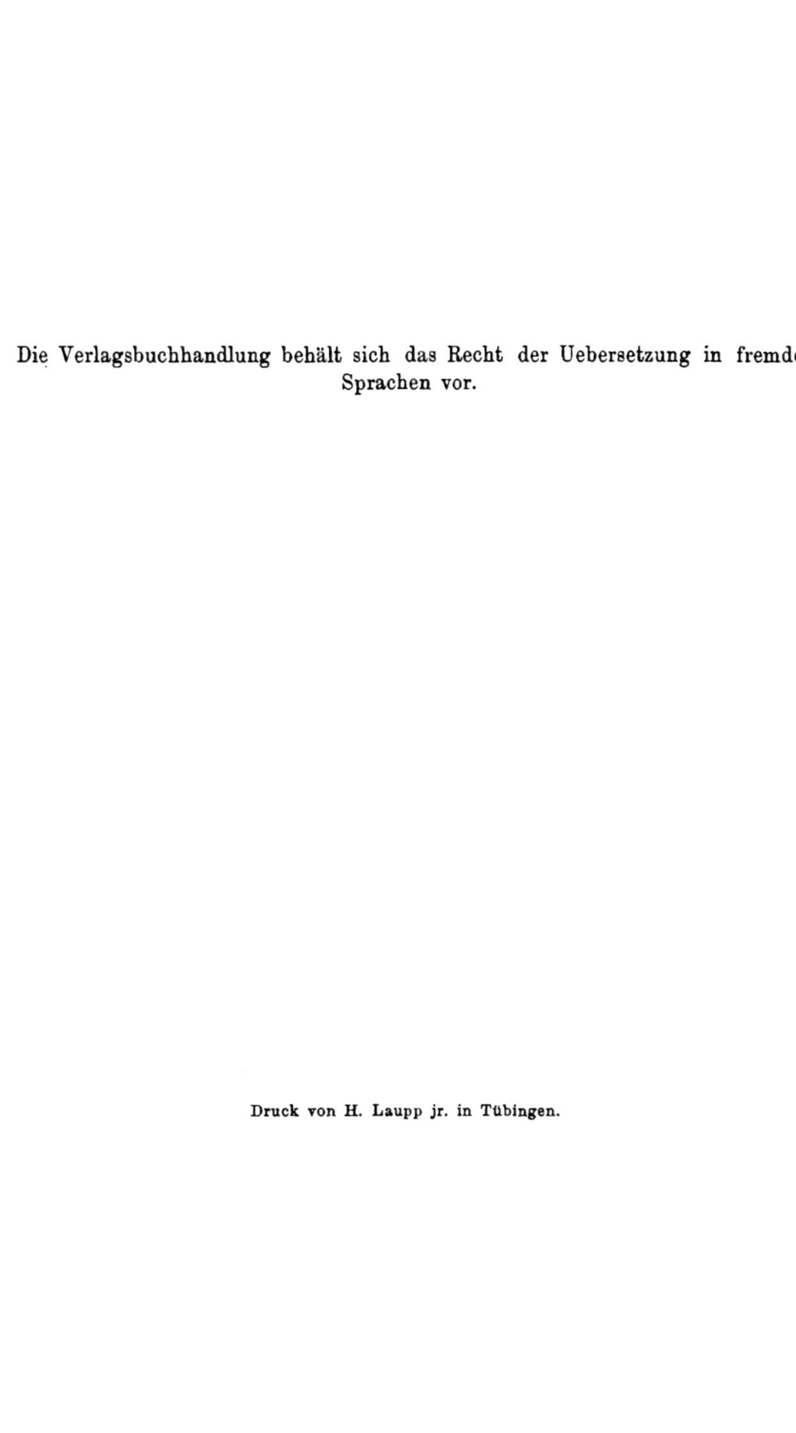

Druck von H. Laupp jr. in Tübingen.

Meinem verehrten Lehrer

Herrn Professor D. G. Krüger

in herzlicher Dankbarkeit

gewidmet.

Vorwort.

Die Untersuchung, die ich hier vorlege, ist als der erste Teil einer Arbeit gedacht, die alles umfassen soll, was die nachapostolische Zeit bis auf Irenäus als Wirkungen des heiligen Geistes und der Geister erlebt, und was sie über den Geist und die Geister gelehrt hat. Um Absicht und Art meiner Arbeit deutlich zu machen, muss ich einige allgemeine Sätze an die Spitze stellen, für die ich in weiten Kreisen auf Zustimmung hoffen darf.

Die Religion ist der theologischen Wissenschaft erster und eigentlicher Gegenstand; erst nach der Betrachtung des religiösen Lebens selbst darf sich die Theologie den Niederschlägen und Ausgestaltungen der Religion in Institut und Lehre, in Kirche und Theologie, zuwenden. Die Nachempfindung und Darstellung des religiösen und sittlichen Lebens in seiner Ursprünglichkeit ist demnach die erste Aufgabe des theologischen Geschichtsschreibers. Er darf nicht dem Menschen gleichen, der sich damit begnügt, dem Lauf des Flusses zu folgen und seine wohlthätige oder zerstörende Wirkung auf die Umgebung zu beobachten; er soll vielmehr allem zuvor dem Rauschen und Sprudeln der Quelle dort lauschen, wo sie aus geheimnisvoller Tiefe der Erde entspringt.

Diese Einsicht, einst von Gottfried Arnold kräftig geltend gemacht, dann von Neander wieder aufgenommen, hat einen theoretischen Widerspruch kaum zu befürchten. Aber leider hat es das Schema, in dem die Theologie herkömmlich dargestellt wird, verhindert, dass sie den Betrieb der christlichen Religionswissenschaft wirklich beherrscht. Und doch wäre ihre vollkommene Durchführung auch für die kirchliche Praxis von grosser Bedeutung. Dass das Studium christlicher Autobiographieen und Lebensbeschreibungen das sicherste Mittel ist, um den religiösen Geist der verschiedenen Zeitalter zu erkennen und nachzuerleben, und dass besonders ihre ursprüngliche, den Hauch des Lebens atmende Frische das persönliche Christentum fördert und die Fähigkeit, es eindrucksvoll darzustellen und weiterzutragen, erweckt und belebt, leugnet Niemand. Weit seltener aber empfindet man, dass es, wo solche Biographieen fehlen, die erste Pflicht des Historikers ist, einen Ersatz zu suchen. Das alte Christentum werden wir erst dann in seiner Eigenart, Kraft und Fülle ganz erkennen, wenn wir aus unseren Quellen das herausschälen, worin sich das religiöse Erlebnis selbst darstellt oder worin es seine unmittelbarste Ausprägung erhalten hat.

Diese Aufgabe muss man sich mit Bewusstsein stellen und nicht durch die übliche Disziplinen-Einteilung verdunkeln lassen. Diese Gefahr liegt sehr nahe. Denn wir haben zwar eine Einleitung in das neue Testament und eine neutestamentliche Theologie, eine christliche Litteraturgeschichte, eine Kirchen- und Dogmengeschichte: aber eine Geschichte der christlichen Religion als der das ganze innere Leben umschaffenden Macht kennen wir im Grunde nicht, weil unsere Vorväter sie nicht gekannt haben. Steht es doch gegenwärtig noch immer so, dass gewisse Seiten des alten Christentums, und wahrlich nicht die untergeordneten, in guten Predigten lebendiger zum Ausdruck kommen als in Kommentaren und historischen Abhandlungen. Damit soll keineswegs geleugnet werden, dass die biblischen Theologieen einen Teil des Stoffes bieten, soweit er sich zu dogmatischen Sätzen verdichtet hat. Auch die Dogmen- und Kirchengeschichte kann nicht am religiösen Leben vorübergehen. Das beweist Harnacks Dogmengeschichte deutlich; denn sie enthält in der That die christliche Religionsgeschichte in ihren Grundzügen. Allein es ist von grosser Bedeutung, dass man auch ausdrücklich als die nächste Aufgabe des Historikers das Leben selbst ins Auge fasst und nicht durch die gewohnten Fragen: was hat man gemeint und gelehrt, was hat sich in kirchlichen Institutionen verfestigt, und was hat sich in Büchern niedergeschlagen, in die Gefahr kommt, die Aufmerksamkeit überwiegend auf die Formen des Lebens abzulenken und ungebührliches Gewicht auf sie zu legen.

Die Betrachtung unseres Themas im besonderen hat darunter zu leiden gehabt, dass man von der herkömmlichen Fragestellung aus die Wirkungen des Geistes und der Geister stets nur in Betracht gezogen hat entweder für die Geschichte des Gottesdienstes und des christlichen Gemeindelebens als Ueberreste heidnisch-orgiastischer Gottesverehrung oder unter dem Gesichtspunkt der Verfassungsgeschichte für die Frage nach der Entstehung der Aemter oder für die Litteraturgeschichte als Kriterien in den Echtheitsfragen oder in der Dogmengeschichte als das gewaltige Ausströmen des Subjektivismus, den die Kirche erst überwunden haben musste, ehe die Dogmenbildung wirklich beginnen konnte. Gewiss sind diese Gesichtspunkte wichtig und bedeutungsvoll. Aber sie lassen leicht die Thatsache vergessen, dass die älteste Christenheit unter dem Titel „Wirkungen des Geistes“ den wesentlichsten Besitz ihres innersten persönlichen Lebens beschrieben hat; beschrieben, bald im Ueberschwang jubelnder Freude, bald in dunkeln, verschleiernden Andeutungen, mit denen man die geheimnisvollsten und seligsten Erfahrungen den profanen Augen verhüllt und das Höchste den ahnen lässt, der Ohren hat zu hören.

Wer die Absicht hat, die Pneumatologie der ältesten Christenheit darzustellen, muss daher zuerst die Erlebnisse selbst beschreiben, auf denen sich die Lehre vom Geist aufgebaut hat. Es ist das bleibende Verdienst H. Gunkels (Die Wirkungen des heiligen Geistes nach der populären Anschauung der apostolischen Zeit und nach der Lehre des Apostels Paulus, Göttingen 1888), diesen Weg zuerst als den rechten erkannt und mit Entschiedenheit bei der Behandlung einer Einzelfrage eingeschlagen zu haben. Einer Einzelfrage — Gunkel beschreibt nämlich nicht die Wirkungen des Geistes, sondern er will nur die Frage beantworten: „An welchen Symptomen hat man im Urchristentum festgestellt, dass eine Erscheinung Wirkung des heiligen Geistes sei?“ (a. a. O. S. 5). Er hat diese Frage so richtig und vollständig beantwortet, dass seine Ausführungen für alle weitere Forschung grundlegend sind. Dass Beversluis (De heilige Geest en zijne werkingen, Utrecht 1896) die Bedeutung der Ausführungen Gunkels erkannt und auf ihrer Grundlage eine beschreibende Darstellung der Geistwirkungen im neuen Testament beabsichtigt hat, ist immerhin ebenfalls ein Verdienst. Nur musste man eine sorgfältigere und geschicktere Anwendung jener Erkenntnis verlangen; aber leider steht der Inhalt des breit geschriebenen Buches oft mit seinem fehlerhaften Gewande in schlimmem Einklang.

Eine Beschreibung der Geistwirkungen will auch mein Buch in seinem Hauptteil geben. Ich hoffe, er werde zeigen, dass ich nicht bloss von meinen Lehrern und Vorgängern, sondern vor allem auch von der Wirklichkeit und dem Leben selbst gelernt habe. Dieser Beschreibung geht eine Schilderung der Bedeutung der Geistwirkungen für das religiöse Leben der ältesten Christenheit voran, aus der zugleich die Richtlinien entnommen werden, nach denen alles Weitere behandelt werden soll. Als „Geistwirkungen“ fasse ich stets die Wirkungen des heiligen Geistes und die der Geister, der Engel wie der Dämonen, zusammen. Nicht als ob dies alles vereinerleit werden sollte, keineswegs; aber gegenüber einer Betrachtungsweise, die den Geist von den Geistern ganz trennte, und die dann vielfach in der Auffassung des heiligen Geistes, besonders durch die Bedeutung des populär-psychologischen Begriffes „Geist“ verleitet, modernisierte, ist es abermals ein Verdienst Gunkels und ein methodischer Fortschritt, dass er die Wirkungen der Geister neben die des Geistes gestellt und zur Erforschung ihrer Symptome benutzt hat. In der That ist es ganz unmöglich, zumal wenn man aus den engen Verhältnissen der Urgemeinden in die Kirche des zweiten Jahrhunderts übertritt, die beiden Gruppen von einander zu trennen. Ich habe dieser Erkenntnis auch im Titel Ausdruck geben zu müssen geglaubt.

Der zweite Teil dieser Arbeit, mit dessen Ausarbeitung ich beschäftigt bin, wird in einem dritten Abschnitt die Geschichte der Geistträger und in einem vierten die Lehre vom Geist enthalten.

Dass ich meine Arbeit mit der nachapostolischen d. h. der nach dem Tode des Apostels Paulus liegenden Zeit beginne, hat darin seinen Grund, dass die Geistwirkungen der apostolischen Zeit in der theologischen Litteratur hinreichend besprochen sind, wenn auch die bisherigen Darstellungen manchen berechtigten Wunsch nach andersartiger Behandlung wachrufen. Ich schliesse mit Irenäus, weil mit ihm die Epoche der werdenden Kirche zu Ende geht, während die letzte Schrift des neuen Testaments, wahrscheinlich der zweite Petrusbrief, keine Epoche bildet (vgl. G. Krüger, Das Dogma vom Neuen Testament, Giessen 1896).

Wer eine Lücke im bisherigen Betriebe der Wissenschaft zu ergänzen sucht, steht in der Gefahr, einseitig zu werden, in der noch grösseren, dafür zu gelten. Ich versuche jene Gefahr nach Kräften zu vermeiden, indem ich, mitunter selbst auf Kosten des glatten Flusses der Darstellung, die Quellen zu Wort kommen lasse. Im übrigen bemerke ich, dass meine Untersuchung rein historisch ist; doch wird, wie ich hoffe, auch diese historische Darstellung, besonders das III. Kapitel des ersten Abschnittes, erkennen lassen, dass ich den Geist nicht „dämpfen" will, sondern mit Ehrfurcht zu der weltüberwindenden Kraft aufblicke, die sich in den geistgewirkten Erlebnissen kund thut, dass mir aber doch nur ein von dieser Kraft getragener „vernünftiger Gottesdienst" dem christlichen Glauben an den Vater im Himmel zu entsprechen scheint.

Ich schliesse diese theologische Erstlingsarbeit mit einem herzlichen Dank an meine Lehrer, von denen ich reiche wissenschaftliche Anregung und Förderung und viele Beweise persönlicher Freundlichkeit empfangen habe; besonders gerne bekenne ich dankbar, dass ich den Herren Professoren Gunkel, Harnack und Krüger bei dieser Arbeit auch für manchen wertvollen Rat und Fingerzeig im einzelnen tief verpflichtet bin.

Berlin, im April 1899.

Heinrich Weinel.

Inhalt.

Zweiter Abschnitt.

Darstellung und Beschreibung der Wirkungen des Geistes und der Geister.

Druckfehler und Versehen.

S. 7 Z. 10 l. erschraken. — S. 8 Anm. 2 l. ἡ Ἄρτεμις. — S. 9 Anm. 4 l. ἐστὶ für ἐστι. — S. 11 Anm. 4 l. 17_1 für 17_{14}. — S. 13 Anm. 4 l. Sm. 2 9_1. — S. 26 Anm. 1 l. de für du. — S. 46 Z. 10 l. Christus (Gott?). — S. 47 Z. 9 l. ist für meist, diesem für diese; Z. 10 streiche: richtig. — S. 101 § 1 Z. 8 l. mir:" fährt er fort, „Kannst. — S. 141 Z. 31 l. verletze für erschrecke; Z. 33 l. 1 Tim 5_1 f.; Anm. 2 l. Eph 2_{20}. — S. 200 Z. 10 nach scheint l. es.

Erster Abschnitt.

Die Bedeutung der Geistwirkungen für das religiöse Leben der ältesten Christenheit.

I.

Der Kampf der bösen Geister gegen die Christen.

Und wenn die Welt voll Teufel wär
Und wollt uns gar verschlingen ...

1.

Die Welt, in die das Christentum eintrat, setzte der neuen Religion und ihren Trägern einen ungeheuren Widerstand der Gleichgültigkeit und Feindschaft[1] entgegen. Mochte man das grosse Geheimnis[2] der Seligkeit von Ohr zu Ohr raunen oder auf den Märkten und Dächern[3] die Freudenkunde von der Königsherrschaft Gottes, von Jesus und der Auferstehung[4] predigen: stets waren viele berufen, doch wenige auserwählt[5]. Dunkel und unbekannt den Grossen der Erde fand das Evangelium die innigste Aufnahme bei denen, die von den Gewalthabern der Erde leiden mussten, bei den Mühseligen und Beladenen, den Armen und Hungernden[6]. Nicht viele Weise in Menschenaugen, nicht viele Mächtige, nicht viele Vornehme[7] waren in den kleinen Kreisen der Gläubigen zu finden. Und doch waren sich die Träger der Freudenbotschaft bewusst, dass sie das höchste Gut der Erde zu

[1] Vgl. S. 20. [2] Rm 16 $_{25}$, Eph 3 $_{3}$ f. 6 $_{19}$, Kol 1 $_{26}$ u. ö. [3] Mt 10 $_{27}$. [4] Act 17 $_{18}$. [5] Mt 22 $_{14}$ (20 $_{16}$), anders Barn. 4 $_{14}$. [6] Mt 11 $_{25-28}$, Mt 5, Lc 6 u. ö. [7] I Kor 1 $_{26-29}$.

bieten hatten: Erlösung allen Schuldbeladenen, Leben und unvergängliches Wesen denen, die im Todesschatten sassen, Erkenntnis aller Geheimnisse und tiefe Weisheit den Vollkommenen, allen aber Frieden und Freude: lauter Güter, nach denen die Heidenwelt sich sehnte so gut wie die Juden, die Menschen wie die Kreatur[1], die irdischen wie die unterirdischen und die himmlischen Wesen[2].

Woher dieser seltsame Widerspruch? Woher dieser Widerstand der Welt gegen die Botschaft vom Himmelreich und gegen seine Himmelsgüter?

Wir mögen auf Grund unserer Kenntnis der Gesetze, unter denen sich eine neue geistige Macht in der Geschichte durchsetzen muss, mancherlei Antworten auf diese Frage bereit haben; für die, welchen sie als Lebensfrage auf dem Herzen brannte, gab es nur eine Antwort: hier galt es einen Kampf mit einem höheren Herrn als dem Kaiser in Rom, mit stärkeren Gewalten als seinen Statthaltern und Beamten; die Macht dieser Gewalten war schon da, als noch kein römisches Reich existierte; sie erstreckte sich auch in die dunklen Provinzen des Reiches, wo römische Verwaltung nur zum Schein bestand, und über das Imperium hinaus; sie reichte auch hinein in die Menschenherzen und ihre Gedanken, die keiner Verwaltung unterstehen. „Wir haben nicht zu kämpfen (nur) wider Fleisch und Blut sondern gegen die „Herrschaften“, gegen die „Mächte“, gegen die Weltherrscher dieser Finsternis, gegen die bösen Geister in der Himmelswelt“[3]: das ist die Ueberzeugung des gesamten Urchristentums“[4].

Der Volksglaube legte den Christen diese Antwort selbst in den Mund. Das Leben des Staates wie der Einzelnen war voll von Beziehungen zu dieser jenseitigen Welt der Geister, welche die Heiden Götter, Heroen oder Dämonen nannten[5]. Ehe, Geburt, Krankheit, Tod standen zu ihnen in mannigfachen Beziehungen; die Kunst, die

---

[1] Rm 8 22. [2] Kol 1 20, I Petr 1 12 3 19, Ign. Eph. 13 2 19 2 u. a.

[3] Eph 6 11 12. Die Stelle ist ursprünglich eschatologisch vgl. 6 13, daher fehlt das „nur“.

[4] Vgl. zum Folgenden K. Müller, Das Reich Gottes und die Dämonen in der alten Kirche. Preussische Jahrbücher XCIII. 1898. S. 1—16.

[5] Athen. leg. 23 p. 118. Citiert werden: die Apologeten nach Kapiteln und nach den Seiten der Ausgabe von Otto (Corp. Apol. saec. II. Just. D = Dial. c. Tryph.), nur Justins Apologieen (als Just. I. II) nach Kapiteln und den Paragraphen der Ausgabe von Krüger (Freiburg u. Leipzig [2] 1896) und der Text von Tatian's Or. und des Athenagoras Leg. nach E. Schwartz (Texte u. Unters. IV 1888 u. 1891), Aristides nach der Ausgabe von Hennecke (Ib. 1893); die apostolischen Väter nach der Ausgabe von v. Gebhardt, Harnack und Zahn (Leipzig 1876—78); die Didache nach Harnack (Texte u. Unters. II 1. 2. 1884).

bildende wie die redende, waren durch sie geworden und blühten in ihrem Dienst; das Leben des Staates spielte sich unter ihrem Schutze ab, und ein grosser Teil öffentlichen gemeinsamen Handelns mit Opfern und Festen galt ihrer Verehrung (Tat. Or. 22 p. 94). Zwar gab es unter den Gebildeten viele, die nicht mehr an das Dasein dieser Götter- und Geisterwelt glaubten oder mit dem gönnerhaften Wohlwollen eines Celsus[1] von den Dämonen sprachen; aber der officielle Kult war eine Realität, und in den untern Schichten des Volkes, in denen sich gerade das Christentum ausbreitete, lebte in der Kaiserzeit der Götterglaube so stark wie je.

Gewiss gab es auch in der neuen Religion Einzelne, denen die Bildsäulen der Götter bloss „tote Götter“ (II Clem 3 1, Did 6) waren, „Idole aus Gold, Silber, Erz, Stein und Holz, die weder sehen können noch hören noch gehen“ (Apk 9 20). „Sind sie denn nicht alle stumm und blind und leblos, ohne Gefühl und ohne Bewegung, dem Verfaulen und dem Zerbrechen ausgesetzt?“[2] Aber meist sind solche Worte nur eine Form des Redens, die man dem alten Testamente, besonders den Psalmendichtern und dem zweiten Jesaia, dem „ersten Monotheisten“, abgelauscht hat, oder sie beziehen sich ausschliesslich auf die Statuen der Götter. Denn auch wo man so sprach — und man hat es sehr häufig in der Urkirche gethan[3] —, hat man in der Regel nicht leugnen wollen, dass hinter jenen „Steinen“ und „Hölzern“ reale Wesen lebten, denen eigentlich die Verehrung der Völker galt. Diese, „die die Hellenen dafür ansehen, halten sie nicht für Götter“, sagt der Brief an den Diognet[4], und Justin fügt hinzu: „Wir verehren auch nicht mit vielen Opfern und Blumenkränzen die, welche Menschen gebildet, in Tempeln aufgestellt und Götter genannt haben, da wir einsehen, dass sie leblos und tot sind und Gottes Gestalt nicht an sich haben . . , sondern jener, der erschienenen schlechten Dämonen Namen und Gestalten tragen“[5]. Auf diesem Gebiet hat das

1 z. B. Orig. c. Cels. VIII 60: Ἐκεῖνο μέντοι φυλακτέον, ὅπως μή τις συνὼν τούτοις, τῇ θεραπείᾳ τῇ περὶ αὐτὰ συνταχῇ, φιλοσωματήσας τε, καὶ τῶν κρειττόνων ἀποστραφείς, λήθῃ κατασχεθῇ. Vgl. 60—66, besonders 63: μᾶλλον οἰητέον (sic) τοὺς δαίμονας μηδενὸς χρῄζειν, μηδὲ δεῖσθαί τινος· ἀλλὰ χαίρειν τοῖς τὸ εὐσεβὲς δρῶσι πρὸς αὐτούς.

2 Diogn. 2 4 vgl. das ganze Kapitel.

3 Vgl. II Clem. 1 6, Petr. Keryg. 26—36. Arist. 13. Athenag. leg. 15. 16. Theoph. I 1 p. 4. 10 p. 32. II 34 p. 158. Melito, frg. II. ed. Otto. Act. Apoll. ed. Klette 14—19.

4 Diogn. 1 vgl. Tatian. Or. 18 p. 82 οἱ νομιζόμενοι θεοί.

5 Just. I 9 1; D 83 p. 300 οἱ θεοὶ τῶν ἐθνῶν δαιμόνια (Ps 95 5); D 55 p. 184; D 73 p. 262; D 91 p. 332; D 134 p. 478.

seit dem Auftreten des Paulus verflossene Jahrhundert, so reich es an Entwicklungen für die Kirche sonst gewesen ist, noch nichts geändert. Auch Paulus will die „sogenannten" Götter im Himmel und auf Erden nicht wegleugnen (I Kor 8 5), aber **Dämonen** ist der rechte Name für die, denen der Kult der Heiden gilt (I Kor 10 20). So stehn auch in Apk 9 20 die Dämonen neben den angeführten Worten über die Bildsäulen, und im zweiten Jahrhundert urteilt man überall in gleicher Weise[1]; auch Celsus kennt und erwähnt diese Stellung der Christen zu den Heidengöttern[2]. „Tot" können ja diese Götter auch deshalb heissen, weil ihre Bildsäulen nicht bloss leblos, sondern auch die Abbilder toter Menschen, die Götter selbst also zum Teil Totengeister sind[3].

Wie hätte man auch das Dasein wirkender Wesen hinter diesen Bildern leugnen sollen? Erlebte man nicht täglich ihre Macht?

2.

Einmal **in dem Glauben der Menschen und in ihren bösen Thaten**, zu denen sie von ihren schlechten Göttern selbst veranlasst wurden. Geschieht doch alles schlimme Thun der Heiden „nach dem Willen des Herrschers über die Macht (das Geisterheer in) der Luft, des Geistes, der jetzt seine Wirkung entfaltet in den Söhnen des Ungehorsams" (Eph 2 2). Und der Christ ist gezwungen, den Zustand, in dem er war, ehe er das Bad der Wiedergeburt empfing, so zu beschreiben: „Bevor wir zu dem Glauben an Gott kamen, war die Wohnung unseres Herzens vergänglich und schwach, wie ein wirklich »mit Händen gebauter Tempel«; denn sie war voll Bilderdienst und war ein **Haus der Dämonen**, weil wir thaten was gegen Gottes Willen war"[4]. Und der Gnostiker stimmt ihm völlig zu: solange der Allein-Gute durch seinen Sohn nicht in das Herz des Menschen eingekehrt ist, gleicht es nach Valentin einer Herberge, in der wildes

---

[1] Tatian. Or. 12 p. 54, 56; 13 p. 62; 14 p. 64: . . . τὴν πολυκοιρανίην μᾶλλον ἤπερ τὴν μοναρχίαν ἐξησκήσατε καθάπερ ἰσχυροῖς νομίζοντες <τοῖς> δαίμοσι κατακολουθεῖν. Athenag. leg. 15. 16. 17. 21. 22. dagegen 23. Theoph. I 10 p. 32: οὐ γὰρ εἰσιν θεοί, ἀλλὰ εἴδωλα . . . ἔργα χειρῶν ἀνθρώπων καὶ δαιμόνια ἀκάθαρτα, vgl. II 2 u. 34. Melito frg. III (Otto). Iren. III 6 3 IV 24 2 III 12 6 V 25 1, qui dicuntur non sunt autem dei. Act. Apoll. 22.

[2] Orig. c. Cels. VII 62 VIII 24. 28.

[3] Theoph. I 9 p. 28 ὀνόματα I 10 p. 30 ἀπεικονίσματα νεκρῶν ἀνθρώπων, anders Tatian Or. 16 p. 72: Δαίμονες δὲ οἱ τοῖς ἀνθρώποις ἐπιτάττοντες οὐκ εἰσιν αἱ τῶν ἀνθρώπων ψυχαί.

[4] Barn. 16 7 οἶκος δαιμονίων.

Volk einkehrt und rücksichtslos das fremde Eigentum beschädigt und mit Schmutz erfüllt. „So ist auch das Herz, so lange man nicht sorglich auf es acht hat, unrein und die Wohnung vieler Dämonen“[1]. Von der eignen Erfahrung geleitet, wendet sich der Blick hinaus in die umgebende Welt in einer Gedankenreihe, die schon Paulus gebildet hatte, wenn er aus dem Streben der Griechen nach eitler, selbstgemachter Weisheit ihre falsche Gottesverehrung und aus dieser wieder ihre willenlose Hingabe an die Leidenschaften und die Grösse und Widernatürlichkeit ihrer Unsittlichkeit erklärte[2]. Später urteilt man noch ebenso. „Gesetze haben die bösen Engel, wie wir wissen, den Menschen gegeben, die ihrer eigenen Schlechtigkeit gleichen, und die ähnlichen Menschen freuen sich daran“[3]. Es giebt wohl eine gewisse mit der christlichen übereinstimmende sittliche Ueberzeugung, doch nicht bei denen, „welche von einem unreinen Geist inspiriert und durch (schlechte) Erziehung, böse Sitten und schlimme Gesetze verdorben, das natürliche Gefühl verloren haben“[4]. Mit treffender Ironie weist schon Aristides auf den eigentümlichen Widerspruch des überlieferten Lebens der Götter und der sittlichen Grundsätze hin, welche sich doch auch bei den Hellenen allmählich herausgebildet hatten. „Denn siehe, während die Griechen Gesetze gaben, haben sie nicht begriffen, dass sie durch ihre Gesetze ihre Götter verurteilen“[5]. Die Begriffe von Gut und Böse, dadurch schon ins Wanken gebracht, mussten sich für den erst vollends verwirren, der wie Tatian beobachtete, dass es „soviel Gesetzgebungen gab wie Staaten, so dass, was bei den einen schändlich, anderswo löblich ist“[6]. Und dass die Wahr-

---

[1] Valentin ap. Clem. Al. Strom. II 20 114 p. 488 f.: Εἷς δέ ἐστιν ἀγαθός, οὗ παρουσία ἡ διὰ τοῦ υἱοῦ φανέρωσις, καὶ δι᾽ αὐτοῦ μόνου δύναιτο ἂν ἡ καρδία καθαρὰ γενέσθαι παντὸς πονηροῦ πνεύματος ἐξωθουμένου τῆς καρδίας. πολλὰ γὰρ ἐνοικοῦντα αὐτῇ πνεύματα οὐκ ἐᾷ καθαρεύειν· ἕκαστον δὲ αὐτῶν τὰ ἴδια ἐκτελεῖ ἔργα πολλαχῶς ἐνυβριζόντων ἐπιθυμίαις οὐ προσηκούσαις. καί μοι δοκεῖ ὅμοιόν τι πάσχειν τῷ πανδοχείῳ ἡ καρδία· καὶ γὰρ ἐκεῖνο κατατιτρᾶταί τε καὶ ὀρύττεται καὶ πολλάκις κόπρου πίμπλαται, ἀνθρώπων ἀσελγῶς ἐμμενόντων καὶ μηδεμίαν πρόνοιαν ποιουμένων τοῦ χωρίου, καθάπερ ἀλλοτρίου καθεστῶτος. τὸν τρόπον τοῦτον καὶ ἡ καρδία, μέχρι μὴ προνοίας τυγχάνει, ἀκάθαρτος οὖσα, πολλῶν οὖσα δαιμόνων οἰκητήριον . . .

[2] Rm 1 21–26, zur Erkenntnis des Zusammenhangs beachte man das folgernde καί = und so in 1 21 und das doppelte διό in 1 24 und 1 26.

[3] Just. II 9 4.

[4] Just. D 93 p. 338.

[5] Ap. 13 p. 33 f. so der Syrer, Gr: πῶς δὲ οὐ συνῆκαν οἱ σοφοὶ καὶ λόγιοι τῶν Ἑλλήνων, ὅτι νόμους θέμενοι κρίνονται ὑπὸ τῶν ἰδίων νόμων; εἰ γὰρ οἱ νόμοι δίκαιοί εἰσιν, ἄδικοι πάντως οἱ θεοὶ αὐτῶν εἰσι παράνομα ποιήσαντες . . . εἰ δὲ καλῶς ἔπραξαν ταῦτα, οἱ νόμοι ἄρα ἄδικοί εἰσι, κατὰ τῶν θεῶν συντεθέντες.

[6] Or. 28 p. 112: Μίαν μὲν γὰρ ἐχρῆν εἶναι καὶ κοινὴν ἁπάντων τὴν πολιτείαν·

heit, auch die sittliche, eine sein müsse, leuchtete auch damals bereits bedingungslos ein[1]. Ueberschlug man das Ganze heidnischer Sitte — und die Sittlichkeit vermochte man von ihr nicht zu trennen —, so musste nicht nur einem Paulus[2] und Justin, sondern allen Christen das im Menschen Angelegte, allen Völkern Gemeinsame, Natürliche als der letzte Funke des göttlichen Ebenbildes erscheinen; das Gewordene, Positive aber, das eben als „Satzung" zumeist ein Werk der Hüter der Völker, der Dämonen war, erlebte man täglich als das Böse und sich selbst Widerstreitende[3].

Und hatte man nicht einen authentischen und objektiven Beweis von der Schlechtigkeit der Dämonen in den Erzählungen, welche unter ihren eigenen Anhängern von ihren Schandthaten im Schwange gingen? Die Apologeten verfehlen nicht, das Sündenregister der Heidengötter immer wieder zusammenzustellen, und lehnen jede Allegorisierung der Mythen ab, durch die sich die gebildeten Heiden alles, was ihnen anstössig war, aus dem Wege räumten. Die Christen hatten ihre guten Gründe: da war der mächtige Volksglaube, für den die Götter Götter blieben, trotz oder oft auch wegen ihrer Thaten; da war der logische Widerspruch in dem Verfahren der Allegorese, welche die Götter verdammte, um die Erzählungen zu retten, die aber auf jeden Fall die Religion vernichtete[4]; und schliesslich, hatten nicht die Dichter selbst bezeugt, dass die Götter selbst sie inspiriert und ihnen ihre Geschichte offenbart hätten? Es ist ja nur die Umkehrung des allgemeinen Urteils, wenn Theophilus von

---

νυνὶ δὲ ὅσα γένη πόλεων, τοσαῦται καὶ τῶν νόμων θέσεις, ὡς εἶναι τὰ παρ' ἐνίοις αἰσχρὰ παρά τισι σπουδαῖα. Vgl. auch 8 p. 36. 29. 32 und Athen. leg. 25 p. 136; dazu noch Orig. c. Cels. V 34 ff.

[1] Man beachte, welche gewaltige Reduktion hier wie auf kultischem Gebiet das Christentum und der „katholische" Gedanke bedeutete, und man versteht, wie auch hier der Satz, dass alle Wahrheit, die wirksam werden soll, einfach sein muss, seine Richtigkeit glänzend bewiesen hat. Der katholische Gedanke wird dann auch gegenüber den Häretikern bereits in unserer Epoche gebraucht (vgl. Euseb. h. e. V 28 $_{16}$, Iren. I 9 $_{5}$). Uebrigens ist auch die falsche Umkehrung dieses Gedankens, wonach alles allgemein Anerkannte auch wahr ist, schon damals in Gebrauch und zwar als eine Erbschaft aus dem Heidentum; der Prophet weiss es anders. (Jer 1 $_{18}$ f.)

[2] Rm 1 $_{20\ 32}$ 2 $_{14-16}$.

[3] Tat. Or. 17 p. 78: Gott „hat alles gut geschaffen, die Lüderlichkeit der Dämonen aber hat die Dinge in der Welt zum Uebelthun gebraucht".

[4] Tatian. Or. 21 p. 92: „Wenn die Dämonen bei euch solche sind, wie die Erzählungen über sie lauten, sind sie schlecht in ihrer Lebenshaltung, oder wenn man sie als Naturkräfte umdeutet, sind sie nicht, was man sie nennt". Vgl. 29 p. 114. Arist. Ap. 13 fin. Gr.: εἰ μὲν γὰρ μυθικαὶ αἱ περὶ αὐτῶν ἱστορίαι, οὐδέν εἰσιν εἰ μὴ μόνον λόγοι· εἰ δὲ φυσικαί, οὐκ ἔτι θεοί εἰσιν οἱ ταῦτα ποιήσαντες

den Dichtern sagt: „Von Dämonen inspiriert und aufgeblasen sprachen sie durch jene, was sie sagten; denn in der That haben die Dichter, Homer und Hesiod, wie sie sagen »von den Musen inspiriert«[1], in Einbildung und Irrtum gesprochen und nicht durch einen reinen sondern durch einen Irrgeist“ [2]. Und so steht auch Justin mit der gesamten Kirche auf dem Boden des heidnischen Volksglaubens an die Wahrheit der Mythen, nur dass er sie anders wertet, wenn er sagt: „In alter Zeit sind die Dämonen (in Menschengestalt) erschienen und haben mit Frauen Ehebruch getrieben und Knaben geschändet und den Menschen Schreckbilder gezeigt, so dass die erschracken, welche die sich abspielenden Vorgänge nicht vernünftig beurteilten, sondern von Furcht gepackt und nicht wissend, dass es böse Dämonen waren, sie Götter nannten und die einzelnen mit dem Namen anredeten, welchen sich ein jeder der Dämonen beilegte“ [3].

Indessen brauchte man gar nicht bei dem Wirken der Dämonen in der Vergangenheit stehen zu bleiben oder sich daran genügen zu lassen, ihr Dasein in indirekter Weise aus dem Wahnglauben und der Unsittlichkeit ihrer Verehrer zu erschliessen; es gab in der Gegenwart direkte Beweise ihres Daseins und ihrer Kraft genug.

Da waren zuerst mancherlei Krankheiten, bei denen ein anderes Subjekt als der Kranke selbst aus den Worten und Thaten des Leidenden deutlich herauszumerken war. Der Wahnsinnige hat einen Dämon in sich, der Hysterische und der Epileptische sind besessen. Auch hier stehen die Christen auf dem Boden des allgemeinen Volksglaubens[4], wie ihn Celsus z. B. ebenfalls teilt und mit einem besonders auffallenden Beispiel aus Aegypten belegt (Orig. c. Cels. VIII 58). Dieser Volksglaube muss gerade damals durch das Eindringen der fremden Religionen ins Reich, besonders aber durch eine

---

καὶ παθόντες· εἰ δὲ ἀλληγορικαί, μῦθοί εἰσι καὶ οὐκ ἄλλο τι. Vgl. Pseudojust. Coh. ad. gent. 2 und Ottos Note zu dieser Stelle.

[1] Auch Celsus nennt sie ἔνθεοι, vgl. Orig. c. Cels. VII 41.

[2] Theoph. II 8 p. 74: .. ὑπὸ δαιμόνων δὲ ἐμπνευσθέντες καὶ ὑπ' αὐτῶν φυσιωθέντες ...

[3] Just. I 5 2, Tat. Or. 8 p. 38: „Und sind nicht die Dämonen mit ihrem Anführer Zeus unter das Schicksal gefallen, von denselben Leidenschaften besiegt wie die Menschen?“

[4] Ueber die Verbreitung dieses Volksglaubens in der damaligen Kulturwelt und seinen Zusammenhang mit der primitiven Kultur überhaupt vgl. in Kürze J. Weiss, „Dämonische“ in der Realencyklopädie IV[3] 1898. S. 416—419 und die dort angegebene Litteratur.

ungeheure Verbreitung der Nerven-, Gehirn- und Geisteskrankheiten reichliche Nahrung empfangen und einen gewaltigen Aufschwung genommen haben[1]. Von all den Stellen, die später besprochen werden sollen, sei hier nur eine aus Theophilus (II 8 p. 74) um deswillen angeführt, weil sie unter dem Zweckgedanken steht, nachzuweisen, dass die vermeintlichen Götter Dämonen sind. Nach den vorhin citierten Worten über die Dichter fährt er fort: „Daraus aber zeigt es sich deutlich, wenn auch die Besessenen (οἱ δαιμονῶντες) manchmal und bis heute exorcisiert werden mit dem Namen des wahren Gottes und dabei die Truggeister selbst eingestehen, dass sie Dämonen sind; diese wirkten auch damals in jenen (den Dichtern)". Dies Geständnis sah man augenscheinlich darin, dass auf die Fragen der Exorcisten aus dem Munde der Kranken öfters ein Ich sprach, das mit „Dämon" angeredet wurde und sich diese Anrede gefallen liess oder auf dieselbe hin Antwort gab, ja sogar unter Umständen — wie jene Gadarener Dämonen — seinen eigenen Dämonennamen nannte. Meistens wird man aber schon darin das Geständnis erblickt haben, dass der Dämon auf Befehl des Exorcisten aus dem Kranken verschwand.

Aber nicht nur diese bösen und untergeordneten Geister, die auch der Volksglaube als solche kannte, sondern auch die hohen olympischen Götter, und was ihnen verwandt war und nahe stand, bewiesen ihr Dasein in mannigfachen Wirkungen. In ihrem Namen wurden Krankheiten angezaubert und geheilt durch geheimnisvolle Formeln und andere magische Mittel[2].

Und noch mehr. Diese unsichtbaren Geistwesen sprachen durch Menschen, die ihre Organe waren. „Nachdem »Eine« Wasser getrunken hat, gerät sie in Raserei, und durch Weihrauch wird sie verrückt (ἔκφρων), und du meinst, sie sage wahr", so schildert Tatian (19 p. 86) eine Prophetin des Apollo. Die Weisheit des Skythen Anacharsis wie die Wahrsagekunst der Babylonier sind ihm kein Wahn sondern Erfindungen der tollen Dämonen; und aus dem Rauschen der Eichen in Dodona flüstern auch für ihn Geisterstimmen, nur sind es nicht gute Götter, die da reden (12 p. 58). Von heidnischen und alttestamentlichen Propheten spricht auch Justin, wenn er bei den Kaisern die Ueberzeugung voraussetzt, dass alle Propheten vom göttlichen Logos inspiriert sind"[3]. Dem toten Antinoos liess Hadrian eine Stadt

---

[1] Vgl. A. Harnack, Medicinisches aus der ältesten Kirchengeschichte. Leipzig 1892. S. 71 f. (= T. u. U. VIII. 4. S. 107 f.)

[2] Tat. Or. 8 p. 36: Μάγος ἐστὶν Ἄρτεμις, θεραπεύει ὁ Ἀπόλλων.

[3] Just. I 33 ₉: Ὅτι δὲ οὐδενὶ ἄλλῳ θεοφοροῦνται οἱ προφητεύοντες εἰ μὴ λόγῳ θείῳ, καὶ ὑμεῖς, ὡς ὑπολαμβάνω, φήσετε.

mit einem Tempel bauen und Propheten anstellen, wie Hegesipp erzählt (Euseb. h. e. IV 8 2). Ja derselbe Dämon, der die Eva verführt hat, spricht noch jetzt durch den Mund seiner Verehrer in ihrer Ekstase: es ist Dionysos [1].

Nicht bloss an den rasenden Bewegungen der Bakchanten konnte man sehen, dass die Götter lebten, man konnte sie auch selbst erblicken. „Bald durch Erscheinung in Träumen, bald wiederum durch magische Künste stürzen sie alle die in Schlechtigkeit, welche nicht aus allen Kräften nach ihrer Rettung streben“ [2]. „Die Dämonen lassen sich auch von den Psychikern (hier: Heiden) sehen, wenn sie sich den Menschen zeigen, damit man glaube, sie seien etwas Rechtes“ [3]. Leicht und oft werden ihre luft- und feuerartigen Körper allerdings nur von den Pneumatikern gesehen; aber die Thatsache, dass man sie sieht und häufig sieht, steht fest [4].

Und wenn auch der Apokalyptiker erst für die Endzeit einen falschen Propheten erwartet (16 13), der (13 13) „grosse Zeichen thut, dass er auch Feuer herabfallen lasse vom Himmel auf die Erde im Angesicht der Menschen, und die Bewohner der Erde irre führt durch die Zeichen, die ihm zu thun gegeben wurden vor dem Tiere“; und wenn die drei Geister aus dem Munde des Drachen, des Tieres und des falschen Propheten, welche Geister von Dämonen sind, die Zeichen (Wunder) thun (16 14, 19 20), ebenfalls erst für die Endzeit erwartet werden, wie auch nach der Didache (16) erst dann der Weltverführer wie der Sohn Gottes erscheinen und Zeichen und Wunder thun wird (σημεῖα καὶ τέρατα): so sind doch sicherlich diese Züge alle irgendwie der Gegenwart abgelauscht. Wunder, welche die heidnischen Götter ausführten, waren weder etwas Seltenes noch Unerhörtes. Die Magie in allen Formen war weit verbreitet und wurde gerade in der Kaiserzeit bei dem starken Eindringen und Emporblühen der orientalischen Kulte immer fleissiger geübt. Es ist gewiss nicht übertrieben, wenn der Stadt „Babylon“ in der Apokalypse zugerufen wird: „Durch deine Zauberei (φαρμακία) wurden alle Völker in die Irre ge-

[1] Theoph. II 28 p. 136: Ταύτην τὴν Εὔαν, διὰ τὸ ἀρχῆθεν πλανηθῆναι ὑπὸ τοῦ ὄφεως καὶ ἀρχηγὸν ἁμαρτίας γεγονέναι, ὁ κακοποιὸς δαίμων, ὁ καὶ σατὰν καλούμενος, ὁ τότε διὰ τοῦ ὄφεως λαλήσας αὐτῇ, ἕως καὶ τοῦ δεῦρο ἐνεργῶν ἐν τοῖς ἐνθουσιαζομένοις ὑπ' αὐτοῦ ἀνθρώποις, Εὐὰν ἐκκαλεῖται.

[2] Just. I 14 1.

[3] Tatian. Or. 16 p. 72.

[4] Tatian. Or. 15 p. 70: Δαίμονες δὲ πάντες σαρκίον μὲν οὐ κέκτηνται, πνευματικὴ δέ ἐστιν αὐτοῖς ἡ σύμπηξις ὡς πυρὸς καὶ ἀέρος. μόνοις γοῦν τοῖς πνεύματι θεοῦ φρουρουμένοις εὐσύνοπτα καὶ τὰ τῶν δαιμόνων ἐστι σώματα, τοῖς λοιποῖς δὲ οὐδαμῶς, λέγω δὲ τοῖς ψυχικοῖς. Vgl. 16 p. 72 u. 14 p. 64.

führt" (18 23). Und man war zumeist durchaus nicht geneigt, die Magie für blosse Taschenspielerei mit Benutzung chemischen Geheimwissens und mechanischer Kunstgriffe zu halten, wie Hippolyt (Phil. IV 28—42) sie darzustellen bestrebt ist. Das beweisen die Gebote der Didache: „Treibe nicht Magie noch Zauberei (2 2). Werde kein Zeichendeuter — denn das führt zur Abgötterei — noch Beschwörer, noch Astrolog, noch Entzauberer, noch schaue den Handlungen solcher zu; denn aus alledem entsteht Abgötterei" (3 4). Und unter den Sünden, die den Todesweg führen, stehen auch Götzendienst, Magie und Zauberei (φαρμακεῖαι 5 1).

Und schliesslich konnten auch die „toten Steine und Klötze" selbst anfangen zu reden und Wunder zu thun. Auch hier gilt wie vorhin, dass was der Apokalyptiker für die Endzeit voraussieht — „und es ward ihm (dem zweiten Tier) gegeben, dem Bilde des Tieres Lebensgeist einzuflössen, damit das Bild des Tieres auch spräche"[1] (13 15) —, dass das in der Gegenwart seine Analogien hat[2]. Das lässt sich aus einzelnen Andeutungen Tatians entnehmen[3], das folgt aus Angaben, wie die, welche Theophilus ad Aut. I 8 macht[4], das sagt schliesslich mit aller Deutlichkeit Athenagoras. Er weiss, dass die Heiden für ihren Glauben, dass die Götter die Bildsäulen als Mittel und Weg benutzen, mit den Menschen zu verkehren, sich auf die Wirkung einiger Statuen berufen[5]. Sie sagen: „Aus welchem Grunde vollbringen einige Bilder Wunderwirkungen, wenn es nicht Götter sind, für die wir die Bildsäulen errichten? Es ist doch nicht wahrscheinlich, dass die leblosen, unbeweglichen Bilder selbst Kraft entwickeln können, ohne dass sie einer bewegt?" Athenagoras entgegnet: „Dass in einzelnen Plätzen und Städten und Völkern im Namen der Bilder Wunderwirkungen geschehen, leugnen auch wir (Christen) nicht. Nur halten

[1] Iren. V 28 2: Haec ne quis eum divina virtute putet signa facere, sed magica operatione. Et non est mirandum, si daemoniis et apostaticis spiritibus ministrantibus ei, per eos faciat signa, in quibus seducat habitantes super terram.

[2] Aehnlich nennt Irenäus (II 31 3) die Gnostiker praecursores draconis eius in Nachahmung einer Presbyterstelle, die er selbst citiert (I 15 6) und die von Markus sagt, an ihm habe der Teufel einen Vorläufer widergöttlicher Schandthaten und Zaubereien.

[3] Or. 14 p. 64: .. τὰς .. ψυχὰς δι' ἀγνοιῶν καὶ φαντασιῶν ἐξηπατήκασιν (οἱ δαίμονες). Vgl. 16 p. 72.

[4] I 8 p. 26: Εἶτα πιστεύεις τὰ ὑπὸ ἀνθρώπων γινόμενα ἀγάλματα θεοὺς εἶναι καὶ ἀρετὰς ποιεῖν.

[5] Leg. 18 p. 80 u. 82: .. μὴ εἶναί τε ἕτερον τρόπον τοῖς θεοῖς ἢ τοῦτον προσελθεῖν („χαλεποὶ δὲ θεοὶ φαίνεσθαι ἐναργεῖς" Hom. Il. XX 131), καὶ τοῦ ταῦθ' οὕτως ἔχειν τεκμήρια παρέχωσι τὰς ἐνίων εἰδώλων ἐνεργείας, . . .

wir, wenn einige unterstützt, andere wiederum gequält worden sind, die nicht für Götter, welche diese doppelte Wirkung vollbracht haben" u. s. w.[1]. Von einer Bildsäule eines gewissen Neryllinus in Troas erzählt er, „man glaubt, dass sie wahrsage und Kranke heile, die Einwohner von Troas opfern ihr daher und schmücken sie mit Gold und bekränzen sie". „Ebenso soll" in Parion „von den Bildsäulen des Alexander und des Proteus (ihr wisst, dass dieser sich selbst bei Olympia verbrannt hat) die eine weissagen, der andern aber, der des Alexander, feiert man auf Staatskosten Opfer und Feste wie einem Gott, der erhören kann"[2]. Athenagoras leugnet diese Wirkungen nicht; aber die sie vollbringen sind die „Dämonen", „welche sie zu den Bildern hinziehen"[3].

3.

So erlebte und erfuhr man die Wirkungen und in ihnen den Beweis für die Existenz einer geheimnisvollen Welt geistiger Wesen hinter den Dingen dieser Welt; geistiger Wesen, die mächtiger, wissender, aber auch ruchloser waren als die Menschen. Hinter und über dem römischen Reich erhob sich das Reich dessen, der „dem Tiere die Kraft gegeben hatte", des wahren Herrn der Welt, des Zeus, des Teufels[4]. Und gerade in diesem Römerreiche, dessen führende Kreise

[1] Athen. leg. 23 p. 116.

[2] Athen. leg. 26 p. 140.

[3] Ib. 26 p. 136. Vgl. Paulus I Kor 12 2 ἤγεσθε ἀπαγόμενοι, auch er denkt an Wunder und zwar durch Worte. Vgl. noch Ath. leg. 27—36.

[4] Die Identifikation des Zeus mit dem Teufel (vielleicht schon durch die Form Zabulus der Ass. Mosis 10 1 angedeutet) findet sich selten, obwohl sie gewiss überall für richtig gehalten wurde, da die Gleichung: höchster Gott = höchster Dämon so sehr nahe lag. Ausdrücklich steht sie eigentlich nur bei Tatian (8 p. 36 οἱ δαίμονες μετὰ τοῦ ἡγουμένου αὐτῶν Διός, anders Theoph. s. o. S. 9, wo Dionys = δράκων = διάβολος); aber bezeichnend ist schon ein Name des Teufels bei Paulus (II Kor 4 4): ὁ θεὸς τοῦ αἰῶνος τούτου, noch bezeichnender die Art, wie Justin den Zeus stets als dämonisch verzerrtes Widerspiel Gottes in den Mythen darstellt z. B. Ap. I 4 9, 21 1 2 4 5, 22 3 u. s. w. Der Teufel heisst ὁ ἄρχων τοῦ κόσμου τούτου Joh 12 31, 14 30, 16 11, κοσμοκράτωρ bei Valentin (Iren. I 1 10, Hipp. Philos. VI 33. 34) (κοσμοκράτορες die Dämonen in Eph 6 12, οἱ ἄρχοντες Ign. Sm. 6 1, I Kor 2 6 8); ὁ ἄρχων τοῦ αἰῶνος τούτου Ign. Eph. 17 14, 19 1, Mg. 1 3, Trall. 4 2, Rm. 7 7, Phil. 6 2, ὁ ἄρχων καιροῦ τοῦ νῦν Barn. 18 2 vgl. 2 1; ὁ ἄρχων τῆς ἐξουσίας τοῦ ἀέρος Eph 2 2 u. ὁ ἄρχων τῶν δαιμονίων Mt 9 34, Mt 12 24, Mc 3 22, Lc 11 15; ἄρχων πονηρός Barn. 4 13. Dass bei den Apologeten der Name „Herr der Welt" keine Rolle spielt, ist wohl nicht durch eine theologische Besonderheit dieser Schriften, sondern durch ihre Adresse veranlasst. Zu den Kaisern konnte man nicht wohl

der neuen Religion so heftigen Widerstand entgegensetzten, schien sich jenes Geisterreich sein mächtigstes, vorher noch nicht erreichtes Bollwerk und Kampfesmittel geschaffen zu haben gegen Gottes Absicht mit den Menschen[1]. Mit dem Wachsen dieses Weltreichs schien auch das Reich des Teufels, und nicht nur das Gottes (Melito Ap. frg. I. 3. ed. Otto), gewachsen zu sein. Man wusste auch, woher dies kam: „Vor der Anwesenheit des Herrn wagte der Satan niemals Gott zu lästern, da er von seiner Verdammung noch nichts wusste, weil sie nur in Parabeln und Allegorien (im A.T.) ausgesprochen war. Nach der Anwesenheit des Herrn aber erfuhr er aus dessen Worten wie aus denen der Apostel deutlich, dass ihm das ewige Feuer bereitet ist, da er aus freiem Willen von Gott abgefallen ist — ihm und allen denen, welche im Abfall ohne Reue beharren! —, und so schmäht er denn jetzt durch solche Menschen (die Gnostiker) den Herrn, der das Gericht herbeiführt“[2].

vom Teufel als dem Herrn der Welt sprechen. Doch erscheint er bei Athenag. leg. als ὁ τῆς ὕλης καὶ τῶν ἐν αὐτῇ εἰδῶν ἄρχων (24 p. 130) oder einfach ὁ τῆς ὕλης ἄρχων (24 p. 130. 132) und ὁ ἐπέχων ἄρχων (25 p. 136). Die Art, wie Irenäus das Verhältnis Gottes und des Teufels zu der Schöpfung und der Menschenwelt darstellt, klingt zwar zuerst ganz urchristlich: .. quoniam dominatur hominibus (der Teufel), et ei ipsi Deus; et nolente Patre nostro qui est in caelis, neque passer cadet in terram. Danach aber geht er in antignostischem Interesse für die Monarchie Gottes über die gemeinchristliche Anschauung hinaus: Neque ipse (Teufel) hominum regnum attribuet hominibus (wie er in der Versuchungsgeschichte gesagt hat); sed secundum ordinationem Dei Patris et cetera quaeque et quae sunt erga homines disponuntur. (V 22 $_2$ vgl. 24 $_{1\,2}$) Sonst ist die Geschichte des Teufels, die Natur und das Zukunftsreich Gottes. Und das ist gerade die Voraussetzung der Versuchungsgeschichte, dass der Teufel wirklich das Weltreich vergeben kann, dem Jesus von Nazaret so gut wie dem Tiberius.

[1] Das Ineinanderschauen beider Reiche geht oft so weit, dass es für die Erklärung schwer hält, die Züge, die auf das eine oder das andere hinweisen, deutlich von einander zu trennen. Bei I Kor 2 $_8$ ist es immerhin (wegen καταργουμένων und τὸν κύριον τῆς δόξης 2 $_{6\,8}$) wahrscheinlicher, dass vornehmlich an das Geisterreich gedacht ist. In der Sim. I des Hermas aber lässt sich nicht mehr mit Sicherheit sagen, ob der Kaiser oder der Teufel der „andere“ ist, unter dessen „Macht“ „diese Stadt“ (Rom oder die Welt?) steht. Ist diese Möglichkeit näher gelegt durch das ganze Bild, dessen eine Seite sonst nicht Bild sondern Wirklichkeit wäre, so jene durch die eigentümlich konkreten Züge der Darstellung. Der Streit der Ausleger an beiden Stellen beweist, wie innig hier die beiden Reiche der Welt in eines geschaut sind.

[2] Aus Justin. contr. Marc. bei Iren. V 26 $_2$ = Euseb. h. e. IV 18 $_9$, Otto frg. II.

4.

Mit aller Kraft wandten sich die beiden jetzt in der Welt herrschenden Reiche gegen das neugegründete Gottesreich, und die Christen erfuhren mit Entsetzen auch am eigenen Leibe die Wirkung des unsichtbaren Herrn der Welt und seiner Werkzeuge. Durch drei gewaltige Mächte erlebte man an sich selbst die Gegenwart und die Feindschaft der Götter-Dämonen: durch das Aufkommen und die Fortschritte der „Irrlehre" und der „Gnosis", durch die Macht der Versuchung und durch den Druck der Verfolgungen.

Nicht nur Justin sagt es (an der soeben citierten Stelle), nicht nur Johannes (I 4$_{1}$ ff.) weiss es, dass die „Gnostiker" (im weitesten Sinne) Kinder des Teufels sind, nicht nur Polykarp hat den Erstgeborenen des Satans in Marcion erkannt (Euseb. h. e. IV 14$_{7}$): dass nur „der Feind" das Unkraut der falschen Lehre unter den Weizen gestreut haben konnte, stand allgemein fest[1]. Wie anders sollte man sich auch ihr Dasein erklären, da doch der Same, den die Apostel und ihre Nachfolger ausgesät hatten, gut war? Zudem rühmten die „Gnostiker" von sich selbst, dass sie über geheimnisvolle Kräfte verfügten. Und nicht nur hatten sie Gesichte und weissagten, sondern sie thaten auch Wunder mancherlei Art. Bewies das nicht deutlich, dass sie mit unsichtbaren Geistwesen im Bunde standen? Die Kirche konnte und wollte diese Thatsache nicht bestreiten, nur bestritt sie den Gnostikern das Recht — welches diese ebenso selbstverständlich für sich in Anspruch nahmen —, diese Vorgänge auf den heiligen Geist oder Christus oder die Engel zurückzuführen. Es war ja das Bewusstsein ihres geistgewirkten Besitzes nicht bloss an Erkenntnis, sondern vor allem auch an *übernatürlicher Kraft*, welches den Gnostikern den Mut gab, sich „die Pneumatiker" zu nennen. Die kirchlichen Nachrichten mit ihren Angaben von den grossen Zauberkünsten ihrer Gegner lassen uns vermuten, dass die Gnostiker von Anfang an auf diesem Gebiet die Ueberlegenen waren. Und dass sie sich nicht nur so gaben, sondern selbst an die Wirkungen des Geistes in ihrer Mitte im allgemeinen fest glaubten, das lässt sich, wie *Har-*

[1] Jac 3$_{15}$; Jud$_{19}$; II Petr 2$_{1}$; I Tim 4$_{2}$; II Tim 2$_{26}$ 3$_{8}$; I Joh 4$_{1}$ ff. 3$_{22}$; Apoc 2$_{9\ 13\ 14\ 24}$; Barn. 2$_{10}$ 12$_{20}$ 4$_{9}$; Herm. M. XI 3; Ign. Sm. 29$_{1}$, Phil. 6, Eph. 10$_{3}$ 12; Pol. ad Phil. 7; Apoc. Petri 1; Hegesipp bei Euseb. h. e. IV 14$_{7}$, 22$_{6}$; Dionys bei Euseb. h. e. IV 24$_{12}$; Just. I 26, D 7 p. 32, 35 p. 118, 82 p. 298; Iren. I 15$_{6}$ I 9$_{3}$ I 21$_{1}$ 27$_{3\ 4}$ II 31$_{3}$ III 12$_{12}$ 14$_{1}$ IV Praef. 4 V 26$_{2}$ u. ö. Die Stellen müssen später im Zusammenhang besprochen werden. Die Versuchung zum Abfall, von der so häufig die Rede ist, schildert Ign. Eph. 13 am besten.

nack treffend bemerkt hat[1], schon daraus entnehmen, dass sie so wenig apologetisch interessiert waren. Sie meinten die Wahrheit in Offenbarungen zu erleben, wozu sollten sie dieselbe noch beweisen? — Es war also nur eine einfache Umkehrung des Urteils, wenn die Kirche diese Erlebnisse, ohne ihre Thatsächlichkeit zu bestreiten, auf den gleichen Feind der Gemeinde zurückführte, der auch die, welche in Lehre, Erkenntnis und Gottesdienst treu blieben, auf so mancherlei andere Art zum Abfall von ihrem Herrn zu verleiten suchte.

5.

Da war zuerst der Verkehr mit den Heiden in Handel und Wandel. Lange Zeit waren Reiche und Vornehme seltene Gäste in den dunklen Versammlungshäusern der Christen[2]. Und wenn ein Mann aus den höheren Ständen Christ geworden war, oder wenn ein Christ aus den niederen sich emporschwingen wollte, sei's nun durch Reichtum, sei's in der Laufbahn des Beamten oder Offiziers, so lag ihm nur zu oft die Versuchung nahe, sich von seinen Glaubensgenossen immer wieder und immer mehr fern zu halten. In dieser Hingabe an weltliche Geschäfte muss jedoch eine Gefahr nicht nur für die Kirchlichkeit und die Bruderliebe, sondern auch für die Frömmigkeit selbst gelegen haben, sonst wären die Klagen und Mahnungen im nachapostolischen Zeitalter noch nicht so dringend. Der Jakobusbrief, der Barnabasbrief, die Didache und der Hirt des Hermas[3] beweisen dies deutlich. Kein Wunder. Ein Beamter hatte ja stets mit dem Götterkult zu thun; aber auch für solche, die Handelsgeschäfte trieben, muss die Gefahr des Abfalls oder wenigstens des Hineingezogenwerdens in den Kreis der Götter, der Dämonen nahe gelegen haben[4]. Die so oft wiederholten Warnungen vor weltlichen

---

[1] A. Harnack, Lehrbuch der Dogmengeschichte I³ 1894 S. 253. Die einzelnen Berichte sind später an ihrem Ort besprochen.

[2] Vgl. S. 1 f.; welches Aufheben macht man nach Jac 2 $_{3}$ von einem Reichen, der die Versammlung besucht; dazu vgl. Orig. c. Cels. III 44—58.

[3] Jac 2 $_{5-7}$, Barn. 4 $_{10}$ 10 $_{11}$ 19 $_{2\ 6\ 10}$ (vgl. Heb. 10 $_{25}$, II Clem. 17 $_{3}$), Did. 3 $_{9}$: οὐχ ὑψώσεις σεαυτὸν οὐδὲ δώσεις τῇ ψυχῇ σου θράσος. οὐ κολληθήσεται ἡ ψυχή σου μετὰ ὑψηλῶν ἀλλὰ μετὰ δικαίων καὶ ταπεινῶν ἀναστραφήσῃ. Vgl. 16 $_{1}$. Herm. S. VIII 8 $_{1}$: . . . οἱ ἐν τοῖς πραγματείαις ἐμπεφυρμένοι καὶ μὴ κολλώμενοι τοῖς ἁγίοις. διὰ τοῦτο τὸ ἥμισυ αὐτῶν ζῇ, τὸ δὲ ἥμισυ νεκρόν ἐστι. S. IX 20 $_{2}$: οὗτοι οὖν, οἱ ἐν πολλαῖς καὶ ποικίλαις πραγματείαις ἐμπεφυρμένοι, οὐ κολλῶνται τοῖς δούλοις τοῦ θεοῦ, ἀλλ' ἀποπλανῶνται πνιγόμενοι ὑπὸ τῶν πράξεων αὐτῶν· οἱ δὲ πλούσιοι δυσκόλως κολλῶνται τοῖς δούλοις τοῦ θεοῦ, φοβούμενοι μή τι αἰτισθῶσιν ὑπ' αὐτῶν. Also auch das kam vor! Vgl. noch Ign. Eph. 5 $_{3}$.

[4] Natürlich auch durch Verletzung der sittlichen Gebote Gottes durch

Geschäften oder vor der Sucht nach Geld haben manchmal eigentümliche Zusätze. So Kol 3_5: Habsucht, welche Götzendienst ist, Eph 5_5: der Habgierige, welcher ein Götzendiener ist, Pol. ad Phil. 11_2: wenn man sich nicht von Habsucht fern hält, wird man zugleich vom Götzendienst befleckt und gleichsam zu den Heiden gerechnet. Das scheint doch nicht bloss auf das Herrnwort Mt 6_{24} zurückzugehen: „Ihr könnt nicht Gott dienen und dem Mammon“, sondern (wie vielleicht schon dieses) mit durch die enge Berührung veranlasst zu sein, in die gerade der Kaufmann durch Münze, Vertrag und andere Dinge mit den Dämonen kommen konnte. Schliesslich gab es noch zwei andere Wege, auf denen man durch die Liebe zum Geld in den Dienst der Dämonen geriet. Den einen deutet Hermas an, wenn er in einer aus dem echt christlichen Gedanken von den Schätzen im Himmel entsprungenen Form von denen, „die Reichtum dieser Welt“ besitzen sagt: „Wenn (die) Drangsal kommt, verleugnen sie wegen ihres Reichtums und der Geschäfte ihren Herrn“ (V. III 6_5 vgl. S. VIII 8_2). Den andern meint I Tim 6_{10}, die Irrlehre, die man des Honorars wegen betrieb. In jedem Fall hat aber der Timotheusbrief recht: „Die Wurzel alles Bösen ist die Liebe zum Geld, nach der einige begehrend vom Glauben abgeirrt sind“.

In viel grössere Gefahr noch als dieser Verkehr im weiteren Kreise des Berufs brachte den Christen *der vertraute Verkehr im Freundes- und Familienkreise*. Da waren vor allem die gemeinsamen *Mahlzeiten*, besonders die Fest- und Opfermahle. „Was man opfert, sagt Paulus (I Kor 10_{20}), opfert man den Dämonen und nicht Gott. Und ich will nicht, dass ihr Genossen der Dämonen (κοινωνοὶ τῶν δαιμονίων, κοινωνοί ist fast = Blutsfreunde) werdet. Ihr könnt nicht den Trank des Herrn trinken und den Trank der Dämonen, ihr könnt nicht am Tisch des Herrn teilhaben und am Tisch der Dämonen.“ Ein Satz, der deutlich in seiner Form an jenes Herrnwort von Gott und dem Mammon anklingt. Hier war die gefährliche Möglichkeit der innigsten Verbindung mit den Dämonen gegeben, und die Furcht vor ihr war stärker als alle „Erkenntnis“ des Apostels,

---

Lüge und Betrug, vgl. Herm. V. II 3_1 πραγματεῖαι πονηραί, M. III$_5$: ... τὰ πρότερον ἃ ἐλάλησας ψεύδη ἐν ταῖς πραγματείαις σου ..., oder durch Vernachlässigung der Arbeit am eigenen religiösen Wachstum, Herm. M. X 1_4: οἱ μηδέποτε *ἐρευνήσαντες περὶ τῆς ἀληθείας* μηδὲ ἐπιζητήσαντες περὶ τῆς θεότητος, πιστεύσαντες δὲ μόνον, ἐμπεφυρμένοι δὲ πραγματείαις καὶ πλούτῳ καὶ *φιλίαις ἐθνικαῖς* (zu beachten!) καὶ ἄλλαις πολλαῖς πραγματείαις τοῦ αἰῶνος τούτου. ὅσοι οὖν τούτοις πρόσκεινται, *οὐ νοοῦσι τὰς παραβολὰς τῆς θεότητος*. ἐπισκοτοῦνται γὰρ ὑπὸ τούτων τῶν πράξεων καὶ καταφθείρονται καὶ γίνονται κεχερσωμένοι.

die doch nicht so weit ging, den Dämonen-Göttern die Existenz abzusprechen. Auch hier sind die citierten Worte des Paulus nicht eine Einzelstimme und eine Privatmeinung, sondern sie sprechen die Ueberzeugung der gesamten Urkirche aus, wie das „Aposteldekret“ (Act 15 20) und die ernste Mahnung der Didache (6) beweisen: „Inbetreff der Speise: trage was du kannst. Nur vom Opferfleisch halte dich ganz und gar fern. Denn es (essen) ist Dienst toter Götter“. Nur falsche Propheten und Irrlehrer wagen es zu lehren, man dürfe vom Opferfleisch geniessen[1]. Und doch, wie schwer war es gerade hier, sich fern zu halten! Ueber wie viel herzlich betrübte Mienen, über wie viel argwöhnische Blicke, über wie viel Hohn und Spott galt es sich da hinwegzusetzen, um sich unbefleckt zu halten von der Welt und ihren unsichtbaren Herren.

Noch viel gefährlicher waren aber diese Feinde, wenn sie im eigenen Herzen der Christen ihre flüsternden Stimmen erhoben. Man brauchte nicht einmal so massiv realistische Vorstellungen zu haben wie Hermas und die Kreise, in denen sein Hirt und die zwölf Testamente beliebte Erbauungsbücher waren — in diesen Büchern wird jede Begierde, jede Regung eines bösen Triebes zu einem Dämon in der Gestalt eines wilden, schönen Weibes, das in das Herz des Menschen steigt und zu ihm seine süsse, lockende Sprache redet —; dass der Teufel und seine Schar die bösen Gedanken in die Herzen der Christen einflösst, dass er eifrig jede Regung des Fleisches und seiner Begierden benutzt, um die Christen in die Sünde hineinzutreiben, das ist allgemeine Ueberzeugung[2]. Wo man davon in der Christenheit spricht, da ist es wieder nicht eine blosse angelernte Theorie, die man im Munde führt. Eine solche war freilich schon vorhanden, ja in ihren Grundzügen bereits vor dem Christentum fertig, wenn auch die Versuchung Jesu, die ursprünglich aus dem messianischen Gedankenkreise herstammt, nachher aber vorbildlich für christliche „Psychologie“ geworden ist, viel dazu beigetragen hat, dass sich die Phantasie mehr mit jener Theorie beschäftigte. Aber auch die Wahrheit dieser theoretischen Aussagen hatten in unserer Zeit noch die meisten Christen an sich selbst erlebt. Hatten sie doch als Heiden zur Ehre und mit Hilfe oder wenigstens unter Zulassung der „Dämonen“ alles das gethan, was sie jetzt als Christen hassten und verabscheuten als sündhaft und dem Willen Gottes widersprechend. Wer anders als dieselben bösen Geister konnte sie wieder verlocken wollen zu dem, was sie längst hinter sich glaubten?

---

[1] Apk 2 14 20; Just. D 34. 35 p. 118; Iren. I 6 3 24 5 25 3 28 2.

[2] Die hier übergangenen Stellen sind später zu besprechen.

Wie ihr Herr allenthalben von dem bösen Geist versucht worden war, so ging es auch ihnen. Darum lässt Johannes den scheidenden Herrn beten: „Ich bitte nicht, dass Du sie aus der Welt nehmest, aber dass Du sie bewahrest vor dem Bösen" (17 15). Daher die Mahnung des Jakobusbriefes: „Widerstehet dem Teufel, so flieht er von euch, nahet euch zu Gott, so naht er sich euch" (4 7), und des Epheserbriefes: „Zürnet und sündiget nicht; lasset die Sonne nicht über eurem Zorn untergehen und gebt nicht Raum dem Teufel" (4 26, vgl. Herm. M. V 1 3, S. VIII 3 6). Dass die Geister des „Feindes" den Christen zur Sünde verlocken, weiss auch Clemens[1]. Ebenso stellt Hermas (M. IV 3 4 6) der „Schwäche des Menschen" die „Verschlagenheit des Teufels" gegenüber und verkündigt die eine Busse für die, welche „nach jener grossen und heiligen Berufung (der Taufe), von dem Teufel versucht, gesündigt haben". Freilich das ist gewiss, „dass jeder aus Gott Geborene nicht sündigt, sondern wer aus Gott geboren ist, hält sich rein, und der Böse kann ihn nicht antasten" (I Joh 5 18), und „in Ihm (Jesus Christus) ertragen wir alle Bosheit des Herrschers dieses Aeon, und sind wir (ihr) entflohen, so wird Gott unser Teil sein" (Ign. Mg. 1 3). Doch gilt es gerade in der Gegenwart Ernst zu machen, denn die Welt liegt im Machtbereich des Bösen (I Joh 5 19), „die Tage sind schlimm, und der ›Wirkende‹ selbst hat die Macht"[2]. „Deshalb sollen wir peinlich acht haben auf uns mit Bezug auf unsere Rettung, damit nicht der Böse ein Eindringen des Irrtums in uns bewirke und uns wegschleudere von unserem Leben" (Barn. 2 10). „Denn nichts wird uns die ganze Zeit unseres Glaubens nützen, wenn wir nicht jetzt in der ›Zeit der Gesetzlosigkeit‹ und in den ›kommenden Aergernissen‹, wie es Kindern Gottes ziemt, Widerstand leisten" (Barn. 4 9). Darum gilt es, wachsam zu sein, „damit wir nicht im ruhigen Gefühl unsrer Berufung einschlafen auf unseren Sünden und der böse Herrscher Gewalt über uns bekomme und uns wegreisse von dem Reiche des Herrn" (Barn. 4 13). Fast klingt es wie eine Fortsetzung solcher Worte, wenn Irenäus (V 10 1) schreibt: „Denn während die Menschen schlafen, sät der Feind das Unkraut ein, und deshalb hat der Herr seinen Jüngern befohlen, zu wachen"[3]. Auch er führt die Sünde des Menschen auf dessen frei-

---

[1] I Clem. 51 1: Ὅσα οὖν παρεπέσαμεν καὶ ἐποιήσαμεν διά τινος τῶν τοῦ ἀντικειμένου, ἀξιώσωμεν ἀφεθῆναι ἡμῖν.

[2] Barn. 2 1: Ἡμερῶν οὖν οὐσῶν πονηρῶν καὶ αὐτοῦ τοῦ ἐνεργοῦντος (ein Euphemismus durch ein neutrales Wort gebildet) ἔχοντος τὴν ἐξουσίαν, ὀφείλομεν ἑαυτοῖς προσέχοντες ἐκζητεῖν τὰ δικαιώματα κυρίου.

[3] Mt 13 25.

willige Hingabe an „alle irdischen Geister“ und die Leidenschaften zurück [1]. So kann denn der Christ von sich sagen: . . . . „Wenn ich auch ganz sündig und noch nicht der Versuchung entflohen bin, sondern mich noch mitten unter den Werkzeugen des Teufels befinde, so bestrebe ich mich doch der Gerechtigkeit nachzujagen, um es zu erreichen, ihr wenn auch nur nahe zu kommen, aus Furcht vor dem künftigen Gericht“ [2].

6.

Seine stärksten Bundesgenossen hatte der Feind aber nicht an den grossartigen Welt-Systemen gnostischer Weisheit, welche Verstand und Phantasie mit einem geheimnisvollen, noch heute fühlbaren Zauber umspannen [3], auch nicht an den sinnbethörenden Reizen der Fleischeslust, der Augenlust und der Hoffart des Lebens [4]; viel gewaltiger ist die Verführung und die Versuchung zum Abfall, wenn sie den furchtbaren Druck der Verfolgung und des qualvollen Leidens in ihren Dienst nimmt und die heidnischen Obrigkeiten aufbietet zum Kampf wider die neue Religion.

Wer den Bericht der Christen von Lugdunum und Vienna über ihre Märtyrer liest (Euseb. h. e. V 1 2), wer noch jetzt mit Entsetzen und Schauder die Schandthaten eines „rasenden“ (1$_{38\ 39}$) und „wildgewordenen Pöbels“ (1$_{7}$) vernimmt, dessen Grausamkeit gleich der eines blutgierigen Raubtieres mit den grausamen Qualen der Gegner wuchs (1$_{15\ 57\ 58}$): der begreift, weshalb man da die Gegenwart des Erbfeindes körperlich zu spüren meinte, weshalb man wusste, dass hier „mit aller Macht der Gegner einbrach“ (1$_{5}$), dass die „zornigen Uebelthäter“ Besessene, „des Teufels voll“, waren (1$_{27}$). So wird denn jede neue Handlung der Verfolger auf seine Inspiration zurückgeführt (1$_{23\ 25\ 27\ 35\ 38\ 42}$). Zu jenem unmittelbaren Eindruck unmenschlicher Grausamkeit kommt aber noch das Verhalten der Heiden, welche „glaubten, so für ihre Götter Rache zu nehmen“

---

[1] Iren. IV 4$_{3}$: tradens se omni terreno spiritui et omnibus serviens voluptatibus.

[2] II Clem. 18$_{2}$: . . ἔτι ὢν ἐν μέσοις τοῖς ὀργάνοις τοῦ διαβόλου . . . Zu κἂν ἐγγύς = „wenn auch nur nahe“ vgl. 7$_{3}$: καὶ εἰ μὴ δυνάμεθα πάντες στεφανωθῆναι κἂν ἐγγὺς τοῦ στεφάνου γενώμεθα. Aehnliche Gedanken bei Ignatius, Trall. 4.

[3] Wieder aus anderen Gründen war die judaistische Propaganda, welche auch Barn. an der angeführten Stelle — neben der Verführung zur Unsittlichkeit vgl. 2$_{1}$ mit 2$_{9}$ und 4$_{9}$ mit 4$_{10}$ und 4$_{11}$ — im Sinne hat, so besonders verführerisch.

[4] I Joh 2$_{16}$.

(1_{31}). Um die toten Körper spielt sich eine Scene ab, deren Wildheit mit anschaulicher Lebendigkeit den Kampf der beiden Reiche und ihrer Herren nach der Vorstellung der Heiden und der Christen vor Augen malt. „Die einen“, erzählen die Christen von den Heiden, „wurden wütend und knirschten mit den Zähnen gegen sie und suchten eine ganz besondere Rache an ihnen zu nehmen, andere wieder verlachten und verspotteten sie und priesen zugleich ihre Götzen und schrieben jenen die Bestrafung dieser zu, andere weicher und anscheinend bis zu einem gewissen Grad mitleidig lästerten sehr und sprachen: Wo ist ihr Gott? Und was hat sie ihr Gottesdienst genützt, den sie sogar höher schätzten als ihr Leben?“ (1_{60}).

Auch das Martyrium Polycarpi weiss, dass „der Tyrann“ die Verfolgung ins Leben gerufen hat, um womöglich die Christen durch die beharrliche Pein der Strafe zur Verleugnung zu bringen[1]; geht doch sein Hass so weit, dass er die Leichen nicht in die Erde bestatten lässt (17). Standhafte Treue besiegt auch hier den „ungerechten Herrscher“ (19_{2}).

Die Christen wissen, dass ihnen damit nur widerfährt, was ihrem Herrn begegnet ist. Auch ihn haben die Herrscher dieser Welt ans Kreuz geschlagen (I Kor 2_{8}), wie denn in Judas der Satan gesteckt hat (Joh 6_{70}, $13_{2\ 27}$). Jesus duldete, „was durch Einwirkung der Dämonen an ihm vollbracht wurde von den unsinnigen Juden“[2].

Ganz ebenso ist Justin überzeugt, dass auch jetzt hinter den heidnischen Richtern die Dämonen sich verbergen[3]. Ja selbst den Kaisern wagt Justin zu sagen (I 5): „Durch unvernünftige Leidenschaft und den Stachel der bösen Dämonen angetrieben, straft ihr sorglos ohne Untersuchung“. Die Dämonen sind es ja, die dem guten Gott entgegen sind (Athen. leg. 25), die dem Reich Christi wider-

[1] Mart. Pol. 2_{4}: . . ἵνα, εἰ δυνηθείη, ὁ τύραννος διὰ τῆς ἐπιμόνου κολάσεως εἰς ἄρνησιν αὐτοὺς τρέψῃ.

[2] Just. I 63_{10}. Die Justinstelle ist ein erwünschtes Bindeglied zwischen der paulinischen (I Kor 2_{8}, sie ist auf die Dämonen zu beziehen, s. S. 12) und den johanneischen. Justin teilt mit Paulus 1) die Angabe von der Unwissenheit derer, die Jesus kreuzigten, 2) die Vielheit der Dämonen; mit Johannes 1) die deutliche Bezeichnung der Besessenheit derer, die Jesus zum Tod gebracht haben, 2) die Angabe, dass ein Jude von den Dämonen angestiftet war. — Der Parallelismus mit dem Leiden Jesu wird oft in der Darstellung der Martyrien herangezogen, Mart. Pol. 6. 7. Euseb. h. e. V 1_{41}; dasselbe thun Paulus, Eph 4_{13} und Ignatius.

[3] Ap. II 1_{2}: . . καὶ οἱ φαῦλοι δαίμονες, ἐχθραίνοντες ἡμῖν καὶ τοὺς τοιούτους δικαστὰς ἔχοντες ὑποχειρίους καὶ λατρεύοντας, ὡς οὖν ἄρχοντας δαιμονιῶντας, φονεύειν ἡμᾶς παρασκευάζουσιν. II 11_{1}, D 18 p. 66, 39 p. 134, 116 p. 414, 131 p. 466.

streben (Melito frg. VI Otto), die ihn und die Christen hassen (Just. II 8_{3}); sie sind die eigentlichen Träger des Hasses der Welt gegen die neue Religion (Joh 7_{7}, 15_{18-25}, 17_{14}, I Joh 3_{13}, Ign. Rm. 3_{3}, Diogn. 6_{5}). Sie haben eine unbändige Mord- und Zerstörungslust[1], der Teufel ist ein Menschenmörder von Anfang (Joh 8_{44}), Kain war sein Sohn (I Joh 3_{12}) oder doch von ihm besessen (Theoph. II 29 p. 138). So weiss auch Ignatius, dass alle Martern, die seiner warten können, das Werk des Teufels sind[2]. Und auch bei Hermas kann „kämpfen mit dem Teufel und ihn besiegen" so viel sein als „leiden für das Gesetz", welches der Sohn Gottes ist (S. VIII $3_{6\ 7\ 2}$). Noch eins gilt es ins Auge zu fassen. Was die Anwesenheit der bösen Geister deutlich zeigte, das waren die entsetzlichen Beschuldigungen und Verleumdungen, welche unter den Heiden gang und gäbe waren, jene Erzählungen von Menschenfresserei und widernatürlichen geschlechtlichen Lastern (vgl. z. B. I Petr 2_{12} 3_{16}, Just. II 12 13). Wer anders konnte die Geschichten von solchen Schlechtigkeiten ausgestreut haben als der Vater der Lüge? Wer anders brachte die falschen Zeugen zum Aussprechen solcher Dinge? (Euseb. h. e. V $1_{14\ 23\ 25\ 52}$.) Wer anders konnte solche widersinnigen und widernatürlichen Frevelthaten überhaupt e r d a c h t haben als die Dämonen, die selbst solche Schändlichkeiten vollbracht hatten? Und schliesslich wusste man gewiss, dass auch im Himmel vor Gott der Teufel ebenso als der falsche Ankläger wider die Heiligen auf der Erde auftrat (Apk 12_{10}). Deshalb gilt es für Christen, zumal für ihre Führer, vorsichtig zu sein im Wandel (I Tim 3_{7} 5_{14}).

7.

Was ist der Z w e c k d e s T e u f e l s und seiner Dämonen mit all diesen Anstürmen auf die Heiligen? Sie fortzulocken von Gott in den Irrtum der Vielgötterei, sie wegzuschleudern von ihrem Leben[3]

---

[1] Ein πνεῦμα βλαψίφρον treibt Montan und Maximilla zum Selbstmord, Euseb. h. e. V 16_{13}. Und „wenn es ihnen möglich wäre, hätten sie überhaupt wohl schon den Himmel zugleich mit der ganzen Schöpfung zerstört". (Tat. Or. 16 p. 74, Athen. leg. 25.):

„Das Etwas, diese plumpe Welt,
So viel als ich schon unternommen,
Ich wusste nicht ihr beizukommen,
Mit Wellen, Stürmen, Schütteln, Brand;
Geruhig bleibt am Ende Meer und Land!"

[2] Rm. 5_{3} κακαὶ κολάσεις τοῦ διαβόλου (vgl. I Tim 3_{6}).

[3] Vgl. Barn. o. S. 17.

und in den ewigen Tod zu stürzen, ist ihr Ziel. „Denn nichts anderes erstreben die sogenannten Dämonen als die Menschen wegzuführen von dem Schöpfer-Gott und seinem Erstgeborenen, Christus. Und die, welche sich über die Erde nicht zu erheben vermochten, haben sie an irdische und von Händen gemachte Dinge angeheftet (die Götterbilder) und thun es noch, die aber, welche nach dem Schauen der Gotteswelt trachteten (die Philosophen), bringen sie davon ab und treiben sie zum Atheismus, wenn sie nicht vernünftige Gesinnung haben und ein reines, leidenschaftsloses Leben führen“[1]. Die Dämonen haben dies dadurch erreicht, dass sie durch Erfindung von Mythen und Mysterien Gottes Heilsplan mit der Menschheit nachgeäfft und denen, die nach Gottesgemeinschaft trachteten, durch diese ihre Gebilde ein angenehmes aber seelenverderbendes Surrogat der wahren Offenbarung geschaffen haben[2]. Und so gilt es denn von allen: „Seine (des Teufels) Gefässe und Wohnungen waren wir, solange wir im Abfall waren. Denn er bediente sich unser, wie er wollte, und ein unreiner Geist wohnte in uns“. Eine ganze Welt von Besessenen![3]

Und die ihm entflohen sind, aus denen der böse Geist ausgetrieben ist, die Christen (Iren. IV 4 3), versuchen die Dämonen jetzt durch die Wahngebilde der vielgestaltigen „Irrlehre“ zu fangen (Just. I 58 1 2). Aber man durchschaut den Kunstgriff des Irrtums und des Irrgeistes (Eph 4 14), des Teufels (Eph 6 11), die bösen Künste und Anläufe des Herrschers dieses Aeons (Ign. Phil. 6, Trall. 8)[4], der ein Lügner ist wie seine Söhne, die falschen Lehrer (I Joh 2 22). Und jedes Mittel ist ihm dazu recht: er lügt den Menschen vor, ihnen durch die falsche Lehre Reichtum, Ehre und Berühmtheit zu verschaffen, er betrügt sie durch Trugbilder, die er erfindet (Iren. V 22 2). „Er war ja schon gewöhnt zum Zweck der Verführung der Menschen gegen Gott zu lügen“ (V 23 1), wie er das bereits an Eva bewiesen hat (V 23 1 2, 24 1 2). Und was ist sein letzter Zweck dabei? „Zu verführen und zu verleiten den Sinn des Menschen zur Uebertretung der Gebote Gottes und allmählich die Herzen derer zu verblenden, welche ihm zu dienen suchen sollen, damit sie den wahren Gott vergessen, ihn aber als Gott anbeten“ (V 24 3). Christus hat ihm widerstanden; wer aber fällt, wie die ersten Menschen, der „stirbt an dem-

---

[1] Just. I 58 3 (vgl. Apk 13 14 20 3, Iren. V 25 1 4 29 2).

[2] Just. I 56. 57. 58. 62. 64. 66. D 69 p. 246. 248. 70 p. 254. 78 p. 280. 282. Tat. Or. 12 p. 58, 14 p. 64, 17 p. 78. Theoph. II 28.

[3] Iren. III 8 2.

[4] Vgl. auch die Stellen Barn. 2 1 10 4 9 13 S. 17.

selben Tage"[1]. Und so mahnt schon Ignatius vor der hereinbrechenden Gnosis: „Salbt euch nicht mit dem Uebelgeruch der Lehre des Herrschers dieses Aeons, damit er euch nicht wegfange von dem vorhandenen Leben" (Eph. 17_1).

In den Tod, den ewigen, zu stürzen, das ist auch der Zweck der Dämonen mit ihren unsittlichen Versuchungen. Im Hinblick auf die sittlichen Zustände unter den Heiden, wie sie oben von den kirchlichen Schriftstellern uns geschildert wurden (vgl. S. 4 f.), kann Tatian (Or. 15 p. 70) einfach sagen: „Die Dämonen haben nach ihrem freien Willen den Menschen Gesetze des Todes gegeben". Und schon der Epheserbrief nennt die Heiden „tot" durch die Uebertretungen und Sünden, in denen sie wandeln nach dem Wesen und Willen des Herrschers der Luftmächte (Eph 2_2). Befolgt man die Gesetze der Dämonen, so ist man dem Tode verfallen, darum ist der Teufel der, welcher die Macht des Todes hat (Heb 2_{14}). So sagt auch der Prediger im II Clemensbrief: „Unser Leben war nichts anderes als Tod" und: „(Jesus Christus) rief uns aus dem Nichtsein und wollte, dass wir aus dem Nichtsein zum Sein kämen"[2]. Und eben durch den ewigen Tod reisst der Teufel auf immer die Christen von Gott und ihrem Herrn los (vgl. noch I Tim 5_{14} 3_7).

Auch in den Verfolgungen ist es des Teufels erster Zweck, die Christen in den ewigen Tod zu stürzen, indem er sie dazu bringen will, ihren Gott zu verleugnen. Gelingt ihm dies nicht, dann vernichtet er sie durch den leiblichen Tod und befriedigt so zugleich seine eingewurzelte Mordlust. So weiss Ignatius, dass der Herr dieser Welt ihn „rauben" will durch gutgemeinte Bitten, die ihn an dem Martyrium hindern und seine auf Gott hin gerichtete Gesinnung verderben wollen[3]. Und wenn die Martyrien die Veranlassung zu einer Verfolgung aufzählen, so nennen sie dabei stets auch diese Ab-

---

[1] Iren. V 23_2, vgl. V 24_4, IV Praef. 4, III 23_1 f.

[2] II Clem. 1_6, 1_8: Ἐκάλεσεν γὰρ ἡμᾶς οὐκ ὄντας καὶ ἠθέλησεν ἐκ μὴ ὄντος εἶναι ἡμᾶς. Es ist angezeigt, auch zum Verständnis der scheinbar sich widersprechenden Angaben über das Dasein der Dämonen, hier auf die dreifache Bedeutung des μὴ ὄν für antikes Denken hinzuweisen. „Das Nichtseiende" ist 1) = das Null = Nicht-Existierende (z. B. der Gott — die „Götter"); 2) = das Schwache, Kraftlose (z. B. κύριος ist Gott — Dämonen als κύριοι „sind nicht"); dieser Gebrauch entstammt der semitischen Anschauung von Sein und Nichtsein; 3) = das Negative, dem Positiven Entgegengesetzte von oft sehr hoher Intensität z. B. gut — schlecht, Ordnung — Unordnung; Welt — Chaos (μὴ ὄν = Materie), Götter — Dämonen.

[3] Ign. Rm. 7_1: Ὁ ἄρχων τοῦ αἰῶνος τούτου διαρπάσαι με βούλεται καὶ τὴν εἰς θεόν μου γνώμην διαφθεῖραι. μηδεὶς οὖν τῶν παρόντων ὑμῶν βοηθείτω αὐτῷ . . .

sicht des Teufels. Schon der erste Petrusbrief würdigt die Verfolgungen und Leiden um des Christennamens willen ganz besonders als eine „Versuchung“, und seine Auffassung gipfelt in dem Satz: „Unser Widersacher, der Teufel, geht umher wie ein brüllender Löwe, zu suchen, wen er verschlinge“ (I Petr 5 8).

8.

Bei dieser hohen Gefahr, welche dem Christen ständig durch den Teufel und sein Heer drohte, war die Furcht vor diesen finsteren Mächten wohl weit verbreitet. Nicht umsonst warnt der Bussengel den Hermas: „Den Teufel fürchte nicht; denn wenn du den Herrn fürchtest, wirst du des Teufels Herr werden, weil er keine Kraft hat. Wer aber keine Kraft hat, den braucht man nicht zu fürchten“ [1]. Aber in den Augen vieler Christen wird die Macht des Teufels doch höher gewertet worden sein, das verraten die Worte des Hermas (M. XII 5 1): „Der Teufel ist grimmig und herrscht über sie“ (die Menschen), und auch der Engel weiss, dass alle die, welche „glaubensleer“ sind, den Teufel fürchten, als ob er Macht habe (5 2—4). Der Engel vertritt hier wie stets in solchen Visionen nicht nur die Rolle der offenbarenden Person, sondern auch die stärkere religiöse und sittliche Position, während der Visionär den religiösen Zweifel oder Kleinglauben und die sittliche Schwäche oder die Sünde und dadurch sehr oft den thatsächlichen Zustand der Gemeinde in seinen Worten darstellt. Vor der Furcht warnt also der Engel. Zweierlei Furcht vor dem Teufel unterscheidet er, die Furcht vor dem Teufel selbst und die vor den teuflischen Werken. Die letzte ist heilsam und soll tief in dem Herzen des Christen wohnen. Unter der Furcht vor dem Teufel selbst kann zweierlei verstanden werden: die Furcht, dass er durch die Künste der Verführung doch den Sieg über die Christen davontrage (vgl. M. XII 5 1, XII 4 6—6 5) oder auch die Furcht vor Verfolgungen, die im Hirten ja stets eine Rolle spielen. Verwandt mit diesen Stellen des Hermas ist die Warnung des Jakobusbriefs (4 7): „Widerstehet dem Teufel, und er wird von euch fliehen, nahet euch zu Gott und er wird sich euch nahen“. Und was Hermas in all seiner Weitschweifigkeit ausführt und begründet, das deutet der Verfasser des ersten Johannesbriefs in seiner knappen, wirksamen, geheimnisvollen Art an, indem er an den Schluss seines Schreibens den kurzen Satz stellt: „Kinder, hütet euch vor den Götzen!“ (5 21).

[1] M. VII 2. Hier sieht man, warum einer, in dem der Teufel steckt, doch „leer“ sein kann, M. XI, vgl. die vorige Anmerkung unter 2). Vgl. Justin D 30 p. 100.

9.

Will man das Leben der alten Christen wirklich verstehen, so muss man sich diesen seinen düsteren Untergrund in seiner ganzen Stärke vor Augen stellen und ihn nachempfinden.

Es sind ja nicht Schatten und Phantasiegebilde, um die es sich handelt, wie für die meisten modernen Menschen, auch nicht mit Zähigkeit festgehaltene Sätze der Dogmatik, wie für viele andere gegenwärtig lebende Christen; sondern die bösen Geister sind erlebte, täglich erfahrene Gewalten, welche auf Schritt und Tritt geheimnisvoll aber machtvoll wirkend ins Leben eingreifen.

Wir müssen uns einen Christen vorstellen, wie ihn in dem Hause, in dem er lebt, die Laren und Penaten von den Wänden anstarren; wie auf den Strassen und Plätzen die Bilder ihm zu drohen scheinen; wie er an den Tempeln vorübergeht, wo in dem dunklen Haus hinter den hellen Säulenreihen die geheimnisvollen Gewalten ihr Wesen treiben, Scharen von Menschen zu sich ziehend. Unter diesen Bildern gab es viele, deren scheussliche Gestalt mit ihrer wundersam grotesken Mischung von Menschen- und Tierleibern abstiess und doch den mit Grausen erfüllte, der hinter ihnen eine persönliche Geistermacht lebendig und wirksam wusste. Weit gefährlicher aber waren die Dämonen, wenn sie dem zartschimmernden Marmor Leben einhauchten, wenn die schönheitsfrohen Glieder der griechischen Götter und Göttinnen der sinnenverlockende Zauber wurden, durch den die Teufel die Menschen knechteten. Der Christ erkannte mit Entsetzen, dass all diese lebensvolle Schönheit Gott gestohlen war, um sie zur Sünde zu gebrauchen, dass alle Majestät, welche die Göttergestalten umfloss, ein Raub an Gottes Herrlichkeit und an seiner Herrschaft über die Menschenherzen war.

Und wenn der Christ dann bei Familienfeiern, bei den Festen der Stadt und der Provinz voll Grauen die ungeheure Macht des Abfalls von Gott erfuhr; wenn er sah, wie bei solchen Festen die schlimmsten Schandthaten der Dämonen und Heroen auf der Bühne sich abspielten, wie die Leidenschaften der Menschen und der Götter, Habgier, Hass, Rachgier und Sinnenliebe, und was ihnen folgt, Krieg, Mord und Ehebruch, vor den Augen von Alt und Jung, der Reifen wie der Unreifen, in verführerischem Zauber sich entfalteten: da zog ein Schauer der Verachtung und des Hasses durch sein Herz, des Hasses gegen die, welche die Seelen der Menschen durch ihre Gaukeleien und Schreckbilder von dem wahren Gott und seiner ewigen Güte und

Reinheit weggelockt hatten[1].

Glücklich der Christ, der nur diese Empfindungen kannte. Aber wenn sich die Schönheit der Bilder und der Menschen, wenn sich der Sinnenreiz der Schauspiele ihm ins Herz schlich, wenn bei den Kämpfen der Gladiatoren die im Menschen schlummernde Blutgier auch in ihm erwachte, dann hörte er mit Schrecken und Entsetzen dieselben finsteren Mächte aus den Regungen seines Trieblebens bald in süssem Schmeicheln, bald in wildem Locken zu sich reden. Er glaubte sie nicht bloss zu hören. Je mehr er auf sich achtete, je mehr er sich versenkte in das Erleben der Geisterwelt, je mehr er ein Pneumatiker wurde, desto klarer und öfter hörte er diese Stimmen, ja er sah die Gestalten der bösen Geister leiblich und erlebte körperlich ihre peinigende Gegenwart[2].

Und blieb er seinem Gotte treu, so wartete auf ihn vielleicht das Schlimmste. In einer Zeit der Verfolgung entfalteten Satan und seine Geister ihre höchste Macht. Mit Abscheu und bangem Entsetzen erfuhr er dann die Grausamkeit dieser wildgewaltigen Feinde an den Qualen seiner Freunde, oder er erlebte sie in den peinigenden Schmerzen, die seinen eigenen gefolterten Leib zerrissen.

Wer sich lebendig in diesen Gemütszustand hineinversetzen kann, der versteht das geheimnisvolle Erschauern, das grausende Erbeben, das den steten Untergrund der urchristlichen Frömmigkeit bildete. In der gewaltigen Melodie „Christus ist Sieger“ schwangen mancherlei Töne von fremdartigem Reiz mit, die moderner Frömmigkeit fehlen, und deren Fehlen sie eines Teiles ihrer Kraft beraubt. Man lese bei Ignatius den Satz (Sm. 6): „Keiner irre sich! Auch die Himmlischen und die Herrlichkeiten der Engel und die Herrscher, die s i c h t b a r e n u n d d i e u n s i c h t b a r e n, wenn sie nicht glauben lernen an das Blut Christi, auch sie trifft das Gericht. Wer es versteht, verstehe es!“ Freilich sind diese Worte auch an die Gemeinde und an die Irrlehrer gerichtet. Aber vielleicht noch viel mehr an die, welche hinter den Ketzern stehen, an die, welche h i e r im heidnischen Gefängnis, das seine „Panther“ im Auftrag des „Tieres“ hüten, wenn irgendwo ihr Wesen treiben. In die Luft sind diese Worte gesprochen, in die Luft des Kerkers, in der Dämonen hausen; an diese sind sie mitgerichtet. Vielleicht steht jetzt gerade einer hinter dem Märtyrer und schaut ihm über die Schulter, während er schreibt: „Wer's versteht, der merke sich's!“; wem gilt es, das geheimnisvolle Wort der Apokalyptiker, mit dem

[1] Man lese, was Tatian von seinen eigenen Eindrücken als Zuschauer der Schauspiele und Gladiatorenkämpfe schreibt Or. 22. 23.

[2] Tat. Or. 15 p. 70 vgl. S. 9.

sie das Höchste und Tiefste andeuten, wem gilt es, wenn nicht denen, auf die das Gericht wartet, wenn sie nicht gläubig werden? Wir fühlen das grausende und doch frohlockende Erbeben, das den gefangenen Ignatius bei diesen Sätzen durchzittert. Trotzig hat er sie dem Feind entgegengeschleudert, wie wird der's ihm vergelten? —[1].

Ein frohlockendes Erbeben, ein süsses Grauen muss man jenes Gefühl nennen, denn auf diesem dunklen Grunde hat sich unter den Strahlen der Himmelssonne die Wunderblume jener Glaubens- und Lebensenergie entfaltet, die in den ersten Jahrhunderten so häufig, später immer seltener und immer verborgener erblüht ist.

Das Bewusstsein, im Kampf mit der feindlichen Geisterwelt zu stehen, giebt den Christen jener Tage etwas Kühnes und Trotziges, selbst so wenig grossartig angelegten Naturen, wie Hermas eine ist. Die Gewissheit: die Welt und ihr Herr hasst uns, weil wir gut und sie schlecht sind, adelt auch den niedrigsten Sklaven. Viel Feind, viel Ehr. Und welch ein Feind! Mit der höchsten Machtfülle nach aussen verbindet er die härteste Grausamkeit und die wildeste Schlechtigkeit im Innern. Gottes Feind selbst ist der Christen Feind! Auch darum rühmt man sich seiner Trübsale und seiner Schwachheit. Darum wundert man sich nicht, wenn die Welt die Christen hasst (I Joh 3 13), ja man weiss in trotzigem Kraftbewusstsein: „Es zeugt für die Grösse des Christentums, freilich nicht für seine Verführungskunst, wenn es von der Welt gehasst wird“[2].

---

[1] Man halte solchen Gemütszustand nicht für unmöglich. Die Kämpfe der Asketen mit den Dämonen in der Wüste offenbaren dieselbe Reihe von Erlebnissen. Mit Recht hat K. Holl (Enthusiasmus und Bussgewalt, Leipzig 1898) wieder darauf aufmerksam gemacht, dass der Vita Antonii und ähnlichen Erzählungen wirkliche Erlebnisse zu Grunde liegen. Wem diese selbst vielleicht nicht anschaulich genug sind, der kann ausgezeichnete moderne Schilderungen solcher Seelenzustände lesen in den Romanen von G. Flaubert, Les tentations du S. Antoine, und A. France, Thaïs. Auch Luthers Teufelsvisionen auf der Wartburg sind eine Analogie, wenn auch die Stimmung, mit der sie der Reformator erlebte, eine in vieler Hinsicht andere ist und den Einfluss der derb-komischen Seite des mittelalterlichen Teufelsglaubens verrät. Aus neuester Zeit ist das Leben des Pfarrers Chr. Blumhardt wohl die treffendste Analogie, sowohl was die Stärke der Erlebnisse, als was den Ernst der Betrachtung anbelangt.

[2] Ign. Rm. 3 3: Οὐ πεισμονῆς τὸ ἔργον ἀλλὰ μεγέθους ἐστὶν ὁ Χριστιανισμὸς ὅταν μισῆται ὑπὸ κόσμου. Vgl. Just. II 8.

II.

Der Sieg der Christen durch den Beweis des Geistes und der Kraft.

Er ist bei uns wohl auf dem Plan
Mit seinem Geist und Gaben.

1.

Alle die Vorstellungen von einem hinter dem Weltreiche und seinen Göttern wirkenden Reiche des Teufels und der Dämonen, in die sich die geschilderten Erlebnisse den ersten Christen mit Notwendigkeit einkleideten, waren der neuen Religion nicht eigentümlich, sondern entstammten der Kulturwelt, in die das Christentum eintrat, vor allem seinem Mutterboden, dem Judentum.

Mit ihm teilte das Christentum auch die gewaltige Demokratisierung dieses ganzen aristokratischen Geisterreichs mit monarchischer Spitze. Schon das Judentum hatte bis zu einem gewissen Grade „die gefallenen Sterne“ abgesetzt, dazu die einstigen Throne, Herrschaften, Mächte und Kräfte — und wie die Götterstufen alle hiessen — und sie unter den Gattungsnamen „böse Dämonen“ gebracht. Diese einzige Gruppe umfasste, nach christlicher Ueberzeugung erst recht, sie alle vom hohen olympischen Zeus an, vor dem sich der Kaiser von Rom und seine Beamten beugten, bis zum scheusslich schreienden Dämon, der den Epileptischen antrieb, sich mit schäumendem Munde bald ins Wasser, bald ins Feuer zu werfen, ein Bild des Entsetzens und des Jammers für jeden, der ihm nahe kam[1]. Was diese Nivellierung und Verdammung der Götter für solche bedeutete, welche sich von ihrer Verehrung losrissen, ohne an ihrem Dasein zu zweifeln, welche Energie des Glaubens an den einen Gott das zur Voraussetzung hatte, vermögen wir nur schwer nachzufühlen[2].

---

[1] Die Stufen der (guten) Engel liess man bestehen, ohne irgend welches Gewicht darauf zu legen. Die gnostische Bewegung stand in einzelnen Richtungen anders, ihren polytheistischen Ursprung durch Engelverehrung beweisend, vgl. die Irrlehren in Kol, Eph, Heb u. ö. Später hat sich die Kirche und ihr Kultus ebenfalls freundlicher zu den alten Göttern gestellt, da sie nicht mehr so zu fürchten waren. Ist doch nicht nur der Teufelsglaube, sondern auch der Heiligenkult ein Rest des Polytheismus im Christentum.

[2] Dem Celsus (Orig. c. Cels. VII 36) erscheinen die Christen παντάπασιν

Dem geborenen Juden war der Uebertritt zum Christenglauben auch in dieser Beziehung viel leichter[1]. Teilte doch das Judentum mit dem Christentum sogar noch die Hoffnung, dass einst das Reich der Dämonen gestürzt und das Heer der Geister in das Feuer geworfen würde.

Und doch fehlte dem Judentum das Beste: jene sieghafte Kraft des Christenglaubens, die schliesslich auch den Ausschlag gab in dem Kampf der Religionen.

Das Judentum war eine Religion der Verbitterung und der Zukunft; es lebte in der Gegenwart von der Trauer und dem Hass, von der Erinnerung und der Hoffnung; es war der Glaube des Geknechteten, der seinen Befreier ersehnt. Das Christentum ist bei seiner starken Hoffnung doch jetzt schon im Besitz der Güter, die einst im Vollmass erscheinen sollen. Es ist eine eigentümliche Stimmung des Friedens und der Freude, der Kraft und der Gewissheit, die die junge Religion ihren Anhängern einflösst. Diese Gewissheit spricht gegenüber dem Reich der Weltherrscher in der Luft: „In allen Gefahren überwinden wir durch den, der uns geliebt hat. Denn ich bin gewiss, dass weder Tod noch Leben, weder Engel noch Mächte, weder Gegenwärtiges noch Zukünftiges, weder »Höhe« noch »Tiefe« (Geistwesen), noch irgend ein anderes Geschöpf uns zu trennen vermag von der Liebe Gottes, die in Christo Jesu ist, unserem Herrn" (Rm 8 $_{37}$ ff.) Charakteristisch ist für diese Stimmung, dass ihr zwei Empfindungen möglich sind, die nicht der Geknechtete sondern der Herr, nicht der Unterdrückte sondern der Sieger zu haben vermag: die verzeihende Grossmut, die da spricht: Vater vergieb ihnen, denn sie wissen nicht, was sie thun (vgl. I Kor 2 $_{8}$, I Petr 1 $_{12}$, Ign. Sm. 6 u. ö.), und die überlegene Ironie, die ihrer thörichten Handlungen spottet[2]. Und

καταγέλαστοι, τοὺς μὲν ἄλλους, τοὺς δεικνυμένους θεούς, ὡς εἴδωλα βλασφημοῦντες, τὸν δὲ καὶ αὐτῶν ὡς ἀληθεῖς εἰδώλων ἀθλιώτερον, καὶ μηδὲ εἴδωλον ἔτι, ἀλλ' ὄντως νεκρὸν σέβοντες καὶ πατέρα ὅμοιον αὐτῷ ζητοῦντες.

[1] Denselben Schluss zieht Iren. IV 24 $_{1\,2}$: Gentiles vero et hoc ipsum discere oportebat, quoniam huiusmodi operationes malae et exterminatoriae et inutiles sunt (nämlich moechari, fornicari, furari u. ä.) et damnosae his, qui operantur eas. Quapropter plus laborabat qui in gentes apostolatum acceperat, quam qui in circumcisione praeconabant Filium Dei. Illos enim adjuvabant Scripturae ... (das ist doch nur sehr bedingungsweise richtig) ... hic vero peregrina quaedam eruditio et nova doctrina, deos gentium non solum non esse deos sed et idola esse daemoniorum; esse autem unum Deum, qui est „super omnem principatum et dominationem et potestatem et omne nomen quod nominatur" ....

[2] Vgl. z. B. Arist. Ap. 13 S. 33, Tatian a. v. St., Martyr. Lugd. bei Euseb.

diese siegessichere Kraft hat vor allem das Christentum befähigt, jene ganze Religion der „Dämonen“ zu stürzen, was das Judentum nicht vermochte, trotzdem seine Propaganda so eifrig war wie die christliche[1].

Woher nahm das Christentum diese Kraft? Die Christen selbst antworten uns: es ist der heilige Geist, der Geist Gottes, der sie wirkt. Auch hier ist es wieder Paulus, der diese Antwort voll Siegesgewissheit zum ersten Mal gegeben und seinen Siegesruf in Rm 8 so begründet hat: „Die Hoffnung lässt nicht zu schanden werden, denn die Liebe Gottes ist ausgegossen in unseren Herzen durch den heiligen Geist, der uns gegeben ist“ (Rm 5 5).

Es ist eine feine psychologische Beobachtung, die auch für die grossen Verhältnisse der Geschichte der Religionen gültig ist, wenn Hermas sagt, dass die Trauer und ihre Geschwister, die Verbitterung und der Hass, — Geschwister trotz der grossen Verschiedenheit der Empfindung — den heiligen Geist aus den Menschen vertreiben. Sie sind eben das Gegenteil von dem Frieden und der Freude im heiligen Geist, die im Reiche Gottes herrschen. Darum hatte auch das Judentum trotz einzelner Geistwirkungen doch nicht den Geist. Darum wagte auch diese Epigonenzeit selbst nicht mehr, von sich den Besitz des Geistes zu behaupten. Und dies Dogma wiederum, dass mit dem letzten der kanonischen Propheten der Geist von Israel gewichen sei, half mit dazu, den Geist zu ersticken[2].

Fragt man, woher die neue Religion den Geist bekommen hatte, so geben uns ihre Anhänger die einstimmige Antwort:

„Christ fuhr gen Himmel,
Da sandt' er uns hernieder,
Den Tröster, den Heiligen Geist.“ (vgl. Joh 15—17)

„Er stieg in die Höhe, fing die Gefangenschaft und gab Geschenke den Menschenkindern“ (Eph 4 8). Vor Christi Verklärung gab es noch keinen „Geist“, aber nachher „bliess er ihn den Jüngern ein“ (Joh 7 39 20 22), und wie die Aussagen alle heissen. Der Histo-

---

h. e. V 1 62 ff. — Diese Empfindung kann herabgehen bis zu dem Spott über die dummen Teufel von Gadara, die in die Säue fuhren, und nähert sich dann dem gehässigen jüdischen Spott. Ebenso grenzt an diese Gesinnung das Benehmen einzelner Christen gegen die Götterbilder, wie es bei Orig. c. Cels. VIII 38 geschildert wird.

[1] Natürlich haben zu diesem Misserfolg auch noch andere sekundäre Motive mitgewirkt, besonders das Festhalten des Ceremonialgesetzes, welches eine Weltreligion unmöglich machte, sowie einzelne Züge der jüdischen Zukunftshoffnung.

[2] Vgl. die Stellen über den Geist im Judentum bei H. Gunkel, die Wirkungen des heiligen Geistes. Gött. 1888. S. 55—61.

riker muss mit denselben, nachdem er sie ihrer dogmatischen Form entkleidet hat, vollkommen übereinstimmen. Es ist der Eindruck der Person Jesu gewesen, der zuerst wieder Menschen den Mut gab, die Heilungen und Kraftthaten, wie alles was er that, auf die Fülle des Geistes in ihm zurückzuführen und zum ersten Male wieder seit langer Zeit von einem Menschen der Gegenwart die innigste Beziehung zu Gott auszusagen. Und nachdem einmal ein Jünger das synthetische Urteil: Du bist Christus, gewagt hatte, welches Jesus selbst nur als eine Offenbarung Gottes sowohl bei sich selbst (Mc 1 11) als auch bei Petrus (Mt 16 17) verstehen konnte, waren aus dem Prädikate durch lauter analytische Urteile alle Sätze der Christologie abzuleiten. Jenes erste Urteil aber beruhte allein auf dem Eindrucke der Person des „Heilandes". — Als die Jünger dann an sich selbst die ersten Wirkungen des Geistes erlebten, als sie den „Herrn" sahen in seinem pneumatischen Dasein, als sie mit Zungen redeten, prophezeiten und heilten, da war es wieder die Gewissheit, dass er den Geist gehabt hatte, welche sie nicht daran zweifeln liess, dass sie kein Gespenst gesehen hatten, welches sie betrügen wollte, dass kein sinnverwirrender Dämon sie in Ekstase versetzt hatte, sondern dass sich nun die Weissagung des Joel erfüllte und der Himmel auf Erden da war. Und wer hatte ihnen im tiefsten Grunde die Kraft des Glaubens eingeflösst, der sich in den Geistwirkungen offenbarte, als die Jünger mit dem feindlichen Geisterreich in Kampf kamen, wenn nicht Er, der mit ihnen gewandelt war am See und in der heiligen Stadt? Er war in die Höhe gestiegen und gab Geschenke den Menschenkindern[1].

2.

Die neue Religion gründete ihre Siegesgewissheit anscheinend auf drei Gruppen von Thatsachen. Die eine war das Leben und der Tod, vor allem aber die Auferstehung Jesu mit ihren Wundern, die zweite bildeten die Weissagungen des alten Testaments und die dritte die Wirkungen des heiligen Geistes an dem lebenden Geschlecht. Nur scheinbar sind dies drei verschiedene Gruppen von Beweisen: in Wahrheit stammen sie alle im letzten Grunde aus dem Geist, der darum der eigentliche Zeuge für das Christentum ist.

Die Heilungen Besessener hatte schon Jesus selbst auf den heiligen Geist zurückgeführt (Mc 3 29, Mt 12 31, Lc 12 10), auch

[1] Auch Gott giebt den Geist; aber dieser Gedanke kommt hier nicht in Betracht.

seine *Auferstehung*, die ja erst sein Leben und seinen Tod als heilsbedeutend bezeugt[1], ist eine Wirkung des Geistes. „Er ward gerechtfertigt im Geist“, sagt das liturgische Stück im I Tim (3_{16}) und denkt wahrscheinlich an Jesu Auferstehung; auch der erste Petrusbrief weiss, dass Christus zum Tode gebracht ist im Fleisch, aber lebendig gemacht im Geist, (3_{18} vgl. 4_{6}) und dieser sein „Geist“ ist natürlich der heilige Geist gewesen. Ebenso hat er nach der Vorstellung des Hebräerbriefes (9_{14}) als Geistwesen, durch (den) ewigen Geist, sich selbst (= seinen Körper 10_{10}) als fehlloses Opfer Gott dargebracht (vgl. 10_{20} und 13_{11}, wo das Vorbild der Handlung beschrieben ist). Auch nach Barnabas (7_{3} vgl. 11_{9}) hat Jesus das Gefäss des Geistes als ein Opfer Gott dargebracht. Aehnlich ist die Vorstellung von der Auferstehung auch bei Hermas (S. V 6) und im Johannesevangelium. Wie der Geist alle lebendig machen kann[2], so ist es gleichgiltig, ob der lebende Jesus sagt: „Der Vater wird einen andern Anwalt senden“, oder ob er spricht: „Ich komme zu euch“ ($14_{16\ 18}$); wird jener doch von dem nehmen, was Jesu ist (16_{15}). Die Welt steht darum der Erfahrung der Auferstehung ebenso fremd gegenüber wie der der Geisteswirkungen (Joh $14_{17\ 22}$ ff.).

Deshalb konnte auch eigentlich nur ein Pneumatiker den Herrn sehen; denn nach einem Satze des Paulus, der eine Ueberzeugung der ganzen Urkirche ausdrückt, kann nur der Geistträger die Geistwirkungen beurteilen. Dennoch wird der Geistempfang durch die Jünger erst auf den Pfingsttag verlegt. Und selbst das Johannesevangelium kennt trotz 20_{22} noch Erscheinungen des Herrn vor dem Empfang des Geistes ($20_{14\ 19}$). Beides ein Zeugnis dafür, dass der Pfingstgeschichte eine historische Thatsache zu grunde liegt.

Ebenso aber lässt sich auch die zweite Instanz des Wahrheitsbeweises auf den Geist zurückführen. Und wiederum nicht bloss objektiv in dem Sinne, dass das *alte Testament und seine Prophezeiungen ein Werk des Geistes* sind — eine Ueberzeugung des gesamten Urchristentums — sondern auch in dem subjektiven, dass auch hier wieder nur der geistliche Mensch das Geistliche zu beurteilen versteht (I Kor $2_{14\ 15}$)[3]. Der geistgewirkten Schrift

---

[1] Vgl. z. B. Paulus, I Tim 3_{16}, Iren. II $32_{3\ 4}$ u. a. St., der Gedanke ist selbstverständlich.

[2] $6_{62\ 63}$; beachte die Aufeinanderfolge, aus der sich der Gedanke ζωοποιοῦν erklärt.

[3] Dieser Satz, eines der ältesten „Dogmen“ der Christenheit, hat eine grosse Rolle gespielt, auch bei den Gnostikern. Er findet sich auch in der allgemeinsten Form: τὸ ἔλαττον κατάληψιν οὐκ ἰσχύει ποιεῖσθαι τοῦ κρείττονος, Tatian. Or.

entspricht allein eine geistgewirkte Exegese[1]. Die Kirche hat im Laufe der zwei ersten Jahrhunderte einen schweren Kampf um das alte Testament nach zwei Seiten hin, gegen Gnostiker und Juden, führen müssen. Sie hat dabei versucht, die pneumatische Exegese in bestimmte Grundsätze zu fassen, es ist ihr aber nicht gelungen. Man hat den Schriftbeweis als ausschlaggebend schliesslich fallen lassen müssen (Tertullian), da man die pneumatische d. h. allegorische Exegese nicht aufgeben konnte und deshalb diese Waffe den Händen der Gegner nicht entwinden durfte.

Den Wandel der Zeiten vom Urchristentum zur Kirche bezeichnet es, wenn Irenäus noch eine neue Autorität kennt, nicht mehr das lebendige, sondern das viergestaltige Evangelium und den Kanon des neuen Testamentes. Aber auch hier ist es der Geist, der diese neue Autorität trägt[2].

So führt uns auch diese Linie auf den heiligen Geist zurück als den eigentlichen Zeugen für die christliche Gewissheit, deren Begründer und Schöpfer er im tiefsten Grunde ist. Auf der Thatsache, dass der Geist über sie ausgegossen ist, beruht die Glaubensgewissheit der jungen Gemeinde.

3.

Es waren zwei Gruppen von Erlebnissen, die man als geistgewirkt, als Folge einer göttlichen Inspiration erfuhr.

Da war eine Reihe von auffallenden, aussergewöhnlichen und nur an einzelnen Christen auftretenden Erscheinungen, die sich auf dem Gebiet des menschlichen seelischen oder körperlichen Lebens abspielten, und die man nicht als Produkte des Bewusstseins des menschlichen Subjekts verstehen zu können glaubte. Dass diese Wunder „Zeichen“

---

15 p. 70 (selbst von einem Heiden ausgesprochen vgl. Just. D 4 p. 16).

[1] Für Paulus vergleiche H. Vollmer, Die alttestamentlichen Citate bei Paulus, Freiburg 1895 S. 58—65 u. 74; aus dem von uns zu besprechenden Zeitraum sind die Stellen später angeführt.

[2] Iren. III 11 8: Ἐπειδὴ τέσσαρα κλίματα τοῦ κόσμου, ἐν ᾧ ἐσμέν, εἰσὶ καὶ τέσσαρα καθολικὰ πνεύματα, κατέσπαρται δὲ ἡ ἐκκλησία ἐπὶ πάσης τῆς γῆς, στύλος δὲ καὶ στήριγμα ἐκκλησίας τὸ εὐαγγέλιον καὶ πνεῦμα ζωῆς· εἰκότως τέσσαρας ἔχειν αὐτὴν στύλους, πανταχόθεν πνέοντας τὴν ἀφθαρσίαν καὶ ἀναζωπυροῦντας τοὺς ἀνθρώπους. ἐξ ὧν φανερόν, ὅτι ὁ τῶν ἁπάντων τεχνίτης λόγος . . . ἔδωκεν ἡμῖν τετράμορφον τὸ εὐαγγέλιον, ἑνὶ δὲ πνεύματι συνεχόμενον. Vgl. Can. Mur. l. 16: Et ideo licet varia singulis evangeliorum libris principia doceantur, nihil tamen differt credentium fidei, cum uno ac principali spiritu declarata sint. Auch für Theoph. sind mindestens die vier Evangelisten πνευματοφόροι in einem besonderen Sinn II 22 p. 118 und III 12 p. 218.

waren, durch die Gott für seine Gemeinde Zeugnis ablegte, war allgemeiner Glaube[1].

Es ist eine weitverbreitete Ansicht, dass solche Geistwirkungen, wie sie die Briefe des Paulus und die alten Quellen der Acta in so kräftiger Lebendigkeit uns vor Augen stellen, in dem von uns zu zeichnenden Zeitraum stark abgenommen, ja fast aufgehört hätten. Diese Ansicht hat ihre Berechtigung. Der Enthusiasmus ist seiner Natur nach nicht imstande, in einer sich immer mehr mit Schranken umgebenden Kirche zu existieren. Aber wir dürfen nicht vergessen, dass unsere Epoche die Zeit einer aus dem Enthusiasmus sich entwickelnden, werdenden Kirche ist, voll heisser Kämpfe. Mag darum im Vergleich mit der Urgemeinde der Strom des Geistes in der werdenden Kirche stark eingeengt und flach erscheinen, so wird doch unsere Zusammenstellung zeigen, dass er keineswegs am Vertrocknen war, und dass es auch viel an dem Sehwinkel gelegen hat, wenn der Strom schmäler erschien. Man hat seinen Standpunkt meist bei den Zuständen in der korinthischen Gemeinde genommen, wie sie aus dem 12.—14. Kapitel des ersten Korintherbriefes deutlich werden, und dazu die Geistesgaben meist unter dem Gesichtspunkt der Geistes*träger* und des „Amtes", vor allem des prophetischen, gesehen. Dadurch aber hat man sich den Blick für manche Arten der Geistwirkungen geraubt; besonders hat man sehr häufig für die *in der nachapostolischen Zeit neu auftretenden* Erscheinungen kein Auge gehabt.

Aber überhaupt ist diejenige Betrachtung der Entwicklung, welche nur auf die Geistwirkungen in den kirchlichen Kreisen hinblickt, weder ausreichend noch dem urchristlichen Standpunkt entsprechend. In der Urgemeinde liegen viele Möglichkeiten der Ausgestaltung des Christentums neben einander, welche die werdende Kirche in unserm Zeitraum in den Kämpfen mit dem Judenchristentum, der gnostischen Bewegung und dem Montanismus zum Teil geordnet, zum andern grösseren Teil abgestossen hat. Sie sind von uns ausgegangen, aber sie waren nicht aus uns: das ist das Urteil der Kirche und zum Teil auch das der Geschichte. Eben deshalb gehören sie mit in die Kirchengeschichte. Gerade in der gnostischen Bewegung aber und im Montanismus ist eine gewaltige Energie pneumatischer Erregung zu Tage getreten, von der Kirche als dämonisch gewertet, aber nach ihrem eigenen Urteil gleich*artig* dem, was sie selbst besass.

Schliesslich ist für den, der über die Geschichte der Kirche hinaus

---

[1] Vgl. Joh. $2_{11\ 23}$ u. ö., Act. 4_{22} $8_{6\ 13}$ u. ö., Heb 2_{4}, Just. D 7 p. 32.

auf die Geschichte der Religionen sieht, deutlich, dass unser Zeitraum eine Epoche der höchsten pneumatischen Erregung gewesen sein muss. Stehen wir doch mitten in jener emporsteigenden Flutwelle des religiösen Lebens, in der alle Bäche und Ströme orientalischer Religionen sich vereint haben, um ihre Fülle auszugiessen über das gewaltige Reich, in jener Flutwelle, die das Christentum schliesslich zum Siege getragen hat. Solche Zeiten, in denen die Götter mit einander kämpfen, sind aber stets Zeiten enthusiastischer Erregung. Die Schilderung dieser allgemeinen Verhältnisse liegt uns fern; aber deutlich vor Augen haben müssen wir sie bei unserer Aufgabe stets. Nur so verstehen wir recht, um was man in der werdenden Kirche gekämpft hat und mit wem.

In dieser selbst scheinen die Nachrichten freilich im Allgemeinen eine Abnahme der „Charismen“ zu bezeugen. Wenn aber Weizsäcker[1] schreibt: „Die Thesis von einer der Kirche zukommenden und in ihr jederzeit blühenden Prophetie stand freilich fest; sie stützte sich aber weniger auf Thatsachen als auf die Lehre, die Verheissung im vierten Evangelium und die Vorbilder der Apostelzeit nach Paulus“, so ist diese Beurteilung von zu grosser Vorsicht gegenüber den Nachrichten geleitet. Die Verheissung des vierten Evangeliums ist, wie wir sehen werden, keine Weissagung sondern ein vaticinium ex eventu, das die Geistthatsachen in der Gemeinde deutlich zum Hintergrunde hat und sie durch diese „Weissagung“ Jesu legitimieren will. Denn „Gottes Werk ist es, dass er, ehe etwas geschieht, es sagt, und dass es sich dann, wenn es geschieht, so zeigt, wie es vorausgesagt worden ist“ (Just. I 12_{10}). Das Vorbild der apostolischen Zeit hat allerdings seinen Einfluss geübt; aber dieser war doch nicht so stark, dass man z. B. auch von Glossolalie erzählt hätte. Und wenn sich Weizsäcker darauf beruft, dass man von Namen immer nur die des Agabus, Judas, Silas, der Ammia, des Quadratus und die Töchter des Philippus angeführt hat, so ist dabei zu beachten, weshalb man sich auf diese Namen der „apostolischen“ Generation berufen hat. Nicht weil man keine neueren wusste, sondern weil die Zeit, in der man sich auf sie berief, ihre Autoritäten bereits unter dem Titel „apostolisch“ citierte[2].

[1] Theologische Litteraturzeitung 1882. Sp. 78.

[2] Dies geht mit aller Deutlichkeit aus der Schrift des Miltiades (Euseb. h. e. V 17) hervor. Miltiades hat danach aufgezählt τοὺς κατὰ τὴν καινὴν διαθήκην προπεφητευκότας, wobei dem Euseb. Ammia und Quadratus auffallen, weil sie nicht im N. T. stehen. Aber „apostolisch“ müssen sie noch sein, wenn sie auch schon das Bindeglied zu den Montanisten hin bilden sollen (vgl. V 17_4).

Schon Harnack[1] hat darauf hingewiesen, dass Weizsäcker's These zu weit geht und besonders auf Grund des nachher erst bekannt gewordenen Zeugnisses der Didache und unter Berücksichtigung der Tendenz unserer Quellen wesentlich eingeschränkt werden muss. Aber auch Harnack's Urteil in der Dogmengeschichte: „Im Laufe des 2. Jahrhunderts nahm der urchristliche Enthusiasmus immer mehr ab; nicht nur starben die Apostel, Propheten und Lehrer aus, sondern die religiöse Stimmung der Mehrzahl der Christen änderte sich. An die Stelle unmittelbarer religiöser Begeisterung, die das Bewusstsein, selbst den Geist zu besitzen, zur Folge gehabt hatte, trat eine reflectirte Frömmigkeit"[2], auch dies Urteil ist nur für die Kreise der werdenden Kirche — und nicht einmal für diese vollkommen — richtig, nicht aber wenn man auf die Gesamtheit derer sieht, welche Christen sein wollten, oder gar im Hinblick auf die allgemeine Religionsgeschichte. Auch in den kirchlichen Kreisen ist der Enthusiasmus nicht ohne äussere Ursache geschwunden. Das Bedürfnis der Kirchenbildung hat den „Geist", wenn auch nicht völlig ertöten können, so doch verleugnet, zurückgedrängt und schliesslich zum Teil aus der Kirche gewiesen. Nicht weil man den Geist nicht mehr hatte, hat man die Kirche gegründet, sondern, um die Kirche zu bauen, hat man den Geist dämpfen müssen[3].

Eine kurze Uebersicht der Stellen, an denen von den ausserordentlichen Geistesgaben im allgemeinen die Rede ist, soll diese Ausführungen unterstützen, ohne doch der im zweiten Abschnitt folgenden Beschreibung der Geistwirkungen im einzelnen vorzugreifen.

Inhaltlich stehen dem Apostel Paulus zwei Stellen nahe: I Petr 4_{7-11} und Eph 4_{1-16}, von denen besonders die zweite und frühere deutlich an Rm 12_{1-8} und I Kor 12_{4-31}, anklingt. Vor allem erinnert an Paulus die Art, wie der Verfasser, ohne irgendwie abzusetzen, den Uebergang von der allgemeinen Geistbegabung in die „Amts"gnade macht, fast als ob alle Christen „Amts"träger seien oder werden könnten. „Ich mahne euch, ich der Gefangene in dem Herrn, würdig zu wandeln der Berufung, durch die ihr berufen seid, mit

Auf sie als die Träger der Tradition berufen sich nämlich die Montanisten selbst: εἰ γὰρ μετὰ Κοδρᾶτον, sagt Milt., καὶ τὴν ἐν Φιλαδελφίᾳ Ἀμμίαν, ὥς φασιν, αἱ περὶ Μοντανὸν διεδέξαντο γυναῖκες τὸ προφητικὸν χάρισμα . . . Zu dieser Traditionskette wollte ihnen natürlich der kirchliche Schriftsteller durch weitere Aufzählungen nicht noch Material liefern.

[1] Die Lehre der zwölf Apostel. Leipzig 1884. T. u. U. II, 1. 2. S. 127.

[2] I³ 1894 S. 350.

[3] Ganz analog sind die Verhältnisse in der deutschen Reformation und in der „Kirche der Wüste" gewesen.

aller Demut und Sanftmut, mit Langmut ertragend einander in Liebe, eifrig zu bewahren die Einheit des Geistes in dem Bande des Friedens:

Ein Leib und ein Geist, wie ihr auch berufen seid in einer Hoffnung eurer Berufung;

Ein Herr, ein Glaube, eine Taufe;

Ein Gott und Vater aller, der über allen und durch alle und in allen ist.

Einem jeden von uns ward die Gnade gegeben nach dem Masse des Geschenkes des Christus." Mit diesem Satz ist augenscheinlich, ohne dass man sagen könnte, wo das Neue beginnt und das Alte aufhört, der Uebergang von dem allgemeinen Geistbesitz zu den besonderen Gaben gemacht. Sehr geschickt ist der Uebergang in dem ἡμῶν versteckt, welches heissen kann „von uns Christen" oder „von uns Geistträgern"; denn wer im Namen eines Apostels Briefe schreibt, ist sich bewusst, denselben Geist wie dieser zu besitzen[1]. Als solche Geistträger werden aufgezählt: 1) Apostel, 2) Propheten, 3) Evangelisten, 4) Hirten und Lehrer. Dass sich hier eine Zeit geltend macht, die später ist als Paulus, sollte angesichts der Erwähnung von Evangelisten und Hirten nicht geleugnet werden. Sehr fraglich aber ist, ob auch der Umstand zu den späteren Zügen gerechnet werden muss, dass von den in I Kor 12$_{28}$ aufgezählten Gaben die Zungen, die Heilungen und die äusseren Gemeindedienste nicht erwähnt sind, „die beiden ersten wohl, weil sie seltener geworden waren, die letzten, weil sie, je grösser die Gemeinden wurden, in erster Linie von äusseren Mitteln, socialer Stellung u. a. abhingen"[2]. Heilungen gab es, wie später gezeigt werden wird, noch sehr häufig, und die äusseren Gemeindedienste hat man später erst recht auf den Geist zurückgeführt. Die Gründe, welche hier zur Weglassung jener Arten der Geisteswirkungen geführt haben, können rein stilistischer Art gewesen sein. Nach den Worten „er hat gesetzt die Einen zu Aposteln" usw. lag es nicht gerade nahe, fortzufahren „und Gaben der Heilungen und Arten der Zungen", und für diese Geistwirkungen hatte man nicht Worte, welche den angeführten entsprachen. Dann aber kommt vor allem in Betracht, dass hier in erster Linie an den „Dienst des Wortes" gedacht ist, weil der Gesichtspunkt, unter dem hier überhaupt vom „Amt" ge-

---

[1] Dies allein erklärt die gute pseudepigraphische Schriftstellerei, macht sie aber auch sittlich vollkommen unanstössig. Es ist ein Geist, ein Herr, ein Gott, der in allen Geistträgern und durch alle spricht.

[2] So v. Soden, Hand-Commentar zum N. T. III z. d. St. Wahrscheinlich sind aber die äusseren Gemeindedienste, das Amt des Bischofs im besonderen, unter den Pflichten der ποιμένες mitbegriffen.

sprochen wird, der ist, zur Eintracht zu mahnen: „damit wir alle kommen zur Einheit des Glaubens und der Erkenntnis des Sohnes Gottes 13 . . ., damit wir nicht mehr Unmündige seien, auf den Wogen geschaukelt umhergetrieben von jedem Wind der Lehre...“ 14. Dass der Verfasser des Epheserbriefes noch deutlich Geistbegabte kennt, ja sie in lebhafter, durch die Lehre erregter Bewegung gegen einander weiss — man beachte, wie er alle zur Einheit mahnt und sie besonders, wie er ihnen den hohen Zweck ihres Berufs in drei Sätzen (mit εἰς 4 12 13) vorhält —, so dass die Gemeinde mit in den Streit hineingezogen ist und es bereits an der brüderlichen Liebe und Eintracht zu fehlen beginnt: das geht deutlich aus der Stelle hervor, und mehr haben wir ihr hier nicht zu entnehmen.

Eine eigentümliche Parallele zu ihr ist I Petr 4 7—11. Hier findet sich der gleiche plötzliche Uebergang von der allgemeinen sittlichen Gabe des Geistes zu der besonderen Berufsbegabung der „Amts“träger mit den Worten „jeder in der Weise, wie er eine Gabe empfangen hat“. Diese Gaben werden in zwei Gruppen geteilt: wenn einer redet — wenn einer dient. Auch hier ist deutlich, wie lebendig die Charismen sind, wenn auch Neigung zu ihrem Missbrauch sich zeigt. Beides folgt aus der Notwendigkeit der ernsten Mahnung.

Auch das Johannesevangelium kennt die Pneumatiker sehr genau, wenn es auch scheinbar wenig von ihnen spricht. Die ganze Art, in der es Jesus schildert, wie er in geheimnisvollen, seiner Umgebung oft unverständlichen, sich erst später in ihrem tiefen Sinn enthüllenden Worten spricht, wie er das, was in ihm Ueberirdisches lebt, oft in der dritten Person andeutet, dies alles ist dem Menschen abgelauscht, in dem und durch den der Geist Gottes redet. Am deutlichsten wird dies bei solchen Stellen wie 7 37 f.: „Am letzten Tage, dem grossen, des Festes stand Jesus da und schrie: Wenn einer dürstet, der komme zu mir und trinke. Wenn einer an mich glaubt, wie die Schrift sagt, Ströme werden aus seinem Leibe fliessen lebendigen Wassers“. Sowohl Jesus als der, welcher zu ihm kommt, sind hier als Pneumatiker geschildert. Charakteristisch sind die kurzen, abgerissenen Worte; auch aus ihnen quillt es hervor wie Ströme lebendigen Wassers. So auch der Geistesträger: das Ueberquellende, das Hervorbrechen der Worte ist charakteristisch für seine Rede, deren Inhalt und Wirkung „Leben“ ist. Ebenso treffend wird die impulsive Art des Pneumatikers und der befremdende Eindruck, den sein Getriebenwerden von einer fremden unsichtbaren Macht bei seiner Umgebung hervorruft, durch jenes Bild gezeichnet, mit dem der joh. Christus den schildert, der aus dem Geist geboren ist: „Der Wind weht, wohin er will, und sein Sausen hörst du wohl, aber du weisst nicht, woher er kommt und wohin er geht: so ist jeder, der geboren ist aus dem Geist" (3 8). Dies Wort schildert den Christen nach der Art des Geistträgers; die „Welt" begreift ihn nicht.

Dass der *Apokalyptiker Johannes* ein Geistträger ist, zeigen deutlich schon die drei ersten Kapitel seines Buches, auch wenn er alles Folgende nicht erlebt haben sollte. Auch *Hermas* ist ein wirklicher Visionär. Ebenso kennen *Jac*, *Heb*, *Jud* und *Barn*. Geistträger, wie später deutlich werden soll. Das Gleiche gilt von den *Pastoralbriefen*. Ruht ihr Interesse wie das des ersten *Clemensbriefes* und des *Ignatius* auch vorwiegend auf dem Amt der „Diakonie" (im Sinne von I Petr 4 11), so kennen sie doch alle drei auch die Träger der Gabe des Wortes; und Ignatius sowohl wie *Polykarp* haben starke prophetische Gaben.

Inzwischen beginnen *neue Wirkungen des Geistes* sich zu entfalten, von denen Paulus und die Urgemeinden noch nichts wissen. Die *Askese*, von Paulus noch als *Schwäche*, d. h. als präcisistische Aengstlichkeit angesehen, wird als *Kraft* gewürdigt[1] und als solche auf den Geist zurückgeführt oder auch als die Vorbedingung für andere Geistwirkungen betrachtet und erlebt. — Eine *Schriftstellerei* thut sich auf, die das niederschreibt, *was ihr der Geist offenbart*, während Paulus und seine Zeit nur christliche Gelegenheitsschriften kennen (trotz Act 15) und für sie allein die Schriften des alten Testaments (und ein Teil der jüdischen Pseudepigraphen) geistgewirkt sind. — Die Zeiten der Verfolgungen bringen *Märtyrer* und *Confessoren* hervor, deren Kraft allein aus der Gabe des Geistes sich erklärt. Verliert die Kirche vielleicht auf der einen Seite an pneumatischer Kraft, so gewinnt sie auf der andern.

So nimmt es denn nicht wunder, dass *Justin* sich auf Geistwirkungen in seiner Zeit beruft, und man braucht nicht für Fiktion zu halten, was er erzählt, auch wenn es einen stark dogmatischen Charakter trägt und in alttestamentliche Citate eingezwängt ist, wie er es liebt. So sagt er von den Jüngern Jesu (= den Christen): „Sie empfangen Gaben, ein jeder nach Würdigkeit, *erleuchtet* durch den Namen dieses Gesalbten. Denn *der* empfängt einen Geist der Einsicht, *der* einen des Rates, *der* einen der Kraft, *der* einen der Heilung, *der* einen der Vorhererkenntnis, *jener* einen der Lehre

[1] In Bezug auf die geschlechtliche Enthaltsamkeit und seine eigenen Leiden im Dienste Christi finden sich bei Paulus bereits Ansätze der späteren Betrachtungsweise.

und jener einen der Furcht Gottes" (Just D 39 p. 132)[1]. Ein Vergleich dieser Angabe mit der citierten Stelle Jes 11 2 zeigt, dass Justin aus der christlichen Erfahrung heraus geändert hat. Dort wird der siebenfältige Geist Gottes beschrieben als Geist Gottes der Weisheit, der Einsicht, des Rates, der Kraft, der Erkenntnis, der Furcht Gottes (εὐσεβείας). Justin hat also ein πνεῦμα ἰάσεως und ein πνεῦμα διδασκαλίας zugesetzt, das πνεῦμα γνώσεως in ein πνεῦμα προγνώσεως verwandelt und das πνεῦμα σοφίας übergangen. — Speziell von prophetischen Gaben redet Justin im Anschluss an eine Erwähnung des Apokalyptikers Johannes. Zur Erklärung seiner Aussage über denselben — „in einer Offenbarung, die ihm geworden, hat er prophezeit" — fügt er hinzu: „Denn bei uns sind noch bis jetzt prophetische Gaben vorhanden, woraus ihr selbst verstehen müsst, dass was vor Alters in eurem Geschlechte war, jetzt zu uns versetzt ward. Und wie auch falsche Propheten lebten zur Zeit, da die heiligen Propheten bei euch auftraten, so giebt es auch jetzt bei uns viele falsche Lehrer"[2]. — Schliesslich kommt Justin noch einmal auf die Geistesgaben zu sprechen, als ihm Trypho den Widerspruch zwischen dem Gedanken der Präexistenz (προϋπάρχων) und des Herniederkommens des Geistes auf Jesus vorhält. Dies Problem (ἀπόρημα), dessen Schwierigkeit Justin selbst zugiebt, löst er dann so auf: „Diese aufgezählten Kräfte des Geistes (Jes 11 2 3) sind, wie das Wort sagt, auf ihn herabgekommen, nicht als ob er ihrer bedürftig gewesen wäre, sondern weil sie auf ihm ›zur Ruhe kommen‹ sollten, das heisst: auf ihm zu Ende kommen sollten, damit nicht mehr in eurem (der Juden) Geschlecht in alter Weise Propheten auftreten sollten, was ihr ja auch deutlich sehen könnt. Denn nach jenem ist überhaupt kein Prophet mehr bei euch aufgetreten". Nachdem Justin dann gezeigt hat, dass die alttestamentlichen Propheten immer nur einzelne der Gnadengaben besessen haben, die alle auf Christus zur Ruhe kamen, fährt er fort: sie sollten „Geschenke werden, welche er von der Gnade der Kraft jenes Geistes seinen Gläubigen schenkt, wie er einen jeden dessen

[1] . . . λαμβάνουσι δόματα ἕκαστος ὡς ἄξιοί εἰσι, φωτιζόμενοι διὰ τοῦ ὀνόματος τοῦ Χριστοῦ τούτου· ὁ μὲν γὰρ λαμβάνει συνέσεως πνεῦμα, ὁ δὲ βουλῆς, ὁ δὲ ἰσχύος, ὁ δὲ ἰάσεως, ὁ δὲ προγνώσεως, ὁ δὲ διδασκαλίας, ὁ δὲ φόβου θεοῦ . . . . μετὰ τὴν τοῦ Χριστοῦ εἰς τὸν οὐρανὸν ἀνέλευσιν προεφητεύθη αἰχμαλωτεῦσαι αὐτὸν ἡμᾶς ἀπὸ τῆς πλάνης καὶ δοῦναι ἡμῖν δόματα. Εἰσὶ δὲ οἱ λόγοι οὗτοι· ἀνέβη εἰς ὕψος, ᾐχμαλώτευσεν αἰχμαλωσίαν, ἔδωκε δόματα τοῖς ἀνθρώποις. Dann geht Justin dazu über darzulegen, weshalb die Christen auf grund dieser Gaben die Bibel besser verstehen als die Juden. --

[2] Just. D 82 p. 296: Παρὰ γὰρ ἡμῖν καὶ μέχρι νῦν προφητικὰ χαρίσματά ἐστιν.

wert weiss"[1]. Dann citiert er wieder Ps 68 18, fügt dazu Joel 2 28 29 und schliesst diese ganze Erörterung mit einer Wiederholung seiner Lösung des Problems, nachdem er zuvor noch versichert hat: „Bei uns kann man Frauen und Männer sehen, welche Gnadengaben vom Geiste Gottes haben"[2].

Schon nach diesen Stellen wird man nicht daran zweifeln dürfen, dass Justin Geistträger wirklich gesehen hat (παρ' ἡμῖν ἔστιν ἰδεῖν).

Mit Justin aber, dessen Worte sich auf die ganze Kirche beziehen, wie ihn denn seine grossen Reisen von Syrien über Kleinasien nach Rom geführt haben, sind wir nahe an die Zeit der Montanisten herangerückt.

Wir haben also Zeugnisse aus Syrien (Ign. Cels. Lucian), Kleinasien (Eph, I Petr, Töchter des Philippus, Joh (?), Past, Polyk., Just.), Aegypten (Barn 16 10 und Did.), und Rom (I Clem. Herm. Just.), kurz wir haben allgemeine Zeugnisse aus allen Decennien und aus allen Provinzen.

Irenäus giebt gleichfalls eine Reihe von allgemeinen Aussagen über das Vorhandensein der Charismen in der Kirche. Wenn auch Angaben wie III 17 1[3] oder III 24 1[4], nichts weiter sind als mehr oder minder veränderte Wiedergaben von Jes 11 2 f. Joel 2 28 f. und I Kor 12 28, und wenn auch IV 20 6 die Gnadengaben ausdrücklich als geweissagt eingeführt werden[5]: so ist doch wieder umgekehrt die Schilderung der alttestamentlichen Propheten so lebendig und farbig[6], dass man sich nur schwer zu der Annahme entschliessen kann, Irenäus habe niemals Propheten gesehen. Auch der in IV 27 2 gebrauchte Ausdruck „Unsere Vorgänger in den Gnadengaben, die Alten", scheint auf eigene Erfahrung um so mehr hinzuweisen, als wohl der Gedanke des Abschnitts neutestamentliche Parallelen hat (Hebr 12 25 u. a. sehr ähnlich allerdings Barn. 4 14), der Ausdruck desselben aber durchaus originell ist. Viel deutlicher als diese Stellen sind Angaben, wie

[1] Just. D 87 p. 314—318.

[2] D 88 p. 318: Καὶ παρ' ἡμῖν ἔστιν ἰδεῖν καὶ θηλείας καὶ ἄρσενας χαρίσματα ἀπὸ τοῦ πνεύματος τοῦ θεοῦ ἔχοντας.

[3] Hunc enim (spiritum sct. nach Jes 11 2 61 1, Joel 2 28 29, Mt 10 20 28 19) promisit per prophetas effundere in novissimis temporibus super servos et ancillas ut prophetent; unde et in filium Dei, filium hominis factum, descendit...

[4] „In ecclesia enim", inquit (Paulus I Kor 12 28), posuit Deus apostolos, prophetas, doctores" et universam reliquam operationem Spiritus...

[5] Quidam enim eorum, der alten Propheten, videbant Spiritum propheticum et operationes eius in omnia genera charismatum effusas.

[6] IV 20 5—8.

sie sich in II 32_4 und V 6_1 finden; diese müssen aber später besprochen werden.

Freilich die anders gewordene Zeit macht sich bei Irenäus überall geltend in der Art, wie er die Kirche als die Hüterin der Charismen betont[1]; er behauptet, dass dieselben in letzter Linie durch die in den Bischöfen gewährleistete Succession legitimiert werden, ja er lässt sie fast in der Tradition aufgehen. So fügt er dem altchristlichen Gedanken: „Wo die Gnadengaben Gottes bestehen, dort muss man die Wahrheit lernen“ den Satz hinzu, „bei welchen die Tradition der Kirche von den Aposteln her sich befindet (ecclesiae successio)“; damit ist der katholische Gedanke fertig, alle Charismata sind an das Bischofsamt gekettet. Andrerseits will Irenäus die Propheten nicht beseitigt haben. Er tadelt die Aloger, welche „um die Gabe des Geistes zu nichte zu machen, welcher in der Endzeit nach dem Willen des Vaters ausgegossen ist über das menschliche Geschlecht, jene Form (des Evangeliums) nicht zulassen, welche das Johannesevangelium darstellt, in der der Herr versprochen hat, den Geist zu senden; sondern zugleich verwerfen sie das Evangelium und den prophetischen Geist“[2]. Er sieht sie in jene einzige unvergebbare Sünde verfallen (Mt 12 31).

Erst die Art, wie die Montanisten und die Antimontanisten auf Grund des Satzes: „Der Apostel bestimmt, es müsse die prophetische Gabe in der ganzen Kirche bleiben bis zur endgültigen Anwesenheit“ (des Herrn), (Miltiades, Euseb. h. e. V 17_4) miteinander streiten, lässt nicht mehr erkennen, ob es in Kleinasien damals wirklich noch Propheten gab. Geglaubt hat man es jedenfalls[3].

---

[1] III 24_1 fährt er nach den auf S. 40 citierten Worten fort: cuius (Spiritus) non sunt participes omnes qui non currunt ad ecclesiam, sed semetipsos fraudant a vita per sententiam malam . . . Ubi enim ecclesia, ibi et Spiritus Dei, et ubi Spiritus Dei, illic ecclesia et omnis gratia; Spiritus autem veritas.

[2] Iren. III 11_9: Alii vero, ut donum spiritus frustrentur, quod in novissimis temporibus secundum placitum Patris effusum est in humanum genus, illam speciem non admittunt, quae est secundum Joannis evangelium, in qua Paracletum se missurum Dominus promisit; sed simul et evangelium et propheticum repellunt spiritum.

[3] Die Angaben in der Homilie am Ende des Briefs ad Diogn. 11_{5-8} scheinen mir auf einer Stufe mit denen des Iren. zu stehen: οὗτος ὁ ἀεί, ὁ »σήμερον υἱός« (Taufgeschichte) λογισθείς, δι' οὗ πλουτίζεται ἡ ἐκκλησία καὶ χάρις ἁπλουμένη ἐν ἁγίοις πληθύνεται, παρέχουσα νοῦν, φανεροῦσα μυστήρια, διαγγέλλουσα καιρούς, χαίρουσα ἐπὶ πιστοῖς, ἐπιζητοῦσι δωρουμένη, οἷς ὅρκια πίστεως οὐ θραύεται οὐδὲ ὅρια πατέρων παρορίζεται. εἶτα φόβος νόμου ᾄδεται καὶ προφητῶν χάρις γινώσκεται καὶ εὐαγγελίων πίστις ἵδρυται καὶ ἀποστόλων παράδοσις φυλάσσεται καὶ ἐκκλησίας χάρις σκιρτᾷ. ἣν χάριν μὴ λυπῶν ἐπιγνώσῃ ἃ λόγος ὁμιλεῖ δι' ὧν βούλεται ὅτε θέλει. ὅσα γὰρ θελήματι τοῦ κελεύοντος λόγου ἐκινήθημεν

4.

Aber auch der schlichte Christ, welcher kein besonderes Charisma empfangen hat, ist sich bewusst, den Geist zu besitzen. Seit jenem Pfingsttage in Jerusalem hat niemand mehr in der Christenheit daran gezweifelt, dass Gottes Geist in ihm wohne. Es ist hier nicht der Ort, all die Stellen aus unserer Zeit anzuführen, welche diese Ueberzeugung aussprechen. Sie sollen anderswo ausführlicher behandelt werden. Doch sei hier nachdrücklich betont, dass dieser Ueberzeugung nicht eine blosse Lehre sondern ein wirkliches Erleben des heiligen Geistes zu grunde gelegen hat. Den meisten kostet ja in der nachapostolischen Zeit das Christwerden immer noch einen schweren und folgenreichen Entschluss; die wenigsten werden als Christenkinder geboren. Es zog mit dem Christwerden eine grosse Zahl neuer Erkenntnisse und eine noch grössere neuer Entschlüsse in den Täufling ein, und der „neue Mensch“, den man angezogen hatte, musste erst wieder lernen, sich in der alten Welt zurecht zu finden, mit der er so oft zusammenstiess. Man bedenke, dass in unserer Zeit die Christen angefangen haben, sich Wiedergeborene zu nennen in einer dem Tode verfallenen, sterbenden Welt[1].

5.

Was erlebte man nun durch diese Einwohnung des Geistes, und welche Wirkung hatte sie für das Bewusstsein des Christen? Die Antwort lautet mit kurzen Worten: Man erlebte den Himmel, und dieses Erlebnis strömte eine Fülle von Erhebung, Freude und Lebensgefühl aus.

In zwei Welten lebte man, in der sichtbaren Welt, welche die Heiden regierten und in der unsichtbaren Welt, in der ihre Götter herrschten; beide schändlich, beide feindlich. Und doch finden wir weder Verzweiflung noch einen andern Pessimismus als den des Missionars, den Pessimismus, welcher auf dem gläubigen Optimismus ruht und aus ihm die Kraft zur eigenen Ueberwindung empfängt. Denn die Christen gehören einem dritten Reiche an, das in die beiden andern hineinragt und sich mit überlegener Kraft siegreich gegen sie erweist: dem Reiche der Himmel. Freilich stehen sie in diesem Aeon, aber

---

ἐξειπεῖν μετὰ πόνου, ἐξ ἀγάπης τῶν ἀποκαλυφθέντων ἡμῖν γινόμεθα ὁμῖν κοινωνοί. Nur ist hier alles mit den Mitteln der Christologie gesagt. Der ὁμιλῶν fühlt sich als Geistträger.

[1] I Pet 1 3 23, Joh 3 5, Tit 3 5; der Gedanke ist schon paulinisch.

in ihre Herzen ist bereits der neue, der kommende Aeon mit der Kraft eines allerweckenden Frühlings eingezogen. Diese eigenartige Stellung und Stimmung der ersten Christen zu verstehen, ist notwendig für die Bestimmung irgend einer Thatsache ihres Lebens oder eines Begriffes ihrer Lehre. Die urchristliche Eschatologie ist nicht nur Lehre von der Hoffnung, sondern auch Lehre von dem gegenwärtigen Besitz[1].

Den Schluss aus der besonderen Energie des christlichen Lebens auf die Anwesenheit himmlischer Macht zieht der Brief an den Diognet (7_7 ff.): „Siehst du sie nicht vorgeworfen den Tieren, und sie werden nicht besiegt? Siehst du nicht wie, je mehr sie gestraft werden, desto mehr andere gewonnen werden? Das scheint nicht Menschenwerk zu sein, das ist Kraft Gottes; das sind die Zeichen seiner Gegenwart“[2].

Klassisch ausgesprochen liegt dieser Komplex christlicher Kerngedanken dem Eingang des I Petrusbriefs zu Grunde: „Gelobt sei der Gott und Vater unseres Herrn Jesu Christi, der uns nach seiner grossen Barmherzigkeit wiedergeboren hat zu einer lebendigen Hoffnung durch die Auferstehung Jesu Christi von den Toten, für ein unvergängliches und unbeflecktes und unverwelkliches Erbe, das aufbewahrt wird in den Himmeln für euch, die ihr in Kraft Gottes bewacht (und aufgehoben) werdet durch den Glauben für die Rettung, die bereit ist offenbar zu werden in der Endzeit. Darum freuet euch, ein wenig noch jetzt wenn es sein muss betrübt in mancherlei Versuchungen, damit eures Glaubens Echtheit kostbarer als das vergängliche Gold, das durch Feuer erprobt wird, erfunden werde zu Lob und Herrlichkeit und Ehre bei der Offenbarung Jesu Christi“[3] (I Petr 1_{3-7}, vgl. 4_{13}). Die

[1] Wenn eine Gruppe von „Irrlehrern“ (Kerinth u. a. Euseb. h. e. III 28, II Tim 2_{18}) diese Ueberzeugung dahin umdeutete, dass der künftige Aeon schon vollkommen da sei, so gingen sie nur einen Schritt weiter als die „Katholiker“. Sie konnten sogar noch soweit mit der allgemeinen christlichen Lehre gehen, dass erst die παρουσία des Herrn den neuen Aeon vollende. War denn nicht seit Paulus das Χριστὸς ἐν ἡμῖν allgemeine Ueberzeugung?

[2] Δύναμις θεοῦ ist Korrelat zu πνεῦμα ἅγιον, welchen Begriff der auch sonst im Stil stark von der andern Litteratur (doch nicht von Aristides) abweichende Brief nie gebraucht; er drückt dasselbe mit den Mitteln der Christologie oder Theologie aus. Die Korrelate zu πνεῦμα ἅγιον, welche sich auch sonst noch finden, sind: Geist — Kraft im Hinblick auf seine Wirkung, formell; Geist — Leben, ζωή, Wirkung inhaltlich; Geist — Freude, psychologische Wirkung; Geist — Himmel, Herkunft; Geist — Gnade, Urheber; Geist — Licht (auch Feuer) und Geist — δόξα, Wesen und sinnenfälliges Erscheinen.

[3] Vgl. B. Weiss, Lehrb. der bibl. Theol. des N. Ts. Berlin [4]1884. S. 174.

Kraft Gottes, die inhaltlich nichts anderes als der heilige Geist ist, hält die Christen umschlossen wie in einer Wache, um sie vor den Stürmen der Endzeit zu schützen; wenn diese vorübergetobt sind und das Erbe, das jetzt im Himmel ebenso treulich bewahrt wird, herabkommt, werden sie sofort in Lob, Herrlichkeit und Ehre eintreten in ihren Besitz. Individualistischer, möchte man sagen, drückt Tatian denselben Gedanken so aus: „Wer diese (die Dämonen) besiegen will, der soll die Materie verschmähen. Denn *mit dem Panzer des himmlischen Geistes gerüstet* wird er fähig sein, alles, was von demselben umschirmt wird, heil zu erhalten“ [1]. Und dass diese Worte sich nicht bloss auf die körperliche Gesundheit, sondern auch auf die ewige Rettung (σῶσαι) beziehen können, beweisen Ausführungen wie die in c. 13 [2].

Auch im Eingang des Epheserbriefs (1_{3-14}) stehen diese Gedanken im Hintergrund, wenn auch der Veranlassung entsprechend die inhaltlich gleichen Gedanken formell mit den Mitteln der *Christologie* ausgedrückt sind und der Verfasser erst am Schluss auf den Geist zu sprechen kommt. Nachdem schon 1_{3} (der uns in Christus gesegnet hat mit jedem Geistessegen in der Himmelswelt) und 1_{6} (zum Lobe der Herrlichkeit seiner Gnade) auf denselben angespielt hatte, heisst es dann (1_{14}): „In welchem ihr zum Glauben gekommen auch versiegelt wurdet durch den heiligen Geist der Verheissung, der das Unterpfand unserer Erbschaft ist“ (vgl. II Kor 1_{22} 5_{5}, Rm 8_{16}). Und wenn hier die ausdrückliche Erwähnung der *Himmelswelt* fehlt, in der das Erbe liegt, aus dem der Geist stammt, so hatte das schon 1_{3} gesagt und $4_{7\,8}$ bringen es nach: „Einem jeden von uns wurde die Gnade (vgl. 1_{6}) gegeben nach dem Masse des Geschenkes des Christus. Deshalb heisst es: aufgestiegen zur Höhe fing er die Gefangenschaft, gab *Geschenke* den Menschen“; die Höhe ist die Himmelswelt, wohin Gott den Auferstandenen gesetzt hat über alle Engel 1_{20}. Und deshalb gilt es von den Menschen, die an der geistlichen Gabe „in der Himmelswelt“ Teil bekommen haben: „Uns, die wir einst tot waren durch die Uebertretungen, hat er (Gott) zum Leben gebracht mit Christus — denn durch Gnade seid ihr gerettet — und

---

[1] Tat. Or. 16 p. 74: Τούτους δὲ νικᾶν ἄν τις θελήσῃ. τὴν ὕλην παραιτησάσθω· θώρακι γὰρ πνεύματος ἐπουρανίου καθωπλισμένος πᾶν τὸ ὑπ' αὐτοῦ περιεχόμενον σῶσαι δυνατὸς ἔσται.

[2] Vgl. z. B.: ψυχὴ γὰρ οὐκ αὐτὴ τὸ πνεῦμα ἔσωσεν, ἐσώθη δὲ ὑπ' αὐτοῦ· καὶ τὸ φῶς τὴν σκοτίαν κατέλαβεν. Tatians *Lehre* von der Auferstehung im einzelnen muss der 4. Abschnitt erörtern; das gleiche gilt für die des Irenäus (V 1—15), deren Grundgedanke derselbe ist und hierher gehört.

mit auferweckt und mitversetzt in die Himmelswelt in Christus Jesus" 2_5 f.

Dieselbe Gedankengruppe drückt der Hebräerbrief aus, wenn er die Christen „Erleuchtete" nennt, welche die himmlische Gabe geschmeckt und Teil bekommen haben an dem heiligen Geist und das gute Wort Gottes geschmeckt haben sowie die Kräfte des kommenden Aeons (6_4 f.). Aehnlich der Titusbrief: „Seiner Barmherzigkeit gemäss hat er uns gerettet durch das Bad der Wiedergeburt und Erneuerung (des) heiligen Geistes, den er reichlich auf uns ausgegossen hat durch Jesus Christus unsern Heiland, damit wir gerechtfertigt durch die Gnade jenes Erben würden gemäss (der) Hoffnung (des) ewigen Lebens" (3_{5-7}). Noch ganz in dieser Stimmung schreibt auch der Verfasser des Barnabasbriefes: „Der Herr hat euch kund gethan durch die Propheten das Vergangene und das Gegenwärtige, und von dem Zukünftigen gab er uns die Erstlinge zu schmecken"[1]. Auch Hermas kennt diesen allgemein christlichen Gedankengang wohl, wenn er den Bussengel argumentieren lässt: Der Herr hat euch geprüft und in unsere Zahl eingetragen, und all eure Nachkommen wird er wohnen lassen bei dem Sohne Gottes; denn von seinem Geiste habt ihr empfangen[2]. Dies Wohnen bei dem Sohne Gottes entspricht dem „Erbe" in den paulinischen und deuteropaulinischen Schriften. Und das Martyrium Polycarpi lässt den Märtyrer beten: „Ich sage Dir Lob und Preis, dass Du mich dieser Stunde gewürdigt hast, Anteil zu empfangen an der Zahl der Märtyrer, an dem Becher Deines Christus (Mc 10_{39}) zur Auferstehung zum ewigen Leben der Seele und des Leibes in Unvergänglichkeit des heiligen Geistes"[3]. Und in seiner Schlussdoxologie (20_2) nennt es Gott den, „der uns einführen kann durch seine Gnade und Gabe in sein ewiges Reich". Irenäus fährt nach einer Erwähnung des Vaters, des Sohnes und des Geistes, der bei uns ist und Abba, Vater, schreit, fort: „Gerade in diesen werden wir wachsen und fortschreiten, damit wir (einst) nicht mehr im Spiegel und in Rätseln, sondern von Angesicht zu Angesicht die Gaben Gottes geniessen" (IV 9_2). Wie er sich dies vermittelt denkt, hat er an anderer Stelle gezeigt: „Die Menschen werden Gott schauen[4], damit sie leben, durch dies Schauen

---

[1] Barn. 1_7 (vgl. 1_{2-5}).

[2] Herm. S. IX 24_4. Derselbe Gedanke steht im Hintergrund der Erörterung in M. X 3_{2-4}: ζῆν τῷ θεῷ und πνεῦμα.

[3] Mart. Pol. 14_2.

[4] IV 20_5: .. visus quidem tunc (A. T.) per Spiritum prophetiae, visus au-

unsterblich gemacht und bis zur Berührung mit Gott gelangend. Dies wurde, wie gesagt, durch die Propheten symbolisch offenbart, dass Gott geschaut würde von den Menschen, die seinen Geist tragen und stets seine Ankunft erwarten" (IV 20 6). Im Urchristentum denkt man sich die Unsterblichkeit in allgemeinerer Weise durch den Geist vermittelt.

Nach ihrer Art christologisch drücken diesen Zusammenhang des ewigen Lebens mit dem in den Christen wohnenden Geistwesen aus dem Himmel die Johannesschriften aus, für welche Aussagen wie die, dass man aus dem Geist, den Christus gegeben hat, erkenne, dass er in den Christen bleibe und sie in ihm (I Joh 3 24), und dass, wer den Sohn habe, das Leben besitze (I Joh 5 12), charakteristisch sind.

Ganz originell im Ausdruck des gleichen Gedankens ist der zweite Petrusbrief (1 3—4), wenn er seine Mahnung damit begründet, dass uns „Jesu göttliche Kraft alles zum Leben und zur Frömmigkeit Nötige geschenkt hat durch die Erkenntnis dessen, der uns berufen hat zur Teilnahme an seiner eigenen Herrlichkeit und Kraft, durch die er uns seine kostbaren und grössten Verheissungen geschenkt hat, damit (wir Christen) durch dieselben teil bekämen an göttlicher Natur, entflohen dem in der Lust begründeten Verderben der Welt".

Für die allgemeine Anerkennung des Gedankens, dass der in den Christen wohnende Geist ihnen das Erbe im Himmel verbürgt, spricht schliesslich sehr stark der Umstand, dass alle Gnostiker denselben, in ihrer Art systematisch entwickelt, teilen, wenn sie die Anschauung vertreten, dass sie gerade als Pneumatiker das vollkommene Heil erlangen [1]. Selbst in der Verzerrung noch zeigt sich das stolze Kraftgefühl, welches der Geist verleiht, wenn es von den Valentinianern bei Irenäus (I 6 2) heisst: „Wie Gold in den Schmutz geworfen nicht seine Schönheit verliere, sondern seine Gold-Natur bewahre, die kein Schmutz beschädigen könne, so sagen sie auch von sich: möchten sie auch noch so viel fleischliche Handlungen begehen, das schade ihnen nichts, noch könne ihnen ihr geistliches Wesen (τὴν πνευματικὴν σύστασιν) dadurch verloren gehen". —

„Sie wandeln auf Erden und leben im Himmel [2],
Sie bleiben ohnmächtig und schützen die Welt [3],

---

tem et per Filium adoptive, videbitur autem et in regno caelorum paternaliter.

[1] Vgl. z. B. Iren. I 10 ff, I 13 6, Herakleon bei Orig. in Joan. X 19 (Brooke 33 p. 224) u. v. a. Harnack, Dogmengesch. I [3] S. 249.

[2] Diogn. 5 9: ἐπὶ γῆς διατρίβουσι, ἀλλ' ἐν οὐρανῷ πολιτεύονται.

[3] Just. II 7. D 39 p. 132: Καὶ νῦν οὐδέπω τὴν κρίσιν ἐπήνεγκεν ἢ ἐπάγει, γι-

Sie schmecken den Frieden bei allem Getümmel,
Sie kriegen, die Aermsten, was ihnen gefällt[1].
Sie stehen in Leiden
Und bleiben in Freuden[2];
Sie scheinen ertötet den äusseren Sinnen
Und führen das Leben des Glaubens nach innen"[3].

Das ist urchristliche Stimmung, wenn auch gerade in der letzten Zeile der Pietismus gegenüber dem Urchristentum durchschlägt; jenem meist die sentimentale Wendung nach innen, diese die kraftvolle Wendung ins Jenseits und in die Himmelswelt charakteristisch richtig.

Die Kehrseite dieses Bewusstseins, im Himmel zu leben und dort die eigentliche Heimat zu besitzen, ist das Gefühl des Fremdseins hier auf Erden. Weil die, welche einst fremd waren den Bündnissen der Verheissung (Eph 2_{12}), jetzt nicht mehr Fremdlinge sind, sondern Mitbürger der Heiligen und Hausgenossen Gottes (Eph 2_{19}), so „wohnen sie zwar in ihrer Heimat, aber als Beisassen; sie haben an allem Teil wie Bürger und ertragen alles wie Fremdlinge, jede Fremde ist ihnen Vaterland und jedes Vaterland Fremde" (Diogn. 5_{5})[4]. Denn sie haben hier keine bleibende Stadt, sondern die künftige suchen sie (Heb 13_{14}, vgl. 11_{14} ff.). Deshalb schreibt man „an die auserwählten Beisassen der Diaspora" (I Petr 1_{1}) oder an die Gemeinde, die zu Gast wohnt (ἐκκλησία παροικοῦσα) in der heidnischen Stadt[5]. Wie nahe diese Stimmung zu dem Bewusstsein des Geistesbesitzes in Beziehung steht, zeigt sich daran, dass sie zum Motiv sittlicher Forderungen wird. „Ich ermahne euch, als Fremdlinge und Beisassen euch zu enthalten der fleischlichen Begierden, welche gegen die Seele kämpfen" (I Petr 2_{11} vgl. 1_{17}). „Deshalb, Brüder, wollen wir die Fremde dieser Welt verlassen und den Willen dessen thun, der uns berufen hat" (II Clem. 5_{1}). Ihren vollendetsten Ausdruck

---

νώσκων ἔτι καθ' ἡμέραν τινὰς μαθητευομένους εἰς τὸ ὄνομα τοῦ Χριστοῦ αὐτοῦ καὶ ἀπολείποντας τὴν ὁδὸν τῆς πλάνης, οἳ καὶ λαμβάνουσι δόματα . . Vgl. Diogn. 6_{7}.

[1] Diogn. 5_{13}: πάντων ὑστεροῦνται καὶ ἐν πᾶσιν περισσεύουσιν.

[2] Diogn. 5_{16}: κολαζόμενοι χαίρουσιν ὡς ζωοποιούμενοι. Act. Apoll. (Klette) 42 b: ἡδέως ἂν τὴν τοιαύτην ἀπάτην ἀποφερόμεθα, δι' ἧς μάλιστα τὸ καλῶς βιοῦν μεμαθήκαμεν, τὴν μέλλουσαν ἐλπίδα ἀπεκδεχόμενοι, καίτοι τὰ ἐναντία πάσχοντες.

[3] Chr. F. Richter † 1711. Vgl. C. H. von Bogatzkys Lebenslauf von ihm selbst beschrieben, Halle 1801. S. 29 u. 31.

[4] Auch die Art, wie Theophilus die Christengemeinden schildert als die Inseln in dem grossen Meer der Heidenwelt, erklärt sich aus diesem Gedanken (Theoph. II 14).

[5] I Clem. adr.; Pol. Phil. adr.; Mart. Pol. adr.; Euseb. h. e. IV $23_{5\,6}$ V 1_{3} 24_{9}, vgl. Harnack zu I Clem. adr.

finden all diese Gedanken in dem ersten Gleichnis des Hermas. Hier erhebt sich Hermas zu ergreifendem Schwung bei der Schilderung der Heimatlosigkeit des Christen auf der Erde, von der er in die himmlische Heimat, der all seine Arbeit gilt, zurückkehrt. „Ihr wisst, dass ihr in der Fremde lebt, ihr Knechte Gottes. Denn eure Stadt ist weit von dieser Stadt entfernt. Wenn ihr also eure Stadt kennt, in der ihr einst wohnen sollt, was erwerbt ihr euch hier Aecker und kostbare Habe und Häuser und vergängliche Wohnungen! . . Anstatt der Aecker kauft euch bedrängte Seelen, ein jeder nach seinem Vermögen; sorget für die Witwen und Waisen und übersehet sie nicht, und euern Reichtum und alle Habe verwendet auf solche Aecker und Häuser, die ihr von Gott empfangen habt . . ., die du wiederfinden wirst in deiner Heimatsstadt, wenn du einst in sie einziehst“[1].

6.

Aus dem Bewusstsein des Besitzes der Himmelsgüter in ihrem

[1] Die in diesem Abschnitt besprochene Art, diesen christlichen Grundgedanken zu formulieren, ist die, bei der am meisten der Charakter des Erlebten festgehalten ist. Eine andere Art, dieses Bewusstsein „dogmatisch“ zu fixieren, schliesst sich an die Christologie in ihrer objektiven Gestalt an und hat im allgemeinen diese Form: Christus hat die Dämonen besiegt, ihren Herrn gerichtet, die Mächte ausgezogen u. ä. (Vgl. z. B. Kol 2 $_{14}$ $_{11}$ $_{19}$, Eph 1 $_{21}$, Heb 2 $_{14}$, I Joh 3 $_{8}$, Joh 12 $_{31}$ 16 $_{11}$ (14 $_{30}$), Barn. 15 $_{5}$ 18 $_{2}$, Satornil ap. Iren. I 24 $_{2}$; Iren. III 23 $_{7}$ IV 33 $_{4}$ V 21 22 24 $_{4}$ 27 $_{1}$), (Michael in Apk 12); beide Gedanken verbindet Iren. IV 20 $_{4}$: Der menschgewordene Gott liberans nos de manibus omnium odientium nos, hoc est ab universo transgressionis spiritu; et faciens nos servire sibi in sanctitate et justitia omnes dies nostros, uti complexus homo Spiritum Dei, in gloriam cedat Patris. Der Gedanke an die Zukunft verbindet sich dann damit durch die Glaubensaussage, dass Christus einst, wenn er wiederkommt, die Dämonen richten und ins ewige Feuer stürzen wird. Wenn Pfleiderer (Das Urchristentum. Berlin 1887. S. 677) in dieser Gedankenreihe „die neue Wendung“ sieht, „welche die Versöhnungslehre des Paulus im Glauben der Heidenkirche genommen hat, indem an die Stelle des abstrakten Gesetzesfluches oder der Strafgerechtigkeit Gottes die Vorstellung eines Kampfes mit den Dämonen trat“, so ist die Beobachtung zutreffend, dass das Interesse des Paulus und das der Heidenchristen in dieser Hinsicht verschieden sind; die Vorstellung von der Ueberwindung der Dämonen durch Christus liegt jedoch nicht ausserhalb des paulinischen Weltbildes und seiner Gedankenreihen. Aber wenn Paulus und die Heidenchristen den Druck der vergeblichen religiösen Bemühung darstellen wollen, aus der sie Christus befreit hat, die Finsternis, welche dem Lichte des Geistes gewichen ist, so tritt für den Apostel in den Vordergrund seines Vorstellungslebens das Gesetz, für die Heidenkirche ihre frühere Götterwelt, beidemal weil der stärkste Affekt der Unlust sich gerade mit diesen Vorstellungen verbindet.

Unterpfand, dem heiligen Geiste, aus dem Gefühl, die Kräfte des kommenden Aeons geschmeckt zu haben, erwächst als die Grundstimmung der Christen jener Zeit eine starke, unüberwindliche Freude, welche als besonderes Merkmal des Geistbesitzes empfunden wird. Paulus zumal ist einer jener trotzigen, markigen Charaktere, welche jede Woge der Gefahr nur immer höher hinaufträgt auf die Höhe des kühnen Glaubensmutes. Hat er doch von sich selbst gesagt: „Wie Sterbende und siehe, wir leben; wie Gezüchtigte und doch nicht zu Tode gebracht; wie Betrübte und doch in steter Freude!“ Seine Briefe, und gerade diejenigen unter ihnen, welche in Zeiten geschrieben sind, da es galt: auswendig Streit, inwendig Furcht, wie der zweite Korinther- und der Philipper-Brief, hallen wieder von Freudenrufen (vgl. II Kor 1 24 6 10 8 2 13 11, Phil 1 18—25 2 17 3 1 4 4, dazu I Thess 5 16 1 6). Und wie dieser Ton aller Wahrscheinlichkeit nach schon in der Urgemeinde vor Paulus erklungen ist[1], so tönt er auch weiter in der Kirche (Kol 1 11), in den Zeiten der Verfolgung besonders hell anschlagend, weil man sich da dem Herrn und dem Himmel näher weiss als sonst.

Der Hebräerbrief schildert den Zustand der Verfolgten in hellen Farben: „Ihr habt mit den Gefangenen gelitten und den Raub eurer Güter mit Freude hingenommen, in dem Bewusstsein, dass ihr einen grösseren und bleibenden Besitz habt“ (10 34). Was anders ist dieser Besitz als der Geist und das, wovon er ein Vorschmack ist (6 4), die Himmelsgüter? (vgl. 12 11 und für den Gedanken, dass im Himmel sein Freude ist 12 2). Auch der I Petrusbrief, ein Trost- und Mahnwort in der Zeit der Verfolgung, bezeichnet die Freude als die Grundstimmung der Verfolgten trotz aller Not des Augenblicks (1 8, citiert bei Polyc. Phil. 1 3). Und wo diese Freude nicht ist, da soll sie einziehen; denn so lautet „des Apostels“ Mahnung: „In dem Masse als ihr Teil habt an den Leiden des Christus, freuet euch, damit ihr euch auch bei der Offenbarung seiner Herrlichkeit mit Jauchzen freuen könnt. Wenn ihr geschmäht werdet im Namen Christi, selig seid ihr, weil der Geist der Herrlichkeit und Gottes auf euch ruht“

---

[1] Vgl. Act 2 46 26 27 5 41 (13 52) 16 34. G. V. Lechler, Das apostolische und das nachapostolische Zeitalter [3] 1885. S. 32 ff., schildert diese Stimmung, wenn auch in etwas blassen und modern verwaschenen Farben, auch stellt er sie mit Recht allem andern voran. J. Gloël, Der heilige Geist in der Heilsverkündigung des Paulus. Halle 1888. S. 194—224, behandelt sie ebenfalls, aber ohne nachdrücklich auf das Erlebnis zu verweisen und nur im Interesse der Lehre.

(4 13 14). So ist denn diese Freude in der trüben Gegenwart ein Abglanz der grossen Freude, die am jüngsten Tage alle Christenherzen so vollkommen erfüllen wird, dass von allen Lippen Jauchzen und Frohlocken erschallt (Apk 19 7, Jud 24). So nimmt auch der Jakobusbrief sofort seine Stellung auf der höchsten Warte des Christenlebens: „Meine lieben Brüder, achtet es eitel Freude, wenn ihr in mancherlei Anfechtungen fallt“ (1 2, vgl. 5 7–11).

Freilich haben nicht alle Christen diese Ueberzeugung gehabt, freilich gab es auch damals viele Verzagte, Furchtsame und Abfallende. Schon die Thatsache, dass solche Mahnungen und Tröstungen nötig sind, und dass man die toten Apostel zu Hilfe ruft, um solchen Mahnungen den grössten Nachdruck zu geben[1], beweist das. Aber dass auch jene freudige Stimmung nicht bloss als ein Gebot aufgestellt, sondern auch wirklich erlebt wurde, zeigen ausser einzelnen der citierten Stellen solche Briefe wie die des Ignatius und die Martyrien des Polykarp und der Märtyrer von Lugdunum und Vienna. Freilich waren nicht alle solche Christen wie Polykarp (Mart. 12 1), der vor dem Statthalter „mit Mut und Freude“ erfüllt wurde. „Sein Antlitz ward so voller Freudenglanz (χάριτος), dass er nicht allein nicht erschüttert von dem, was man zu ihm sprach, zusammenbrach, sondern dass im Gegenteil der Statthalter selbst in Verwirrung geriet“. Und im Angesicht des Holzstosses sandte er ein Dankgebet zu Gott empor (14 2). Seine Mitchristen dachten wie er, wenn sie in Jauchzen und Freude den Tag seines Martyriums als seinen „Geburtstag“ feierten „zum Andenken an die, welche zuvor ›gekämpft‹ hatten, und zur Uebung und Bereitmachung derer, welche es noch thun sollten“[2]. In Lugdunum ging die Märtyrerin Blandina

[1] Dies ist ein Teil der Antwort, welche Harnack (Die Chronologie der altchristlichen Litteratur I 1897. S. 457) verlangt auf seine Frage nach dem Grunde, den der Verfasser hatte, ein Pseudepigraphon zu schreiben. Man vergesse doch nicht, dass alle diese Briefe Mahnschreiben sind. Ausserdem aber muss man, um die Frage Harnacks ganz zu beantworten, beachten, dass in den katholischen Briefen überall mit leisen Strichen eine Erregung innerhalb der Gemeinden angedeutet ist, der gegenüber man gerne eine apostolische Autorität ins Feld führen mochte.

[2] Mart. Pol. 18 2. Den gleichen Gedanken bietet Ign. Rm. 6 in Worten voll glühender Christusliebe und Himmelssehnsucht. „Nicht locken mich die Freuden der Erde noch die Throne dieser Welt. Besser ist's zu sterben und eins zu werden mit Christus Jesus, als zu herrschen über die Enden der Erde. Den suche ich, der für uns gestorben ist; nach dem verlange ich, der uns zu gute auferstanden ist. Ich soll geboren werden. Helft mir, Brüder! Hindert mich nicht, zum Leben zu gelangen! Wollet nicht, dass ich sterbe. Ich will Gottes sein; schenkt mich nicht der Welt, betrügt mich nicht durch

in den Tod „mit Freuden und Jauchzen über ihr Sterben, wie wenn sie zu einem Hochzeitsmahl geladen wäre, nicht aber wie eine, die den Tieren vorgeworfen werden soll" (Euseb. h. e. V 1 55). Aber nicht nur sie, sondern auch ihre Mitgefangenen, soweit sie nicht ihren Glauben verleugnet hatten, „gingen fröhlich herzu und über ihre Mienen war ausgegossen viel Freudenglanz und grosse Anmut" 1 35); ihre Freudigkeit, die auf den von den Vätern ererbten Geist neben ihrer Hoffnung und ihrer Liebe zu Christus zurückgeführt wird, hilft mit, die Abgefallenen wieder dem „Tiere" zu entreissen (V 2 6). Selbst die Gegner müssen ihnen das Zeugnis ausstellen, dass sie, „die Qualen verachtend, bereit und mit Freuden in den Tod gegangen sind" (1 63). Zu deutlich konnte man hier erkennen, dass „die Gnade Gottes wider den bösen Feind stritt"[1]. So wird die Zeit der Thränen (2 3 6) eine Zeit der Freude[2].

7.

In alledem ist die grosse Bedeutung der Geisteswir-

---

den Erdenstoff (?). Lasst mich das reine Licht empfangen. Wenn ich dorthin gelangt bin, werde ich Mensch sein". — Unsere Unkraft und Diesseitigkeit würde gar keinen Grund haben, solche Worte für gemacht zu halten, hätte nicht Ignatius durch sonstige Spuren von Affektiertheit selbst eine Handhabe für diesen Vorwurf geboten.

[1] V 1 6, vgl. S. 18 opp.

[2] Wie ergreifend und erhebend zugleich ist die schlichte Erzählung der Perpetua. Ihr Vater hatte sie gebeten, sich dem Martyrium zu entziehen. Da sie standhaft blieb, ging er weg: „Da war ich von Schmerz zerrissen, und es jammerte mich seines Alters. Man verurteilte uns alle zu den Tieren, und voll Freude gingen wir hinab ins Gefängnis", Mart. Perp. et Felic. 6. vgl. 12 fin. 18: „Der Tag ihres Sieges brach an, und sie gingen aus dem Gefängnis in das Amphitheater, als sollten sie zum Himmel gehen, fröhlich und strahlenden Auges, vielleicht mehr durch die Freude bedrückt als durch die Furcht." Diese Freude ist eine stete Begleiterin aller pneumatischen Erscheinungen, nachdem der erste Eindruck des Schreckens, den das Wunderbare macht, überwunden ist. Das ist bei dem orientalischen Mönche Symeon (vgl. Holl, Enthusiasmus und Bussgewalt, Leipzig 1898. S. 42 f.) ebenso wie bei dem protestantischen Bauer oder Pfarrer im 19. Jahrhundert. So erzählt Blumhardt (vgl. Zündel, Pfarrer Chr. Blumhardt, Zürich 1880. S. 164): Den Eindruck aber, den es (die erste Absolution bei jener Erweckung in Möttlingen) auf mich machte, kann ich nicht vergessen. Eine unaussprechliche Freude leuchtete aus dem Angesichte des Mannes, und mir wars, als ob ich in eine ganz neue und unbekannte Sphäre hineingezogen würde, in welcher heilige Geisteskräfte rege würden. Ich wusste mirs noch nicht zu deuten und deutete es auch nicht . . .

kungen für die Mission begründet[1]. Auch hier finden wir wieder jene eigenartige Mischung von grausendem Erbeben und trotziger Kraft, die zumal bei einem Manne wie Paulus nur dadurch erklärbar ist, dass er sich selbst angesehen hat als das Organ des Geistes mit den Werkzeugen der Finsternis kämpfend um die Seelen der Menschen: „Und ich kam zu euch mit Schwachheit und mit Furcht und mit grossem Zittern; und mein Wort und meine Predigt waren nicht in beredenden Worten der Weisheit, sondern in Beweisung des Geistes und der Kraft“ (I Kor 2 4, vgl. 1 4—7). Es ist wahrscheinlich, dass Paulus hier an die ausserordentlichen Wunderwirkungen des Geistes denkt, welche ja unter die „Zeichen der Apostel“ gehören, der Boten des Evangeliums (vgl. noch Rm 8 16 9 1). So der Missionar.

Leicht zu verstehen ist der Eindruck, den solche „Zeichen“ auf die zuschauende Menge machten. Die Pfingstgeschichte bietet ein anschauliches Bild dieses Eindrucks; mit noch markigeren Strichen ist ein Bild gezeichnet, welches der Apostel Paulus selbst von der Wirkung einer eigentümlichen Geistesgabe der Propheten giebt (I Kor 14 23). Auch die spätere Zeit hat noch deutlich die werbende Kraft dieser Wunder gekannt, wenn sie betont: „Das Heil nahm seinen Anfang der Verkündigung durch den Herrn und wurde uns von seinen Hörern zuverlässig mitgeteilt, indem Gott mit Zeuge war durch Zeichen und Wunder und mancherlei Kräfte und Verteilungen [des] heiligen Geistes nach seinem Willen“ (Heb 2 3). Aehnlich I Petr 1 12: „was jetzt euch verkündigt worden ist durch die, welche euch das Evangelium gebracht haben im heiligen Geist, der vom Himmel gesandt ward“. Wie hier die Wirkung des Geistes durch die Verkündiger des Evangeliums betont wird, so in Eph 1 13 f. seine Wirkung an den Evangelisierten. Und wenn auch hier der „verheissene“ Geist (τὸ πνεῦμα τῆς ἐπαγγελίας) jener von Joel geweissagte wunderwirkende Geist sein mag, so legen die beiden vorher citierten Stellen nahe, zugleich an die allgemeinen Wirkungen des Geistes zu denken, welcher das Zeugnis der Christen von ihrem Herrn mit solcher Kraft des Freimutes erfüllt, dass es auch ohne Wunder überzeugend wirkt (Eph 6 19 20, Act 4 13 31 u. s. w.). Auch bei den Aussagen des Johannesevangeliums kann man schwanken, ob diese oder jene Wirkung des Geistes ins Auge gefasst wird, wenn von dem „Zeugnis“ des Geistes gegenüber der Welt die Rede ist. Dies Zeugnis des Geistes spielt eine grosse Rolle, es kehrt überall in den Abschiedsreden wieder und muss also für das Bewusstsein der Gemeinde wie für die Gewin-

---

[1] Vgl. H. Gunkel a. a. O. S. 54.

nung anders Denkender hohe Bedeutung gehabt haben; sonst würde sich auch der Name „Zeugnis" nicht erklären. Ganz allgemein ist die Aussage 15 26: „Wenn der Paraklet kommt, den ich euch vom Vater her senden werde, der Geist der Wahrheit, der vom Vater ausgeht, der wird über mich Zeugnis ablegen; und auch ihr werdet Zeugnis ablegen, weil ihr von Anfang an bei mir gewesen seid." Diese Aussage scheint sich auf die Worte der christlichen Propheten und Lehrer zu beziehen, aus denen der Geist spricht. Denn das „von Anfang an" giebt den Jüngern, den Aposteln, eine ganz bestimmte historische Zeugenschaft; ihr gegenüber ist der Paraklet[1] der „vom Vater her" kommende himmlische Zeuge, der durch Gesichte und Offenbarungen „die Spuren der Anwesenheit Gottes" aufweist und die Heiden zu dem Bekenntnis zwingt: „Gott ist wirklich in euch" (I Kor 14 25). Die im Rätselton gehaltene Stelle 16 7 ff. erklärt dies Zeugnis des Geistes. Relativ am deutlichsten ist das letzte der drei Glieder, in die sich dies Zeugnis zerlegt: der Geist wird die Welt überführen „in Betreff des Gerichts, weil der Herr der Welt gerichtet ist". Das Gericht hat angefangen mit dem Tode Christi, sogar mit der Stunde der Todesentscheidung (12 31 f.). Wie das Wort: „Alle werde ich zu mir ziehen" beweist, hat Jesus diese Stunde daran erkannt, dass die Heiden zu ihm kommen (12 22 23 u. ff.). Ihr Herrscher ist ja der Herr der Welt; werden sie ihm entrissen, so wird er „hinausgeworfen". Das Gericht ist die Heidenmission, die, weil durch Geistträger ausgeübt, das Werk des Geistes ist[2]. Ob im Besonderen, wie der Ausdruck „hinauswerfen" (12 31) nahe legt, daran gedacht ist, dass die Teufel auch aus den Besessenen durch christliche Geistesmacht vertrieben werden, ist nicht mit Sicherheit zu erkennen. Das zweite Glied: der Paraklet wird die Welt überführen „in Betreff der Gerechtigkeit, weil ich zu dem Vater gehe und ihr mich nicht mehr seht", kann nur sagen wollen, dass Jesus dadurch als „gerecht" hin-

---

[1] Der Paraklet ist „der Anwalt", und insofern vermischen sich die Bilder etwas, das alte vom Parakleten und das neue (von Johannes erfundene?) vom Zeugen. Der „Paraklet" entstammt jenem alten Bilderkreis, der den Himmel als einen Gerichtssaal vorstellt. Gott als Richter auf dem Thron, vor ihm die Bücher (Tafeln), in denen die Thaten der Menschen von einem „Schreiber" aufgezeichnet werden, der Ankläger dem Thron gegenüber, und zur Seite desselben der Anwalt der vor Gottes Richterstuhl stehenden Seele.

[2] Der Abschnitt 12 20—36 ist der Höhepunkt des ersten Teiles des Evangeliums, welches das Bewusstsein der Weltkirche vertritt. Die Heidenmission beginnt unter der ausdrücklichen Bezeugung Jesu, dass sie der Zweck seines Todes ist (Samenkorn), und unter wunderbarer Bestätigung durch den „Vater". Eine gewaltige Steigerung von Act 10.

gestellt wird, dass er auferstanden ist. Dass die Auferstehung als eine Wirkung des Geistes betrachtet werden kann, haben wir gesehen. So treffen wir hier auf denselben Gedanken wie in I Tim 3 16: „Er ward gerechtfertigt im Geist". Nicht so deutlich scheint die Thatsache, auf der das erste Glied beruht. Indessen wird später (Abschn. II, V 7) eine Deutung versucht werden, die diese Aussage erklärt und das zweite und dritte Glied in ein neues Licht rückt [1].

Geheimnisvoller ist die Stelle von den drei Zeugen im I Johannesbrief 5 6—11. Da die drei Zeugen, Wasser, Blut und Geist εἰς τὸ ἕν, einig und bei einander, sein sollen, und Wasser und Geist sich in der Taufe zusammenfinden, so wird an diesen Vorgang im Christenleben gedacht werden müssen. Bei ihm werden sie wirksam. Dazu kommt, dass man nach 5 11 dies Zeugnis erfährt als das Bewusstsein, dass „uns Gott ewiges Leben gegeben hat", was wieder auf das lebenumwandelnde Ereignis der Taufe hinweist. Der Tod Jesu ist nötig, damit die Taufe nicht „Wasser allein", sondern Wasser und Geist sein kann; denn ohne den Tod und die Verklärung Jesu gab es „noch keinen Geist" (Joh 7 38), weil er noch allein in Jesus wohnte (vgl. 20 22) [2]. Wasser, Blut und Geist müssen also zusammenkommen, um das Ereignis vollständig zu machen. Mit Recht geht aber Joh von dem Zeugnis des Geistes aus (I 5 6 der Geist ist der Bezeugende). Denn wie im Leben Jesu seine Taufe (Wasser) und sein Tod (Blut) erst durch die Auferstehung (Geist) die Bezeugung empfangen, so ist auch eine Taufe, die nicht den Geist mit sich bringt, keine Taufe. Zeugen werden erst die beiden andern, Blut und Wasser, weil sie sich mit dem Geist „in Eins" zusammenfinden. Ob dabei an ausserordentliche Geistwirkungen bei der christlichen Taufe gedacht wird, muss dahingestellt bleiben. Die Ausdrücke legen es nicht gerade nahe.

---

[1] Vgl. B. Weiss, bibl. Thg. [4]1884 S. 674 und Krit.-exeg. Kommentar zu dem N. T. Das Joh.-Evg. [8]1893. S. 522—525. O. Pfleiderer, Das Urchristentum. S. 768. H. J. Holtzmann im H.-C. z. d. St.

[2] Diese von Johannes selbst angegebene Beziehung des Geistes zu dem Blute Jesu darf man zu der von W. Baldensperger, Der Prolog des vierten Evangeliums, Freiburg 1898. S. 61, angeführten hinzufügen. Der ganze Abschnitt S. 59—65 giebt ausserdem treffend die historische Grundlage für diese Betonung des Blutes gegenüber der Johannestaufe an. Ueberhaupt ist die von Baldensperger angewandte Methode der Erklärung dieses Evangeliums nicht bloss aus irgendwelchen individuellen Lehrbedürfnissen seines Verfassers sondern vor allem aus den kirchlichen Kämpfen und Bedürfnissen seiner Zeit sehr fruchtbringend und auch in dieser Arbeit durchgängig befolgt.

III.

Der Kern des Beweises.

Freuet euch nicht, dass euch die Geister unterthan sind. Freuet euch aber, dass eure Namen im Himmel geschrieben sind.

1.

Es liegt nahe, hier eine Frage aufzuwerfen, deren Beantwortung, obwohl sie nicht mehr rein historisch zu sein scheint, doch für die geschichtliche Betrachtung, für die Auffassung der Thatsachen der Geistwirkungen und ihre Gruppierung von ganz besonderem Werte ist. Es ist die Frage: Hatten wirklich alle die im vorigen Abschnitte aufgezählten Wirkungen des Geistes, die Thatsachen des Lebens Jesu, die Wunder in der Gemeinde, der Schriftbeweis und der heilige Geist als die Kraft eines neuen Lebens den gleichen Wert als Stützen der christlichen Gewissheit, und waren die Neubekehrten im Recht, zu meinen, ihr Glaube gründe sich auf alle diese Erscheinungen? Man ist geneigt, Nein zu antworten und den Wundern, wenigstens Jesu selbst, ein besonderes Gewicht beizulegen. Gewiss mag für manche, die nicht scharf zu denken gewohnt waren, darauf ein besonderer Nachdruck gelegen haben. Aber einer tiefer dringenden Betrachtung zeigt sich bald, dass jene Frage in ganz anderem Sinne mit Nein beantwortet werden muss. Und zwar nicht etwa auf Grund eines modernen Weltbildes, in welchem für „Wunder“ kein Raum wäre. Sondern gerade für das antike Denken mit seinem beständigen Leben im Verkehr mit einer unsichtbaren Welt von Geistern lag die eigentliche Beweiskraft nur in der Stärke jenes neuen religiös-sittlichen Lebens der Gemeinde.

2.

Beginnen wir mit den Wundern, Krankenheilungen, Exorcismen u. s. w.

Auf die Wunder Jesu hat man sich öfters berufen und die „Macht“, welche sie bezeugten, als Beweis der Wahrheit angeführt [1]. Aber wie der Herr selbst sich schon gegen den Vorwurf verteidigen musste, er treibe Satan durch Beelzebul aus, so weiss auch Justin

[1] Barn. 5 8, Arist. 14 S. 34. Gr., vgl. 2. S. 9. Syr.

noch, dass die Juden und Heiden gegen sie anführen: „Was hindert das, dass auch der von euch so genannte Christus ein Mensch von menschlichen Eltern ist, durch magische Kunst die sogenannten Kraftthaten (δυνάμεις) gethan und sich dadurch den Schein gegeben hat, er sei ein Sohn Gottes?“[1] In der That, was lag näher als dieser Einwurf in einer Zeit, da niemand, weder ein Christ noch ein Heide noch ein Jude, daran zweifelte, dass die Dämonen solche Wunder vollbrachten? Erzählte man sich doch sogar, wenn auch nur zum Scherz, wie ein Magier selbst durch Himmelsstimmen seine Gottheit habe verkündigen lassen, wenn diese Himmelsstimmen auch bloss abgerichtete Papageien waren! (Hipp. Phil. VI 8). Und wenn nun gar ein scharfsinniger Kopf und Kenner der Evangelien sich so vernehmen liess: „Mit seiner eigenen Stimme spricht er (Jesus) es in hellen Worten aus . . ., dass euch auch Andere gegenwärtig sein werden, welche ähnliche Kräfte gebrauchen, Böse und Betrüger, und er nennt einen gewissen Satan als Veranstalter solcher verführenden Kunstgriffe. Also leugnet nicht einmal er selbst, dass dieses doch nichts Göttliches, sondern dass es Werke Bösartiger sind . . . Wie ist's nun nicht elend, von denselben Werken aus den Einen für einen Gott, die Anderen aber für Goëten zu halten?“[2] — Was hatte man darauf zu antworten?

„Wir werden“, sagt Justin, „jetzt den Beweis führen, nicht von dem Glauben an die Berichterstatter ausgehend, sondern von denen, die es weissagen, ehe es geschehen ist, notwendiger Weise überzeugt, wenn wir ganz klar sehen, dass es geschehen ist und noch geschieht, wie es prophezeit worden ist“[3]. Wir sehen uns also zurückgeworfen auf eine andere Geistwirkung, die Prophetie. — Man konnte auch noch anders argumentieren, aus dem Selbsterhaltungstrieb des dämonischen Reichs: „Wenn der Satan den Satan austreibt, so liegt er mit sich selbst im Streit; wie wird da sein Reich Bestand haben?“ (Mt 12 26, Mc 3 26, Lc 11 18). Oder aus der überlegenen Kraft, die sich in dem beweist, der Dämonen auszutreiben vermag: „Keiner kann in das Haus des Starken eindringen und seinen Besitz rauben, wenn er nicht zuvor den Starken gebunden hat“[4].

[1] Just. I 30. Vgl. Just. D 69 p. 250: Οἱ δὲ καὶ ταῦτα ὁρῶντες γινόμενα φαντασίαν μαγικὴν γίνεσθαι ἔλεγον u. s. w.

[2] Orig. c. Cels. II 49. (Die Uebersetzung nach Th. Keim, Celsus' wahres Wort, Zürich 1873.) Vgl. noch I 6 I 68 71 II 32 V 6 VI 42 VII 68.

[3] Just. I 30. Ebenso Iren. II 32 4: εἰ δὲ καὶ τὸν κύριον φαντασιωδῶς τὰ τοιαῦτα πεποιηκέναι φήσουσιν, ἐπὶ τὰ προφητικὰ ἀνάγοντες αὐτούς, ἐξ αὐτῶν ἐπιδείξομεν πάντα οὕτως περὶ αὐτοῦ καὶ προειρῆσθαι καὶ γεγονέναι βεβαίως καὶ αὐτὸν μόνον εἶναι τὸν υἱὸν τοῦ θεοῦ.

[4] σκεύη ist Wortspiel, welches mit „Besitz“ — man denke an „Besessene“

Aber diese Gründe schlugen nicht durch, da es auf der Hand lag, dass sowohl Juden wie Heiden Dämonen austreiben und Wunder thun konnten[1]. So kann denn Tatian gerade umgekehrt diese Thatsachen so auslegen, dass die Dämonen selbst erst Menschen krank machen und sie dann wieder heilen, um sich Namen und Ansehen bei den Menschen zu verschaffen (Or. 18 p. 82). Und wenn man sich eine Zeit lang zu helfen glaubte mit der Thatsache, dass die Wunder der Christen — und für sie gilt dasselbe wie für die Jesu — im Namen Jesu oder „des wahren Gottes" geschahen[2], so musste dies Argument in dem Augenblick hinfällig werden, wo die Gnostiker ebenfalls im Namen Jesu vielleicht noch grössere Wunder thaten. Irenäus muss, wenn auch widerwillig diese Thatsache zugeben (II 31_{2}), indem er versichert, dass die Kirche dem Gnostiker auch auf diesem Gebiet überlegen sei (man stritt also darüber!): „Auch können sie", sagt er, „nicht alle Dämonen vertreiben, sondern nur die, welche von ihnen selbst angezaubert werden[3], wenn sie es überhaupt selbst in solchen Fällen können".

Was konnte da allein den Christen wie den Nichtchristen davon überzeugen, dass sich in allen diesen Vorgängen Wirkungen des guten Gottes, des Weltschöpfers, und seines heiligen Geistes kundthaten? Den Christen nur die Gewissheit, dass aus jenem gewaltigen Lebensumschwung, den er als sittliche und religiöse Kraft und Beseligung empfunden hatte, auch diese ausserordentlichen Kraftthaten entsprungen waren; den Nichtchristen nur der tiefe Eindruck, den die Frömmigkeit und Sittlichkeit der Männer auf ihn machten, die er ohne diesen Eindruck als Magier und Goëten hätte verachten müssen.

3.

Und die Auferstehung Jesu? Auch sie war ein Beweis nur für die, welche den Jüngern, die ihn gesehen hatten, Glauben

— nachzuahmen versucht ist. Mc 3_{27}, Mt 12_{29}, Lc 11_{21} f. Vgl. Joh 10_{21}: Kann denn ein Dämon der Blinden Augen öffnen? Der dritte Grund Jesu ist allerdings durchschlagend, aber nur für Juden (Mt 12_{27}): „Wenn ich in Beelzebul die Dämonen austreibe, in wem thun es eure Anhänger?" Aber indem dieser Satz zuzugestehen scheint, dass die Angehörigen der Pharisäersekte im heiligen Geist Teufel austreiben können, ist er für die spätere Zeit ganz unbrauchbar. Höchstens kann diese eingestehn, dass sie es „im Namen Gottes" thun, Just. D 85 p. 306, Iren. II 6_{2}.

[1] Vgl. die anschauliche Schilderung des Celsus bei Orig. c. Cels. I 68.

[2] Vgl. z. B. Iren. II 32_{5}, Just. D 7 p. 32.

[3] Immittuntur, er hilft sich wie Tatian.

zu schenken gelernt hatten; für andre war sie Zauberei oder Betrug. „Wer hat das gesehen?“ fragt Celsus und antwortet: „Ein halbrasendes Weib, wie ihr saget, und vielleicht noch ein Anderer von derselben Betrügerverbindung, indem er vermöge einer gewissen Disposition träumte oder nach seinem Willen in verführter Meinung Phantasieen hegte, was doch schon Tausenden begegnete, oder, was am ehesten zu glauben, indem er durch diese Gaukelei die Uebrigen in Staunen setzen und durch eine solche Lüge andern Betrugsbettlern Eingang verschaffen wollte“ [1]. Die Jünger selbst hatten ja ihren Herrn nur deshalb sehen können, weil ihnen schon vorher feststand, dass er im Tode nicht bleiben könne; irgend einen toten Menschen wieder zu sehen, das bedeutete damals nicht viel, da die „Dämonen“ ihr phantastisches Spiel überall trieben [2]. Deshalb zeigte er sich auch nicht „der Welt“ (Joh 14_{22}, Orig. c. Cels. II 63). Er hätte ihr damit nichts bewiesen, und sie hätte ihn weder begriffen noch ihm geglaubt. Auch hier konnte man, da man in der Apologetik von frühe an und natürlicherweise die „objektiven“ Gründe den subjektiven, die in Analogie von Joh 7_{17} verlaufen, vorgezogen hat, schliesslich auf die Weissagung sich zurückziehen (vgl. Jren. II 32_4 IV 20_6).

4.

So scheint die Schrift mit dem ihr entnommenen Weissagungsbeweis schliesslich der einzige objektive Halt; aber auch sie ist es nicht. Gewiss auch sie schien für viele der Beweis zu sein. Nicht nur die Apologieen [3] legen davon Zeugnis ab, auch die Bekehrungsgeschichte des Justin beweist ihre werbende Kraft.

---

[1] Orig. c. Cels. II 55. Das Gleiche liess sich gegen die göttliche Bezeugung Jesu bei der Taufe sagen I 41.

[2] Vgl. die oben citierte Stelle aus Celsus und Orig. c. Cels. III 22—24: „Eine unzählige Menge von Menschen, von Hellenen sowohl als Barbaren giebt dem Asklepios Zeugnis, dass sie ihn oft gesehen und noch sehen, nicht als solches Gespenst, sondern als Heiler und Wohlthäter und Weissager der Zukunft“ (24). Diese Stelle lässt erkennen, was dazu getrieben hat, so eifrig zu betonen, dass Christus nicht als δαιμόνιον ἀσώματον erschienen, sondern auferstanden sei, und was die immer sarkischer werdenden Berichte veranlasst hat: Apologetik.

[3] Hier unterscheiden sich der Brief an den Diognet und die Apologie des Aristides aufs Vorteilhafteste von den andern Apologieen. Sie haben in der That den Kernpunkt des Christentums erfasst und in ihrer Apologie verwertet, Justin bleibt stets bei den Aussenwerken stehen, wenn er seine Religion verteidigt. Wollte er auf den Schriftbeweis verzichten, ihm bliebe nichts übrig. Doch geht aus einer Aeusserung hervor, dass er, wie Tatian, auch den inneren Wert des alten Testaments zu schätzen versteht (vgl. S. 60).

Und wirklich ergreifend schildern die begeisterten Worte Tatians (Or. 29), wie das altheilige Buch und die sittliche Hoheit der Propheten den ruhelosen Drang seiner religiösen Sehnsucht für immer befriedigt und ihn zum sichern Besitz des Heiles geführt haben. Aber wider Willen wird Justin Zeuge gegen den Weissagungsbeweis. Schon das ist auffallend, dass er den Christen die Wunder wieder als Beweis für die Wahrheit der Prophetie anführen lässt (D 7 p. 32) neben der Thatsache, dass die Weissagungen eingetroffen sind. Schliesslich aber erinnert er selbst an den schwachen Punkt dieses Beweises, wenn ihm der Alte den Rat giebt: „Bete aber vor allem, dass dir die Thore des Lichtes geöffnet werden; denn nicht alle können (die Schrift) leicht verstehen oder begreifen, sondern nur, wem Gott und sein Christus sie zu verstehen giebt“ (7 p. 32). Die pneumatische Auslegung der Schrift ist das *Hineintragen einer schon vorher feststehenden Ueberzeugung* in den Text, oft mit den künstlichsten Mitteln. Juden und Gnostiker bewiesen aus der gleichen Stelle oft das Entgegengesetzte. Wonach sollte man sich entscheiden? Der Streit auf diesem Gebiet erscheint dem gebildeten Heiden wie der Streit um des Esels Schatten (Orig. c. Cels. III 1). Und ist nicht etwas Berechtigtes an der Meinung des Celsus, dass „tausend andern die Worte der Propheten viel eher angepasst werden können als Jesus?“ (Orig. c. Cels. II 28 ff.). Celsus hat sich bei dieser Kritik nicht in Aeusserlichkeiten verloren, sondern in der That auch den tiefgreifenden Unterschied zwischen altem und neuem Testament so gut wie irgend ein dualistischer Gnostiker gefühlt (vgl. Orig. c. Cels. VII 11—18). Und wenn nun gar ein Heide die Berechtigung der allegorischen Auslegung überhaupt bestritt (Orig. c. Cels. IV 48 ff.)?

Aber schliesslich, all diese Einwürfe als widerlegt vorausgesetzt, war es wirklich so offenbar, wie Justin meint: dass es *Gottes Werk* sei, dass er etwas sagt, bevor es geschieht, und dass es sich dann, wenn es geschieht, so zeigt, wie es vorausgesagt worden ist (I 12_{10})? Konnte man nicht mit *Celsus* entgegnen: „Das zwar, was von Pythia oder den Dodoniden oder dem Apollon von Klaros . . . . vorausgesagt worden, . . das achten sie für nichts; was aber von denen in Judäa in der Weise jenes Landes . . . gesagt oder nicht gesagt ist, das eben halten sie für wunderbar und unumstösslich“[1]. Konnten denn nicht auch die Dämonen weissagen? Freilich

[1] Orig. c. Cels. VII 3. Der Zusatz ἢ μὴ λεχθέντα richtet sich gegen die allegorische Exegese. — Gegen die Berufung auf die Vorausverkündigung seines (Todes-)Schicksals durch Jesus selbst wendet sich Celsus mit dem billigen Witz: „Es könnte wohl ein ebenso Unverschämter auch von einem gestraften Räuber

hatten sie nicht die Macht, alles in Erfüllung gehen zu lassen. Aber auch das war bei der notorischen Dunkelheit des alten Testaments kein sicheres Kriterium.

5.

So führen uns denn alle diese „Verteilungen des Geistes“, sofern sie als Grundlagen der christlichen Gewissheit sowohl für das Bewusstsein der Christen als für die Gewinnung Draussenstehender in Betracht kommen, stets wieder auf das zentrale christliche Erlebnis der „Wiedergeburt“ zurück[1]. Die Kirche hat das auch den „Ketzern“ gegenüber sofort herausgefühlt; und unter den Kriterien, nach denen man wahre und falsche Prophetie oder Lehre beurteilt, steht sehr bald das oben an, ob das Leben des Geistträgers auch dem Geiste Gottes und dem „Auftreten des Herrn“ angemessen sei oder nicht[2]. Freilich mag das naive Bewusstsein sich nicht immer soweit, wie im Vorhergehenden gezeichnet, durch alle Bedenken hindurchgedacht haben. Ihm mögen in der That jene auffallenden Sprüche des alten[3] heiligen Buches in ihrem mystischen Helldunkel und die „Wunderzeichen“ als das Anziehende und Ueberzeugende an der neuen Religion erschienen sein[4]. Wir glauben es Justin, wenn er anschliessend an seine Erzählung von der Schilderung der Propheten[5] durch jenen greisen Christen fortfährt: „Mir aber entzündete sich sogleich ein Feuer in der Seele, und sehnsüchtige Neigung ergriff mich zu den

und Menschenmörder sagen, dass dieser doch mit nichten ein Räuber, sondern ein Gott gewesen; hat er's doch den Miträubern vorausgesagt, dass er Solches leiden werde, wie er es ja gelitten“ (Orig. c. Cels. II 44, Keim). Hier zeigt sich am deutlichsten, wie das Wunder erst seinen Wert erhält durch die Person, die dahinter steht. Auch für jene Zeit. Vgl. noch II 15. 16.

[1] Auf die christliche Sittlichkeit kommt auch Celsus zu sprechen, er lobt sie auch VIII 49; aber er denkt — ein echter Schüler Platos — vorwiegend an die Sittenlehre und findet sie aus dem Plato abgeschrieben VII 58.

[2] Vgl. Abschnitt III; Jesus hatte selbst schon so geurteilt nach den Evangelien.

[3] Vgl. die Ausführungen der Apologeten; auch Celsus (I 14) bezeugt die Bedeutung dieses Moments.

[4] Haben sie doch bis zu einem gewissen Grade selbst dem Celsus imponiert (Orig. c. Cels. I 6 VI 41 VIII 37).

[5] Diese Schilderung betont übrigens neben den Wundern (καίτοι γε καὶ διὰ τὰς δυνάμεις, ἃς ἐπετέλουν, πιστεύεσθαι δίκαιοι ἦσαν) auch die sittliche Grösse der Propheten sehr stark: οὗτοι μόνοι τὸ ἀληθὲς καὶ εἶδον καὶ ἐξεῖπον ἀνθρώποις, μήτ' εὐλαβηθέντες μήτε δυσωπηθέντες τινά, μὴ ἡττημένοι δόξης, ἀλλὰ μόνα ταῦτα εἰπόντες ἃ ἤκουσαν καὶ ἃ εἶδον ἁγίῳ πληρωθέντες πνεύματι. D 7 p. 30. 32.

Propheten und jenen Männern, die Christi Freunde sind. Ich erwog seine Worte bei mir und fand, dass diese Philosophie allein sicher und nützlich sei" (D 8 p. 32). Aber wer mag entscheiden, wieviel von dieser Sehnsucht aus jener Kunde von den Propheten, ihren Reden und Wundern, und wieviel aus dem ganzen Eindrucke der ehrwürdigen Persönlichkeit des christlichen Greises stammte?[1]

Die Grösse der Sittlichkeit und der Bruderliebe der Christen, dazu der Mut ihrer Blutzeugen[2] und die aus alle dem sprechende Gewissheit ihres Glaubens haben den tiefsten Eindruck auf alle die gemacht, welche in Berührung mit ihnen kamen. So zeigt Ignatius den Ephesern einen Weg, die Heiden ohne Worte zu gewinnen durch grossherziges sittliches Handeln, das sie beschämt[3]. In dieser Erkenntnis mahnt schon der Prediger des zweiten Jahrhunderts: „Wenn die Heiden aus unserem Munde die Worte Gottes hören, bewundern sie sie als gut und erhaben; darauf, wenn sie sehen, dass unsere Thaten der Worte, die wir in den Mund nehmen, unwürdig sind, wenden sie sich zur Gotteslästerung und sagen, alles sei nur Mythus und Betrug"[4]. Diesem negativen Zeugnis des Christen schliesst sich das positive des Heiden Galen an[5]: die Christen „vollbringen mitunter Thaten wie die wahren Philosophen. Ihre Todesverachtung haben wir alle vor Augen, ebenso, dass sie, von einem natürlichen Schamgefühl geleitet, sich der Sinnenlust enthalten. Es giebt unter ihnen Weiber und Männer, die für ihr ganzes Leben dem Geschlechtsgenuss entsagt haben; es giebt auch solche, die es in Selbstzucht und Zügelung des Temperaments wie im strengen Streben nach Charakterfestigkeit so weit gebracht haben, dass sie in nichts den wahren Philosophen nachstehen." — Für die Bedeutung der allgemeinen Geistbegabung in dem Bewusstsein der Christen ist zu beachten, dass der Geistbesitz aller nicht eine blosse „Lehre" war, der nur selten eine mit wirklichem Gefühlswert und starker Gemütsbewegung verbundene psychische Thatsache entsprach, sondern dass es sich für die meisten Gläubigen jener Tage um ein mit unwiderstehlicher Gewalt in einem bestimmten

[1] D 3 p. 10: .. παλαιός τις πρεσβύτης, ἰδέσθαι οὐκ εὐκαταφρόνητος, πρᾷον καὶ σεμνὸν ἦθος ἐμφαίνον, ὀλίγον ἀποδέων μου παρείπετο.

[2] z. B. Act. Apollon. (Klette) 24: Ἀλλ' οὐ δύναται νικηθῆναι τὸ δόγμα τοῦ θεοῦ ὑπὸ δόγματος ἀνθρωπίνου· ὅσῳ γὰρ τοὺς εἰς αὐτὸν πεποιθότας ἀδίκως ἀποκτείνουσιν ἀκρίτως τοὺς μηδὲν ἀδικοῦντας, τοσούτῳ μᾶλλον πλῆθος ὑπὸ τοῦ θεοῦ μηκύνεται.

[3] Ign. Eph. 10. Vgl. I Petr 2_{12}; I Petr 3_1 ist wohl auf Christen zu beziehen.

[4] II Clem. 13_3 vgl. Ign. Trall. 8_2, Pol. Phil. 10_2.

[5] Vgl. Harnack, Dogmengesch. I[3] S. 224.

Zeitraum sich abspielendes Erlebnis handelt; ein Erlebnis, das einen neuen Menschen geboren werden lässt, der herausgenommen ist aus Juden und Heiden, aus Barbaren und Hellenen, der in ein ganz neues Volk versetzt ist, in das Volk Gottes, und in eine ganz neue Welt, in den Himmel.

Richtlinien der weiteren Untersuchung.

Die vorstehenden Ausführungen wollen nicht eine Uebersicht über die Lehre der Urkirche von den Geistern und vom heiligen Geiste sein. Sie sollen vielmehr einen lebendigen Eindruck von der eigentümlichen Bestimmtheit des christlichen Bewusstseins erwecken, das sich in heilsgewisser Freude als Gast in dieser, als Bürger in der Himmelswelt fühlt, weil es die Kräfte, die Erstlinge des kommenden Aeons geschmeckt hat. Sie sollen ebenso einen lebendigen Eindruck von dem düsteren Untergrund der altchristlichen Frömmigkeit geben, von dem Erleben des bösen machtvollen Geisterreiches und von dem geheimnisvollen Grauen, mit dem dies Erlebnis erfahren wird, wie von seiner kraftvollen Ueberwindung durch den heiligen Geist. Unsere Diesseits- und Jenseitsvorstellung lässt uns nur schwach nachfühlen, was jenes mächtige Ineinandergreifen des sichtbaren und des unsichtbaren Weltreichs und des Himmelreichs und ihr Kampf gegeneinander, von allen erlebt, für das Gefühlsleben der ältesten Christenheit bedeutet hat.

Durch die Schilderung dieser Erlebnisse soll die Bedeutung der Geistwirkungen für das Ganze der urchristlichen Frömmigkeit dargestellt und sozusagen der Ort fixiert werden, den sie in dem Gesamtkomplex der religiösen und sittlichen Vorstellungen, Gefühle und Willensäusserungen einnehmen, die das neue Leben des Christen bilden. Alle lehrhaften Aussagen sind daher im Vorausgehenden nur als gelegentliche und vorläufige anzusehen.

Ebenso giebt die Darstellung dieser Erlebnisse deutliche Richtlinien für die Methode der weiteren Untersuchung an. Sie lehrt folgendes.

1.

Was im Vorwort im Anschluss an Gunkel als das Rechte behauptet werden musste, hat sich jetzt bestätigt. Es handelt sich, wenn die Urkirche vom Geist und von den Geistern redet, stets um Anschauung auf Grund wirklicher und häufig gemachter Erfahrungen. Eine Untersuchung über den heiligen Geist darf also nicht von der Lehre oder den Lehren über den Geist ausgehen, sondern muss die Erlebnisse zum Ausgangspunkt nehmen, auf Grund deren sich die Lehre erhoben hat oder an die sie anknüpft.

Es folgt hieraus die Notwendigkeit, zunächst in einem „zweiten Abschnitt" die in der nachapostolischen Zeit bis auf Irenäus vorhandenen Geistwirkungen zusammenzustellen und zu beschreiben.

Dabei wird uns sehr stark die Frage beschäftigen: welche von den berichteten wunderhaften Vorgängen ruhen auf Thatsachen und welche sind legendarischen Ursprungs? Dass diese Frage leider so vielfach vernachlässigt oder meist nur im Dienst der Litterarkritik aufgeworfen und darum oft allzurasch beantwortet worden ist, beweist deutlich das in unserer Theologie vorherrschende Interesse an der Litteratur und an der Lehre. Sie ist für den Historiker eine der wichtigsten Fragen. Freilich zwingt uns der historische Charakter unserer Arbeit, bei ihrer Beantwortung auf alle apriorischen Gründe für oder gegen die „Möglichkeit von Wundern" zu verzichten. Dies scheint uns aber bei der gegenwärtigen Lage der Naturwissenschaft, der Psychologie und der Metaphysik nicht ein Nachteil sondern ein Vorzug der historischen Betrachtung zu sein. Ist sie auch nicht abschliessend, so trägt sie doch gewisse Massstäbe in sich selbst, die vor allem zur grössten Vorsicht im Urteil anleiten. Einmal giebt es gewisse Kriterien, an denen man Legende von Geschichte unterscheiden kann. Dann aber stehen dem Historiker die Analogieen durchaus glaubwürdiger Berichte aus anderen Zeiten zu Gebote. Solche Parallelen sind also, wo sie in dieser Arbeit vorkommen, kein schmückendes Beiwerk sondern fast das einzige Mittel, das gegenwärtig dem Historiker gegeben ist, festzustellen, was geschehen sein kann. Freilich beweisen sie nur die Möglichkeit von Vorgängen, welche die moderne Theologie eine Zeit lang alle in das Gebiet der Fabel verwiesen hat. Es giebt dann meist noch litterar- oder dogmengeschichtliche Gründe, welche im einzelnen Fall eine solche Möglichkeit in eine Unmöglichkeit oder in eine Gewissheit verwandeln können. Wir werden stets solche anderen Gebieten entnommene Gesichtspunkte nur andeuten oder voraussetzen. So werden wir versuchen, ein Bild von dem pneumatischen Leben der Zeit zu geben.

2.

Dämonenwirkungen und Geisteswirkungen sind analoge Vorgänge, „pneumatische Erscheinungen“. Nicht etwa bloss nach christlicher Vorstellung, sondern nach der allgemeinen Weltanschauung der Zeit giebt es eine Reihe von Vorgängen auf dem Gebiete des menschlichen Seelenlebens und durch seine Vermittlung auf dem Gebiete des körperlichen Lebens und der äusseren Natur, die nicht aus den Wirkungen menschlicher Subjekte erklärt, sondern von der Einwirkung einer hinter der Menschheit stehenden Geisterwelt abgeleitet werden. Die Kriterien, nach welchen entschieden wird, ob ein Vorgang aus den Kräften des menschlichen Subjekts oder „pneumatisch“ zu erklären ist, sind nicht Eigentum einer religiösen Gemeinschaft, sondern werden von der gesamten Kulturepoche geteilt. Solche Kriterien sind: die Gewaltsamkeit und das plötzliche Hervorbrechen einer Rede, das geheimnisvolle und überraschende Innewerden einer Erkenntnis, sonderbare Krankheitssymptome und anderes. Aus ihnen schliesst der Heide und der Jude wie der Christ, der katholische Christ wie der Gnostiker in gleicher Weise auf die Wirkungen unsichtbarer Geistwesen[1]. Erblickt ein Christ in einer Vision einen Engel oder einen Dämon, Christus oder den Teufel, hat ein Christ oder ein Heide oder ein Gnostiker eine Vision, so ist nicht wie für manche moderne Theologen bei einem Juden Selbsttäuschung was bei einem Christen wahres Erlebnis ist, sondern in jedem der angedeuteten Fälle sind für jene Zeit übermenschliche, unsichtbare Geistwesen in die Erscheinung getreten. Und das Erlebnis kann sich jedes Mal ganz in der gleichen Form abspielen.

Die Wirkungen des heiligen Geistes und der Dämonen sind aber nicht nur im allgemeinen analoge Vorgänge, sondern derselbe Vorgang kann bald als Wirkung des guten, bald als Wirkung des bösen Geistes beurteilt werden, je nach dem dogmatischen Standpunkt des Verfassers. Was der Gnostiker für gute, heilige Geisteswirkung hält, beurteilt der katholische Christ als Blendwerk der Dämonen, und umgekehrt. Der Historiker darf hier in keiner Weise Partei werden.

Demnach ist es unumgänglich nötig, die Wirkungen aller Geister zusammen zu behandeln, da sonst kein ausreichendes Bild

---

[1] Wir werden die Darstellung dieser Kriterien in unserem zweiten Abschnitt mit der inhaltlichen Beschreibung der Geistwirkungen verbinden.

der Erscheinungen geboten wird.

Noch weniger lässt sich mit wissenschaftlichem Recht eine Scheidung zwischen den Wirkungen des heiligen Geistes und der Engel vollziehen.

3.

Es handelt sich bei den Geistwirkungen um Vorgänge, die sich auf dem Gebiet des menschlichen seelischen und leiblichen Lebens abspielen; dies muss man zugeben, welche Anschauung vom Wesen des Geistes man auch vertreten mag. Aus diesem Grunde aber haben die pneumatischen Erscheinungen als solche keine Geschichte. Oder vielmehr die Geschichte der Geistwirkungen spielt sich in langen Zeiträumen ab und zwar so, dass je nach der veränderten kirchlichen Lage, dem vorherrschenden Interesse einer geschichtlichen Epoche oder der Höhenlage der allgemeinen Kultur bald mehr die eine bald mehr die andere Gruppe pneumatischer Erscheinungen hervortritt. So ist es kein Zufall, dass in der Zeit der werdenden Kirche die Offenbarung neuer Erkenntnisse und die Einflössung starker Willensimpulse die gewöhnlichen Wirkungen des Geistes sind, dass aber in dem Augenblick, wo die katholische Reichskirche sich abschliesst und das Mönchstum aus der Kirche flüchtet, der sittliche Kampf mit den Dämonen das gewöhnliche pneumatische Erlebnis wird. Und zu gleicher Zeit hat sich der nimmermüde Drang der menschlichen Seele nach geoffenbarter Erkenntnis bei den Ketzern und den Neuplatonikern eine Heimstätte gesucht. Wir müssten es uns versagen, die grossen Epochen in der Geschichte der Geistwirkungen hier anzudeuten, auch wenn wir es vermöchten. Nur das muss hervorgehoben werden, dass die Zeit der werdenden Kirche auch eine Epoche in der Geschichte der „Mystik“ bildet. Und zum zweiten: wo die pneumatischen Vorgänge auf demselben seelisch-leiblichen Gebiet auftreten, ist es höchst auffallend, wie gleichartig sie in allen Jahrhunderten gewesen sind. Der mittelalterliche mönchische Mystiker, der Quäker im protestantischen England, der hugenottische Inspirierte, der Wunderarzt des 19. Jahrhunderts erlebt und thut dann ganz dasselbe wie der Pneumatiker der werdenden Kirche.

Daraus folgt, dass für das Verständnis solcher oft nur angedeuteten Vorgänge in der von uns zu behandelnden Zeit, die Herbeiziehung von deutlichen, ausführlichen und womöglich von den Inspirierten selbst dargestellten Analogieen aus neuerer Zeit vom höchsten Werte ist.

Es folgt weiter, dass die Einteilung und Anordnung der Beschreibung der Geistwirkungen auf psychologischen Gesichtspunkten beruhen muss, während die Chronologie erst in zweiter Linie Berücksichtigung verdient. — Daher ergeben sich als Gesichtspunkte für die Gliederung unseres zweiten Abschnittes:

a) Die allgemeine Einteilung des menschlichen leiblich-seelischen Organismus in einen sensorischen und in einen motorischen „Teil“. Auf jenen fallen die Erscheinungen auf dem Gebiete des Gesichts- und Gehörssinnes, sowie des Vorstellungslebens, ferner die Vorgänge auf dem Gebiete der andern Sinne und des Gefühlslebens; auf diesen die Vorgänge auf dem Gebiet der Sprach- und Bewegungsorgane sowie des Willenslebens.

b) Ein zweiter, untergeordneter Gesichtspunkt ist die „Stärke“ des Auftretens der Erscheinung, d. h. der Grad der Abweichung des pneumatischen Vorganges von dem normalen Vorgang auf dem betreffenden Gebiet menschlichen Lebens.

c) Nahe damit verwandt ist die Anordnung der Thatsachen nach dem physiologischen oder psychologischen „Ort“ der Geistwirkung d. h. die Gruppierung der Vorgänge nach dem Gesichtspunkt, ob sie primär oder ausschliesslich Erregungen der äusseren Sinnesorgane (z. B. gehörte Geisterstimmen, Gesichte) oder primär oder ausschliesslich Erregungen der Zentralorgane und des seelischen Lebens sind (z. B. Erkenntnisse, Entschlüsse u. ä.).

d) Schliesslich ist noch die von den Psychologen gemachte Unterscheidung zwischen Hallucination und Illusion von Bedeutung; die Illusion knüpft an einen äusseren Sinneseindruck an, deutet ihn aber in irgend einer Weise (unbewusst) „allegorisch“ um oder baut ihn aus. Die Hallucination ist ohne solche äussere Grundlage.

Nochmals sei betont, dass alle diese Gesichtspunkte ihre Geltung behalten für jede metaphysische Anschauung vom Wesen des Geistes.

e) Die beliebte Einteilung, die der Kürze halber auch hier und da angewandt worden ist, in aussergewöhnliche oder ausserordentliche und allgemeine Geistesgaben, hat nicht die Bedeutung eines übergeordneten Einteilungsprinzipes. Wir haben gesehen, dass sie schon der Geschichte gegenüber nicht standhält, und dass die für unsere geistesarme Zeit sich zwischen beiden Gruppen aufthuende Kluft gar nicht so gross ist. Auch der psychologischen Betrachtung erscheint der Unterschied nicht so bedeutend. Zwischen dem Bewusstwerden einer neuen Erkenntnis durch den Geist und dem thatsächlichen, sinnlichen Hören einer Stimme, die Worte mit neuen Erkenntnissen mitteilt, ist nur ein Unterschied des „Ortes“ der Wirkung, der allerdings zu einem Gradunterschied in Bezug auf die Normalität oder die „Wunderbarkeit“ des Bewusstseinsaktes sich ausbildet. — Diese Einteilung deckt sich also im wesentlichen mit der unter b) und c) angeführten. Sie hat übrigens auch insofern eine gewisse Bedeutung, als sie der Thatsache Rechnung trägt, dass im Gebiet des seelischen Lebens im engsten Sinne sozusagen die psychischen „Vermögen“ viel näher bei einander liegen als in den peripherischen Organen. Der Schritt von einem Akt der Erkenntnis, zumal sittlicher Art, zu einem Willensakt ist viel kleiner und beide sind viel weniger leicht auseinander zu halten als der im Ohr vernommene Befehl eines Engels und die sittliche Handlung.

4.

Innerhalb des Gebietes der pneumatischen Erscheinungen giebt es nach christlicher Ueberzeugung keine neutrale Wirkung. Der Geist, welcher wirkt (ἐνεργεῖν term. techn.), ist entweder ein böser oder ein guter. Nachdem also der allgemein pneumatische Charakter eines Vorgangs festgestellt ist, handelt es sich für den Christen noch darum, zu prüfen und zu entscheiden (δοκιμάζειν, διακρίνειν), ob hier die Dämonen oder der heilige Geist und die Engel wirksam werden. Auch hierfür hat es bestimmte Kriterien gegeben[1]. Im Anfang hatte man begreiflicherweise nur solche ganz allgemeiner Art. Nach dem Grundsatz, dass nur der Pneumatiker das Pneumatische zu beurteilen verstehe, ist die „Unterscheidung der Geister“ zuerst selbst ein Charisma gewesen. Dann haben die Vorkommnisse bei der Glossolalie, in der Christen selbst Flüche auf Jesus ausstiessen (I Kor 12 $_3$), das Bedürfnis nach einem allgemein verwendbaren Massstab und die Angabe eines solchen durch Paulus bewirkt. Als später die Anfänge der gnostischen Bewegung, dann die Gnosis selbst und der Montanismus auftraten, alle mit starken pneumatischen Erscheinungen, da war die Frage nach den Kriterien der

[1] Es ist ein formeller Mangel von Gunkels Buch, dass es ihm nicht recht gelungen ist, bei ganz klarer Erkenntnis der Sachlage (vgl. a. a. O. S. 40 u.), die Symptome der Geistwirkungen im allgemeinen und die Kriterien, nach denen man gute Geistwirkungen von dämonischen unterscheidet, deutlich auseinanderzuhalten. Er hätte seine Hauptfrage (vgl. a. a. O. S. 5) in die beiden Unterfragen zerlegen müssen: woran hat man einen Vorgang als Wirkung eines Geistwesens erkannt? und wodurch hat man die Wirkung des heiligen Geistes (der Engel) von den Wirkungen des Teufels und der Dämonen unterschieden? Dass die Antwort auf jene erste Frage gar nichts den Christen als solchen Eigentümliches ist, geht aus seiner eigenen Zusammenstellung auf S. 40 hervor.

Geistwirkungen brennend, ja schliesslich die Lebensfrage der Kirche geworden. Auf sie kann man die ganze Entwicklung des Urchristentums zum Katholizismus zurückführen. Es entbrannte ein Kampf, bei dem nicht die einzelnen Gaben als solche, sondern die Träger derselben, insbesondere die Träger des Wortes, im Vordergrund standen. Das ist schon daraus deutlich, dass die Gaben, welche sich vorerst nicht zu Aemtern entwickelten, wie Heilungen u. ä., für diesen Kampf fast nicht in Betracht kamen. Die Kirche hat, durch die Pflicht der Selbsterhaltung gezwungen, die gefährlich werdenden Charismen zuerst durch immer enger werdende Kriterien eingeschränkt, schliesslich aber mit Absicht geradezu unterdrückt. Zuletzt hat sie alle Charismen durch eine dogmatische Theorie gerade auf dasjenige Amt gehäuft, welches, von Anfang an am wenigsten charismatisch, sich als tradiertes und tradierendes am sichersten und ruhigsten zum Bürgen für die Sicherheit der Kirche als eines Beamtenstaates entwickeln konnte. Dieser Kampf der Geistträger gegen einander hat eine Geschichte. Die Kriterien der Geisterprüfung haben eine Entwicklung durchlaufen, welche in der Entfaltung der katholischen Prinzipien und durch ihren Sieg in der Kirche ihren vorläufigen Abschluss findet. Ein dritter Abschnitt soll diese Entwicklung, nicht von dem Standpunkt der Verfassungsgeschichte, sondern von dem der Religionsgeschichte aus behandeln und mit Irenäus als dem ersten Vertreter der katholischen Kirche schliessen.

5.

Einem vierten Abschnitt bleibt dann „die Lehre über den Geist“ vorbehalten. Auch hier lassen sich die bösen Geister nicht von den guten trennen. Beide Klassen, sofern sie sich überhaupt in dieser Schärfe unterscheiden lassen[1], gehören zusammen unter die Kategorie der Geister (πνεύματα). Auch sind die Dämonen die abgefallenen Engel oder nach der am weitesten verbreiteten Ansicht ihre mit den Menschentöchtern erzeugten Söhne (im Anschluss an Gen 6). Noch weniger kann man die guten Geister von dem Geiste und diesen von Christus und Gott getrennt behandeln, will man die Probleme der Pneumatologie überhaupt verstehen und dann auch lösen. In der That haben biblische Theologie und Dogmengeschichte diese Forderung meist ganz unbewusst erfüllt.

Die Darstellung der Lehre hat auszugehen von den Theorieen

[1] Vgl. O. Everling, Die paulinische Angelologie und Dämonologie, Göttingen 1888. S. 118 u. ö.

über die Geistwirkungen selbst, von der Lehre über die Inspiration — also auch diese darf man nicht im zweiten Abschnitt erwarten, sondern nur die Thatsachen — über ihr Zustandekommen, über inspirierende Geister und den Geist. Sie hat dann überzugehen zu der Lehre vom Verhältnis des Geistes zu der Kirche. Sie behandelt die Frage nach dem Wesen des Geistes, nach seinem Verhältnis zu Christus und Gott, andererseits zu den Engeln; die Frage nach dem Verhältnis von Geist und Stoff im metaphysischen und ethischen Sinne u. a. m.

Die Aufgabe dessen, der das religiöse Leben darstellen will, ist die, dass er hinter den mannigfachen Ausdrucksweisen, die eine Zeit zur Verfügung und im Gebrauche hat und die sich teils durch Jahrhunderte lange sprachliche und kulturgeschichtliche Entwicklungen, teils durch das Auftreten schöpferischer Persönlichkeiten erklären, die Identität der Erlebnisse erkenne und sie zur Darstellung bringe. Man muss ihm also gestatten und von ihm verlangen, dass er auch in der Form weit auseinander Liegendes in Beziehung setzt und so kombiniert, dass das Erlebnis unter den Hüllen der Worte zum Vorschein kommt und nachempfunden werden kann. Umgekehrt muss, wer die Lehre einer Religion darstellen will, sich als Ziel stecken, nicht bloss die einzelnen Gedankenkreise, sondern auch jede Nuance ihres Ausdrucks auseinanderzuhalten und die auf dem beschriebenen Wege oft ungeheuer kompliziert gewordenen Gespinste der Sprache in ihre Bestandteile aufzulösen und aus ihrer Herkunft zu erklären. Auch dazu ist ein gewisses kombinierendes Verfahren nötig. Aber nichts ist gefährlicher, als wenn dies in der Weise geübt wird, dass man aus zerstreuten und fern auseinanderliegenden Gedanken ein System konstruiert, wie es niemals in den Köpfen lebender Menschen existiert hat. Man darf nicht vergessen, dass die neutestamentliche Zeit bereits am Ende einer langen Kulturepoche steht, dass all ihr sprachliches Material schon seit Jahrhunderten fest geprägte Form hat und dass z. B. in Bezug auf die Christologie und Pneumatologie bei denen, die nicht nach einer einheitlichen „Dogmatik“ streben, ein ähnliches Chaos verschiedenartiger Gedanken vorhanden ist wie bei den heutigen Christen. Deshalb ist für die Darstellung der Lehre nicht bloss Kenntnis sondern auch Verwertung der jüdischen und hellenischen Gedankenreihen über den Geist u. s. w. in dem Sinne notwendig, dass die Herleitung eines Gedankens oder eines Ausdruckes, der in der nachapostolischen Zeit gebraucht wird, wo sie aus urchristlichen Sätzen nicht möglich ist, zunächst von dorther versucht werden muss, ehe man einen Schriftsteller für originell erklärt. Die Originalität liegt in jener Zeit meist auf dem Gebiet des Lebens, nicht auf dem der Lehre. Die Gründe für die Wahl eines Ausdrucks können sehr mannigfacher Art sein: historische der Schule oder der Kulturwelt, polemische, apologetische, stilistische oder auch solche, die gar nicht kontrollierbar sind. Für die Darstellung des Teiles des religiösen Lebens, welche der zweite Abschnitt bietet, ist es daher ganz gleichgültig, ob das Bewusstsein, dass ein unsichtbares überweltliches Geistwesen in dem Christen lebt, mit den Worten „Gott in uns“ oder „Christus in uns“ oder „der Geist in uns“ oder „wir in Gott“ oder „wir in Christus“ oder „wir im Geist“ ausgedrückt ist. Alle diese Formen kommen vor und deuten dasselbe Erlebnis an. Im zweiten Abschnitt braucht die Vorgeschichte des Christentums nicht in Betracht gezogen zu werden, weil das Christentum die pneumatischen Erlebnisse trotz aller ähnlichen Erscheinungen im gleichzeitigen und früheren Judentum oder Heidentum doch nicht von dorther ererbt oder nachahmend übernommen hat. Sie sind vielmehr in der neuen Religion ganz selbständig in originaler Kraft aufgetreten.

Zweiter Abschnitt.

Darstellung und Beschreibung der Wirkungen des Geistes und der Geister.

I.

Das geistgewirkte Sprechen.

Man ordnet die pneumatischen Vorgänge am besten so, dass man zuerst die Erscheinungen auf dem motorischen, dann die auf dem sensorischen Gebiet des leiblich-geistigen Lebens bespricht, um deswillen weil sich dort die Vorgänge deutlicher darstellen und schärfer umrissen sind; auch sind die Thatsachen auf jenem Gebiet viel mehr bekannt und anerkannt als auf dem Gebiet des Gefühls- und Vorstellungslebens. Wir gehen dabei vom pneumatischen Sprechen zum pneumatischen Handeln über, aus dem wir wieder der Uebersichtlichkeit wegen die pneumatische Schriftstellerei und die Heilungen und Wunder (im engeren Sinn) herausnehmen, um in einem 4. Unterabschnitt alles andere zusammenzufassen. Innerhalb der einzelnen Sinnes- oder seelischen Gebiete, auf denen sich die Geistwirkung abspielt (Sprache, Gehör, Gesicht u. s. w.) werden wir stets von der am stärksten vom normalen Leben abweichenden Erscheinung ausgehen (vgl. S. 66), also beim Sprechen von der Glossolalie. Dies ist aus dem Grunde methodisch angezeigt, weil gerade an den auffallendsten und in ihrer Eigenart am deutlichsten hervortretenden Erscheinungen das Leben, auch das religiöse, sicherer studiert werden kann als in seinem regelmässigen Verlauf, der in mancher Hinsicht von dort aus deutlicher und richtiger beurteilt wird. Auch aus diesem Grund empfiehlt es sich, das „Geheimnis in der Religion“ zum Ausgangspunkt ihrer Erforschung zu machen.

1.

In der Urchristenheit erfuhr man häufig eine sehr auffallende Wirkung des Geistes auf dem Gebiet der Sprachorgane, die man λαλεῖν γλώσσαις oder γλώσσῃ, Zungenrede, nannte. Sie war verbunden mit einem gewaltigen Aufflammen des Affekts, der ihre Grundlage bildete, besonders des religiösen Erlösungs- und Freiheitsgefühls, welches seine Richtung im Dank auf Gott hin nimmt; man betete dabei zu Gott, dankte ihm, sang ihm einem Psalm (I Kor 14 14—16). Die Grösse dieses Affekts ist so bedeutend, dass die Sprachorgane ganz unabhängig von dem Willen des Subjekts in starke Bewegung versetzt werden. Dabei kommen unartikulierte Einzellaute, sinnlose Lautverbindungen, aber auch richtige Wörter und Wortverbindungen zu stande. Diese Wörter oder Sätzchen sind aus dem Bewusstsein des menschlichen Subjekts entnommen. Manchmal stammen sie freilich aus dem unterdrückten Bewusstsein. Denn wenn in Korinth den Zungenrednern die Worte: „Ein Fluch (ist) Jesus!“ (I Kor 12 3) entfliegen, dann ist das auf eine Linie zu stellen mit dem plötzlichen Hervorbrechen geschlechtlich-sinnlicher Bilder in den Visionen solcher Personen, die sich bei wachem Bewusstsein durch eine gewaltsame Unterdrückung ihrer sinnlichen Triebe auszeichnen. In der Ekstase wie im Traume treibt zuweilen aus den dunklen Tiefen der Nachtseiten des Bewusstseins Geheimstes mit Gewalt zum Licht empor. Und nicht nur Mönche, sondern auch neuere Visionäre haben dann solche Erfahrungen mit Entsetzen dämonischen Mächten zugeschrieben, weil sie so Furchtbares als Bestandteile ihres eigenen Seelenlebens nicht anzuerkennen vermochten.

Das Bewusstsein von dem, was mit ihm vorgeht, hat der Zungenredner zumeist verloren; doch ist nicht ausgeschlossen, dass er sich nachträglich im allgemeinen an das erinnert, was sein Gefühl und der Geist in ihm hat ausdrücken wollen. Dann kann er dies nachher in deutlicher Rede „erklären“ (ἑρμηνεύειν). Doch steht er seiner „Zungenrede“ ebenso objektiv gegenüber wie irgend ein anderer Christ, und was er giebt, ist eine blosse „Deutung“, keine bewusste wörtliche Wiederholung dessen, was im Taumel der Ekstase in ihm geschah.

Ebenso vermögen Eingeweihte (I Kor 14 24) der Zungenrede im allgemeinen zu folgen, wenn auch der Eindruck derselben auf die Dauer mehr peinlich als erbauend ist (14 4). Erlebt man doch die Analogieen solcher willenlosen, abgerissenen, undeutlichen, oftmals gestammelten, oftmals wild ausbrechenden Laute und Worte, die mit starkem Affekt und heftigen unwillkürlichen Bewegungen verbunden sind, nur bei Trunkenen (Act 2 13) und Wahnsinnigen (I Kor 14 23). Auch diese letzteren hält man für besessen von einem Geist, dem Dämon, der mit ihren Sprach- und Bewegungsorganen vornimmt, was er will.

Diese Auffassung der Glossolalie, welche seit Neanders Geschichte der Pflanzung und Leitung der christlichen Kirche durch die Apostel, besonders aber seit der trefflichen Arbeit von D. Schulz über „Die Geistesgaben der ersten Christen" 1836 bewiesen ist, darf als die gegenwärtig herrschende und allein berechtigte gelten[1].

Der Versuch von Beversluis, die Glossolalie auf Grund einer Worterklärung des Ausdrucks γλώσσαις (γλώσσῃ) λαλεῖν wieder als ein Sprechen in fremden Sprachen zu deuten, ist als misslungen anzusehen, da die Angaben über die Thatsachen in I Kor 12—14 jeder gewaltsamen Umdeutung von der Worterklärung aus widerstehen. Man hat diese auch an sich gänzlich falsche Methode mit Recht überall fallen gelassen. Wenn Beversluis darauf hingewiesen hat, dass auch sonst vielfach ein wunderbares Sprechen in fremden Sprachen berichtet wird, so ist das an sich richtig. Indessen sind die in spiritistischen Werken sich findenden Analogieen teils zu wenig gut beglaubigt, teils zu undeutlich[2]. Das letzte gilt auch von andern guten Berichten. So erzählt Antoine Court, der Prediger der Kirche der Wüste, von einer Prophetin, die er selbst gehört hat, der er aber sehr ungläubig, ja mit vollkommener Ironie gegenübersteht: Après celà (was wir auf S. 81 citieren werden) elle chanta (ψαλῶ τῷ πνεύματι I Kor 14 15!) elle parla un langage qu'on n'entendait pas[3]. Auch von einer im „Hexenschlaf" befindlichen Frau, deren Zustand uns später beschäftigen muss (vgl. unten VI 3 b), heisst es: Sie sprach hochdeutsch und dann in einer fremden Sprache. Aber diese „fremde" Sprache verstand niemand; deshalb liegt es am nächsten, dieselbe für ein geläufiges Aneinanderreihen sinn- und bedeutungsloser Lautverbindungen zu halten. Auch die Seherin von Prevorst[4] hatte so ihre „innere Sprache". Ja bei den Irvingianern hat man direkt erprobt, dass ihre glossolalischen Worte[5] nicht irgend einer Sprache

---

[1] Vgl. z. B. O. Pfleiderer, Das Urchristentum 1887 S. 551—554. C. Weizsäcker, Das apostolische Zeitalter der christlichen Kirche [2]1892. S. 567—571. „Theologus" in den Preussischen Jahrbüchern 87, 1897. S. 223—239.

[2] Vgl. z. B. C. du Prel, Die Entdeckung der Seele.

[3] Mémoires d'Antoine Court p. p. E. Hugues. Toulouse 1885.

[4] J. Kerner, Die Seherin von Prevorst, neu herausgeg. von C. du Prel, Leipzig o. J. S. 184.

[5] Ob diese Worte „gemacht", d. h. hier durch Gebet hervorgerufen sind oder

angehörten. Alle solche Berichte innerhalb der Christenheit zeigen stets eine Anlehnung an Act 2, und für diese Stelle wäre auch allein von Wichtigkeit, wenn Aehnliches sich so, dass jeder Zweifel ausgeschlossen wäre, feststellen liesse. Das ist jedoch nicht möglich. Für Paulus aber sind alle Analogieen von Act 2 ohne Wert, da seine Worte direkt ein Sprechen in fremden Sprachen ausschliessen.

Aus dem festgeprägten Ausdruck γλώσσῃ (γλώσσαις) λαλεῖν, der schon bei Paulus und in den Quellen der Act fertig auftritt, geht hervor, dass diese Erscheinung bereits im Heidentum beobachtet wurde und dort denselben Namen trug. Das Gleiche lässt sich aus den Worten des Apostels selbst folgern, wenn er seine Anordnungen für die Zungenredner mit dem Hinweise beginnt: „Ihr wisst, wie ihr, als ihr Heiden waret, zu den stummen Götterbildern hingetrieben wurdet, fortgerissen". Auf ein solches Besessensein durch die schreienden Dämonen, die hinter den „stummen" Bildern ihr Wesen treiben, wird er wahrscheinlich auch jenes Wort „Verflucht (ist) Jesus" zurückgeführt haben, das man von den Zungenrednern gehört hatte. Böse Engel sind in den Gemeindeversammlungen ja stets zugegen, sei's auch vor allem, um die Frauen zu verführen (I Kor 11 10). Mit Recht weist der Theologus auch noch auf I Kor 13 1 hin und bemerkt, dass der Vergleich mit dem tönenden Erz und dem gellenden Becken dem Apostel gerade deshalb nahe gelegen habe, weil in solchen Kulten, in denen das ekstatische Hervorstossen von Lauten und Worten vorkam, diese Instrumente zur Enthusiasmierung angewandt wurden. Von kirchlichen Schriftstellern ist meist auf den Bakchuskult verwiesen worden, in dem solche Zustände — oft auch infolge des Weingenusses — häufig waren. Theophilus (II 28 p. 136) berichtet auch ein solches heidnisches Glossenwort, das bekannte Εὐάν. Aus dem Cevennenkriege ist uns ebenfalls ein solches Wort überliefert, welches die Camisarden jedesmal beim Zusammentreffen mit den königlichen Truppen ausstiessen. Brueys[1] schreibt: „Les Prophêtes

nicht, ist für die Thatsache selbst von keiner Bedeutung (gegen Theologus a. a. O. S. 236); auch Paulus will, dass man um Prophetie beten soll; das heisst ζηλοῦν τὰ πνευματικά (vgl. I Kor 14 13 14 1 12). Recht hat aber der Theologus darin, dass er die Glossolalie in Korinth, trotzdem Aehnliches im Heidentum vorkommt, für etwas Originales und nicht Gemachtes erklärt. Weizsäckers Ausdrucksweise (Das apost. Zeitalter der christl. Kirche, Freiburg ²1892. S. 568. 569), die so lautet, als ob man die Zungenrede absichtlich in die neue Religion übergeführt hätte, und die eine Theorie dem Erlebnis vorausgehen lässt, ist ungenau. Wie hätte man denn etwas Gemachtes, ja Nachgemachtes für Wirkung des Geistes halten sollen, selbst wenn jene Mache möglich wäre?

[1] Brueys, Histoire du fanatisme de notre temps, Utrecht 1737. (Neu-

et les Prophétesses s'avançoient au devant des Troupes (der Camisarden) avec un air furieux en soufflant sur elles de toute leur force[1] et criant à haute voix, Tartara Tartara". Die Seherin von Prevorst hatte in ihrer inneren Sprache ein Wort: Optinipoga, das bedeutete: du musst schlafen, d. h. sie verfiel in ihren Schlafzustand, wenn man dasselbe aussprach. Man wird vergeblich nach der irdischen Sprache suchen, aus der es stammt. —

Es ist eine verbreitete Meinung, in der nachapostolischen Zeit sei das Zungenreden ganz ausgestorben. Richtig ist, dass in der Kirche der Einfluss des Paulus und das natürliche Bedürfnis kirchlicher Ordnung stark eindämmend und schliesslich ertötend auf diese Erscheinung gewirkt hat[2]. Man darf als Zeugen dafür vor allem den Verfasser der Acta ansehen, der aus dem Zungenreden ein Sprechen fremder Sprachen gemacht hat, trotzdem seine Quelle das Pfingstereignis noch anders auffasste[3].

Eben deshalb ist es nicht wahrscheinlich, dass er die Erscheinung nicht mehr gekannt und aus seinen zwei andern Quellennachrichten 10_{46} und 19_{6}, die für uns deutlich in demselben Sinn wie I Kor 12—14 vom Zungenreden sprechen, nicht klar zu erkennen vermocht habe, was das Zungenreden gewesen sei. Vielmehr hat einmal seine offenkundige Absicht, die neue Bundesstiftung mit der alten, welche nach jüdischer Ueberlieferung[4] in allen Sprachen der Welt verkündigt sein sollte, in Paralelle zu setzen, die Umbildung des alten Berichtes in Act 2 veranlasst. Dann aber war vielleicht bereits zu seiner Zeit das Zungenreden kirchlich verdächtig; denn später wurde es, wie wir noch hören werden, in Kreisen geübt, die auf der Grenze der Religionen da standen, wo Christentum und Heidentum die seltsamsten Verbindungen eingingen.

Ebenso mag man zweifeln, ob Unkenntnis oder Tendenz den Irenäus dazu veranlasst hat, für das λαλούντων γλώσσαις in Act 10_{46} ein προφητεύοντας zu setzen (Iren. III 12_{15}); das erstere ist doch das wahrscheinlichere, weil er an einer anderen Stelle, im deutlichen Anschluss an I Kor 12—14 unter den Charismen, mit denen die Kirche

druck) I. S. 182. vgl. S. 190.

[1] Ist das bloss Affekt, oder wollen sie den Feind töten mit dem Hauche ihres Mundes? (Apk 19_{21}, vgl. Iren. I 13_{4} exsufflantes).

[2] Vgl. Theologus a. a. O. S. 237 f.

[3] Will man in Act 2 äusserlich Quelle und Ueberarbeitung scheiden, so gehört jener an V. 1—4 ohne ἑτέραις in V. 4, etwa V. 6 a, V. 12—14. Deutlich ist V. 7 Parallele zu V. 12 und V. 5 f. Einleitung zu V. 7.

[4] Vgl. Theologus a. a. O. S. 226.

geschmückt ist, auch die Zungenrede nennt[1]. Indes lässt die Knappheit der Angabe nicht erkennen, ob Irenäus ein Reden in fremder Sprache meint, da παντοδαπός allerlei ebensogut „mancherlei" wie „alle" heissen kann. Korrekt ist seine Angabe in III 12 1: „Wiederum, als der heilige Geist in die Jünger herabgestiegen war, so dass alle prophezeiten und mit Zungen sprachen, und einige sie verlachten" ... Doch auch hier verrät nichts, was Irenäus sich unter diesen Worten vorgestellt hat.

Um so deutlicher ist die Schilderung der Erscheinung bei Celsus, es ist die Schilderung eines Augenzeugen: „Viele und zwar Namenlose nehmen auf's leichteste aus ganz zufälliger Ursache in Heiligtümern[2] und ausserhalb derselben, zum Teil auch als Bettler herumziehend und Städte oder Kriegslager besuchend, Bewegungen an scheinbar wie Wahrsager .... Nachdem sie diese weitläufigen Drohungen ausgestossen, fügen sie der Reihe nach unverständliche, halbverrückte und ganz unklare Worte bei, deren Verständnis kein Verständiger finden möchte, denn es ist undeutlich und nichts; jedem Unsinnigen aber oder Betrüger giebt es in jeder Hinsicht Anlass, wohin er das Gesagte zu seinem Vorteil wenden will. Diese angeblichen Propheten, welche ich selbst gehört, haben, wenn ich sie überführte, mir bekannt, wessen sie bedurften und dass sie ihre Worte erdichtet haben von einem zum andern"[3]. Jene unverständlichen Worte, verbunden mit einer auffallend starken Geberdensprache[4], sind nichts anders, als was Paulus Glossolalie nennt. Nur werden sie hier als prophetisch gewertet. Aber auch Irenäus hat προφητεύειν einmal für γλώσσαις λαλεῖν ein-

---

[1] Iren. V 6 1: Καθὼς καὶ πολλῶν ἀκούομεν ἀδελφῶν ἐν τῇ ἐκκλησίᾳ προφητικὰ χαρίσματα ἐχόντων καὶ παντοδαπαῖς λαλούντων διὰ τοῦ πνεύματος·γλώσσαις ... (entweder: in allen Sprachen sprechend oder in mancherlei Zungen redend I Kor 12 28).

[2] Diese wenigstens waren keine Christen. Dass man hier an die montanistische Prophetie hat denken können (Ritschl), ist ganz unverständlich.

[3] Orig. c. Cels. VII 9: Πολλοὶ καὶ ἀνώνυμοι ῥᾷστα ἐκ τῆς προστυχούσης αἰτίας, καὶ ἐν ἱεροῖς καὶ ἔξω ἱερῶν, οἱ δὲ καὶ ἀγείραντες καὶ ἐπιφοιτῶντες πόλεσιν, ἢ στρατοπέδοις, κινοῦνται δῆθεν ὡς θεσπίζοντες .... ταῦτ' ἐπανατεινάμενοι προστιθέασιν ἐφεξῆς ἄγνωστα καὶ πάροιστρα καὶ πάντη ἄδηλα, ὧν τὸ μὲν γνώρισμα οὐδεὶς ἂν ἔχων νοῦν εὑρεῖν δύναιτο· ἀσαφῆ γὰρ καὶ τὸ μηδέν· ἀνοήτῳ δὲ ἢ γόητι παντὶ περὶ παντὸς ἀφορμὴν ἐνδίδωσιν, ὅπη βούλεται τὸ λεχθὲν σφετερίζεσθαι. VII 11: οὐ πιστευτέον δὲ τῷ Κέλσῳ λέγοντι τοιούτων ἀνθρώπων γεγονέναι αὐτήκοον. οἱ δῆθεν προφῆται, ὧν αὐτήκοος ἐγένετο, ἐλεγχθέντες ὑπὸ Κέλσου, ὡμολόγησαν αὐτῷ οὗ τινος ἐδέοντο· καὶ ὅτι ἐπλάσσοντο λέγοντες ἀλλοπρόσαλλα.

[4] Ein ausgezeichnetes Beispiel solcher Geberdensprache während der Ekstase bietet Kerner, Die Seherin von Prevorst, S. 212—216.

gesetzt. Man darf nicht meinen, Celsus habe im Spott übertrieben; denn wenn es auf den ersten Blick sonderbar erscheint, dass eine göttliche Offenbarung an sich unverständlich sein und einer „Deutung" bedürfen soll, so ist das für jene Zeit durchaus nicht auffallend. War doch das ganze alte Testament eine Offenbarung in „Geheimnissen", hatte doch jedes Traumgesicht eine Deutung nötig. Göttliche Art ist geheimnisvolle Art. Und wenn hier der Ekstatiker zuerst in deutlicher Rede spricht, nachher die unverständlichen Worte hinzufügt, so ist das der umgekehrte Vorgang, als wenn der Glossolale zuerst in Ekstase redet und nachher bei Bewusstsein die Deutung giebt. Nur sind jene Offenbarungsworte der Propheten bei Celsus eigener Art.

Neben rein lautlichen Aneinanderreihungen mögen sich, besonders in gemachte Glossolalie — und wer will bezweifeln, dass es auf diesem Gebiet manchen Betrüger gab, wie Celsus es berichtet? —, auch Worte „barbarischer" Sprachen eingemischt haben. Solche geheimnisvollen Zauberworte, welche an die Glossolalie erinnern und mit glossolalischen Worten wahrscheinlich grosse Aehnlichkeit haben, sind z. B. die in gnostischen Kreisen gebräuchlichen Namen und Beschwörungsformeln der Geister des Luftreichs, welche die Seelen hersagen müssen, um zum Vater des Lichtes hinaufdringen zu können[1].

Wir schliessen mit einem Citat aus dem Munde eines Camisarden, der ganz deutlich die Zungenrede erlebt hat und sie vortrefflich schildert[2]: „Stets empfand ich dabei eine ausserordentliche Erhebung zu Gott, bei welchem ich daher beteure, dass ich weder durch irgend jemand bestochen oder verleitet, noch durch eine weltliche Rücksicht bewogen bin, durchaus keine anderen Worte, als solche auszusprechen, welche der Geist oder der Engel Gottes selbst bildet, indem er sich meiner Organe bedient. Ihm allein überlasse ich daher in meinen Ekstasen die Lenkung meiner Zunge, indem ich mich nur bestrebe, meinen Geist

[1] Vgl. C. Schmidt, Gnostische Schriften in koptischer Sprache, Leipzig 1892. T. u. U. VIII, 1. 2. S. 146—225. Wir finden da Aneinanderreihung der Vokale: ιεουα, ιεα, ωιεου, ιεου (149), und neben wirklichen Wörtern wie ιαλδαβαωθ und σαμαηλω sinnlose Verbindungen von Vokalen und Consonanten: ζωζηζαζ, ζαωζωζ, χωζωζ, ζωζηζα, χωζωζαζζα, ζαζηζω, ἀζηωζα, ζωζαωχα χωζωαζαω, ζωζηαζα, χωζαεζ, αχωζωηζ (S. 216. 217). Hier ist die Bildungsart dieser von mir zusammengerafften Wörter deutlich, jeder kann sie nachmachen. Oft aber errät man das Prinzip ihrer Bildung nicht, es scheint vollkommene Willkür zu herrschen. — Ausserchristliche Beispiele bieten die Zauberpapyri sehr häufig.

[2] Citiert von Theologus a. a. O. S. 235.

auf Gott zu richten und die Worte zu merken, welche mein Mund ausspricht[1]. Ich weiss, dass alsdann eine höhere und andere Macht durch mich spricht. Ich denke darüber nicht nach und weiss nicht vorher, was ich reden werde. Meine Worte kommen mir daher wie die Rede eines andern vor (vgl. oben), aber sie lassen einen tiefen Eindruck in meinem Geist zurück". Augenscheinlich steht diese Form der von Celsus beschriebenen näher; hier ist an inhaltvolle Mitteilungen, wahrscheinlich an Offenbarungen, am Eingang allerdings auch an Gebete gedacht.

2.

Man empfand in Korinth, wenigstens nach der Schilderung des Paulus, das Zungenreden nur als eine Rede des Menschen durch den Geist mit Gott (ἑαυτῷ καὶ τῷ θεῷ I Kor 14 2 28). Man spürt auch dort dabei „eine ausserordentliche Erhebung zu Gott", man fühlt, dass man „sich erbaut" (I Kor 14 4); man hört den Geist in sich „schreien" (dies Wort ist für den Geist charakteristisch, es malt anschaulich die Stärke des Erlebnisses[2]): „Abba, Vater" (Rm 8 15 Gal 4 6) oder „Herr (ist) Jesus" (I Kor 12 3); man empfindet dabei, wie ein anderer unser Gebet trägt, und man spricht: „Der Geist nimmt sich unserer Schwachheit an; denn was wir beten sollen, wie es nötig ist, wissen wir nicht, aber der Geist selbst tritt für uns ein mit unaussprechlichen Seufzern". So fühlt es Paulus, der „mehr als sie alle" mit Zungen redet[3].

Es giebt „Arten von Zungenreden" sowohl der Form nach, sofern die Glosse mehr ein Reden oder mehr ein Singen ist, mehr aus unartikulierten Lauten besteht oder mehr mit deutlichen Worten durchsetzt ist, als auch dem Inhalt nach; Paulus zählt auf: „Gebete, Loblieder, Segens- und Danksprüche (I Kor 14 15 ff.). Act 10 46 spricht noch von „lobpreisen" (μεγαλύνειν) in Parallele mit der Zungenrede.

Alles dies kann nun aber auch nicht durch den Geist, sondern τῷ νοΐ geschehen, d. h. ohne Inspiration aus dem normalen Bewusstsein heraus (I Kor 14 15 ff.).

---

[1] Augenscheinlich ist die Ekstase nicht so tief wie bei Paulus gedacht, weil hier die Erinnerung, ja das gleichzeitige deutliche Vernehmen der Worte durch den Sprechenden selbst vorausgesetzt ist.

[2] Vgl. H. Gunkel a. a. O. S. 22 ff. 28.

[3] Rm 8 26, I Kor 14 18. In I Kor 14 14 würdigt er dies Gebet weniger, getrieben durch die Polemik und sein kirchliches Interesse. Er selbst hat aber doch viel mehr innerlich davon gelebt, daher die Selbstkorrektur in I Kor 14 15.

Ausser diesen beiden muss es noch eine dritte Form des Lobsingens (ψάλλειν) gegeben haben, bei der man die deutliche Empfindung hatte — der Sprechende ebenso wie der Zuhörer —, dass es im Geiste geschah, und doch war alles deutlich zu verstehen und das Recitieren ging in richtigen Sätzen vor sich. Diese Form der Geistwirkung haben mit aller Deutlichkeit die Stellen Kol 3$_{16}$ und Eph 5$_{18}$ im Auge: „Das Wort des Christus wohne in euch reichlich in jeglicher Weisheit, indem ihr euch belehrt und zurechtweist und in Psalmen, Hymnen, „geistlichen" Liedern auf Grund der Gnade in euren Herzen Gotte singt". „Berauscht euch nicht im Wein, worin Ausschweifung ist, sondern werdet voll des Geistes, sprechend zueinander in Psalmen und Hymnen und geistgetragenen[1] Liedern, singend und psalmodierend in eurem Herzen dem Herrn, indem ihr Dank sagt überall für alles im Namen unseres Herrn Jesu Christi dem Gott und Vater, einander unterordnend in der Furcht Christi". Beidemale ist, wie der Zusammenhang zeigt, an die Gemeindeversammlung gedacht, und zwar verrät Eph 5$_{18}$ deutlich die Feier der Eucharistie als den Hintergrund, von dem sich die Mahnung abhebt. Dort findet vor allem das Danksagen (εὐχαριστεῖν) statt, dort nur ist es zügelloser Freude möglich, sich im Rausche des Weins „Begeisterung" anzutrinken (vgl. I Kor 11$_{21}$, Jud $_{12}$). Auch der Schluss der Mahnung (Eph 5$_{20}$): „einander unterordnend in der Furcht Christi" zeigt, dass an die Versammlung und etwaige Unordnung in ihr zu denken ist[2]. Deshalb wird man auch das „in eurem Herzen" und

[1] πνευματικός ist eine Person oder Sache, die in geheimnisvoller Weise Träger des Geistes ist, mit der sich der Geist verbunden hat, in, mit und unter der der Geist erscheint und wirksam wird. Es ist also mehr als „dem Geist entsprechend", auch da, wo es so heissen könnte, wie z. B. hier (vgl. E. Haupt, Die Gefangenschaftsbriefe 1896, Meyers krit.-exeg. Komment. über d. N. T. VIII. z. d. St.) und nicht immer = geistgewirkt, wie v. Soden übersetzt (z. d. St.). I Kor 10$_{3\,4}$ βρῶμα πνευματικόν ist eine Speise, in, mit und unter der man „Geist" geniesst, durch die man sich mit dem πνεῦμα Χριστός eint; vgl. I Kor 10$_{16\,17}$, Did. 10: den Menschen gabst du Speise zum Genuss, uns aber πνευματικὴν τροφήν. I Kor 15$_{44}$ σῶμα πνευματικόν ein solches, das Träger des πνεῦμα werden kann, wie das σ. ψυχικόν Träger der ψυχή ist; nachher mag man übersetzen „zum πνεῦμα passend". Oder wo das sinnliche Ding nur ein Phantasma ist, kein irdisches, mag man das „geistgewirkt" hinzudenken I Kor 10$_{4}$ πνευματικὴ πέτρα. Andrerseits kann das Wort bis zum Begriff „symbolisch", „allegorisch" verblassen, I Petr 2$_{5}$. Grundbedeutung bleibt die oben gegebene. πνευματικός der Inspirierte, πνευματικά das Inspirierte, die Geistesgaben. Schliesslich kann πνευματικὸς = τοῦ πνεύματος in allen Arten des Genetivs sein.

[2] Die gewöhnlich als selbstverständlich behandelte Annahme, dass Paulus

λαλοῦντες ἑαυτοῖς nicht wie in I Kor 14 28 deuten dürfen; sondern man wird gerade des Gegensatzes zu der Trunkenheit mit ihrem Lallen wegen an verständige Rede und in der Gemeinde zu denken haben[1], doch an ein solches, welches den deutlichen Eindruck macht, dass der Dichter des Geistes voll ist.

Diesem eigenartigen pneumatischen Zustand verdanken wir wohl die meisten der schönen poetischen und liturgischen Stücke, welche aus jener Zeit überliefert sind, und die uns zeigen, wie die Christen das carmen Christo quasi Deo dicere ausübten[2]. Die Teile der Apokalypse, die hierher gehören — der Apokalyptiker ist ein Pneumatiker —, hat Weizsäcker (a. a. O. S. 558 f.) zusammengestellt und stichisch abgedruckt. Es sind: 11 17 f., 12 10—12, 18, 19 1—8 und die vielleicht der Liturgie entlehnten, allgemeiner gehaltenen 4 11, 5 9 10 12 13, 15 3. Dazu kommen die drei Psalmen der Maria, des Zacharias und des Symeon in Lc, welche deutlich ein semitisches Original verraten und vielleicht auf jüdische Vorbilder zurückgehen. Auch I Tim 3 16 entstammt wahrscheinlich einem solchen Lied, die Art ist ganz die des pneumatischen Sprechens; ähnlich im Stile ist II Tim 2 11 ff. Auch von Valentin ist der Anfang eines im Zustand des Im-Geiste-Seins verfassten Gedichtes überliefert (übersetzt unten in V 5):

πάντα κρεμάμενα πνεύματι βλέπω,
πάντα δ' ὀχούμενα πνεύματι νοῶ,
σάρκα μὲν ἐκ ψυχῆς κρεμαμένην,
ψυχὴν δ' ἀέρος ἐξοχουμένην,
ἀέρα δ' ἐξ αἴθρης κρεμάμενον,
ἐκ δὲ βυθοῦ καρποὺς φερομένους,
ἐκ μήτρας δὲ βρέφος φερόμενον[3].

Dass man im pneumatischen Zustand — mochte er nun durch

in I Kor 11—14 zwei Arten der Versammlung, eine Wort- und eine Eucharistieversammlung im Sinne habe, scheint mir nicht sicher zu sein. Was hat man denn bei jener Mahlzeit gesprochen? Die Einsetzungsworte nicht: I Kor 11 23 ff. Dann aber vergleiche man 14 16. εὐλογεῖν = εὐχαριστεῖν und τὸ ἀμήν sind so auffallend die Stichworte für den Hergang des Herrnmahls, dass man unwillkürlich an dieses denkt. Es ist zu übersetzen: denn wenn du den Segen sprichst und thust es ἐν πνεύματι, wie kann der, welcher am Ort des Laien, d. h. des nicht kultisch Handelnden steht, das „Amen" zu deiner εὐχαριστία sagen? Also dies Amen ist nötig, und das Gebet spricht der, welcher dem ἰδιώτης gegenübersteht. Vgl. Justin I 65 3 und Did. 9. 10.

[1] Vgl. noch Eph 6 18 mit Jud 20.

[2] Harnack, Geschichte der altchristl. Litteratur I 795, wo alle Stücke aufgezählt sind, aber auch nicht-pneumatische.

[3] Philos. V 37, Hilgf. Ketzerg. S. 304, vgl. S. 287 f. Das antignostische Gedicht des Presbyters bei Iren. I 15 6 ist deutlich τῷ νοΐ gefertigt.

böse oder gute Geister gewirkt sein — dichtete, wussten die Christen auch noch daher, dass die griechischen Dichter sich stets auf ihre Inspiration beriefen (vgl. S. 6 f.).

In der That ist das Dichten eine eigentümliche Gabe vieler Inspirierten. Wir mögen uns leicht einen Zusammenhang herstellen, wenn wir bedenken, dass bei allen Pneumatikern die Phantasie in hohem Grade entwickelt ist. Indessen die Begabung liegt manchmal nicht im Inhalt, sondern allein in der Form. Der tiefste Inhalt vereinigt sich mit der erhabensten Form bei dem edelsten Beispiel für diese Thatsache, bei den alttestamentlichen Propheten. Aber auch in neuerer Zeit hat es dichtende Inspirierte gegeben. Wir führen nur zwei Fälle an, in denen die Gedichte sehr harmlosen Inhaltes sind und man den Eindruck hat, dass nicht viel Geist, geschweige denn Geister dazu nötig waren, sie zu dichten. Aber das, worauf es uns ankommt, ist, dass sie in der Ekstase entstandene Gedichte sind. Besonders in dem ersten Fall, bei jener Prophetin aus der Kirche der Wüste (vgl. S. 73), die Court beobachtete, liegt eine auffallende formelle Parallele zu den neutestamentlichen Stellen vor. Court schreibt: elle chanta, elle versifia et il n'y eut aucune de dix-sept personnes dont la petite assemblée étoit composée qui n'eut son couplet en vers. Er giebt zwei Beispiele, eins auf ihren Ehemann:

Et toi, mon pauvre grison,
Je m'adresse à toi tout de bon.

Und ein anderes: Pour toi, avec tes cheveux tortus,
Tu auras toujours l'esprit bossu.

Court fährt dann fort: Elle ne le recitoit pas, mais elle le chantoit et les accompagnoit d'un air plus mélodieux qu'ils n'étoient mesurés (a. a. O. S. 80 f.). — Auch die Seherin von Prevorst hat in der Ekstase öfter Gedichte niedergeschrieben. Es sind Eröffnungen über ihren eigenen Seelenzustand (vgl. a. a. O. S. 146 und 184), oder über den anderer (S. 195), auch innig empfundene Gebete und ganze Visionen in Gedichtform sind darunter (212—216). Hier eine Probe:

Hier lieg' ich betend
Vor Dir, Allerbarmer,
Ich Arme, ich Kranke,
Ich Schwache, ich Kranke,
Du nimmst den gehorsamen
Kindern den Schmerz,
Du bist der Allwissende,
Siehest mein Herz.

In ergreifenden Worten bittet sie an einer anderen Stelle um Erlösung aus ihrem Zustand: S. 240. 241. Doch ist nicht sicher zu erkennen, ob diese Verse nicht bei wachem Bewusstsein geschrieben sind. Bezeichnend ist die Dithyrambenform für die Rede der Pneumatiker; diese kurzen, abgerissenen, gleichschwebenden Zeilen. Wir werden sie noch öfters finden.

Das Gebet im Geist, welches nicht glossolalisch aber doch pneumatisch ist, ist dem „Singen im Geist" nahe verwandt, doch nicht mit ihm identisch. Obwohl inhaltlich das „Singen" ein „Gebet" oder eine Danksagung sein kann und gewöhnlich ist, so sind sie doch in der Form charakteristisch verschieden. Das Gebet hat prosaische Form, die sich der poetischen in gewissen Struktureigentümlichkeiten höchstens nähert. Eph 6 18 und Jud 20 sprechen von Gebet im Geist, ohne näher zu schildern, was sie damit meinen. Jac 5 13 stellt „Singen" und „Beten" nebeneinander, ohne den Geist zu erwähnen. „Geht es einem schlecht unter euch, so soll er beten, ist er guten Mutes, dann soll er singen". Auch das eucharistische Gebet, welches die Didache[1] nach altem Brauch zulässt, wird wohl „im Geist" geschehen sein. Der Ausdruck „soviel sie wollen" deutet darauf hin, dass wir hier nur an jenen schwächeren pneumatischen Zustand denken dürfen, bei dem der Geist des Propheten in der Gewalt des Propheten steht, also Glossolalie ausgeschlossen ist (I Kor 14 32). Ein Beispiel des Betens „im Geist" berichtet höchst anschaulich das Martyrium des Polykarp; hier ist auch das grosse Ergriffensein des Beters, das wir stets voraussetzen müssen, treffend geschildert. Polykarp begiebt sich aus dem Obergemach des Hauses, wohin man ihn geflüchtet hatte, zu der Truppenabteilung hinunter, befiehlt, den Soldaten zu essen vorzusetzen und bittet sie dann um eine Stunde Verzug für ein ungestörtes Gebet. „Als sie es ihm gestatteten, trat er hin und betete, voll der Gnade Gottes (= im Geiste) so sehr, dass er zwei Stunden lang nicht schweigen konnte und alle Zuhörer erschracken, viele es aber bereuten, dass sie gekommen waren zu solch einem gottbegnadeten Greise (um ihn zu fangen)"[2]. Wie bezeichnend ist der Ausdruck: er konnte nicht schweigen, er sprach gar nicht, es sprach in ihm, es liess ihn nicht zum Schweigen kommen. Dabei vernimmt er nichts von dem, was um ihn vorgeht, und ist unempfindlich gegen die Müdigkeit, die dem alten Manne das Stehen sonst wohl unmög-

[1] Did. 10 8: Τοῖς δὲ προφήταις ἐπιτρέπετε εὐχαριστεῖν ὅσα θέλουσιν.

[2] Mart. Pol. 7 2: . . πλήρης ὢν τῆς χάριτος τοῦ θεοῦ οὕτως ὡς ἐπὶ δύο ὥρας μὴ δύνασθαι σιγῆσαι . . .

lich gemacht hätte. Aber auch objektiv ist die Schilderung genau; sie giebt den Eindruck des Schreckhaften wieder, den der Geist zunächst auf alle und anhaltend stets auf solche ausübt, welche gegen ihn feindlich sind. Und man halte die Schilderung nicht für gemacht, denn auch in den Köpfen der römischen Soldaten lebte die Vorstellung von jener Geisterwelt, nur dass ihnen die Götter der Christen unheimlich waren, wenn sie so Auffallendes wirkten. — Solche und ähnliche Vorgänge hatte man im Auge, wo man von Beten im Geiste sprach. Freilich aber wird man dann auch bei Formen, die sich von dem normalen Bewusstsein in nichts unterschieden, das Wort gebraucht haben, um ein Werturteil über den Inhalt des Gebetes abzugeben.

Solch ein Beter, wie Polykarp, war ohne Zweifel der schwäbische Pfarrer Blumhardt, bei dessen Gebet die Kranken die Geister der Krankheit von sich weichen fühlten. Beispiele bietet seine Lebensbeschreibung von Zündel die Fülle.

3.

Die bis jetzt besprochenen Formen des Sprechens im pneumatischen Zustand höheren oder geringeren Grades, hatten das Gemeinsame, dass in ihnen der Geist für den Menschen eintritt, aus dessen Subjekt heraus zu Gott spricht. Nur bei den Propheten, die Celsus schildert, war die glossolalische Rede für Menschen bestimmt. Eine zweite grosse Gruppe des Sprechens „im Geiste" umfasst die Offenbarungsworte Gottes an die Menschen. Dabei kann zuerst wieder der Geist, Gott, Christus oder ein Engel oder ein Dämon sich der Sprachwerkzeuge eines Menschen so bedienen, dass der Mensch zwar zu sprechen scheint, das sprechende Subjekt aber, das „Ich" sich deutlich als ein hinter dem Menschen verborgenes Geistwesen verrät. Was dieses Geistwesen spricht, ist dabei der Form nach durchaus in allgemein verständlicher Sprache gehalten; inhaltlich kann es ein sehr rätselhaftes „Geheimnis" sein und erst der Deutung bedürfen[1].

[1] Richtig ist es, wenn Harnack (Die Lehre der zwölf Apostel, Leipzig 1884. T. u. U. 1. 2. II. S. 41) diese Art des prophetischen Redens „eine Form" nennt, die „zwischen der paulinischen Glossolalie und Prophetie" steht. Nämlich insofern, als „der Geist als der Sprechende und Anweisende gilt, das verständige und reflektierte Bewusstsein des Propheten selbst erloschen ist", und als andrerseits doch die ausgesprochenen Worte „verständliche Rede" sind (εὔσημος λόγος). Indessen hat Paulus diese Art der prophetischen Rede vielleicht auch gekannt: I Kor 14 32 ist kein zwingender Beweis dagegen, weil Paulus hier von einem dogmatischen Satze aus die unbedingte

Als Beispiel diene Act 13 2: „Als sie dem Herrn dienten (= beteten) und fasteten, sprach der heilige Geist: Bestimmt mir doch den Barnabas und den Saulus für das Werk, zu dem ich sie berufen habe". Was die fünf Propheten und Lehrer hören, ist wahrscheinlich, dass plötzlich einer von ihnen spricht: Bestimmt mir doch u. s. w. Die andern schliessen sofort aus der Art, wie er spricht, dass ein Geistwesen aus ihm redet, und dann aus dem Inhalt (ich berufen habe), und aus der Persönlichkeit, der sich der Geist bedient — er ist ein „bewährter Prophet" —, dass der heilige Geist das Ich ist, das hier redet. All diese Urteile (διάκρισις πνευμάτων) vollziehen sich fast unbewusst und viel schneller, als man sie in Worten wiedergeben kann.

Aehnlich müssen wir uns die „Weissagungen", die auf den Timotheus hinführten, vorstellen (I Tim 1 18); ja die Stelle I Tim 4 14 meint deutlich einen Act 13 1—3 analogen Vorgang, wenn sie sagt, dass dem Timotheus das Charisma gegeben worden sei „durch Prophetie mit Auflegung der Hände (von Seiten) des Presbyteriums". Eine Prophezeiung wies auf ihn hin, als man in der Gemeinde versammelt war und — selbstverständlich — betete; zugleich bewirkte derselbe Geist, der sie ausgesprochen hatte, das Einströmen des Charismas in ihn. Das „durch" ist ganz wörtlich zu nehmen; denn das vom Geist gesprochene Wort ist nicht blosses Wort, sondern wie alle jene geistgetragenen Worte in der Antike wirkendes und sich in Wahrheit umsetzendes Wort[1]. Ob der Geist als Ich durch die Propheten gesprochen hat, ist nicht angegeben, aber das „durch", welches die wirksame Gegenwart des Geistes voraussetzt, macht es wahrscheinlich. Aus den Erfahrungen seiner Zeit heraus schreibt auch dieser Verfasser, selbst wenn er seine Worte dem Apostel in den Mund legt.

Mit Recht hat Sohm[2] darauf aufmerksam gemacht, dass einzelne Sätze der Apokalypse deutlich die Art solcher Aussprüche an sich tragen. Man betrachte Act 21 11: „Agabus nahm den Gürtel des Paulus, band seine Füsse und Hände (damit zusammen) und sprach: Dies sagt der heilige Geist: den Mann, dem dieser Gürtel gehört, den werden so die Juden in Jerusalem binden". Man vergleiche

Herrschaft der Propheten über ihren „Geist" begründet und alle andern Ausführungen stets den Gegensatz gegen die Glossolalie im Auge haben. Erbauend wirkt solche oben geschilderte Rede gewiss. Auch braucht bei ihr die Ekstase nicht so tief zu sein, dass jede Möglichkeit einer Erinnerung fehlen würde. Vgl. H. Gunkel a. a. O. S. 26.

[1] Vgl. B. Duhm, Jesaia in „Handkommentar zum A. T." Göttingen 1893. S. 69 zu Jesaia 9 7.

[2] R. Sohm, Kirchenrecht I, Leipzig 1892. S. 38 [3].

damit Apk 2 7: „Wer Ohren hat, der höre, *was der Geist den Gemeinden sagt*: dem Sieger *werde ich geben* zu essen von dem Baum des Lebens“ (vgl. 2 11 17, 3 6 13 22, 22 16 f.). Oder 14 13: „Und ich hörte eine Stimme aus dem Himmel sprechen: »Schreibe! Selig sind die Toten, die in dem Herrn sterben von nun an«“. Und jetzt, wie ein Echo schallt es aus dem Seher heraus: „Ja, *spricht der Geist*, damit sie ausruhen von ihrer Mühsal“. Oder 22 17: „Und der Geist und die Braut sagen: Komme! Und wer das hört (wer dieses Komme! als Antwort auf die Worte Jesu in 22 16 wie 14 13 aus dem Munde des Geistträgers, d. h. hier sie vorlesen hört), soll sagen: Komme!“ So wie 2 7 c. p. hat der Prophet wohl oft in der Gemeindeversammlung gesprochen; denn ohne recht zu dem Kontexte zu passen, entringen sich die Worte seinem Gedächtnis. Solche Sätze erinnern stark an die Aussprüche der alttestamentlichen Propheten, welche mit „Spruch Jahves“ beginnen und dann Gott als Ich sprechen lassen. — Noch charakteristischer ist Apk 22 7, wo plötzlich ohne jeden Zusammenhang mit dem Vorhergehenden der Ausruf auftritt: „Siehe, ich komme bald!“ Er stammt aus dem Munde des erhöhten Herrn. Auch solche Ausrufe müssen öfter vorgekommen sein. Es entsprach gewiss der glühenden Sehnsucht der Herzen, auch aus dem Munde des Herrn selbst das Maranatha zu hören (vgl. 22 12 20).

Von hier aus fällt Licht auf eine dunkle Stelle im *Barnabasbrief* (16 10). Sie steht in einem Zusammenhang, der *Geistwirkungen* zum Beweise dafür anführt, dass „in unserer (Herzens-) Wohnung wahrhaftig Gott in uns wohnt“ (16 8), nachdem die Dämonen ausgezogen sind (vgl. S. 4). Das Ganze schliesst an eine Schriftstelle (Dan 9 24 ff.?) an, welche verheisst: „Es wird gebaut werden ein Tempel *Gottes* in Herrlichkeit“, und bedient sich deshalb der Form der „Theo“logie, um Geistwirkungen auszudrücken. Es ist also vorauszusetzen, dass auch der Schlussvers (16 10) vom Geiste handelt, wenn er sagt: „Wer sich sehnt, gerettet zu werden, blickt nicht auf den Menschen, sondern auf den *in ihm wohnenden und redenden* (Gott oder Geist), indem er über denselben *erschrickt*, nämlich darüber, dass er (der gerettet werden will) niemals weder von dem Redenden (= dem menschlichen Subjekt) die Worte gehört hat aus seinem Munde, noch selbst je begehrt hat, sie zu hören. Das ist der Geistes-Tempel, welcher dem Herrn gebaut wird“[1]. Wieder

[1] Barn. 16 10: Ὁ γὰρ ποθῶν σωθῆναι βλέπει οὐκ εἰς τὸν ἄνθρωπον ἀλλὰ εἰς τὸν ἐν αὐτῷ κατοικοῦντα καὶ λαλοῦντα, ἐπ' αὐτῷ ἐκπλησσόμενος ἐπὶ τῷ μηδέποτε μήτε τοῦ λέγοντος τὰ ῥήματα ἀκηκοέναι ἐκ τοῦ στόματος μήτε αὐτός ποτε ἐπιτεθυμηκέναι ἀκούειν. τοῦτό ἐστιν πνευματικὸς ναὸς οἰκοδομούμενος τῷ κυρίῳ.

ist die Wirkung des Pneumatikers auf den Hörer (zuerst) ein in Schrecken Setzen. Das Erschrecken hat einen doppelten Grund: erstens hat der Zuhörer solche Worte noch nie aus dem Munde jenes andern, den er schon kannte, gehört, zweitens hat er gar nicht verlangt, sie zu hören. Sie kommen völlig überraschend. Denn so spricht der wahre Pneumatiker: wann und wie der Herr es will (Herm. M. XI $_9$), nie aber lässt er sich fragen und antwortet auf Fragen (XI $_{5-8}$). Es bricht aus ihm hervor, unerwartet und unbegehrt, das ist das „Pneumatische". Die seltsamen, abgerissenen Worte des Barnabas malen stimmungsvoll den geheimnisvoll überraschenden Eindruck, den die Worte des Geistträgers machen, wenn Gott oder der Geist als Ich aus ihm sprechen.

Nicht geringer ist die Schilderungsgabe des Johannes (3 $_8$ 7 $_{37}$), auf die wir schon hingewiesen haben (S. 60).

Auch jene Stelle im Römerbrief des Ignatius (7 $_2$), wo er von den Worten des Geistes spricht, der in seinem Inneren ruft: „Her zu dem Vater!" ist hier zu vergleichen. Denn Ignatius beschreibt deutlich einen inneren Vorgang im Bilde eines äusserlichen. Wie der Geist in ihm ruft, so kann er auch durch den Propheten rufen: Her zu dem Vater! Vor allem aber ist es ein Erlebnis des Ignatius in Philadelphia[1], aus dem man vorzüglich lernen kann, wie das pneumatische Sprechen sich vollzieht. Als er in Philadelphia anwesend war, vielleicht mitten in einer Predigt[2], die er in gewöhnlicher Weise vortrug, überkam es ihn: er schrie auf mit lauter Stimme, mit Gottes Stimme, wie er selbst die Stärke des Schreies erklärt: „Haltet euch zu dem Bischof und dem Presbyterium und den Diakonen!" „Und weiter verkündete der Geist:

Ohne den Bischof in keinem Ding verfahret;
Euer Fleisch als einen Tempel Gottes wahret!
Die Einigkeit liebt;
Die Spaltungen flieht!
Werdet ähnlich Jesu, dem Christ,
Wie er es selbst seinem Vater ist!"

Man beachte die poetische Form dieser Worte mit ihren 3×2 Gliedern; dazu erinnern sie an liturgische Stücke in der Art, wie sie von der Gemeinde aufsteigen durch Christus zu Gott[3]. Es ist die

[1] Phil. 7; es wird uns später noch beschäftigen unten in V 7.

[2] So nach der Lesart ἐκραύγασα μεταξὺ ὢν ἐλάλουν G[2] (Zahn), Lightfoot ἐκραύγασα μεταξὺ ὢν nach G[1] L[1] A Sf. 7 $_1$: ἐκραύγασα, μεταξὺ ὢν ἐλάλουν, μεγάλῃ φωνῇ, θεοῦ φωνῇ· τῷ ἐπισκόπῳ προσέχετε, . . .

[3] Auch die in der Uebersetzung nachzuahmen versuchten Reimpaare (ποι-

Art des Ignatius, aber diese Art ist eben die eines Geistträgers.

Der Geist spricht hier nicht in der ersten Person; und doch hat der Geist selbst diese Worte gesprochen, wie Ignatius weiss und versichert.

Er schliesst es 1) aus seiner eigenen Unkenntnis der Verhältnisse 7_2; 2) aus der Stärke des Schreies, der, vielleicht mitten in seiner überlegten Rede, mit elementarer Gewalt hervorbrach; 3) aus dem Zusammentreffen der Worte mit der Lage, in der sie gesprochen sind. Dies alles beweist, dass jene Worte geistgewirkt waren. Aber selbst der dritte Grund hätte noch nicht deutlich gezeigt, ob hier ein böser oder der heilige Geist gesprochen hatte, wenn auch freilich Ignatius fühlte, wer es war. Es muss 4) noch hinzukommen, dass es zentrale christliche Gedanken sind, heilsame Forderungen, welche den Inhalt jener Worte bilden. Wenn Ignatius diesen letzten Gedanken nicht erwähnt, so liegt das daran, dass derselbe in dem Augenblicke selbstverständlich war, wo die Gegner zugaben, dass jene seine Worte überhaupt geistgewirkt waren. Das aber bestreiten die Gegner. Sie behaupten, er habe alles gewusst, und seine Ekstase sei eine „gemachte“ gewesen. Deshalb muss er jene drei Gründe gegen sie anführen. — Was hier der Geist ausgesprochen hat, sind deutlich lauter Lieblingsgedanken des Ignatius. Sie bilden den Hauptinhalt all seiner Briefe. Selbst in ihrer festgeprägten Form gehören sie zu dem am meisten gebrauchten geistigen Besitz des Bischofs.

Von ausserordentlicher Verwandtschaft ist eine Stelle in den Acta Perpetuae et Felicitatis 7[1]. Perpetua erzählt: „Und nach wenigen Tagen, als wir alle beteten, stiess ich plötzlich mitten im Gebet einen Ruf aus (noch charakteristischer L. profecta est mihi vox), den Namen Dinokrates. Und ich erstaunte sehr, weil ich mich niemals ausser in diesem Augenblick seiner erinnert hatte“. Alle Charakteristika des pneumatischen Vorgangs sind hier gegeben:

εἶτε — τηρεῖτε, Χριστοῦ — αὐτοῦ) sind vielleicht nicht vom Zufall gebildet. Dass die Griechen bereits in der klassischen Zeit der Dichtkunst den Reim gefühlt und verwandt haben, hat neuerdings wieder O. Dingeldein (Der Reim bei den Griechen und Römern, Leipzig 1892) bewiesen. Nach Hentze (a. a. O. S. 19) scheint der Reim besonders „der feierlichen Priesterpoesie“ anzugehören. Jedenfalls ward er als feierlich empfunden in Versen wie: Ἔσπετε νῦν μοι, Μοῦσαι, Ὀλύμπια δώματ' ἔχουσαι. Solcher unbewussten Empfindung entsprechend haben sich vielleicht dem Ignatius die Worte geformt. So oft er nämlich sonst den gleichen Gedanken wie in der ersten Zeile ausspricht, nie verwendet er ποιεῖν sondern stets πράσσειν, das keinen Reim ergeben hätte (Mg. 4 7_1, Trall. 2_2 7_2, Sm. $8_{1\,2}$ 9_1). Uebrigens sind auch αὐτός und πατρός Gleichklänge.

[1] P. Franchi de' Cavalieri, La passio S. S. Perpetuae et Felicitatis, Röm. Quartalschr. f. christl. Altertumskunde. Suppl. V. Freiburg 1896.

Plötzlich kommt es über sie. Ein Wort entringt sich ihr mitten in andersartigen Gedanken. Sie kann sich dasselbe aus ihrem Bewusstsein nicht erklären. So sieht sie selbst darin eine Offenbarung Gottes: „Sogleich erkannte ich, dass ich würdig sei, für ihn zu beten“ . . . Gewiss spielt hier die Vorstellung herein, dass die Märtyrer für andere leiden und um Vergebung ihrer Sünden mit Erfolg bitten können; aber wie menschlich, wie undogmatisch, wie erlebt ist hier alles!

Weniger deutlich ist der Vorgang beim pneumatischen Sprechen aus der ausführlichen Darstellung zu erkennen, in der Hermas (M. XI) die Kriterien angiebt, nach denen man göttliche Inspiration von teuflischer und „irdischer“ unterscheiden kann. Das aber geht mit voller Deutlichkeit aus seinen Worten hervor, dass man an der Form des Sprechens den „Geist von oben her“ und den „irdischen Geist“ nicht zu unterscheiden vermag. Nur soviel steht fest, dass der Gottesgeist nie als Orakelgeist auf bestimmte Fragen antwortet, sondern stets redet, wann der Herr es will (vgl. S. 86). Andererseits kann Hermas nicht leugnen, dass auch der falsche Prophet oft ungebeten spricht, sonst wäre die Angabe noch weiterer Kriterien überflüssig. — Als ein Zweites scheint mit Bestimmtheit geschlossen werden zu dürfen, dass Hermas bei seinen Ausführungen auch diejenige Form des Sprechens vor Augen hat, bei der der Geist in der ersten Person aus dem Pneumatiker spricht. Das zeigt sich daran, dass zwar in XI$_{2}$ f. der Prophet als sprechendes Subjekt aufgeführt, in XI$_{5}$ aber gesagt wird: „Kein Geist, von Gott gegeben, lässt sich befragen“ und XI$_{6}$: „der Geist aber, der sich befragen lässt“ u. s. w. — Dann lenkt die Besprechung wieder auf die menschlichen Subjekte zurück; sobald es sich jedoch um ihre Worte handelt, heisst es (XI$_{8}$): „Auch nicht, wann der Mensch (der befragte Prophet) sprechen will, spricht der h. Geist, sondern dann spricht er, wann Gott will, dass er rede“. Hier wird deutlich der „Mensch“ von dem redenden Geistwesen getrennt. Und nachher will Hermas augenscheinlich den Vorgang der Ekstase beschreiben, wenn er sagt: „der Engel des prophetischen Geistes, der bei ihm wohnt, füllt den „Menschen“, und der Mensch, erfüllt mit dem heiligen Geiste, spricht zu der Gemeinde, wie der Herr will“[1]. Die wechselnde Ausdrucksweise scheint darauf hinzuweisen, dass Hermas sowohl diese stärkere Form der prophetischen Rede gekannt habe, als die andere, dem normalen Sprechen näher stehende, die im folgenden

[1] M. XI$_{9}$. Zu ὁ κείμενος πρὸς αὐτόν vgl. den Glauben an den δαίμων πάρεδρος u. III 5.

besprochen werden soll. — Als Gegenbild der wahren Prophetie hat Hermas deutlich auch nachgemachte im Auge. Dafür ist charakteristisch, dass unter den Kriterien des falschen Propheten auch das Wort „geschwätzig“ steht. Hermas hat recht: wirkliche pneumatische Worte sind abgerissene, knappe Sätze, oft in poetischer oder ihr nahestehender Form[1].

Aus den Aussagen des Irenäus über die Prophetie ist nicht einmal deutlich zu erkennen, ob er sie überhaupt selbst kennt. Unter den Pneumatikern nennt er (II 32 4) solche, „welche Vorhererkenntnis der Zukunft und Gesichte und prophetische Aussprüche haben“. III 17 1 sagt er: „Jener Geist, von dem der Herr gesagt hat: Nicht ihr seid es die da reden, sondern der Geist eures Vaters, der in euch spricht“. Mit solchen Worten scheint er auf die hier zu besprechende Form der Prophetie anzuspielen, doch sind Citate oft recht ungenau gemeint und beweisen nichts. Auch die Angabe in V 6 1 (cf. S. 76) ist keineswegs deutlich. Dagegen verrät eine andere Stelle, die mit dem Hirten des Hermas verwandt ist, genauere Kenntnis der Sache. Er sagt dort in der Polemik gegen Markus: ... „das „Prophezeien“ wird nicht von dem Magier Markus den Menschen eingeflösst. Sondern nur die, denen Gott von oben her seine Gnade schickt, haben die Prophetie von Gott gegeben und sprechen dann, wo und wann Gott will, aber nicht, wann Markus befiehlt ... Aber solche Geister, die sich von ihnen (Menschen) befehlen lassen und dann sprechen, wann sie (die „Propheten“) wollen, sind schwach und kraftlos, keck und unverschämt, vom Satan geschickt zur Verführung und zum Verderben derer, welche den Glauben, den sie von Anfang an durch die Kirche empfangen haben, nicht fest bewahren“[2]. Auch hier ist die Formu-

[1] Es ist fast amüsant, dass Hermas dies Kriterium anführt; übrigens müssen schon in Korinth zu Paulus' Zeit die „Prophetieen“ sehr kurz gewesen sein. Wie hätten sonst alle zu Wort kommen können?

[2] Iren. I 13 4: .. προφητεύειν οὐχ' ὑπὸ Μάρκου τοῦ μάγου ἐγγίνεται τοῖς ἀνθρώποις· ἀλλ' οἷς ἂν ὁ θεὸς ἄνωθεν ἐπιπέμψῃ τὴν χάριν αὐτοῦ, οὗτοι θεόσδοτον ἔχουσι τὴν προφητείαν, καὶ τότε λαλοῦσιν ἔνθα καὶ ὁπότε Θεὸς βούλεται, ἀλλ' οὐχ ὅτε Μάρκος κελεύει. Τὸ γὰρ κελεῦον τοῦ κελευομένου μεῖζόν τε καὶ κυριώτερον, ἐπεὶ τὸ μὲν προηγεῖται, τὸ δὲ ὑποτέτακται· εἰ οὖν Μάρκος μὲν κελεύει, ἢ ἄλλος τις, ὡς εἰώθασιν ἐπὶ τοῖς δείπνοις τοῦ κλήρου (sortibus) οὗτοι πάντοτε παίζειν καὶ ἀλλήλοις ἐγκελεύεσθαι τὸ προφητεύειν, καὶ πρὸς τὰς ἰδίας ἐπιθυμίας ἑαυτοῖς μαντεύεσθαι, ἔσται ὁ κελεύων μείζων τε καὶ κυριώτερος τοῦ προφητικοῦ πνεύματος, ἄνθρωπος ὤν, ὅπερ ἀδύνατον. ἀλλὰ τοιαῦτα κελευόμενα ὑπ' αὐτῶν πνεύματα καὶ λαλοῦντα, ὁπότε βούλονται αὐτοί, ἐπίσαθρα καὶ ἀδρανῆ ἐστί, τολμηρὰ δὲ καὶ ἀναιδῆ ὑπὸ τοῦ Σατανᾶ ἐκπεμπόμενα πρὸς ἐξαπάτησιν καὶ ἀπώλειαν τῶν μὴ εὔτονον τὴν πίστιν, ἣν ἀπ' ἀρχῆς διὰ τῆς ἐκκλησίας παρέλαβον, φυλασσόντων. Was hätte Paulus dazu gesagt? I Kor 14 32. Und doch ist es beidemal das kirchliche Interesse,

lierung an sich für mehrere Arten des Sprechens im Geiste passend. Wird aber mit solchem Nachdruck hervorgehoben, dass der Prophet nicht auf Fragen antwortet, sondern plötzlich spricht, wann Gott will, so liegt es auch hier nahe, an jene Form zu denken, bei der der Geist in der ersten Person spricht.

Die angeführte Stelle ist zugleich die einzige, aus der wir *dieselbe Art prophetischer Rede bei den Gnostikern* kennen lernen. Denn auf diese Form darf man deshalb schliessen, weil hier neben den Propheten und mehr als sie die Geistwesen selbst angegriffen werden. Zugleich giebt die Stelle in einem der übergangenen Sätze ein recht anschauliches Bild des reichen enthusiastischen Lebens in der Gemeinde des Markus. „Wenn also Markus befiehlt oder ein anderer, — wie sie gewohnt sind, diese alle, bei den Abendmahlzeiten[1] das Loos zu werfen (?) *oder durch gegenseitige Befehle zum prophezeien zu bestimmen und sich nach ihrer eigenen Lust wahrzusagen*, — so wird der, welcher befiehlt, grösser und stärker sein als der prophetische Geist, obwohl er ein Mensch ist. Das ist unmöglich.“ Unmöglich ist es, falls der die Markianer inspirierende Geist, wie sie behaupten, Gottes Geist sein soll, möglich aber, wenn andere, Dämonen, sie inspirieren, wie der nun folgende, oben citierte Satz aussagt. Markus selbst spricht bei *Iren.* I 13_{3} in gewöhnlicher Rede, die andern Stellen sind nicht deutlich (I 25_{3} = Euseb. h. e. IV 7_{9} Iren. II 31_{2} = V 7_{2}; V 6_{1} = V 7_{6}). Die Art, wie *Rhodon* (Euseb. h. e. V 13_{2}) die Thätigkeit der Philumene beschreibt, legt es nahe, an diese *ekstatische* Form der Prophetie zu denken. Er nennt den Apelles „gehorsam den Sprüchen (ἀποφθέγμασι, ein bezeichnendes Wort für echte Prophetenrede) einer besessenen (δαιμονώσης) Jungfrau, Namens Philumene“.

Aus diesem Grenzgebiet der Religionen, wo Heidnisches und Jüdisches sich mit Christlichem mischt, stammt auch die Schilderung des Celsus, deren oben übergangener Teil hierher gehört. „Jedem“, sagt er dort, „ist's zur Hand und üblich zu sagen: Ich bin Gott oder Gottessohn oder göttlicher Geist. *Ich bin aber gekommen*, denn schon geht die Welt zu Grund und ihr, o Menschen, fahret wegen der Ungerechtigkeiten dahin. *Ich* aber will retten, und ihr werdet mich sehen von neuem, mit himmlischer Macht wiederkommend. Selig, wer mich jetzt verehrt, den andern aber allen werde ich ewiges Feuer auferlegen, sowohl Städten als Ländern. Und Menschen, welche ihre Strafen nicht kennen, werden dereinst vergeblich andern Sinns werden

welches so sprechen lässt.

[1] Wie I 13_{3} zeigt, ist an das δεῖπνον κυριακόν gedacht.

und seufzen; die aber, welche mir gefolgt, werde ich ewig bewahren"[1]. So christlich diese Worte klingen, so passen sie doch eher auf Simon Magus etwa als auf irgend einen christlichen Propheten, von denen keiner so hohes von sich aussagte. Oder vielmehr: im Munde christlicher Propheten konnte weder Gott noch Christus noch der Geist seine diesmalige Gegenwart in dem menschlichen Subjekt in dieser Weise zur entscheidenden machen, nachdem der lebende Jesus aufgetreten war. Es giebt hier eine Grenze, an der wohl auch die Montanisten Halt gemacht haben, natürlich nicht bewusst, sondern unbewusst[2]. Celsus schildert übrigens recht gut, wenn auch ein leiser Anflug von Spott das Ganze umweht.

Bei den Montanisten tritt diese Form der Prophetenrede am deutlichsten und häufigsten hervor, und es ist leicht begreiflich, weshalb man sie für „die montanistische Form der Prophetie" gehalten hat, wenn diese Meinung auch falsch ist. Der Anonymus bei Euseb (h. e. V 16 $_7$) erzählt, ihm sei berichtet worden, „Montanus, ein Neugetaufter, habe, von unmässigem Ehrgeiz getrieben, dem ›Feind‹ Einlass in sein Inneres gewährt[3], sei von einem Geist erfüllt worden und habe plötzlich, in Besessenheit und Ekstase geraten, im Enthusiasmus zu reden und fremdartige Worte auszustossen begonnen"[4]. Auch zwei von ihm erweckte Frauen hätten gesprochen „in bewusstlosem Zustande und ganz plötzlich und fremdartig, ähnlich wie Montan, von demselben bösen Geist erfüllt"[5] (16 $_9$). Ausser der seltsamen Art zu reden charakterisiert also diese Prophetie die starke Ekstase, bei der man deutlich merkt, dass der Prophet in dem „Besitz" eines Geistes ist, der ihn zwingt, nach seinem Willen zu reden. Auch die Prophetinnen sprechen plötzlich, wann es über sie kommt; alle überraschend verfallen sie in den Enthusiasmus. — So sah sich diese Erscheinung in ihrer auffallendsten Gestalt von aussen an.

---

[1] Orig. c. Cels. VII 9: Πρόχειρον δ' ἑκάστῳ καὶ σύνηθες εἰπεῖν· ἐγὼ ὁ θεός εἰμι ἢ θεοῦ παῖς ἢ πνεῦμα θεῖον. ἥκω δέ· ἤδη γὰρ ὁ κόσμος ἀπόλλυται κ. τ. λ.

[2] Die montanistische Prophetie hat zwar in ihrem Anfangsstadium ausdrücklich über die Worte der Apostel und des geschichtlichen Jesus Hinausgehendes verkündigen wollen; aber sie hat doch durch die Bezeichnung des Geistes als Parakleten Fühlung mit der ersten Parusie des Herrn gesucht. Vgl. dazu Harnack, Dogmengesch. I[3] S. 394 f.

[3] Ehrgeiz ist ein πάθος, dessen sich der Feind bedient, vgl. Tat. Or. 17 p. 76, eine gute psychologische Beobachtung; ob aber gerecht, ist mehr als fraglich.

[4] . . . πνευματοφορηθῆναί τε καὶ αἰφνιδίως ἐν κατοχῇ τινι καὶ παρεκστάσει γενόμενον ἐνθουσιᾶν ἄρξασθαί τε λαλεῖν καὶ ξενοφωνεῖν.

[5] Ἐκφρόνως (= sinnlos und in Ekstase) καὶ ἀκαίρως (sic! vgl. Herm. M. XI, Iren. I 13 $_4$) καὶ ἀλλοτριοτρόπως, ὁμοίως τῷ προειρημένῳ.

Wie der Prophet selbst empfand, hat Montan ausgezeichnet geschildert[1], oder vielmehr nicht Montan sondern der redende „Herr“.

„Siehe, der Mensch[2] ist wie eine Lyra,
Und ich fliege hinzu wie ein Plektron.
Der Mensch schläft,
Und ich wache.
Siehe der Herr ist's,
Der Menschenherzen aus der Brust nimmt
Und ein Herz den Menschen giebt.“

Die Form des Spruchs ist die uns nun geläufige Form der Geistrede. Dem Menschen ist es in diesem Zustand, als ob er schlafe, oder als ob sein Herz, der Sitz des Bewusstseins nach antiker Vorstellung[3], ihm aus der Brust genommen sei und eine fremde Macht ihm ein anderes eingesetzt habe, so lange sie aus ihm spricht. Es ist ihm, wie uns manchmal im Traum, als sei er nur der Zuschauer oder Zuhörer dessen, was die fremde Macht, die ihn „in Besitz genommen hat“, redet und thut. Er hört nur wie im Traum eine ferne, fremde Stimme reden, welche sich seiner Sprachorgane bedient, wie ein Plektron, das die Saiten schlägt. Und dieser Zustand ist über ihn gekommen, als ob etwas Fremdes auf ihn „geflogen“ sei, wie ein Windstoss oder ein betäubender Geruch. Und dies alles schildert — nicht der Mensch, sondern der Gott in ihm! Ob der Mensch bei wachem Bewusstsein eine Erinnerung daran hat, ist fraglich[4].

---

[1] Bei Epiph. haer. 48_4 No. 1. Die Nummern nach der Zusammenstellung von Bonwetsch in seiner Geschichte des Montanismus, Erlangen 1881. S. 197 ff.

[2] Vgl. den „Menschen“ bei Hermas M. XI. S. 88.

[3] Dies ist zu beachten. Nie verrät ein Geist einen grösseren Besitz an Welterkennen als die Menschen seiner Zeit es haben.

[4] Man hat gemeint, solche Sprüche über den eigenen Zustand, welche wir gerade bei den montanistischen Propheten finden — aber wieviel echte Prophetenworte sind uns überhaupt überliefert? — seien alle einer apologetischen Tendenz entsprungen. Das ist bis zu einem gewissen Grad richtig. Muss doch jeder „Prophet“ eine Prüfung bestehen durch seine Umgebung, in die er als etwas so Fremdartiges eintritt. Auch im Christentum des zweiten Jahrhunderts war's nicht anders, wie Did. 11_7 und die Schriften der Antimontanisten erzählen. Aber andrerseits ist das Bedürfnis des Geistträgers selbst in hohem Grade bewusst oder unbewusst entwickelt, sich über seinen Zustand klar zu werden, über das Seltsame, plötzlich in sein Leben Hereingetretene, sich ihm Aufzwingende, das in ihm vorgeht. Deshalb finden wir solche teils bei normalem Bewusstsein, teils in der Ekstase ausgesprochenen, mitunter sehr naiven Theorieen auch sonst. Hier sei nur auf die „Seherin von Prevorst“ hingewiesen, welche ausgedehnte Reflexionen über ihren Zustand angestellt hat (a. a. O. S. 210—220) oder im „halbwachen“ Zustand Reime niederschreibt, die den nachher citierten Worten der Maximilla ähnlich sind (a. a. O. S. 146):

Wenn Montan in diesem Zustand ist, spricht Gott der Vater aus ihm, sich auseinandersetzend mit den Anklagen gegen den Propheten und mit den Hypothesen über den in ihm wirkenden Geist, welche Montan bei wachem Bewusstsein aus dem Munde der Gegner oder Halbgläubigen gehört hat:

„Weder ein Engel, noch ein Gesandter —
Sondern ich, der Herr, Gott-Vater, bin gekommen“[1].

oder: „Ich, der Herr, Gott, der Allmächtige, herabkommend in einem Menschen“[2];

oder: „Ich bin der Vater und der Sohn und der Paraklet“[3].

Aehnlich spricht „der durch Maximilla (redende) Geist“:

„Ich werde verfolgt als ein Wolf unter Schafen;
Ich bin kein Wolf;
Wort bin ich und Geist und Kraft“[4].

Am auffallendsten ist der Ausspruch der Maximilla, welcher einen Einblick in ihren Zustand gewinnen lässt:

„Es sandte mich der Herr
als dieser Mühsal und des Bundes und der Verheissung
Anhänger, Verkündiger, Dolmetsch,
gezwungen, wollend und nicht wollend,
dass man (ich?) lerne Erkenntnis Gottes“[5].

Auf den ersten Blick scheint hier das sprechende Subjekt (mich) die Prophetin zu sein, zumal man zur Not die letzten Worte auf sie beziehen könnte, obwohl Propheten nicht gesandt werden, damit sie Gotteserkenntnis lernen. Aber mit Recht hat *Bonwetsch*[6] darauf hingewiesen, dass hier das Ich ein *Maskulinum* ist, also nicht die Prophetin sein kann. Wer ist das Ich? Dieselbe Prophetin sagt

---

Gedankenspiel!
Du führst mich vom Ziel!
Mein Ahnungsvermögen ist fein,
Doch *wirkt der Gedanke des andern ein.*
Unter fremden Gedanken
Von ird'schem Gewühl,
Bleibt lange im Wanken
Das geist'ge Gefühl.

[1] Epiph. haer. 48_{11} No. 4.

[2] Ib. 48_{11} No. 3.

[3] Didym. de trin. 41_{1} No. 5.

[4] Euseb. h. e. V 16_{17} No. 12.

[5] Epiph. haer. 48_{13} No. 11: .. ἀπέστειλέ με κύριος, τούτου τοῦ πόνου καὶ τῆς συνθήκης καὶ τῆς ἐπαγγελίας (3 Glieder) αἱρετιστήν, μηνυτήν, ἑρμηνευτήν (3 Glieder), ἠναγκασμένον, θέλοντα καὶ μὴ θέλοντα (3 Glieder), μαθεῖν γνῶσιν θεοῦ (3 Worte).

[6] Montanismus S. 59.

in einem andern Spruch, der die Einleitung einer Prophetie gebildet hat — er klingt an jenes „So spricht der Geist“ an —: Nicht mich höret, sondern Christus höret (Epiph. haer. 48_{12} No. 10); aber dass jenes Ich ebenfalls Christus ist, macht der Inhalt der Worte und die entwickelte Trinitäts„lehre“ nicht recht glaublich. Ist es ein anderer Geist? Oder ist die Autorschaft der Maximilla falsch angegeben? Jedenfalls überträgt die Prophetin mit den Worten „gezwungen, wollend und nicht wollend“ unbewusst ihre eigenen Gefühle auf ihren „Geist“. Sie empfindet ihren Zustand als Zwang, als ein Wollen und Nichtwollen; denn zuerst kam „es“ von aussen über sie, und sie giebt sich ihm hin. Den Schluss wird man doch am besten übersetzen: „damit man lerne Erkenntnis Gottes“; die grammatische Härte erklärt sich aus der Kürze, dem stossweisen Hervorquellen dieser abgerissenen Worte, deren unverkennbare pneumatische Art sich in Ton, Bau und Anordnung deutlich zeigt. Ihre Anordnung ist die: Betonung der göttlichen Sendung (sie war angefochten und steht deshalb im Vordergrund); Inhalt ihrer Sendung; die Bedeutung der Prophetin für dieselbe; ihre Empfindung bei Erfüllung dieser Aufgabe; der Zweck ihrer Sendung. — Auch der von Tertullian (de. pud. 21 No. 18) citierte Spruch: „Die Kirche kann Sünden vergeben, aber ich werde es nicht thun, damit sie nicht noch andere begehen“, enthält ein Ich, welches über der Kirche steht.

Unsere Zusammenstellung hat gezeigt, dass diese Form des Sprechens im Geist keineswegs dem Montanismus eigentümlich, also nicht die neue Form dieser Prophetie ist. Sie ist auch nicht die einzige Form derselben. Vielmehr haben die montanistischen Propheten mehrere Arten der Geistwirkungen erlebt, das ἐλέγχειν (s. u. V 7), die Vision mit Gehörserscheinung und nachfolgender mündlicher oder schriftlicher Bekanntmachung (s. u. II 2), das Reden des Geistes aus den Menschen und das geistgewirkte Sprechen des Propheten als Prophet (s. u. I 5)[1]. Es ist also falsch, wenn Bonwetsch, dem Vorgang von Cremer (R.E. [2]VI 749 Art. Inspiration) und anderen Theologen verwandter Richtung folgend, dem Urteil des Anonymus sich anschliesst, welcher von Montan sagt, er prophezeie in einer

[1] Das wird auch da oft übersehen, wo man in zutreffender Weise zwischen der montanistischen und der vulgären Prophetie im 2. Jahrhundert keinen Unterschied findet (z. B. Harnack, Did. zu 11_7 S. 42). Dies Vorbeigehn an einer ganzen Reihe von Vorgängen ist die Folge davon, dass das Interesse an der Verfassungsgeschichte die Forscher immer wieder veranlasst hat, bei den Geistwirkungen nur an die Geistträger zu denken.

Weise, die gegen die in der Kirche seit der Zeit der Apostel überlieferte Art der Prophetenrede verstosse, und wenn er dem Miltiades nachspricht, „ein (kirchlicher) Prophet dürfe nicht in der Ekstase sprechen“ Euseb. h. e. V 16_7 $17_{1\ 2}$. Am auffallendsten aber sind Bonwetsch's Erörterungen auf S. 63, welche aus der Form dieser Prophetie ihren heidnischen Ursprung beweisen sollen. Sie sind zu charakteristisch für diese ganze, auch jetzt noch oft geübte Art der Betrachtung des Lebens, als dass sie nicht auch eine prinzipielle Widerlegung verdienen würden. Wenn Bonwetsch die Ekstase „eine aus dualistischen Voraussetzungen geborene Offenbarungsweise“ nennt, und dies näher zu umschreiben sucht, so ist (abgesehen von dem eigentümlichen Gebrauch des Wortes Offenbarung) damit eine Betrachtung des Lebens bekundet, welche man dogmatistisch nennen muss, weil sie meint, dass alles was als ein Lebendes in der Geschichte wirksam wird aus einer systematisch klaren Weltanschauung entspringe. Weil Gott „in der Schrift“ so, die Götter im Heidentum anders gedacht sind, soll jüdische oder christliche Prophetie auch ihrer Form nach, auch in Bezug auf den psychischen Vorgang von heidnischer grundverschieden sein. Gegen eine solche Betrachtungsweise sträuben sich die Thatsachen, dagegen spricht aber auch schon die Ueberlegung, dass das Leben das erste und die Gedanken das zweite sind. Hier handelt es sich um gewisse Gruppen psychischer Vorgänge, die in jeder Zeit und in jeder Religion ganz gleichartig auftreten können. Oder sollten die Camisardenprophetinnen auch eine heidnisch-dualistische Vorstellung von Gott gehabt haben? Und doch — als Court an schwerer Krankheit darniederlag und alle Gläubigen um ihn in Sorge waren, hatte die Prophetin Lucrèce Gaigon einen Traum, dessen Auflösung sie ganz in der „montanistischen“ Prophetenrede gab: Quelle en fut l'explication? La voici en deux mots et dans les termes qu'elle fut donnée à la prophétesse qui, passant du songé à l'extase, dit dans l'inspiration, en présence de quelques personnes du parti: La montagne c'est l'Église; les efforts de mon serviteur pour arriver au sommet ...[1] und nun spricht die Prophetin stets weiter von „mon“ serviteur und „mon Église“. Also spricht aus ihr der Herr der Kirche, dessen Diener Court ist. Das war „die Inspiration“ dort in den Cevennen. Das Leben richtet sich eben nicht nach Theorieen über das Verhältnis Gottes zur Natur und zum menschlichen Bewusstsein. Und der Geist weht, wo und wie er will. Auch ist seine Wirkungsweise durchaus nicht auf „Harmonie“ angelegt (vgl. Jes 20, Ez $12_{5\ 6}$) sondern auf Kraft.

[1] Mémoires d'Antoine Court S. 123 f.

Auch die Schilderung, die Athenagoras von der alttestamentlichen Prophetie giebt, zeigt, dass man diese Form prophetischer Rede wohl kannte und da auch unbefangen anerkannte, wo man vom antimontanistischen Streit noch nicht berührt war. Er sagt, die Propheten hätten „in der Bewusstlosigkeit der Ekstase, indem sie der göttliche Geist in Thätigkeit versetzte, ausgesprochen, was ihnen eingeflösst wurde, wobei sie der heilige Geist benutzte, wie ein Flötenspieler seine Flöte bläst“[1]. Und an einer andern Stelle (7 p. 36) sagt er, der Geist habe „die Sprachorgane (στόματα) der Propheten wie Instrumente in Bewegung gesetzt“. Noch näher dem Bilde des Montanus steht die Beschreibung der alttestamentlichen Prophetie in der pseudojustinischen Coh. ad. Graec. (8): „Das göttliche aus dem Himmel herabkommende Plektrum hat die gerechten Männer wie ein Instrument, eine Zither oder Lyra, benutzt“. Justin selbst teilt diese Vorstellung, wenn er sie auch in weniger anschauliche Bilder kleidet[2], aber Theophilus bietet wieder den Vergleich von den „Instrumenten Gottes“ (II 9 p. 76).

Die Dämonen haben ebenfalls oftmals in der ersten Person aus den Besessenen geredet, und zwar nicht nur nach kirchlichem Urteil in heidnischen Dichtern und Sehern als Götter oder in Gnostikern und Montanisten sich lügenhaft als Gottes Geist geberdend, sondern auch ehrlich und offen als Dämonen sich bekennend in den Kranken. Aus der nachapostolischen Zeit bis auf Irenäus ist uns kein Beispiel davon in anschaulicher Erzählung überliefert. Die Aussagen Tatians[3] sind zu ungenau, alle übrigen zu allgemein, um aus ihnen Schlüsse ziehen zu können. Aber die Evangelien bieten genug solcher Berichte, welche den Stempel der Wirklichkeit an der Stirne tragen. Da ist das aus dem Dämonischen redende Ich stets sein Dämon[4].

4.

Der Prophet kann von der Ekstase auch in der Einsamkeit befallen werden, oder sein Zustand kann derartig sein, dass er zwar

[1] Athen. leg. 9 p. 42: .. (προφῆται) οἳ κατ' ἔκστασιν τῶν ἐν αὐτοῖς λογισμῶν, κινήσαντος αὐτοὺς τοῦ θείου πνεύματος, ἃ ἐνηργοῦντο ἐξεφώνησαν, συγχρησαμένου τοῦ πνεύματος ὡς εἰ καὶ αὐλητὴς αὐλὸν ἐμπνεῦσαι.

[2] Vgl. z. B. I 31$_{1}$ 36 39 D 7 p. 30 u. ö.

[3] Tat. Or. 16 p. 72: Δαίμονες — οἱ τοῖς ἀνθρώποις ἐπιτάττοντες und 19 p. 86 vgl. o. S. 8. Doch vgl. Athen. o. S. 7.

[4] z. B. Mc 1$_{24}$: Τί ἡμῖν καὶ σοί, Ἰησοῦ N.; ἦλθες ἀπολέσαι ἡμᾶς; oder 5$_{9\ 12\ 13}$ u. ö.

hört und sieht, aber nicht gleichzeitig redet und offenbart. Dann wird er sein Erlebnis, sofern es für Menschen bestimmt ist, durch das Wort oder durch die Schrift (S. 101 ff.) mitteilen. Solche Worte gelten ebenfalls für geistgewirkt; wenn sie auch weniger direkt Worte Gottes sind, heilig und unverbrüchlich sind sie doch. Dieser Vorgang muss sich naturgemäss viel häufiger zugetragen haben, als er berichtet wird. Zwei sehr anschauliche Beispiele in einander gewoben bietet die Apostelgeschichte, indem sie ihre Erzählung von der Vision des Petrus wie von der des Cornelius durch den Mund derer wiederholen lässt, die sie erlebt haben (Act 10 f.). So hat Polykarp seinen Traum erzählt (Mart. Pol. 5_2 12_3 = Euseb. h. e. V 15_{10} vgl. unten V 5); so ist diese Art pneumatischen Sprechens gewiss auch in manchen allgemeinen Aussagen eingeschlossen, welche sie nicht scharf bezeichnen; so ist sie oft hinter Erzählungen von Visionen zu ergänzen. Auch die montanistischen Propheten haben in dieser Weise geredet. Priskilla erzählte: „In der Gestalt einer Frau, angethan mit einem prächtigen Gewande kam Christus zu mir (als sie schlief) und flösste mir die Weisheit ein" ...[1]. Hier ist das redende Subjekt die den Traum erzählende Prophetin. Andere Sprüche lassen nicht erkennen, ob sie in oder nach der Ekstase gesprochen sind.

5.

Dem normalen Bewusstsein und seinem normalen Ausdruck in der Sprache nähert sich auch diejenige Art des pneumatischen Sprechens, bei der der Geistträger als Subjekt in gehobener, von Affekt begleiteter Rede neue, ungeahnte Erkenntnisse oder Befehle ausspricht. Die beiden letztgenannten Eigenschaften der Rede gelten dann als die Kriterien dafür, dass überhaupt eine Geistwirkung vorliegt; ihr Inhalt oder die Person des Sprechenden erweisen sie als Worte aus heiligem Geist gesprochen. In dieser Weise sprachen wohl gewöhnlich zur Zeit des Paulus die Propheten in der korinthischen Gemeinde.

Noch aus einer Zeit, in der man mit dem klaren Bewusstsein des Neuen aus eigenem Geistbesitz heraus die Lehre weiterbildete und solche Neubildungen als pneumatisch wertete, weil sie neu und überraschend waren, und als Inspiration des heiligen Geistes, weil

[1] Epiph. haer. 49_1 No. 9: Φασὶ γὰρ οὗτοι ... ἢ Κυΐντιλλαν ἢ Πρίσκιλλαν ... κεκαθευδηκέναι, καὶ τὸν Χριστὸν προσεληλυθέναι, συνυπνωκέναι τε αὐτῇ τούτῳ τῷ τρόπῳ, ὡς ἐκείνη ἀπατωμένη ἔλεγεν. „ἐν ἰδέᾳ, φησί, γυναικὸς ἐσχηματισμένος ἐν στολῇ λαμπρᾷ ἦλθε πρός με Χριστὸς καὶ ἐνέβαλεν ἐν ἐμοὶ τὴν σοφίαν ...

sie „denselben Geist" bewiesen, den die Gemeinde bereits besass — aus solcher Zeit stammen die Aussagen des *Johannesevangeliums* über den *Parakleten*. Denn neben der Erfüllung seiner Aufgabe, die Tradition zu pflegen und weiter zu tragen[1] und von Jesus zu zeugen (15_{26} S. 52 ff.), wird er den Jüngern das „Viele" kundthun, was Jesus ihnen noch zu sagen hatte und was die Jünger, als er auf Erden war, noch nicht verstehen konnten (16_{12}). Erst der Geist wird die Jünger in *die ganze Wahrheit einweihen* 16_{13}. Aber auch das Neue ist *Wahrheit*; denn der Geist redet nicht von sich aus sondern im Auftrag und Willen Gottes und des Verklärten, und zwar sowohl die Geheimnisse der Himmelswelt (ὅσα ἀκούει, ἐκ τοῦ ἐμοῦ) als die des künftigen Aeons (τὰ ἐρχόμενα). — Mit aller Deutlichkeit ist hier auf Geistträger angespielt, welche die „Herrnworte" weiter*tragen* aber auch weiter*bilden*; doch aus demselben Geist der Wahrheit (14_{17}) heraus, der auch in Jesus war (3_{34}). Darum geschieht es wohl auch in derselben *verständlichen, deutlichen* Rede bei vollem Bewusstsein, wie der johanneische Jesus selbst spricht; *das Geheimnisvolle, Dunkle, aber auch Gleichförmige der johanneischen Ausdrucksweise* verrät wohl gleichfalls die Art der Geistträger, auf welche angespielt ist. Denn dass 16_{13} auch eine Rechtfertigung des Evangelisten gegenüber den ihm bekannten Synoptikern enthält, kann nur bezweifeln, wer die feine, überall Beziehungen zu seiner Gegenwart suchende und andeutende Art des Evangelisten nicht kennt.

In bewusster, verständlicher Rede ist auch die Prophezeiung (ἐπροφήτευσεν) des Hohenpriesters Kaiphas (Joh 11_{51}) gehalten, die uns freilich nur als ein „geist"reiches Spiel des Erzählers erscheint; für diesen selbst und seine ersten Leser aber lag wohl gerade in dem *Nichtwissen* des Hohenpriesters um die tiefere Wahrheit seiner Worte (vgl. S. 87) und in dem Zutreffen dieses tieferen Sinnes das Pneumatische des Vorgangs.

Sind freilich solche Worte gar zu seltsam, passen sie gar zu wenig zur Lage, so führt man sie weder auf das Bewusstsein des Subjekts noch auf den heiligen Geist zurück, man antwortet auf sie: „Du hast einen Dämon" (Joh 7_{20} $8_{48\ 52}$ 10_{20}). Freilich, was der „Welt" als Dämon vorkommt, kann für das Auge Gottes und seiner Heiligen der Geist der Wahrheit sein. Dass aber ein Geistwesen hinter solchen geheimnisvollen, unpassenden Worten sich birgt, ist beiden Teilen sicher.

---

[1] 14_{26}: ..ἐκεῖνος ὑμᾶς διδάξει πάντα καὶ ὑπομνήσει ὑμᾶς πάντα ἃ εἶπον ὑμῖν.

Nach Art solcher Prophetie sind auch die Worte der Elisabeth geschildert Luc 1 41—44. Als pneumatisch werden sie deshalb bezeichnet, weil Elisabeth einen gegenwärtigen Zustand (Maria ist schwanger) auf Grund eines gegenwärtigen Ereignisses (das Kind „hüpfte") in seiner ganzen geheimnisvollen Beziehung durchschaut. Sie versteht, dass jenes Hüpfen „aus Freude" geschah und ebenso den Grund dieser Freude. Einen solchen Tiefblick, der hinter der Sinnlichkeit die ewigen Gedanken Gottes schaut, wirkt nur der Geist[1]. Auch äusserlich ist in dieser Erzählung die pneumatische Form durchaus gewahrt; man erkennt daraus, wie geschickt diese Zeit aus ihrer genauen Kenntnis des Geistes heraus selbst Legenden bilden konnte.

Unter den allgemeinen Angaben des Irenäus wird sich auch diese Form der Geistrede bergen (vgl. III 21 5 und die oben citierten Stellen).

Auch Befehle kann der Pneumatiker in verständlicher Rede, deren Subjekt er selbst ist, geben, ohne dass man ihre Herkunft vom Geist aus ihrer Form bestreiten könnte. So spricht der Prophet: „Gieb mir Geld" (Did. 11), und nur dann wird diese Rede als nicht vom heiligen Geist gewirkt angefochten, wenn sie der Habgier entspringt. Undeutlicher ist die Form der pneumatischen Rede in I Petr 4 11: „Wenn einer redet: als Worte Gottes!" Indessen, da eine Mahnung nötig ist, welche bei ekstatischer Rede keinen Sinn hat, wird man wohl an die eben besprochene Form denken müssen.

Im Montanismus ist diese Art der Prophetenrede ebenso zu Hause wie in der Grosskirche. Selbst wenn das Wort der Maximilla: „Nicht mich hört, sondern Christus hört" (Epiph. haer. 48 13 No. 10) nur der nichtpneumatische Eingang einer Prophetie sein sollte, so gehört sicherlich das andere Wort hierher: „Nach mir wird keine Prophetin mehr kommen, sondern das Ende" (Epiph. haer. 48 2 No. 13). Undeutlicher sind andere Sprüche, die Tertullian bewahrt hat, wie der de fuga 9 citierte (No. 15), während der andere an derselben Stelle (No. 16) aufbewahrte: „Wünschet nicht in Betten noch in Geburtsnöten oder in Fiebern zu sterben, sondern im Martyrium, damit der verherrlicht werde, welcher für euch gelitten hat", durch die Art, wie er in der dritten Person von Jesus redet, es nahe legt, als Subjekt der Rede die menschliche Persönlichkeit aufzufassen.

---

[1] „Propheten" verkünden nicht nur Zukünftiges sondern in dem oben beschriebenen Sinn — die Erzählung ist typisch und deshalb angeführt — auch Gegenwärtiges; ja selbst das Vergangene gehört in ihren Bereich. Wie hätte Moses sonst die Genesis schreiben können? fragte man sich. Darum fallen auch die λόγια Ἰησοῦ in den Bereich des prophetischen Wirkens;

6.

Konnte man bei allen seither geschilderten Formen der pneumatischen Rede zunächst Kriterien der Geistwirkung im allgemeinen feststellen, um dann weiter nach den Merkmalen des Gottesgeistes zu forschen, so lässt sich nachweisen, dass man in der Kirche, ausgehend von dem Inhalt der Rede des Pneumatikers, auch dann dieselbe als geistgewirkt bezeichnete, wenn ihr die formellen Kriterien des pneumatischen Vorgangs fehlten, ihr Inhalt aber auf den heiligen Geist schliessen liess, m. a. W. wenn bei völlig normaler Art der Ausdrucksweise der Redende den Inhalt des christlichen „Gemeingeistes" richtig darstellte. Schon unter den Stellen vom Parakleten waren einige der Art (vgl. z. B. Joh 14 26). Besonders das geistgewirkte Lehren wird sich — ausser durch pneumatische Exegese, welche ihm sehr nahe steht — in dieser Weise vollzogen haben. Auch die falsche Prophetin Isebel giebt Lehre auf dem Gebiet der christlichen Lebensgestaltung, nur lehrt sie aus dämonischem Geiste Schandbares (Apk 2 20 24). Ebenso giebt der christliche (Bischof und) Evangelist II Tim 4 5 (I Tim 4 11, 3 2) auf Grund seines Charismas (4 14) andern heilige Lebensregeln (παράγγελλε καὶ δίδασκε), deren Inhalt im ruhigen Fluss der gewöhnlichen Rede sich auseinanderlegt (4 1—10). Dasselbe Bild zeigt die Didache (11, 15); hier wie in den Pastoralbriefen wird der Uebergang von der Lehre zu den Geistträgern durch den geistbegabten Lehrer gemacht, der jene Anweisungen giebt. Sie sind die christliche „Wahrheit"; dies Wort bezeichnet ebensowohl die theoretisch richtige Erkenntnis als die praktische Haltung des Lebens[1], weshalb Hermas die guten Apostel und Lehrer so charakterisiert: „welche verkündet haben in der ganzen Welt und welche gelehrt haben ehrwürdig und züchtig das Wort Gottes und nichts entwendet haben, um schlechten Lüsten zu frönen, sondern stets in Gerechtigkeit und Wahrheit gewandelt sind, wie sie auch den heiligen Geist empfangen haben"[2]. Und so bedeutet es schliesslich die Umkehrung der Kriterien für pneumatischen Ursprung der Rede, wenn Aristides von aller christlichen Lehre auf Grund ihres Inhaltes sagt: „Und sicherlich, Gottes ist, was vom Munde der Christen gesprochen wird, und

---

das ist wichtig für die Geschichte der Evangelien, insonderheit für das Doppelantlitz des Johannes. Vgl. Abschnitt III.

[1] Dies Wort bezeugt die enge Verbindung der theoretischen Seite des geistigen Lebens mit der praktischen.

[2] Herm. S. IX 25 2: καθὼς καὶ παρέλαβον τὸ πνεῦμα τὸ ἅγιον.

ihre Lehre ist die Pforte des Lichts" (15. S. 43 Syr). Dies ist die seit Paulus immer stärker wirkende, echt christliche Beurteilung der Charismata, welche aber nicht bis zu jener „prophetenmordenden" Theorie der Antimontanisten sich steigern darf.

II.

Die geistgewirkte Schriftstellerei.

1.

Zu den sonderbarsten und am meisten nach Erdichtung aussehenden Abschnitten im „Hirten" gehört der Eingang der zweiten Vision, durch den Hermas sein erstes Flugblatt (βιβλαρίδιον) einführt[1]. Auf dem Wege in Erinnerung an das vorjährige Gesicht von der Ekstase befallen (II 1 1), fühlt sich Hermas weggetragen an einen wüsten Ort, wo er betet. Nachdem er aufgestanden ist, sieht er die Alte, die er auch im vorhergehenden Jahr gesehen hatte, umherwandeln und in einem kleinen Buche lesen. „Und sie spricht zu mir, fährt er fort: Kannst du dies den Auserwählten Gottes verkündigen? Ich antworte ihr: Herrin, soviel kann ich nicht auswendig behalten, gieb mir das Büchlein, dass ich es abschreibe. Nimm, sagte sie, und gieb es mir wieder zurück. Ich nahm's, ging weg nach einer anderen Stelle des Ackers und schrieb mir alles ab, Buchstabe für Buchstabe; denn ich fand die Silben nicht. Als ich nun die Abschrift des Buches fertig hatte, ward mir das Buch plötzlich aus der Hand gerissen; von wem aber, das sah ich nicht. Nach vierzehn Tagen, als ich gefastet und viel zum Herrn gebetet hatte, ward mir die Bedeutung (γνῶσις) der Schrift enthüllt. Es hiess aber so: Deine Nachkommen, Hermas, haben unrecht gehandelt gegen Gott u. s. w.". Nun wird man nicht mit Sicherheit bestreiten können, dass dies alles Erfindung sein kann zur Einkleidung des Gedankens, dass alles Folgende göttliche Offenbarung und auf eine wunderbare Art an den Propheten gekommen ist. Allerdings wäre es eine sehr umständliche und originelle Erfindung, denn meines Wissens sucht man in den bekannten Apokalypsen und Propheten dafür vergeblich ein Vorbild. Was

[1] Vgl. A. Harnack, Die Chronologie der altchristl. Litteratur bis Eusebius I. Leipzig 1897. S. 263.

in Eldad und Modad gestanden hat, wissen wir allerdings nicht (V. II 3 4). Ebenso auffallend wäre es, dass Hermas seine erste Prophetie wirklich „erfunden" haben sollte. Man macht sich doch nicht zum Propheten, man wird es. Und gerade Hermas müsste ein arger Heuchler sein, wenn er, der das elfte Mandat „des Bussengels" schreiben konnte, seine „eigenen Erlebnisse" selbst „gemacht" hätte. — Andererseits scheint es fast undenkbar, dass er vierzehn Tage lang die einfachen Silben ΤΟϹΠΕΡΜΑϹΟΥΕΡΜΑΗΘΕΤΗϹΑΝ u. s. w. nicht habe „finden" können. Nimmt man nun an, dass er in der Ekstase auch jene „vierzehn Tage" erlebt habe, so wäre auffallend, dass er auf der Reise (εἰς Κούμας) oder gar auf einem Spaziergang (εἰς κώμας) die Niederschrift in der Ekstase habe herstellen können.

Wir würden unbedenklich an eine Erfindung denken, gäbe es nicht so auffallende Parallelen für die geschilderte Art des pneumatischen Schreibens in der Ekstase, wobei sich die Erscheinung — man denke an die Glossolalie — steigern kann von einem Schreiben, welches nicht aus dem bewussten Willen des Subjekts hervorgeht und doch mit der Vorstellung von dem Inhalt des Geschriebenen und mit Erinnerung an ihn verbunden ist, bis zur völligen Unkenntnis des Geschriebenen. So erzählt die bekannte Pietistin, Frau de la Mothe-Guyon[1] von der Entstehung ihres grossen Commentars über die Bibel (a. a. O. S. 221) . . . Avant que d'écrire je ne savois pas ce que j'allois écrire; en écrivant je voyois (!) que j'écrivois des choses que je n'avois jamais sues . . . Avois-je écrit? je ne me souvenois de quoi que ce soit de ce que j'avois écrit et il ne m'en restoit ni espèces ni images. S. 228 f.: Je continuois toujours d'écrire et avec une vitesse inconcevable: car la main ne pouvoit presque suivre l'esprit qui dictoit . . . J'écrivis le Cantique des Cantiques (d. h. ihren Commentar dazu) en un jour et demi; et encore recus-je des visites. La vitesse avec laquelle je l'écrivis fut si grande que le bras m'enfla et me devint tout roide. Den körperlichen Zustand, in welchem sie sich dabei befand, beschreibt sie so (a. a. O. S. 222): Je n'avois de temps pour écrire quasi que la nuit: car il me falloit parler tout le jour, sans retour sur moi-même, non plus pour parler que pour écrire, sans me mettre plus en peine de ma santé ni de ma vie que de moi-même. Je ne dormois qu'une heure ou deux toutes les nuits et avec cela j'avois presque tous les jours la fièvre . . .

Es giebt noch andere Beispiele von dieser Art des Schreibens,

[1] La vie de Madame M. B. de la Mothe-Guyon écrite par elle-même, Paris, nouv. ed. 1791. II. S. 221—230. Aus dieser dreibändigen Autobiographie kann man für unsern Gegenstand viel lernen.

welche der moderne Spiritismus „Psychographie“ nennt. Aus einem solchen Bericht, dessen Glaubwürdigkeit dahin gestellt bleiben muss, der aber durch seine frappante Aehnlichkeit mit den Worten des Hermas gestützt und sehr interessant wird, sei hier einiges angeführt. Da heisst es von dem Generalkonsul Léon Fabre: „Seine Hand flog über das Papier mit unbeschreiblicher Geschwindigkeit, deren er im normalen Zustand nicht fähig gewesen wäre, und mit der kein Stenograph es hätte aufnehmen können, alle Buchstaben ohne Punktierung verbindend“[1].

Ohne Zweifel ist also Aehnliches wie das, was Hermas erzählt, ja von Frau von Guyon noch viel „Wunderbareres“ erlebt worden. Das giebt der Hermasstelle abermals eine Stütze, ohne dass jedoch jener Eingang der zweiten Vision ganz durchschaubar wäre. Hat Hermas vielleicht doch eine Vorlage benutzt, deren Verfasser diese Geistwirkung erlebt hatte? Oder hat er das in der Ekstase wirklich Erlebte phantastisch weiter ausgeführt?

2.

Der Pneumatiker kann auch das, was er selbst in der Ekstase gehört hat, nachträglich aufschreiben. Auch dann nimmt er für seine Schrift das Prädikat „geistgewirkt“ in Anspruch. Wer sich an der Apokalypse vergreift, den trifft dieselbe Strafe wie den Schänder eines Heiligtums (Apk 22 18). Wir haben aber zu beachten, dass jede nachträgliche Niederschrift das Erlebnis nur unvollkommen und mit Deutungen versetzt wiedergiebt. Auf diese Weise wollen entstanden sein: die Offenbarung Johannis (vgl. 1 10 14 13 19 9 u. ö.), der Hirt des Hermas in seinem grössten Teil, die Apokalypse des Petrus und die Schrift des Markus, nach der Irenäus dessen System darstellt. Dieser behauptete, seine Weisheit so empfangen zu haben: „Die allerhöchste Vierheit selbst sei aus den unsichtbaren und unnennbaren (Himmels-) Räumen zu ihm

[1] C. du Prel, Die Entdeckung der Seele. 1894. I S. 227. Leider konnte ich die Originalstelle (Bericht der dialekt. Gesellschaft III 108—116) nicht einsehen, weil das Citat ungenau ist. Wenn du Prel's Buch auch den Stempel der Leichtgläubigkeit an sich trägt, so hat er doch auch manche gute Quelle. Aber auf diesem Gebiet wird so lange nichts Erspriessliches geschaffen werden, so lange die deutsche Wissenschaft, vor allem die Psychologie, aber auch die Theologie, an dieser „Welt der Huzelmännchen und Klopfgeister, der Hexen und magnetischen Medien“ (Wundt, Hypnotismus und Suggestion, Leipzig 1893. S. 7) fast ganz vorbeigeht und sie den Dilettanten überlässt, anstatt sie kritisch zu erforschen zum Nutzen der Religion und der Seelenkenntnis.

herabgestiegen in weiblicher Gestalt — denn, sagt er, ihren Anblick in Mannesgestalt erträgt die Welt nicht — und habe ihm gezeigt, was sie selbst sei und das Werden aller Dinge . . ., und habe so gesprochen"[1]. Und nun kommen ihre Worte.

Hippolyt aber behauptet, dass Markus nur in Nachahmung des Valentin solches geschrieben habe. „Denn auch Valentin sagt, er habe ein kleines, eben gebornes Kind gesehen, von dem er durch Fragen erforscht[2], wer es sei. Das aber antwortete und sagte, es sei der Logos. Dann setzt er „einen tragischen Mythus" hinzu und will dadurch den Versuch seiner Ketzerei empfehlen"[3]. Augenscheinlich haben wir den Eingang dieses Gedichtes in den auf S. 80 citierten Versen zu sehen, deren völlige Erklärung erst später gegeben werden kann. Soviel ist daraus deutlich, dass wir in jenen Versen die Beschreibung einer Vision vor uns haben, welche damit endigt, dass aus dem Bythos Früchte hervorbrechen, die Aeonen; dann ändert sich das Geschaute um: aus einem Mutterschosse kommt ein Kind hervor, also ein „kleines, eben gebornes Kind", wie es auch βρέφος heisst. Niemand anders kann dies sein als der Logos, da der Mutterschoss nur eine andere Bezeichnung für den Bythos ist, an dessen Stelle er tritt; es ist der Mutterschoss der Sige. Das Kind ist also sozusagen der λόγος ἀπὸ σιγῆς προελθών. Die Verse sind somit sicherlich identisch mit dem Anfang jenes τραγικὸς μῦθος[4]. Auch müssen sie die Fortsetzung gehabt haben, dass Valentin sagt: Wer bist du? oder sofort: Bist du der Logos? Antwort: Ja. Dann beginnt die Offenbarung des Kindes, welches nicht umsonst geschaut worden ist[5].

Wie wir uns den Vorgang bei Entstehung des heiligen Buchs der Elkesaiten zu denken haben, muss dunkel bleiben, weil der sie andeutende Ausdruck „geoffenbart durch einen Engel" zu allgemein ist. Das Buch kann in einer Vision „übergeben" d. h. seinem Inhalt nach mitgeteilt worden sein. Die Einleitung desselben kann aber auch reine Erfindung sein und am Schluss die Angabe gehabt haben, das Buch sei fertig vom Himmel gebracht worden[6].

---

[1] Iren. I 14 1. vgl. Hipp. Phil. VI 42.

[2] Vgl. u. in VI 3 b eine treffende Parallele.

[3] Phil. VI 42.

[4] Hilgenfeld (Ketzergesch. 304) hat sich durch Zustimmung zu Hippolyts Nachahmungstheorie die Erkenntnis dieses offenbaren Zusammenhangs verschlossen.

[5] Weshalb Valentin das Gedicht „θέρος" genannt hat? Vielleicht wegen der Aeonen, über die es gehandelt hat? Uebrigens ist der Text am Anfang unsicher (αἰθέρος?).

[6] Hipp. Phil. IX 13: Ἀλκιβιάδης τις καλούμενος . . . ἐπῆλθε τῇ Ῥώμῃ φέρων

Eine besondere Gruppe dieser Schriftstellerei bilden die montanistischen Orakelsammlungen, deren es verschiedene gegeben hat[1], insofern als hier in der Ekstase gesprochene Worte, übrigens neben erzählten Visionen, von anderen nachgeschrieben und zusammengestellt worden waren.

Eine Zwischenform zwischen dem unmittelbaren Niederschreiben in der Ekstase mit oder ohne Verstehen des Inhalts und dem nachträglichen schildernden Niederschreiben bilden einzelne Sätze, welche nachträglich genau so von dem Pneumatiker niedergeschrieben werden, wie er sie in der Vision gehört hat: Apk 1 8 und die Sendschreiben.

3.

Die gewöhnlichste Art der pneumatischen Schriftstellerei entspricht jener Form des geistgewirkten Sprechens, bei der das offenbarende menschliche Subjekt, ohne sich eines abnormen Zustandes bewusst zu sein, aus dem plötzlichen Aufleuchten einer überraschenden Erkenntnis, aus dem überraschenden Klarwerden einer dunklen Bibelstelle oder aus ähnlicher unvermittelter Bereicherung seiner christlichen Erkenntnis schliesst, dass es ein Charisma und damit die Aufgabe des Schriftstellers empfangen habe. In dieser Weise ist fast alle christliche Literatur jener Zeit vom Geist gewirkt; geschrieben haben fast nur Pneumatiker[2].

So verspricht Ignatius den Ephesern: „Wenn mich Jesus Christus durch euer Gebet würdigt und es sein Wille ist, werde ich euch in dem zweiten Brief, den ich euch schreiben will, kundthun den Ratschluss Gottes zur Beschaffung des neuen Menschens Jesus Christus . . .; besonders, wenn mir der Herr etwas offenbart“[3]. Die Worte des Ignatius, der ein Geistträger ist, haben natürlich stets eine hohe Bedeutung, auch wenn sie sich nicht auf spezielle Offenbarung berufen können, aber diese ist doch ein besonderer Antrieb

βίβλον τινά, φάσκων ταύτην ἀπὸ Σηρῶν τῆς Παρθίας παρειληφέναι τινὰ ἄνδρα δίκαιον Ἠλχασαΐ, ἣν παρέδωκέ τινι λεγομένῳ Σοβιαΐ, χρηματισθεῖσαν ὑπὸ ἀγγέλου, οὗ τὸ ὕψος . . . nun folgt die Beschreibung seiner gewaltigen Grösse. εἶναι δὲ σὺν αὐτῷ καὶ θήλειαν, ἧς τὰ μέτρα κατὰ τὰ προειρημένα εἶναι λέγει· καὶ τὸν μὲν ἄρσενα υἱὸν εἶναι τοῦ θεοῦ, τὴν δὲ θήλειαν καλεῖσθαι ἅγιον πνεῦμα. Uebrigens zeigen die Citate aus diesem Buch nichts direkt Pneumatisches, sind jedoch Zeugnisse von liturgischer Würde und Plerophorie und ahmen pneumatische Redeweise nach.

[1] Vgl. A. Harnack, Altchristl. Literaturgesch. S. 238—240.

[2] Vgl. Harnack, Dogmengesch. I[3] S. 134[3].

[3] Eph. 20: . . μάλιστα ἐὰν ὁ κύριός μοι ἀποκαλύψῃ τι . . .

zum Schreiben. Freilich giebt er nicht in jedem Brief sein Höchstes. So weiss er wie Paulus, den er nachahmt: „Viel verstehe ich ›in Gott‹; aber ich messe mich selbst, damit ich nicht im Selbstruhm verloren gehe . . . Kann ich nicht auch über die Himmelsdinge schreiben? Aber ich fürchte, ich schade euch, die ihr noch uneingeweiht seid“[1].

Der klassische Zeuge aber für diese Art der Schriftstellerei ist „Barnabas“. Auch er wie Ignatius und Paulus, doch er der kleinste von den dreien, ein Mensch von heissem Temperament[2], geschult in alexandrinischer Advokatenkunst und Exegese, er wie Ignatius nicht frei von Eitelkeit und gemachter Bescheidenheit, geistreich und paradox im Sinn seiner Zeit, aber ungelenker im Ausdruck, plumper in der Auffassung und fast unberührt von jenen mystischen Gedanken, die, von Paulus nach Kleinasien getragen, dort auf fruchtbarem Boden so kräftig Wurzel geschlagen hatten; auch er ist ein geistbegabter „Lehrer“ und schätzt seine Gabe sehr hoch, wenn er auch wie Ignatius das Gegenteil versichert[3]. Zu deutlich redet aus ihm, wie aus Ignatius, das Bewusstsein, dass er sich herablässt[4]. Wofür er sich hält, geht aus dem Satz 6_{10} hervor: „Gelobt sei unser Herr, der das Wissen und Verstehen seiner Geheimnisse in uns gelegt hat. Denn der Prophet spricht ein Gleichnis des Herrn aus; wer mag's verstehen, ausser wer weise ist und verständig und den Herrn liebt?“. Auf welche Gabe führt er seine Weisheit zurück? „Es weiss der, welcher die angeborene, eingewurzelte Gabe der Lehre in uns gelegt hat: niemand hat von mir ein zuverlässigeres Wort gehört; aber ich weiss, dass ihr es wert seid“ (9_9). Hier ist deutlich, dass der Verfasser sich persönlich diese Gabe Gottes zuschreibt, wenn auch nach 10_{12} alle Christen die Gesetze des Alten Testaments „recht und richtig“ (δικαίως) verstehen

---

[1] Trall. 5: Μὴ οὐ δύναμαι τὰ ἐπουράνια γράψαι; ἀλλὰ φοβοῦμαι, μὴ νηπίοις οὖσιν ὑμῖν βλάβην παραθῶ. 4: Πολλὰ φρονῶ ἐν θεῷ (= ἐν πνεύματι)· ἀλλ' ἐμαυτὸν μετρῶ, ἵνα μὴ ἐν καυχήσει ἀπόλωμαι.

[2] Das verrät sein Stil mit den vielen Fragen, Ausrufen und Imperativen πρὸς τί; τί λέγω; βλέπετε! ναί, ἀλλὰ .. usw.

[3] 1_8: Ἐγὼ οὐχ ὡς διδάσκαλος, ἀλλ' ὡς εἷς ἐξ ὑμῶν (sic) ὑποδείξω ὀλίγα, δι' ὧν ἐν τοῖς παροῦσιν εὐφρανθήσεσθε. 4_6 söhnt wieder mit ihm aus.

[4] Barn. 6_5: Ἁπλούστερον ὑμῖν γράφω, ἵνα συνιῆτε — ἐγὼ περίψημα τῆς ἀγάπης ὑμῶν. Vgl. 4_9 und 17. Man vergleiche damit I Kor 4_{13}, um den grossen Abstand wahrer und falscher, eitler Bescheidenheit zu erkennen. Und wo Paulus in dem Bewusstsein spricht, als τέλειος mit νηπίοις zu reden, da ist er der Apostel der von ihm gestifteten jungen Gemeinde. Und diese Epigonen ahmen ihn nach!

und auslegen, wie der Herr sie gemeint hat. Denn aus seiner besondern Begabung legitimiert Barnabas auch am Anfang sein Schreiben (1$_5$): „Indem ich dies überlegte, dass, wenn ich mir angelegen sein liesse, euch einen Teil dessen, was ich empfangen habe, mitzuteilen, dass es mir, solchen Geistern zu dienen, Lohn bringen würde: so habe ich mich bemüht, in Kürze euch zu schreiben, damit ihr zu eurem Glauben auch die vollkommene Erkenntnis hättet“. Diese „vollommene Erkenntnis“, sein Charisma, ist die pneumatische Exegese (vgl. z. B. 13$_7$) all der Stellen des alten Testaments, welche „das zum Heile Notwendige“ enthalten (17$_1$)[1]. Dass Barnabas nicht das Wort Geist für diese Gabe anwendet, kann ein Zufall sein. Dass die „Gabe“ 9$_9$ geistgewirkt ist, liegt auf der Hand, zumal 13$_5$ u. ö. die allegorisch erklärten Thatsachen selbst auf den Geist zurückgeführt werden.

Dieselbe Gabe zum Zweck der Apologetik empfangen zu haben, ist sich auch Justin bewusst. „Recht wäre es von euch, ihr Männer (Juden), was ihr nicht versteht, von denen zu lernen, welche Gnade von Gott empfangen haben, nämlich von uns Christen, aber nicht in jeder Weise durch Streit eure Lehre festigen zu wollen und Gottes Meinung dabei zu schmähen“[2]. Und später: „Wenn einer also nicht mit der grossen Gnade von Gott her das Verständnis dessen empfängt, was durch die Propheten gesagt oder gethan worden ist, so wird es ihm nichts nützen, die Worte oder die Vorgänge scheinbar gelesen zu haben, wenn er davon nicht auch Rechenschaft ablegen kann. Aber scheinen denn solche Worte (dunkle Prophetenworte) nicht der Menge sogar verachtenswert, wenn sie von denen mitgeteilt werden, die sie nicht verstehen?[3] Damit streitet nicht, dass auch das Urteil des „Trypho“ über Justin zurecht bestehen mag: „Du scheinst mir in vielen Disputationen mit vielen über alle die streitigen Punkte gestanden und deshalb Antworten bereit zu haben auf alles, was man dich fragt“ (D 50 p. 170). Eigene Arbeit schliesst göttliche Gnade nicht aus, wo jene ein Fragen und Wiederholen, diese ein Antworten und Mitteilen ist. Und alle solche

[1] Der Grund ist ein χάρισμα, der Zweck Apologie gegenüber judaistischer oder jüdischer Propaganda, nicht bloss ein εὐφρᾶναι 1$_8$ 21$_9$.

[2] Just. D 78 p. 282. Vgl. noch 94 p. 344, wo die Auslegung der Schlange ein ἀποκαλύπτειν μυστήριον ist. Undeutlicher 68 p. 242 und 125 p. 448.

[3] D 92 p. 334: Εἰ οὖν τις μὴ μετὰ μεγάλης χάριτος τῆς παρὰ θεοῦ λάβοι νοῆσαι τὰ εἰρημένα . . . Hier sehen wir einmal in einen sehr einfachen Grund für die pneumatische Exegese hinein: Notwehr. Das A. T. war eben der christlichen Kirche aller Zeiten Gabe und Aufgabe, ein Schatz und eine Gefahr. (Vgl. 94 p. 344.)

geistreichen Combinationen der Allegorie sind ja Kinder des Augenblicks, im Spiele der Phantasie plötzlich kommend und gehend. Dies ist das Pneumatische an ihnen, abgesehen von der Art ihres Inhalts.

In den Apologieen Justins gegen das Heidentum findet sich eine solche Andeutung nirgends; das scheint sehr natürlich. Und doch findet sich eine Bezugnahme auf die Gottesgabe der christlichen Schriftstellerei bei Aristides, freilich mehr wie eine fromme Floskel. Er beginnt c. 2: „Nachdem das Vorangehende über Gottes Wesen so gesagt ist, wie er mir vergönnt hat, über ihn zu sprechen, wollen wir uns nun auch dem Menschengeschlecht zuwenden". Aehnlich sagt der Verfasser des Briefes an den Diognet (1): „Ich flehe zu dem Gott, der uns das Reden wie das Hören schenkt, er möge mir verleihen, so zu sprechen, dass dich dein Hören vor allem im Guten fördere; dir aber gebe er solche Aufmerksamkeit, dass du dem zu dir Redenden Freude machst". Auch in seinem späteren Schlussteil nimmt der Brief auf diese Gabe bezug. „Wenn du diese Gnade (welche der Kirche gegeben ist) nicht betrübst (so spricht man von dem heiligen Geist vgl. Eph 4 30), wirst du erkennen, was „das Wort" spricht durch wen es will, wann es will. Denn alles was wir durch den Willen des gebietenden „Wortes" angetrieben wurden mit Mühe auszusprechen — aus Liebe lassen wir euch an dem uns Geoffenbarten teilnehmen" [1]. Ist freilich die Homilie, aus der das Stück stammt, gesprochen und nachgeschrieben worden, so gehört das Citat, welches übrigens in seinen Aussagen christologisch, nicht pneumatologisch ist, nicht hierher sondern in den vorigen Abschnitt (Sprache) hinein.

4.

Konnte in den bis jetzt angeführten Fällen immer noch ein allgemeines Merkmal für den pneumatischen Charakter der besprochenen Schriften in der Neuheit, der Originalität des Geschriebenen, die selbst für das produzierende Subjekt etwas Ueberraschendes hat, gefunden werden, so war doch schon das Hauptargument, auf Grund dessen die allegorische Exegese für geistgewirkt erklärt wurde, ihre Angemessenheit für den geistgewirkten Schriftinhalt. Die letzte Art auch der pneumatischen Schriftstellerei ist die, bei der die Christlichkeit des Inhalts die fehlenden formellen Kriterien der Geistwirkung ersetzt.

---

[1] ad Diogn. 11 7 f. Vgl. S. 41 f. Auch die Angabe des Celsus, welcher den Dialog zwischen Jaso und Papiscus übersetzt hat, dass die Lehre des „Jaso" von Inspiration getragen gewesen sei, könnte im Buche selbst einigen Anhalt gehabt haben (Corpus Apol. ed. Otto. IX 356).

Wenn die Römer in der Person des *Clemens* die Korinther ermahnen: „Nehmt unsern Rat an; ihr werdet's nicht bereuen“ (58 2), so geschieht dies, weil dieser Rat sich zusammenfasst in dem Wort: „Lasst uns gehorsam sein seinem allheiligen und herrlichen Namen“ (58 1), weil sie wissen, dass dann die Aufrührer nicht *ihnen* weichen sondern *dem Willen Gottes* (56 1). „Denn die Zurechtweisung, die wir uns gegenseitig zu teil werden lassen, ist gut und ausserordentlich nützlich; eint sie uns doch dem Willen Gottes“ (56 2). Freilich muss sie auf der Schrift beruhen[1], um sich als dem Willen Gottes entsprechend zu erweisen; sie wirkt deshalb auch nur bei schriftkundigen Christen (62 3). Aber weil eben ihre Worte in Uebereinstimmung mit Gottes Willen stehen, kann die römische Gemeinde geradezu sagen: „Wenn aber einige *dem von ihm* (*Gott*) *durch uns Gesagten* nicht gehorchen, sollen sie wissen, dass sie sich in Sünde und nicht geringe Gefahr stürzen“ (59 1). In diesem Bewusstsein und weil eine christliche Gemeinde stets den Geist besitzt, wagt sie endlich Geistgewirktsein für ihren Brief in Anspruch zu nehmen und von den Korinthern zu fordern, gehorsam zu werden dem von ihr „durch den heiligen Geist“ Geschriebenen[2]. Erst auf Grund solcher, abgeleiteter Autorität kann *Clemens* als Mund der Gemeinde ein pneumatischer Schriftsteller sein[3].

III.

Heilungen und Wunder.

1.

Aus der Sphäre der geistgewirkten *Handlungen* greifen wir diese Gruppe heraus, weil die unter diesem Titel zusammengefassten

[1] 62 2: Περὶ γὰρ πίστεως καὶ μετανοίας καὶ γνησίας ἀγάπης καὶ ἐγκρατείας καὶ σωφροσύνης καὶ ὑπομονῆς πάντα τόπον ἐψηλάφαμεν. τόπος = Schriftstelle vgl. 8, 29, 46. Man „erinnert“ (ὑπομιμνήσκοντες) an sie, nicht an Argumente, wie *Lightfoot* will.

[2] 63 2: Χαρὰν γὰρ καὶ ἀγαλλίασιν ἡμῖν παρέξετε ἐὰν ὑπήκοοι γενόμενοι τοῖς ὑφ' ἡμῶν γεγραμμένοις διὰ τοῦ ἁγίου πνεύματος ἐκκόψητε τὴν ἀθέμιτον τοῦ ζήλους ὑμῶν ὀργήν ... διὰ τοῦ ἁγίου πνεύματος ist, wegen der Stellung und weil es nur so bedeutungsvoll wird, zu τοῖς — γεγραμμένοις zu ziehen.

[3] Man wird hier nach 56, 58 und 59 auch in 63 lieber an diese abgeleitete

Vorgänge auf dem Gebiet des Willenslebens sich deutlich von allen andern abheben und oft gar nicht in eigentlichen Handlungen sondern nur in psychischer Beeinflussung mit oder ohne Zuhilfenahme von Wort und That bestehen.

Dass Epilepsie, epileptoide Zustände und die Hysterie in ihren mannigfachen Formen auf diesem Wege geheilt werden können, leugnet gegenwärtig wohl niemand mehr. „Manchmal schon ist es vorgekommen, dass ein „stehe auf und wandle“ mit Erfolg gesprochen wurde bei Hysterischen, welche Jahre lang ans Bett gefesselt waren und nicht mehr fähig schienen, ein Glied zu rühren. Es ist bald der Glaube an die Autorität des Arztes, bald an die anderer Personen, oder an die Wirksamkeit bestimmter Mittel, der solche »Wunder« bewirkt“[1].

Die anschaulichen Erzählungen der synoptischen Evangelien fallen, da man sich von ihrer Glaubwürdigkeit umso mehr überzeugt, je näher man die Krankheit, deren Heilung sie berichten, kennen lernt, nicht mehr in den von uns zu beschreibenden Zeitraum[2].

Was Johannes über die Synoptiker hinaus berichtet, muss auf sich beruhen bleiben. Seine Wundererzählungen können nicht einmal für seine eigene Zeit verwendet werden, weil ihre Auswahl

---

Art der Autorität denken wollen, als wie Harnack will (Dogmengesch. I³ 350 ⁵) an das Bewusstsein der Gemeinde, den Geist zu haben, welches natürlich mit in Betracht kommt. Vgl. übrigens Harnack a. a. O. S. 340⁴.

[1] Vgl. Jolly, Hysterie in Ziemssen, Handbuch der spec. Pathologie und Therapie XII 2 1877 S. 598 und S. 569 f. Das Studium solcher Werke ist von Wichtigkeit auch für die höhere Kritik der Evangelien.

[2] Wenn man (vgl. E. Schürer, Zur Vorstellung von der Besessenheit, Jahrbücher für prot. Theologie. 1892. S. 633—640) gemeint hat, dass Mc deutlich die Krankheiten ohne Besessensein von den dämonischen unterscheide, und Mc deshalb „consequent“ genannt hat in der Unterscheidung der dämonischen „d. h. psychischen“ Erkrankungen von allen übrigen Krankheiten, so mag die Beobachtung an sich richtig sein. Aber die in der gemeinsamen Quelle von Mt und Lc über Mc hinaus genannten Krankheiten: Stummheit allein oder mit Blindheit verbunden und Kontraktur (Lc 11 $_{14}$; Mt 9 $_{32\ 33}$ 12 $_{22}$ Lc 13 $_{10-17}$), auch Lähmung können in der That „dämonische“, nämlich Erscheinungsformen der Hysterie und verwandter Krankheiten sein. (Vgl. Jolly a. a. O. S. 533. 534. 546 und Real-Encyclopädie der gesamten Heilkunde, Art.: Contractur IV S. 509 ff. 512.) Es hat also schon seine Richtigkeit mit dem κωφὸς δαιμονιζόμενος Mt 9 $_{32}$ und dem πνεῦμα ἀσθενείας Lc 13 $_{11}$. Die seit einigen Jahren wieder eifriger behandelte Frage nach den Heilungen Besessener durch Jesus hat im Jahre 1898 in zwei einander trefflich ergänzenden Arbeiten hoffentlich ihre Erledigung gefunden. Zeichnet sich der Artikel „Dämonische“ (in RE IV) von J. Weiss durch exegetische und theologische Genauigkeit und umfassenderen Gesichtskreis, so die Arbeit des Anstaltsgeistlichen Braun (in Zeitschr. f. Theol. u. Kirche VIII 1898 S. 494 ff.) durch genauere Kenntnis der Krankheiten aus.

oder Ausgestaltung zu deutlich auf subjektiven Motiven des Schriftstellers, teils apologetischer (der Königische 4 46—54, Sabbatfrage 5 2), teils symbolistischer Art (9 Ich bin das Licht der Welt, 11 die Auferstehung und das Leben u. ä.) beruht. Längst bemerkt und bemerkenswert ist die Thatsache, dass gerade jene Kranken, welche bei den Synoptikern die Hauptrolle spielen, die Besessenen, bei Johannes fehlen[1], obwohl er mit 12 31, 16 11 u. ä. St. vielleicht ihre Heilung andeutet, wie auch die vielen Anspielungen Jesu auf seine „Werke“ und „Zeichen“ deutlich die synoptischen Erzählungen als bekannt voraussetzen, da die spärlichen Berichte des 4. Evangeliums solche Redeweise nicht rechtfertigen (z. B. 4 45 3 2 2 11 u. a. m.). Vielleicht hat der Evangelist deshalb keinen Wert auf die Erzählung solcher Fakta gelegt, weil sie — abgesehen von der Thatsache ihrer reichlichen Erzählung durch die Synoptiker — nicht deutlich genug für Jesus sprachen; denn die „Dämonen“ d. h. heidnische Exorzisten oder jüdische (die wie alle Juden für diesen Evangelisten dämonisch sind) konnten das auch. „Kann“ aber „ein Dämon der Blinden Augen öffnen?“ (10 21). Freilich war das ein sehr unsicherer Massstab, sowohl wenn man ihn auf die Grösse des Wunders als wenn man ihn auf seine Heilsamkeit bezog (vgl. S. 116 ff.).

2[2].

Leider steht uns für den von uns zu untersuchenden Zeitraum auch nicht eine Erzählung irgend einer Heilung zu gebote; nur Anspielungen und Bezugnahmen auf Heilungen finden sich. So wird auch selten die Art der geheilten Krankheit hinlänglich deutlich. An die Epilepsie und verwandte Erscheinungen denkt wohl Justin an einer Stelle, wo er nach einer weitverbreiteten Erklärung solcher Anfälle aus ihnen auf das Weiterleben der Seele nach dem Tode schliesst. Er bezeichnet dort eine Kategorie von Kranken, als „Menschen, welche durch Seelen von Verstorbenen ergriffen und hin und hergeworfen werden“[3]. — Als Ergänzung zu dieser Stelle dient eine andere aus

[1] O. Pfleiderer (Urchristentum S. 749): „Der einzige »Besessene« ist in diesem Evangelium der Verräter Judas“.

[2] Vgl. zu allem Folgenden: A. Harnack, Medicinisches aus der ältesten Kirchengeschichte. Leipzig 1892. T. u. U. VIII 4 besonders S. 104—124.

[3] Just. I 18: .. οἱ ψυχαῖς ἀποθανόντων λαμβανόμενοι καὶ ῥιπτούμενοι ἄνθρωποι, οὓς δαιμονιολήπτους καὶ μαινομένους καλοῦσι πάντες ... ῥίπτεσθαι ist ein bezeichnendes Wort für den epileptischen Anfall Lc 4 35, wo allerdings ein epileptiformer hysterischer Zustand in Betracht kommt; aber das synonyme βάλλειν Mc 9 22 bei echter Epilepsie. Bei solcher sind Worte der Kranken an den Arzt im An-

der zweiten Apologie (II 6 6): „Viele von unsern Glaubensgenossen (Christen) haben in der ganzen Welt, auch in eurer Stadt (Rom), unter Beschwörung im (κατὰ τοῦ) Namen Jesu Christi viele Besessene (δαιμονιολήπτους), die von allen andern Exorzisten und Beschwörern und Zauberern nicht hatten geheilt werden können, geheilt und heilen sie jetzt noch, vernichtend und verfolgend die Dämonen, von denen die Menschen besessen sind". Hier ist dieselbe Klasse von Kranken gemeint wie in der vorigen Angabe. Also auch in verzweifelten Fällen konnten christliche Wunderärzte noch helfen, ein Beweis auch für die Bedeutung des Christentums und für die Achtung, die es in weiten Volkskreisen genoss[1].

Auf die Heilung Hysterischer weist wahrscheinlich Theophilus in der S. 8 citierten Stelle (II 8) hin. Denn einmal haben die Dämonen aus ihnen geredet, das beweist die Angabe: „Sie haben bekannt" und der Vergleich mit den Dichtern. Wenn ferner nachher gesagt ist, dass einige von den Dichtern über den Monotheismus und das Gericht nicht im Enthusiasmus (ἐκνήψαντες) geredet haben, und diese Angabe mit „doch manchmal" eingeleitet ist, so liegt es nahe, daran zu denken, dass solche Besessene mitunter einen Wahrsagegeist hatten wie jene Magd in Philippi (Act 16 16)[2].

Jedenfalls sind diese und verwandte Krankheiten der nervösen, spinösen und cerebralen Organe wie des seelischen Lebens meistens, wenn auch nicht ausschliesslich gemeint, wo von der Heilung Dämonischer die Rede ist. An ihnen hat der „Geist der Heilung" (πνεῦμα ἰάσεως Just. D 39 p. 132 vgl. S. 39) seine Kraft gezeigt. An ihre Heilung wird deshalb wohl auch vor allem gedacht sein, wenn Jak 2 19 sagt: „Auch die Dämonen glauben und zittern"; sie werden ja in Gottes Namen vertrieben. Darauf bezieht sich auch Justin bei der Auslegung von Ex 17 16; „Ihr könnt verstehen, dass eine verborgene Kraft Gottes dem gekreuzigten Christus zu teil geworden ist, vor dem

---

fall ausgeschlossen, weil der Krampf mit vollkommener Bewusstlosigkeit verbunden ist; der Kranke stürzt wie vom Blitze getroffen, gewöhnlich mit einem Schrei, zusammen, dann beginnt der entsetzliche Krampf. Mc 9 schildert diesen Zustand vortrefflich. Vgl. Nothnagel, Epilepsie bei Ziemssen a. a. O. S. 229—236. Uebrigens scheint über die Abgrenzung der Uebergangsstadien zwischen Epilepsie und der gewöhnlich mit Bewusstsein verbundenen Hysterie keine feste Ansicht zu bestehen (vgl. a. a. O. S. 248).

[1] Celsus (Orig. c. Cels. I 6): „Worin die Christen ihre Stärke zu haben scheinen, das sind die Namen etlicher Dämonen und Bezauberungen" (Keim).

[2] Nach den S. 8 citierten Worten heisst es: πλὴν ἐνίοτέ τινες τῇ ψυχῇ ἐκνήψαντες ἐξ αὐτῶν εἶπον ἀκόλουθα τοῖς προφήταις, ὅπως εἰς μαρτύριον αὐτοῖς τε καὶ πᾶσιν ἀνθρώποις, περί τε θεοῦ μοναρχίας καὶ κρίσεως καὶ τῶν λοιπῶν ὧν ἔφασαν.

auch die Dämonen zittern und überhaupt alle Herrschaften und Mächte der Erde"[1]. „Und jetzt können wir, die an den unter Pontius Pilatus gekreuzigten Jesus, unsern Herrn, glauben, alle Dämonen und bösen Geister beschwören, und sie müssen uns gehorsam sein"[2]. So ist denn Jesus in Wahrheit der „Herr der Geister" (Ps 24), „wie ihr (Juden und Heiden) auch jetzt noch aus dem, was vor euren Augen geschieht, euch überzeugen könnt, wenn ihr wollt. Denn in dem Namen gerade dieses »Sohnes Gottes« ... wird jeder Dämon beschworen, besiegt und zum Gehorsam gezwungen" (85 p. 306).

So war es denn in der That nicht bloss ein Dogma (vgl. S. 48) sondern eine aus dem täglichen Leben gewonnene Ueberzeugung, wenn man versicherte: „Und auch Mensch ist er, wie gesagt, nach dem Willen Gottes des Vaters geboren den gläubigen Menschen zu gut und zur Zerstörung der Dämonen; und jetzt könnt ihr es erfahren aus dem, was vor euren Augen geschieht" (Just. II 6 5). Man erfährt also im Christentum, dass „der Herr der Welt hinausgeworfen wird"; darum ist man sicher, dass sein Gericht schon begonnen hat, und darum hofft man nicht mehr, sondern man weiss, dass er ins ewige Feuer kommen wird (Joh 12 31 I 3 8 u. ö.). Denn seit Jesu Geburt „ward zerstört alle Magie und jedes Band der Schlechtigkeit (= Zauberfessel vgl. S. 121) schwand; die Unwissenheit ward vernichtet, die alte Herrschaft (des Teufels) ward zu nichte gemacht, da Gott offenbar ward in Menschengestalt, neu zu bringen ewiges Leben" (Ign. Eph. 19 3).

Von sonstigen wunderbaren Heilungen — das Wort im weitesten Sinne genommen — durch den heiligen Geist werden uns noch einige Fälle erzählt, welche stets in Dunkel gehüllt bleiben werden. Sie ruhen zum Teil auf guten Berichten, aber dem Auge der Gläubigen mag was wirklich vorgegangen ist „wunderbarer" erschienen sein, als es war. — Aehnliches dem, was man viel später „gefeit" sein, „fest" sein genannt hat, erzählten die Töchter des Philippus dem Papias (nach Euseb. h. e. III 39 3) von einem Zeitgenossen, dem aus Act 1 23 bekannten Joseph Barsabbas Justus. Er soll eine giftige Medizin getrunken, durch die „Gnade des Herrn" (Euseb) aber keinen Schaden davon gehabt haben[3]. An die Seite zu stellen ist diesem Bericht die

[1] Just. D 49 p. 170. Vgl. 30 p. 102, 121 p. 434.

[2] 76 p. 272: Καὶ νῦν ἡμεῖς, οἱ πιστεύοντες ἐπὶ τὸν σταυρωθέντα ἐπὶ Ποντίου Πιλάτου Ἰησοῦν κύριον ἡμῶν, τὰ δαιμόνια πάντα καὶ πνεύματα πονηρὰ ἐξορκίζοντες ὑποτασσόμενα ἡμῖν ἔχομεν.

[3] Wörtlicher als Eusebs Bericht ist der Auszug aus Papias bei Philippus Sid.: Παπίας ὁ εἰρημένος ἱστόρησεν ὡς παραλαβὼν ἀπὸ τῶν θυγατέρων Φιλίππου ὅτι

Bewahrung des Paulus nach dem Biss der giftigen Schlange, welche ebenfalls in einem guten Bericht steht. Auch dort vermutet man sofort hinter dem, welchem das Gift nichts anzuhaben vermag, einen „Gott"[1]. Auf solche „Vorgänge" spielt der unechte Mc-Schluss an 16 18. Auch später glaubte man noch, dass der Pneumatiker gefeit sei gegen Giftschlangen und Raubtiere[2].

Eine sehr seltsame „Heilung durch die Gnade des Christus" erzählt das Mart. Lugd. et Vienn. (Euseb. h. e. V 1 23 f.), dessen Glaubwürdigkeit sich später deutlich beweisen soll. — Man hatte den Märtyrer Sanctus auf die scheusslichste Weise gefoltert, um ihn zur Ableugnung zu bringen. „Sein Körper war Zeuge des Vorgefallenen, ganz Wunde und Strieme und zusammengezerrt, und verriet äusserlich nicht mehr die menschliche Gestalt; in ihm leidend vollendete Christus grosse Herrlichkeit(sthaten), indem er den Feind vernichtete und den Uebrigen zum Beispiel zeigte, dass nichts schrecklich ist, wo die Liebe des Vaters weilt, und nichts schmerzlich, wo die Herrlichkeit Christi wartet. Damals als die Schändlichen mit Tagesanbruch den Märtyrer wiederum folterten und glaubten, wenn sie, nun seine Glieder aufgeschwollen und entzündet waren, dieselben Folterungen anwendeten, würden sie ihn bezwingen, wenn er sogar nicht einmal die Berührung der Hände ertragen könnte, oder er würde unter den Qualen sterbend den übrigen Furcht einflössen: so trat doch nichts derartiges ein, sondern vielmehr in den folgenden Martern richtete sich wider alles menschliche Erwarten der Körper wieder auf und ward grade gestreckt und erhielt sein früheres Aussehen und den Gebrauch der Glieder wieder, so dass ihm die zweite Folterung durch die Gnade Christi nicht Peinigung sondern Heilung wurde." Ob dieser Vorgang möglich ist, darüber müssen andere entscheiden; nach den Erscheinungen des „Hexenschlafs" (vgl. u. VI 3 b) zu urteilen, muss man sich sehr hüten, eine solche Erzählung in einer sonst glaubwürdigen Schrift für Legende zu erklären. Dass man auch hier die Wunderwirkung auf das Einwohnen jenes geheimnisvollen Kraft-

Βαρσαβᾶς ὁ καὶ Ἰοῦστος δοκιμαζόμενος ὑπὸ τῶν ἀπίστων ἰὸν ἐχνίδης πιὼν ἐν ὀνόματι τοῦ Χριστοῦ ἀπαθὴς διεφυλάχθη· ἱστορεῖ δὲ καὶ ἄλλα θαύματα καὶ μάλιστα τὸ κατὰ τὴν μητέρα Μαναΐμου τὴν ἐκ νεκρῶν ἀναστᾶσαν. Vgl. C. de Boor, Neue Fragmente des Papias, Hegesippus und Pierius, T. u. U. V 2. Leipzig 1888.

[1] Act 28 6; hat die Schlange Paulus gebissen? καθῆψεν τῆς χειρὸς αὐτοῦ. Aber das Urteil der Kreter und ihre Erwartung?

[2] Πᾶν ἰοβόλον τε καὶ σαρκοβόρον θηρίον. Vit. Sabae p. 235 C bei Holl, Enthusiasmus und Bussgewalt S. 179.

wesens aus dem Himmel zurückführt, wird deutlich aus dem Satze: „In ihm leidend vollbrachte Christus grosse Herrlichkeitsthaten“; hier wird Ernst gemacht mit dem Gedanken des „Christus in uns“ und der „Leiden des Christus“, sodass der Märtyrer fast als eine Inkarnation Christi erscheint. Christus leidet in dem Körper des Geistträgers; Christi „Herrlichkeit“ wohnt in ihm und strahlt durch die niedere Hülle des zerfolterten und entstellten Leibes[1].

Nicht zu den Heilungen scheinen die Totenerweckungen zu gehören; doch reihen sie sich am besten hier an, weil sie, sofern ihnen wirkliche Vorgänge zu Grunde liegen, kataleptische Zustände oder auf andern körperlichen Zuständen beruhenden Scheintod zum Hintergrund haben[2], also Heilungen sind. Eine Erzählung der Art von Papias ist vorhin schon angeführt worden (Euseb. h. e. III 39$_{9}$ vgl. S. 114 u.). Ebenso hat der Antimontanist Apollonius zu erzählen gewusst, „ein Toter sei durch göttliche Kraft (θείᾳ δυνάμει = heiliger Geist) von Johannes selbst in Ephesus auferweckt worden (Euseb. h. e. V 18$_{14}$).

Den Schluss dieser Aufzählung möge die Zusammenstellung der christlichen Heilungswunder bei Irenäus (II 31$_{2}$) machen, welche er den gnostischen Wundern gegenüberstellt. „Weder können sie den Blinden das Gesicht geben noch den Tauben das Gehör, noch alle Dämonen vertreiben, sondern nur die, welche sie selbst den Menschen anzaubern — wenn sie es überhaupt sogar in solchen Fällen können —; auch können sie nicht Lahme oder Gichtbrüchige heilen noch solche, die an anderen Körperteilen leiden“ ... und nachher: „Der Herr hat Tote erweckt, und die Apostel durch ihr Gebet, und in der Brüderschaft ist oftmals eines notwendigen Zweckes wegen, wenn die ganze Ortsgemeinde betete mit viel Fasten und Bitten, der Lebensgeist des Toten zurückgekehrt, und der Mensch ward den Gebeten der Heiligen geschenkt“. Man hat hier stark den Eindruck, dass Irenäus mehr referiere und nacherzähle als aus eigener Erfahrung spreche. Trotzdem hat er selbst sicher Krankenheilungen erlebt; denn diese waren etwas Häufiges. Freilich „oft“ werden „Totenerweckungen“ nicht vorgekommen sein, sonst hätten wir mehr Erzählungen davon.

---

[1] Von dem Gedanken des κοινωνὸς τῶν παθημάτων τοῦ Χριστοῦ aus ist jenes Geistwesen nicht als πνεῦμα sondern als Χριστός bezeichnet worden. Vgl. noch V 1$_{6\ 27\ 41\ 42}$ μέγαν καὶ ἀκαταγώνιστον ἀθλητὴν Χριστὸν ἐνδεδυμένη V 1$_{56}$ 2$_{2\ 3}$. Der Gedanke ist schon bei Paulus vorhanden: τὴν νέκρωσιν τοῦ Ἰησοῦ ἐν τῷ σώματι περιφέροντες, ἵνα καὶ ἡ ζωὴ τοῦ Ἰησοῦ ἐν τῷ σώματι ἡμῶν φανερωθῇ, II Kor 4$_{10\ 11}$.

[2] Man denke an Act 20$_{9\ 10}$.

3.

Dass die Dämonen Krankheiten nicht nur verursachen sondern auch heilen konnten, oder in unsere Sprache übersetzt, dass es ausserhalb der werdenden Kirche bei Heiden, Juden und Gnostikern erfolgreiche Wunderärzte und Exorzisten gab, mussten, wie die oben citierten Worte des Irenäus (und vgl. S. 8) beweisen, die kirchlichen Schriftsteller, wenn auch widerwillig zugestehen.

Ziemlich unbefangen spricht Athenagoras von dämonischen Heilungen an den S. 10 f. citierten Stellen. Er redet ohne Weiteres von bösen und heilsamen Wirkungen der Dämonen (leg. 23 p. 116 ὠφελήθησαν — ἐλυπήθησαν), ja beide sind ihm in gleicher Weise willkommen, um die Schwierigkeiten der Theodicee zu heben. „Der Herrscher der Materie, wie es aus seinen Werken zu ersehen ist, befiehlt und setzt ins Werk, was der Güte Gottes entgegengesetzt ist“ (25 p. 132). So erklärt er sich ebensowohl, woran Euripides gescheitert sei, „dass es wider Erwarten und Gerechtigkeitsgefühl manchen Menschen gut oder schlecht gehe“, wie auch das zweite Welträtsel, dass auch im Gebiet der Erkenntnis „der eine so, der andere anders urteilt“ trotz der allen angeborenen gemeinsamen Vernunft (p. 134 und 136). Heilsame Wirkungen werden zugegeben, unvernünftig sind auch sie. Und so ist denn Athenagoras geneigt, die heilende Kraft wie richtige Weissagungen auf die natürliche Begabung der menschlichen Seele zurückzuführen, von deren Erfolgen die Dämonen den Ruhm für sich in Anspruch nehmen [2].

Auch Tatian giebt die heilende Wirkung der Götter-Dämonen zu, wenn er schreibt: μάγος ἐστὶν ἡ Ἄρτεμις, θεραπεύει ὁ Ἀπόλλων, was man am besten übersetzt: Artemis übt Bezauberungen, Apollo Entzauberungen; zaubern und heilen liegen damals im Begriff des θεραπεύειν ineinander (8 p. 36). Was sich aus Tatians weitausgesponnenen Theorieen über Heilungen an Thatsächlichem entnehmen lässt, sei hier angeführt: „Wer diese (die Dämonen) besiegen will, soll die Materie verschmähen. Denn mit dem Panzer des himmlischen Geistes gerüstet wird er im stande sein, alles was von demselben umschirmt wird, heil zu erhalten (σῶσαι vgl. S. 44). Nun giebt es sowohl Krankheiten als Erregungszustände der Materie unseres Körpers. Dämonen schreiben sich selbst die Ursachen solcher Zustände zu, indem sie eindringen, so oft ein Krankheitsanfall kommt. Manch-

---

[2] Ib. 27 p. 144, θεραπεύουσα τὰ ἐνεστηκότα ist allerdings noch mehr als bloss „heilend“, etwa „zurechtbringend“.

mal aber erschüttern sie auch selbst durch ihr thörichtes Anstürmen den Zustand des Körpers; durch das Wort der göttlichen Kraft erschreckt fliehen sie voll Furcht, und der Kranke wird geheilt"[1]. Die Zustände, welche er auf Besessenheit zurückführt, sind: Krankheit, Liebe, Hass, Rachsucht. Leidenschaft ist Leiden (πάθος)[2]. Zu den Heilmitteln dämonischen Ursprungs rechnet er auch die medizinischen Heilmittel: „Absichtlich bringen sie die Menschen von der Gottesverehrung ab und verführen sie, sich auf Kräuter und Wurzeln zu verlassen"; so urteilt er, zum Teil durch seinen Hass, zum Teil durch einen richtigen historischen Instinkt geleitet (17 p. 78). Die Heilkraft solcher Mittel leugnet er nicht; nur zieht er als Christ den Schluss: „Auch wenn ihr durch Arzneien geheilt werdet — um dir entgegen zu kommen, will ich es annehmen —, sollst du das Zeugnis davon Gott geben". Jedenfalls sind Heilmittel überflüssig; ja sie können Gottes Majestät Abbruch thun; man soll sich lieber an dessen unmittelbare Hilfe halten (20 p. 88 u. 18). Schroff lehnt er auch Demokrits Theorie von der Heilung durch Sympathie und Antipathie ab, und indem er alle so zustande gekommenen Heilungen den Dämonen zuschreibt, führt er jene Theorie von der Höhe scheinbar philosophischer Betrachtung wieder zurück in den Volksglauben, dem sie entstammt (17). Da Tatian die Heilungen der Dämonen nicht wegleugnen kann — schliesslich sind doch mit Hilfe oder trotz all dieser Mittel Menschen gesund geworden —, so weiss er denselben Ausweg zu finden, den später auch Irenäus gegangen ist (II 31$_2$). „Von Heilungen der Dämonen kann keine Rede sein", meint er, „mit List aber nehmen sie die Menschen gefangen; und der ausgezeichnete Justin hat mit Recht gesagt, sie glichen Räubern. Denn wie jene die Gewohnheit haben, Leute zu fangen, dann sie ihrer Familie gegen ein Lösegeld auszuliefern, so nehmen auch die sogenannten Götter die Glieder mancher Menschen in Besitz, dann bewirken sie eine Erscheinung an sie im Traume, befehlen dem Betreffenden öffentlich aufzutreten, und indem alle zusehen, fliegen sie von den Kranken weg, nachdem sie die irdischen Dinge geschmeckt kaben (Heilmittel?), schränken die Krankheit, die sie bewirkt haben, ein und bringen so die Menschen wieder in ihren früheren Zustand" (18 p. 82). „Wer

[1] Tat. Or. 16 p. 74: ... οἳ λόγῳ θεοῦ δυνάμεως πληττόμενοι δεδιότες ἀπίασι, καὶ ὁ κάμνων θεραπεύεται.

[2] 17 p. 76: Πάθος οὐκ ἔστι δι' ἀντιπαθείας ἀπολλύμενον, οὐδὲ ὁ μεμηνὼς σκυτίδων ἐξαρτήμασι θεραπεύεται. δαιμόνων εἰσὶν ἐπιφοιτήσεις· καὶ ὁ νοσῶν καὶ ὁ λέγων ἐρᾶν καὶ ὁ μισῶν καὶ ὁ βουλόμενος ἀμύνεσθαι τούτους λαμβάνουσιν βοηθούς.

darum wirklich geholfen haben will, soll sich an Gott wenden. Folge der Kraft des Wortes!"[1]. „Es ist aber möglich, dass jeder der »nackt« ist, das (himmlische) Kleid (des heiligen Geistes) gewinne und zu der alten Verbundenheit (von Seele und „Geist") zurückkehre" (20 p. 90), also geheilt werden kann.

4.

Ueber den Hergang bei diesen Heilungen und die Art, wie sie vorgenommen wurden, sind unsere Nachrichten spärlich.

Sehr anschaulich hat uns soeben Tatian erzählt, wie den „Besessenen" Heilmittel im Traume angegeben werden, welche sie mit Erfolg vor aller Augen anwenden. Die Wirkung derselben bezweifelt der nicht, welcher weiss, dass bei Hysterischen (wohl auch bei andern Nervenleidenden) „die Wirksamkeit bestimmter Mittel zum Glaubensartikel wird, und durch diesen Glauben werden sie geheilt, gleichviel, ob es sich um medizinische oder andere Kuren handelt"[2]. Wer wollte bezweifeln, dass solcher „Glaube" durch derartige Träume bewirkt werden konnte?

Die gewöhnliche Art besonders der christlichen Heilungen war die der direkten seelischen Beeinflussung durch Bedrohung. Diese richtete sich nicht an den Kranken sondern an den in ihm hausenden Dämon[3]. Während Jesus selbst im Bewusstsein originaler Kraft noch mit einem einfachen Befehl an den Dämon sich begnügt, treiben seine Jünger „in seinem Namen" Dämonen aus. Diese feierliche Drohrede mit göttlichen Namen ist das Beschwören (ἐξορκίζειν), das „Wort göttlicher Kraft" (Tat. Or. 16); der Kraft dieses Wortes soll man folgen (Tat. Or. 18). Man hatte deutlich die Absicht, die Dämonen mit solchen Worten auch an ihr künftiges Gericht zu erinnern. Deshalb beschwört man sie: „Im Namen des wahren Gottes"[4]. Indessen muss diese Formel selten gewesen sein; sie begegnet uns sonst nicht.

---

[1] Ib. p. 82: Λόγου δυνάμει κατακολούθησον.

[2] Jolly, Hysterie a. a. O. S. 569. Einen gut beglaubigten Fall siehe u. in V 5 b.

[3] Jolly S. 599: „Zuweilen gelingt es durch Drohungen oder durch Erregung eines plötzlichen Schrecks (Androhung des Gerichts!) schwere hysterische Symptome verschwinden zu machen. . . ." S. 569: „Drohungen sind gleichfalls in einigen Fällen und namentlich bei epidemischer Verbreitung der Krankheit von Wirkung". Selbstverständlich ist es für den, welcher den Dämonenglauben teilt, einerlei, ob sich die Drohung an ihn oder ob sie sich an den in ihm hausenden Dämon, sein anderes Selbst, richtet.

[4] Κατὰ τοῦ ὀνόματος (feindlich) τοῦ ὄντως θεοῦ Theoph. II 8 p. 76.

Auch konnte sie von den jüdischen Exorzisten angewandt werden. So sagt Justin (D 85 p. 306) zu den Juden: „Wenn einer von euch im Namen des Gottes Abrahams und des Gottes Isaaks und des Gottes Jakobs exorzisiert, werden die Dämonen vielleicht gehorchen (dies „vielleicht" spricht der Polemiker vgl. S. 117); wenn ihr aber bei irgend einem Namen eurer Könige oder Gerechten oder Propheten oder Patriarchen Beschwörungen übt, wird kein Dämon gehorchen". Ob solche Formeln bei jüdischen Exorzisten vorkamen? Vielleicht war Salomo, schon damals als Zauberer bekannt, auch Eideshelfer bei Krankenheilungen? Jedenfalls aber wurde der dreigeteilte feierliche Gottesname in der von Justin citierten Form von Juden angewandt. Deshalb, ferner weil Jesus selbst Dämonen ausgetrieben hatte und man von ihm ihre volle Vernichtung und ihren Sturz ins ewige Feuer erwartete, hat man in der Kirche Beschwörungsformeln hauptsächlich mit seinem Namen gebildet. Sie lauten in der Zeit Justins ähnlich wie die Taufformel und sind vielleicht mit ihr identisch. Ihre einfachste Form ist eigentlich selbstverständlich, sie ist mehr erwachsen als gebildet worden. Sie steht Act 3_6: „Im Namen Jesu Christi, des Nazareners, (wandele!)". Wo bei Justin ein einfaches „im Namen" steht, ist es nur eine Abkürzung[1]. Wir gehen vermutlich den Weg der allmählichen Entstehung der ausgebildeten Formel, wenn wir Justins weitere Abkürzungen derselben in der Reihenfolge anführen, dass die kürzeren und charakteristischen Formen voranstehen. So heisst es D 131 p. 468, dass die Dämonen besiegt werden „durch Jesus, den Gekreuzigten", dies ist „sein Name", wie es nachher heisst. Und wenn auch Justin hier Jesus den Gekreuzigten genannt haben könnte, um ihn von dem ungekreuzigten Jesus, dem Sohne des Nun, zu unterscheiden, so wäre das schon bei dem andern Citat derselben Stelle (49 p. 170) nicht mehr anzunehmen, weil Justin da von „dem gekreuzigten Christus" spricht. Die Kreuzigung muss eine ganz besondere Bedeutung gehabt haben, das beweisen auch längere Formeln (wie D 30 p. 102): „Im Namen Jesu Christi (κατὰ τοῦ ὀνόματος), des Gekreuzigten unter Pontius Pilatus, welcher Statthalter von Judäa war"[2]. Das ausführlichste, aber, wie es scheint, immer noch nicht vollständige Citat der Formel steht in c. 85 p. 306: „Denn im Namen eben dieses,

Des Sohnes Gottes und Ersterzeugten vor aller Schöpfung,
Der durch eine Jungfrau geboren und ein leidensfähiger Mensch ward,

[1] Z. B. D 35 p. 122: καὶ τῶν ἀπὸ τοῦ ὀνόματος αὐτοῦ καὶ νῦν γινομένων δυνάμεων.

[2] Vgl. D 76 p. 272 S. 113[2] und II 6_6 S. 112.

Und gekreuzigt wurde unter Pontius Pilatus von eurem Volk und starb,
Und auferstand von (den) Toten und aufgefahren ist gen Himmel
wird jeder Dämon beschworen“ (vgl. S. 113).

An solche oder ähnliche Formeln schloss sich dann der *Befehl* an, entweder als Befehl an den *Kranken*: Im Namen . . ., stehe auf und wandle! oder als Befehl an den *Dämon*: Im Namen . . . befehle ich dir[1]: Fahre von ihm aus, und nie wieder fahre in ihn ein. Das Wort ist juristisch genau, verrät aber zugleich die Erfahrung des Rückfalls. Oder nach Analogie von Mc 1$_{24}$, wo es heisst: „Jesus drohte ihm (dem *redenden* Dämon): Verstumme und fahre aus von ihm“[2].

Weitere Hilfsmittel verschmähte die Kirche ausdrücklich in dem stolzen Bewusstsein ihrer Ueberlegenheit über Magie und Zauberei jeder Art. Gott mit irgend welchen Mitteln zwingen zu wollen, das verhinderte der Glaube an den Vater im Himmel. Um die Dämonen zu zwingen, genügte ein Wort, das Wort der Kraft Gottes, der Name Jesu.

Nur das *Gebet* um Heilung eines Kranken (und neben ihm die Oelung) hat die Kirche empfohlen; und es ist auffallend, dass es verhältnismässig selten erwähnt wird, um so häufiger hat man es gewiss geübt (vgl. u. VIII 8).

Einige *Gnostiker* wandten dagegen unbedenklich die Mittel der heidnischen (und jüdischen) Exorzisten an. Auch dies beweist, dass die gnostische Bewegung trotz ihrer hochfliegenden Spekulation doch, sowohl was die Kraft als was die Höhenlage ihres Gottesglaubens anbelangt, nicht auf der Stufe des Evangeliums, nicht einmal auf der der Grosskirche stand, sondern tiefer, in der Nähe der orientalischen Zauberreligionen, von denen leider auch die Kirche in immer stärkerem Masse lernte. Zu der *Zauberkunst*[3] *der Exorzisten* gehörten vor allem geheimnisvolle (poetische?) Zaubersprüche[4], dann die Anwendung von mysteriösen Arzneien[5], ferner Räucherungen und

[1] ὑποτάσσω σοι Mc 9$_{25}$ vgl. Justins ὑποτάσσεσθαι.

[2] Dass damit oftmals überhaupt keine Wirkung, oftmals blosse Augenblickserfolge erzielt wurden, auf die sich um so schlimmere Rückfälle einstellten, zeigen solche Aeusserungen wie die oben citierte und einzelne deutliche Berichte. Man schrieb jene völlige Erfolglosigkeit des Versuches dem mangelnden Glauben der Kranken (Mt 13$_{58}$, Mc 6$_{6}$) oder der „Aerzte“ zu (Mt 17$_{20}$, Mc 9$_{19}$, Lc 17$_{6}$); diese Rückfälle legte man dem Leben der Geheilten zur Last (Mt 12$_{43-45}$, Joh 5$_{14}$ μηκέτι ἁμάρτανε, ἵνα μὴ χεῖρόν σοί τι γένηται).

[3] τέχνη Just. D 85 p. 306, Tat. Or. 18 p. 82.

[4] Das verraten die Namen ἐπᾳσταί, ἐπορκισταί, ἐξορκισταί (Just. II 6$_{6}$, D 85 p. 306).

[5] φαρμακευταί Just. II 6$_{5}$ und φαρμακεῖαι öfters.

Zauberbänder (καταδέσμοι), deren Bestimmung nicht deutlich ist. Vielleicht sollen sie die Krankheitsgeister, wenn sie aus dem Körper entfernt sind, entweder in einen andern Körper oder sonstwie so binden, dass sie an der Rückkehr gehindert werden[1].

Die einzige anschauliche Schilderung einer häretischen Heilung ist aus einer Anweisung des heiligen Buches der Elkesaiten zu entnehmen: „Wenn nun einen Mann oder eine Frau oder einen Jüngling oder eine Jungfrau ein tollwütiger Hund, in dem ein Geist der Vernichtung steckt[2], beisst oder verwundet oder anrührt, in demselben Augenblick soll der Betreffende mit all seiner Kleidung laufen, in einen Fluss oder in eine Quelle, wo eine tiefe Stelle ist, hineinsteigen und sich untertauchen mit all seiner Kleidung und beten zu dem grossen und höchsten Gott in herzlichem Glauben, und dann soll er die sieben Zeugen, von denen in diesem Buche geschrieben steht, zu Zeugen anrufen: »Siehe ich rufe zu Zeugen an den Himmel und das Wasser und die heiligen Geister und die Engel des Gebets und das Oel und das Salz und die Erde. Diese sieben Zeugen rufe ich zu Zeugen an, dass ich nicht mehr sündigen werde; ich werde nicht ehebrechen, nicht stehlen, nicht beleidigen, nicht habgierig sein, nicht hassen, nicht verachten noch an einem bösen Werk mich freuen«. Wenn er das gesagt hat, soll er sich untertauchen mit all seiner Kleidung im Namen des grossen und höchsten Gottes“[3]. Dies interessante Stück zeigt aufs deutlichste den Hergang bei einer anderen Gruppe von Beschwörungen als jener von Justin angegebenen, nämlich bei „Beschwörungen“ in Form von Gelübden[4]. Bemerkenswert ist, dass sich hier mit dem Gelübde die

[1] Just. D 85 p. 306. Ihre Beschaffenheit muss dunkel bleiben. Sie können aus Worten, aus Zeichen (Drudenfuss u. ä.) oder aus wirklichen Bändern bestanden haben. Es scheint, als ob Ignatius bei seinem eigenartigen Gebrauch der Wörter δεσμοί und δέω mit den Begriffen „Fesseln“ und „Zauberbänder“ spiele. Dieses geistreiche allegorisierende Spiel würde Sätze erklären wie Trall. 5 1: καὶ γὰρ ἐγὼ οὐ καθότι δέδεμαι καὶ δύναμαι νοεῖν τὰ ἐπουράνια ... Seine Fesseln sind Zauberbänder, die ihn an Christus fesseln; so vermag er die Himmelsdinge „als Gefesselter“ zu erkennen. Zu grunde liegt die Hochschätzung, welche der Märtyrer als πνευματικός geniesst; als solcher erkennt er auch die Himmelsdinge. Der zweite Gedanke ist die Veranlassung zu jener Allegorisierung der Fesseln (Eph 19 3 ist mit Zahn gegen Lightfoot πᾶς δεσμὸς κακίας zu lesen).

[2] Auch der tollwütige Hund hat also ein πνεῦμα = δαιμόνιον; sie stecken nicht nur in Menschen sondern auch in Tieren; ein „panischer“ Schrecken, wie er auch bei Tieren vorkommt, ist gleichfalls von ihnen verursacht (Mc 5 13).

[3] Hipp. Phil. IX 15.

[4] Ib.: Ἀλλ' ἐπεὶ ἐπαοιδαῖς τούτους εἴπομεν χρῆσθαι ἐπί τε κυνοδήκτων καὶ

Taufe und der Glaube an die heilende, d. h. von Geisterbefleckung, von dämonischer Besessenheit[1], reinigende (= θεραπεύειν) Kraft des Wassers verbindet, ein Glaube der sich bei Elkesaiten wie andern Täufersekten noch ganz in seiner primitiven Gestalt erhalten hatte. — Uebrigens sieht man deutlich, dass die kirchlichen Beschwörungsformeln, wie sie Justin in ausgedehnter Gestalt giebt, an Feierlichkeit und Länge durchaus nicht weit von solchen ketzerischen Formeln abstanden, obwohl die kirchlichen Schriftsteller es nicht zugeben. Auch das „Sündige hinfort nicht mehr“ fehlt bei den Ketzern nicht; es ist sogar zum Mittelpunkt der Heilung gemacht.

Hippolyt berichtet von Elkesai weiter, dass er ebensolche Beschwörungsformeln bei Schwindsüchtigen und Besessenen neben sehr häufigen Taufen angewandt wissen wollte[2].

Dass die Gnostiker solche und den oben erwähnten ähnliche „magische“ Mittel zum Zweck der Heilungen angewandt haben, geht auch aus einer schon oben citierten Stelle des Irenäus (II 31 $_2$) hervor (vgl. S. 115), wenn dieser ihre Wunder den christlichen Heilungen gegenüberstellt und von jenen aussagt, dass sie durch magische Täuschungen und überhaupt durch Betrug geschehen.

5.

Diese Wunder und Zeichen im allgemeinen d. h. so weit sie nicht Heilungen sind, müssen uns jetzt noch beschäftigen.

Die Aussage des Hebräerbriefes (2 $_4$), dass Gott für die Botschaft des Himmelreichs Zeugnis abgelegt habe „mit Zeichen und Wundern und mancherlei Kraftthaten und Verteilungen des heiligen Geistes“, scheint weiter nichts zu sein als eine Frucht der Lektüre von I Kor 12 und II Kor 12. Doch ist wahrscheinlich, dass eigene Anschauung dahinter steht, wenn auch die Angaben in ihrer Allgemeinheit nicht erkennen lassen, worauf sie sich beziehen[3]. Ebenso undeutlich ist, welche Vorgänge Justin auf einen Geist der Kraft zurückführt (πνεῦμα ἰσχύος D 39 p. 132, 87 p. 314). Nach einer Analogie für das Stillstehen der Sonne auf Josuas Befehl wird man in den Christengemeinden vergeblich suchen;

ἑτέρων δείξομεν· Folgt das oben Citierte.

[1] Der Hund hat ein πνεῦμα διαφθορᾶς.

[2] Ib. 16: Ἕτερα δὲ πλεῖστα φλυαρεῖ, ταὐτὰ καὶ ἐπὶ φθισικοῖς ἐπιλέγειν διδάσκων καὶ βαπτίζεσθαι ἐν ψυχρῷ τεσσαρακοντάκις ἐπὶ ἡμέρας ἑπτὰ ὁμοίως καὶ ἔτι δαιμονῶντας. ὢ σοφίας ἀμιμήτου καὶ ἐπαοιδῶν δυνάμεων μεμεστωμένων!

[3] Aehnliche allgemeine Angaben siehe Euseb. h. e. V 15 $_{47}$ V 3 $_9$.

und diese gerade schreibt Justin der Kraft des Geistes zu[1]. Auch Moses besass diesen Geist der Kraft (87 p. 316). Aber auch von dessen Wundern aus fällt kein Licht auf Vorgänge in den Gemeinden. Die allgemeine Aussage Justins über Wunder, die jetzt noch geschehen[2], wird wegen des Zusatzes „von seinem (Christi) Namen aus“ auf Heilungen zu beziehen sein.

Sehr allgemein sind auch die Aussagen über heidnische Magie und Wunderthaten der Götterbilder, die meist nicht geleugnet werden[3].

In dem grossen Kampf der Religionen lag es nahe, die Vorteile, welche manchen heidnischen Kulten aus solchen Geheimkünsten für die Propaganda erwuchsen, auch dem Christentum dienstbar zu machen. Wir haben gesehen, aus welchem Grunde die Kirche sich davon fern hielt, und dass diese Zurückhaltung ein Zeichen nicht nur ihrer sittlichen sondern auch und vor allem ihrer religiösen Kraft ist. Andere, die sich Christen nannten, erlagen der Versuchung. Schon früh finden wir die Vertreter der gnostischen Bewegung als Goëten (2 Tim 3$_{13}$) und Betrüger (Tit 1$_{10\ 11}$) gebrandmarkt. Und wie die Warnungen vor der verführerischen Kraft solchen Thuns immer wieder kehren (vgl. z. B. Did. 3. 5), so könnten nach den Aussagen der kirchlichen Schriftsteller seit Simon alle Führer der gnostischen Bewegung den Beinamen „Magier“ führen. Wiefern diese „Magie“ nicht nur mit dem Bedürfnis der Propaganda sondern auch mit dem innersten Wesen der Gnosis zusammenhängt, ist hier nicht zu untersuchen. Es genügt, darauf hinzuweisen.

Ueber Simon berichtet Justin (I 26$_2$), dass er „durch die Kunst der wirkenden Dämonen magische Kraftthaten vollbrachte“. Was Irenäus (I 23$_{1\ 4}$ II 31$_2$) über seine Künste berichtet, geht über das von Acta und Justin Erzählte nicht hinaus. Das gleiche gilt von Hipp. Phil. VI 20. Von Wichtigkeit ist, dass uns die Apostelgeschichte noch mitteilt, wie Simon selbst seine Magie beurteilt hat: er nannte sich „einen Grossen“, und das Volk sagte von ihm: „dieser ist die Kraft Gottes, welche die grosse genannt wird“. Er selbst

---

[1] Just. D 113 p. 402: Τὸν ἥλιον ἔστησεν ἐκεῖνος, μετονομασθεὶς πρότερον τῷ Ἰησοῦ ὀνόματι καὶ λαβὼν ἀπὸ τοῦ πνεύματος αὐτοῦ ἰσχύν. Vgl. 132 p. 470 und 472: τῷ τῆς δυνάμεως ὀνόματι ὡδηγήθησαν.

[2] καὶ νῦν γινομένων δυνάμεων 35 p. 122.

[3] Vgl. Apk 18$_{23}$ 19$_{20}$ 21$_8$, Ign. Eph. 19$_3$, Arist. 10 S. 23, 13 S. 33, 7 S. 18, Just. I 14$_{1\ 2}$, D 7 p. 32, Tat. Or. 8 p. 36, Athen. leg. 18—26, Theoph. I 8, Vgl. o. S. 9—11. So sehr schien solches zum Wesen des heidnischen Kultus, ja einer jeden Religion zu gehören, dass vom Antichrist erwartet wird: καὶ τότε φανήσεται ὁ κοσμοπλάνος ὡς υἱὸς θεοῦ καὶ ποιήσει σημεῖα καὶ τέρατα Did. 16 vgl. Apk 16$_{13}$ f. 13$_{15}$ f.

und seine Anhänger führen also auf einen guten Geist zurück, was die Gegner ein Werk des Betrugs oder der Dämonen nennen. Es liegt in der Natur der Sache, dass das Gleiche von allen Gnostikern gilt.

Aehnlich sind die Aussagen über Menander[1]. Genaueres erfahren wir nur über die Magie der Anhänger des Simon (Iren. I 23$_4$), über die Basilidianer (I 24$_5$), über Markus (I 13$_1$ ff. 15$_6$) und Karpokrates (I 25$_3$)[2]. Wir fassen die Angaben zusammen und beginnen mit dem „Gedicht des göttlichen Alten und Heroldes der Wahrheit“ auf Markus:

„Der du Göttergestalten erfindest, Markus, und Wunderzeichen deutest,
In Astrologie erfahren und magischer Kunst,
Durch die du stützen willst des Irrtums Lehren,
Wunder zeigend denen, die du irre führst,
Handlungen einer abgefallenen Engelmacht,
Die dir zu gebote stellt dein Vater Satan jeder Zeit
Durch Engelmacht Azazels zu vollbringen;
An dir hat er einen Vorläufer seiner widergöttlichen Schändlichkeit“[3].

Die letzte Zeile spielt an auf die Zeichen des Antichrists, der eine Inkarnation des Satans ist. Dass Gnostiker als seine Vorläufer bezeichnet werden, haben wir schon früher gesehen. Der Alte hat dem Markus also vorgeworfen, seine Wunder und Gesichte stammten vom Teufel, der ihm, um sie zu thun, als dienenden Engel-Dämon (δαίμων πάρεδρος) den Azazel zur Verfügung gestellt habe. Markus wird nun εἰδωλοποιός genannt; da sich dies nicht auf die Herstellung von Götterbildern beziehen kann, so hat der Presbyter mit einem Wort die Gestalten, die Markus in seinen Visionen geschaut hat, nämlich die „Vierheit“ und die „Wahrheit“, Idole, Gespenster, genannt und ihm vorgeworfen, er habe seine Visionen „gemacht“[4]. Worauf es

---

[1] Just. I 26$_4$, Iren. I 23$_5$: ad summum magiae pervenit, vgl. noch über beide Just. I 56.

[2] Bezeichnend ist das Schweigen bei Marcion (Just. I 26$_5$), welches ihn um so grösser macht und ebenfalls aus der Reihe der Gnostiker heraushebt.

[3] Iren. I 15$_6$: Εἰδωλοποιὲ Μάρκε καὶ τερατοσκόπε
Ἀστρολογικῆς ἔμπειρε καὶ μαγικῆς τέχνης,
Δι' ὧν κρατύνεις τῆς πλάνης τὰ διδάγματα,
Σημεῖα δεικνὺς τοῖς ὑπὸ σοῦ πλανωμένοις,
Ἀποστατικῆς δυνάμεως ἐγχειρήματα,
Ἃ <σοι χορηγεῖ σὸς> πατὴρ <Σατᾶν ἀεὶ>
Δι' ἀγγελικῆς δυνάμεως Ἀζαζὴλ ποιεῖν
Ἔχων σε πρόδρομον ἀντιθέου πανουργίας.

[4] So deutet auch Irenäus selbst (I 15$_4$): . . τὴν ἀλήθειαν εἴδωλον ὑπὸ Μάρκου

beruht hat, dass der Alte den Markus einen Zeichenschauer und -deuter nennt, ist nicht zu ermitteln. Vielleicht hing es mit seiner Astrologie zusammen. Magie und Wunder sind wieder allgemeine Ausdrücke. Mit einer teilweisen Umschreibung dieser Verse in Prosa beginnt Irenäus selbst seinen Bericht über die Magie des Markus. Er nennt ihn (I 13 1) sehr erfahren in magischer Täuschungskunst; durch sie habe er viele Männer und Frauen verführt und an sich gelockt, als an einen, der die tiefste Erkenntnis besitze, ganz vollkommen sei und die grösste Kraft aus den unsichtbaren und unnennbaren Himmelsräumen habe. Auch Markus hat sich also auf Inspiration durch „die höchste Macht" im Himmel berufen. Man vergleiche mit dieser Bezeichnung den Namen „spiritus principalis" (πνεῦμα ἡγεμονικόν) für den heiligen Geist und den andern „Anführer der himmlischen Heerscharen" oder „Herr der Mächte" für Christus, und man wird erkennen, von wem Markus seine Inspiration herleitete. Seine Gegner kehren das Urteil nur um: Satan und Azazel helfen ihm.

Mit dieser Geisterhilfe führte Markus nun folgendes aus: „Die Spielereien (Zauberkünste) des Anaxilaus mit den Betrügereien der sogenannten Magier[1] verbindend, erregt er dadurch die Meinung, er könne Wunder thun, bei denen, welche keine Vernunft besitzen und ihren Verstand verloren haben". Stieren teilt eine Vermutung von Feuardentius mit, wonach dieser Anaxilaus mit dem von Plinius (35 15) erwähnten identisch sein soll; dieser liess bei einem Gastmahl in einem Becher Schwefelstücke umherreichen, welche durch Kohlen, die unter ihnen verborgen waren, in Glut versetzt wurden und die fröhliche Gesellschaft mit einer unheimlichen Totenblässe übergossen. Diese Vermutung ist deshalb so ansprechend, weil ein Farbenwunder im Becher auch von Markus berichtet wird und jener allgemeine Satz die Ueberschrift zu der nun sogleich folgenden Erzählung bildet: „Indem er (Markus) über dem (Abendmahls-) Becher mit Mischwein den Dank zu sprechen vorgiebt und die Formel der Anrufung (ἐπικλήσεως!) weithin ausspinnt, lässt er ihn purpurn- und dunkelrot erscheinen, so dass man glaubt, die aus der überirdischen Welt stammende Gnade lasse durch seine Anrufung ihr Blut in jenen Becher träufeln; da sehnen sich die Anwesenden über die Massen, von jenem Trank zu kosten, damit auch in sie einfliesse (ἐπομβρήσῃ) die Gnade,

γεγονυῖαν und I 15 6: .. αὐτὸς (Markus) Δαίδαλος ψευδὴς καὶ τέκτων κακὸς γενόμενος τῆς προπανυπερτάτου δυνάμεως.

[1] Ueber die Magier, deren Handlungen durchaus denen unserer Taschenspieler entsprechen, vgl. z. B. Hipp. Phil. IV 27—42.

wie sie jener Magier nennt"[1]. Wenn auch nicht blutige Hostien, so gab es doch damals schon blutgefüllte Becher — aber bei den Ketzern. „Wiederum giebt er Frauen Becher mit Mischtrank und befiehlt ihnen, selbst den Segen zu sprechen in seiner Gegenwart. Darauf bringt er selbst einen anderen Becher herbei, der viel grösser ist als jener, über welchen die Betrogene den Segen gesprochen hat, und giesst den Inhalt des kleineren, der von der Frau gesegnet wurde, in den von ihm herbeigebrachten grösseren um (gr.: κεκοσμημένον = zurechtgemachten? lat.: κεκομισμένον) mit den Worten: »Die Gnade, die vor dem All (gewesen) ist, unausdenkbar und unnennbar, erfülle deinen inneren Menschen und vermehre in dir die Erkenntnis ihres Wesens und pflanze das Senfkorn ein in gutes Land«." Indem er solche Worte sprach und dadurch die Unglückliche in einen Taumel versetzte, erschien er als Wunderthäter, indem der grosse Becher von dem Inhalt des kleineren so angefüllt wurde, dass er sogar überfloss. Durch andere diesen Vorgängen ähnliche (Wunder) betrog er viele und machte sie zu seinen Anhängern". Welche Mittel der Magier zu solchen Taschenspielerkunststückchen angewandt hat, darüber kann man nur Vermutungen aussprechen. Wahrscheinlich im ersten Fall ein chemisches, im zweiten Fall ein mechanisches; der grosse Becher hatte vielleicht einen doppelten Boden, der kleinere einen hohlen Fuss, in welchem noch Flüssigkeit war, oder was man sich sonst denken mag. Frauen, die zur Grosskirche wieder zurücktraten, haben sich dann den ungeheuren Einfluss dieses Mannes auf ihr Gemüts- und ihr Sinnenleben, und besonders auf das letztere[2], mit den Liebestränken (φίλτρα amatoria) und Verführungsmitteln (ἀγώγιμα allectantia), deren Beschaffenheit dunkel bleibt, zu erklären gewusst.

Von amatoria et agogima weiss Irenäus auch bei den Simonianern (I 23$_4$) zu berichten, und das Gleiche werden auch die φίλτρα καὶ χαριτήσια des Karpokrates gewesen sein (I 25$_3$).

Hatten wir schon bei Justin beobachtet, dass die Kirche die Beschwörungsformeln immer weiter auszudehnen begann, so hat uns Irenäus dasselbe Bestreben für die Epiklese bei Markus bezeugt. So wird denn von den Simonianern ebenfalls berichtet, dass sie „Exorzismen" und „Beschwörungen" (incantationes, ἐπαοιδαί) verwenden, von Basilides und Karpokrates werden „Beschwörungen und Anrufungen" (invocationes, ἐπικλήσεις) angeführt.

Hatte Markus seinen δαίμων πάρεδρος (I 13$_3$), seinen „Leib-

[1] Ib. 13$_2$: ... ea Gratia ab iis, quae sunt super omnia (= ἡ ἀπὸ τῶν ὑπὲρ τὰ ὅλα χάρις), suum sanguinem stillare in illius calicem per invocationem eius ...

[2] πρὸς τὸ καὶ τοῖς σώμασιν αὐτῶν ἐνυβρίζειν I 13$_5$.

teufel" wie man im Mittelalter sagte, zur Ausführung der anderen Wunder, besonders der Prophezeiungen, so gilt gleiches von den Simonianern (paredri ὀνειροπομποί), von Karpokrates (I 25 3[1] paredros, oniropompos) und von Kerinth (Euseb. h. e. III 28 5 ὀνειροπολεῖν).

Auch wunderthuende Bilder hatten die Basilidianer (I 23 4); von den Bildern des Simon als Jupiter (Baal?) und der Helena als Minerva (Astarte?) berichtet Irenäus nur Anbetung, nicht Wunderthaten. Bei keiner Aufzählung vergisst er aber eine summarische Angabe dahin lautend, dass die besprochene gnostische Schule auch alle anderen Arten von Zauberei geübt habe.

6.

Das Kennzeichen, an dem man alle diese Vorgänge als Wirkungen verborgener Geistwesen, guter oder böser, erkannt hat, ist deutlich genug. Es ist die über Menschenmacht hinausgehende Kraft, die als solche etwas Geheimnisvolles hat und auf eine höhere Ursache hinweist. Bei einzelnen Krankheiten veranlassen auch Geständnisse der Dämonen selbst d. h. die Wahnideen der Kranken, deren Grundlage der allgemeine Volksglaube bildet, dass man das Urteil fällt: hier kämpfen zwei Geisterreiche mit einander. Schrecken und Entsetzen sind darum auch der erste Eindruck all jener Wunderthaten; er weicht freilich nachher, wenn die Fremdartigkeit des ersten Eindrucks überwunden ist, einem bedeutenden Kraft-, Freuden- und Siegesgefühl.

Dass es auf diesem Gebiet besonders schwer gewesen ist, Kriterien aufzustellen, an denen man die guten von den bösen Geistwirkungen scheiden konnte, liegt auf der Hand; eins haben wir bereits kennen gelernt: die Zuhilfenahme technischer Mittel lehnt die Kirche ab. Anderes gehört in den dritten Abschnitt.

---

[1] Auch hier erfahren wir die Zurückführung der Magie auf die Engelmächte: „Sie (Anhänger des Karpokrates) sagen, sie hätten die Macht zu herrschen über die Fürsten und Schöpfer dieser Welt; nicht allein aber dies sondern auch über alles Geschaffene in ihr".

IV.

Die übrigen geistgewirkten Vorgänge auf dem Gebiete des Willenslebens.

1.

Wir beginnen hier mit den Vorgängen auf dem Gebiet der motorischen Nerven und der mit ihnen verbundenen Muskeln; sie entsprechen jenen starken Vorgängen auf dem Gebiet der Sinne und der Sprachwerkzeuge, bei denen die peripherischen Organe, entnommen der Herrschaft des bewussten Willens, sich in einem Zustand stärkster Reizung oder Bewegung (Glossolalie) befinden und nur allgemeine Empfindungen oder Laute, diese aber meist von grosser Intensität liefern. In dem hier zu besprechenden Gebiete treffen wir an dieser Stelle die Krampfzustände an, welche, in höherem oder geringerem Grade entwickelt, als Charakteristika der Ekstase gelten können, und zwar sowohl als Zustände der Erstarrung aller Muskeln bis zum zeitweiligen Starrkrampf und Scheintod (tonische Krämpfe, Katalepsie), wie als Zustände der gewaltsamen Zusammenziehung und Wiedererschlaffung der Muskeln (klonische Krämpfe), welche sich bis zum vollständigen Hinundhergeworfenwerden des Körpers im wilden Paroxysmus steigern können. Der Wille hat dabei die Herrschaft über die Glieder völlig oder bis zu einem gewissen Grade verloren, das Bewusstsein kann ebenfalls völlig schwinden. So ist denn dieser Zustand nicht ein Handeln sondern ein Leiden. Jene Starre, die Abwesenheit jeder Bewegung, wird als Abwesenheit des Lebens oder der „entrückten Seele“ aufgefasst. Der klonische Krampf dagegen macht den Eindruck, als ob ein in dem Menschen sich befindendes fremdes Wesen von unbändiger Grausamkeit seine Glieder in den wildesten und unnatürlichsten Bewegungen zusammenziehe und hin und her werfe.

Es giebt eine Stufenleiter dieser Erscheinungen, welche von jenen furchtbaren Erregungszuständen bis zu den mit jedem Affekt von einiger Stärke verbundenen Gesten absteigt, und andererseits vom Starrkrampf bis zu jener starken Konzentration der Aufmerksamkeit, die gegen jede von aussen kommende Störung oder gegen jeden körperlichen Reizzustand unempfindlich ist, etwa während affektvoller Rede oder eines inbrünstigen Gebetes (vgl. S. 82). Hübsch schildern in legendenhafter Uebertreibung seiner Dauer die Acta Pauli et Theclae (9) den eben beschriebenen Zustand mit den Worten: „Meine Tochter“, so erzählt Theklas Mutter, „ist wie eine Spinne am Fenster gefesselt von seinen (des Paulus) Worten und umfangen von einer ganz neuen Begierde und gewaltigen Leidenschaft. Denn das Mädchen starrt nach ihm hin und ist von dem, was er sagt, gefangen“.

Auffallenderweise sind unsere Nachrichten auch hier sehr spärlich, obwohl diese Erscheinungen in mehr oder weniger hohem Grade häufig gewesen sein müssen; ist doch jener kataleptische Zustand irgendwie die Begleiterscheinung aller Visionen, dieser Erregungszustand die Begleiterscheinung alles pneumatischen Sprechens. Man beschrieb augenscheinlich solche Begleiterscheinungen nur selten.

Sicherlich war des Paulus Zustand bei seinen Visionen ein solcher dem *Starrkrampf* ähnlicher (vgl. u. VI 3 b). Und der Apokalyptiker erzählt — allerdings nach dem Muster älterer Stellen —: „Und als ich ihn (Christus) sah, fiel ich *vor seinen Füssen nieder wie tot*“ Apk 1_{17} (Dan 8_{18}). In ähnlicher Weise wird seit alter Zeit der erste Eindruck einer Gottes- oder Engelerscheinung erzählt, und sicherlich ruht diese Schablone auf einer guten psychologischen Beobachtung; ein *lähmendes* Entsetzen ruft auch das Himmlische hervor, ehe es sich in Freundlichkeit beweist. Aehnlich ist der Zustand, den die Montanistin Priska als den bei ihren Visionen gewöhnlichen bezeichnet und mit den Worten: „Sie (Propheten) beugen das Antlitz zur Erde“ andeutet (vgl. u. VIII 7). Ueberall haben wir denselben anzunehmen, wo uns das Wort ἔκστασις und seine Verwandten begegnen; denn es bezeichnet aufs trefflichste den Eindruck jener tonischen Krampfzustände auf den, der sie sieht: die *Seele* des Menschen ist *weggegangen* — in den dritten Himmel oder in das Pleroma oder an einen irdischen Ort.

Die treffendsten Beispiele für jene *wilden Krampfzustände* bietet die *dämonische* Besessenheit, jene Anfälle, in denen der Dämon den Kranken „wirft“ (βάλλειν), zusammenzieht (σπαράττειν Mc 1_{26} 9_{26} mit nachfolgender Bewusstlosigkeit = der Dämon ist weggegangen Lc 9_{39}, συσπαράττειν Mc 9_{20}, Lc 9_{42}), zerschmettert (συντρίβειν Lc 9_{39}), reisst (ῥήσσειν Mc 9_{18}, Lc 9_{42}). Es sind die Krämpfe und Konvulsionen der epileptischen, epileptiformen und hysterischen Zustände, welche zu solcher Symbolisierung auffordern. — Dass der *heilige Geist* dieselbe Wirkung hervorrufen kann, wird nirgends deutlich gesagt. Doch haben sich wahrscheinlich mit der Glossolalie dem ähnliche starke Bewegungserscheinungen verbunden (vgl. S. 73 und 76), welche an Trunkenheit und Wahnsinn erinnerten[1]. „Rasen" aber ist ein Werk der Dämonen (vgl. noch Tatian Or. 19 p. 86).

2.

Hier schliesst sich am besten Einiges an, was nicht eigentlich geistgewirktes Handeln genannt werden kann, aber doch ein Handeln ist, welches mit dem Zustande des Seins im Geist zusammenhängt. So das vermeintliche Handeln der Pneumatiker in ihrem visionären Zustand, welches unseren Traumhandlungen analog ist und alle Handlungen des gewöhnlichen Lebens aber auch noch darüber Hinausliegendes umspannen kann. Beispiele bieten die Apokalypsen in Fülle. Das Meiste wird im Verlauf der Arbeit an irgend einer Stelle besprochen.

Ein wirkliches Handeln, welches aber nur mittelbar pneumatisch ist, liegt da vor, wo Befehle ausgeführt werden, die der Geist durch den Mund eines Propheten gegeben hat. Dahin gehört das Aufschreiben von Visionen, mit dem sich auch das Befolgen eines auf die Verbreitung des Buches gerichteten Befehles verbinden kann, Apk 1_{10}: „Was du siehst, schreibe in ein Buch und schicke es den sieben Gemeinden", Herm. V. II 4_3: „Schreibe zwei Bücher und schicke eins dem Klemens und eins der Grapte: Klemens soll es an die auswärtigen Städte schicken, Grapte aber soll die Witwen und Waisen unterrichten". Auch Missionen sind in dieser Weise durch den heiligen Geist gewirkt worden (Act 13_2 16_9, später Euseb. h. e. II 1_6). Und die Auswanderung der Jerusalemer Gemeinde nach Pella fand, wie eine von Euseb (h. e. III 5_3) aufbewahrte Tradition berichtet, statt „nach Weisung eines Orakels (χρησμός), welches den dort Angesehenen durch eine Offenbarung gegeben worden war". Wie bei der Verbreitung der Offenbarungsbücher, so kann auch sonst das Pneuma durch den Mund der Geistträger die Dienste anderer Menschen fordern. Der Prophet kann (Did. 11) die Zurüstung eines Tisches befehlen (ὁρίζειν), augenscheinlich für die Armen, für die er auch sonst das Vermögen der Gemeinde in Anspruch nehmen darf. In gewissem Sinne sind also auch solche Handlungen pneumatische.

[1] Sehr bekannt ist das Auftreten der gleichen Geistwirkungen bei den „Quäkern", die ihren Namen von den starken Krampfanfällen erhalten haben, in denen sie mitunter Tage lang lagen. Auch bei ihnen verband sich das Ausstossen von Worten und das Hören von Himmelsstimmen mit solchen Zuständen. Vgl. H. Weingarten, Die Revolutionskirchen Englands, Leipzig 1868. S. 201, 256 ff. u. ö.

3.

„Nicht allein mit Worten prophezeiten die (alttestamentlichen) Propheten, sondern auch durch Visionen, durch ihren Lebenswandel und durch Handlungen, welche sie ausführten, wie es ihnen der Geist eingab (suggerebat).“ „Was zu sehen war, sahen sie sichtlich; was zu hören war, verkündeten sie mit Worten; was zu thun war, vollbrachten sie durch Handlungen; alles aber verkündeten sie nach Prophetenart[1]. So Irenäus. Auch Justin weiss: „Manchmal liess der heilige Geist offenkundig etwas thun, was ein Typus dessen war, was geschehen sollte; manchmal sprach er Worte aus über das, was eintreten sollte, indem er sie aussprach, als ob sie damals geschehen oder bereits vergangen gewesen wären“ (D 114 p. 404). Wie die alttestamentlichen, so haben es auch die neutestamentlichen Propheten gehalten. Sie haben ebenfalls durch symbolische Handlungen Prophezeiungen ausgesprochen oder Abbilder himmlischer Dinge oder Vorgänge dargestellt.

Entsprechend der veränderten Zeit, die solche Absonderlichkeiten, wie ein Jesaia und Ezechiel sie geübt, nicht mehr ertrug, waren die symbolischen Handlungen seltener und nicht so auffallender Art. Als ein Beispiel diene die Handlung des Agabus, von dem der Verfasser des „Wir-Berichts“ (Act 21 11) erzählt: „Er kam zu uns, nahm den Gürtel des Paulus, band ihm Hände und Füsse zusammen und sprach: So sagt der heilige Geist: den Mann, dem dieser Gürtel gehört, werden so die Juden in Jerusalem binden und in der Heiden Hände überliefern“.

Aus späterer Zeit haben wir keine Erzählung von solchen Handlungen mehr, wohl aber scheint eine dunkle Stelle der Didache auf Aehnliches hinzuweisen. Es heisst da: „Jeder erprobte, wahrhaftige Prophet, welcher handelt in Bezug auf das weltliche (irdische) Geheimnis der Kirche, soll nicht gerichtet werden bei euch, wenn er nicht zu thun lehrt, was er selber thut; denn bei Gott hat er sein Gericht (zu erwarten); denn ebenso haben auch die alten Propheten gethan“[2]. Die Dunkelheit und Kürze des Ausdruckes wird man am besten als eine absichtlich verschleiernde

---

[1] Iren. IV 20 8, vorher: quasdam vere per operationem typice significabant. Der erste Satz kehrt fast wörtlich in 20 12 wieder.

[2] Did. 11: Πᾶς δὲ προφήτης δεδοκιμασμένος, ἀληθινός, ποιῶν εἰς μυστήριον κοσμικὸν ἐκκλησίας, μὴ διδάσκων δὲ ποιεῖν ὅσα αὐτὸς ποιεῖ, οὐ κριθήσεται ἐφ᾿ ὑμῶν· μετὰ θεοῦ γὰρ ἔχει τὴν κρίσιν· ὡσαύτως γὰρ ἐποίησαν καὶ οἱ ἀρχαῖοι προφῆται. Die Deutung von ἐκκλησίας als Acc. giebt keinen annehmbaren Sinn.

auffassen, welche allgemein Bekanntes, aber nicht für profane Ohren Berechnetes nur andeutet. Man hat die wörtliche Uebersetzung so zu umschreiben: ein Prophet, der eine oder mehrere (ὅσα) Handlungen vornimmt, welche allegorisch das „weltliche Geheimnis" der Kirche andeuten. Man könnte sich mit diesem Halbdunkel auch hier begnügen; ist es doch die Beleuchtung, in der so weite Strecken des Urchristentums noch liegen. Harnack[1] hat es durch eine bestimmte Auffassung des „irdischen Geheimnisses" in Licht zu verwandeln versucht. Er schliesst so: ist das Geheimnis nach Eph 5_{32} das himmlische Verhältnis zwischen Christus und der Kirche, ihre „Ehe" (συζυγία), so ist das „weltliche" Geheimnis der Kirche ihr jungfräulicher Stand auf Erden; jenes Handeln bezieht sich auf (εἰς) denselben und stellt ihn symbolisch dar, ist also die Bewahrung der Reinheit in asketischer Ehelosigkeit; vielleicht ist auch noch (ὅσα weist auf mehreres) an das Zusammenleben einzelner Propheten mit Jungfrauen in geschlechtlich reinem Verhältnis zu denken. Der Prophet darf solches üben, aber kein Gesetz daraus machen[2].

Zur Prüfung dieser Ansicht wollen wir den von Harnack eingeschlagenen Weg verlassen und zwei andere zu gehen versuchen. In dem citierten Satze ist vor allem eine Bemerkung wertvoll, die Harnack auffallender Weise Anstoss gegeben und ihn zu einer falschen Auslegung verleitet hat. Es ist die Berufung auf die „alten Propheten". Wie könnte man, meint Harnack, von den alttestamentlichen Propheten sagen, dass sie εἰς μυστήριον κοσμικὸν ἐκκλησίας gehandelt hätten? Er erklärt sie deshalb für die „urchristlichen". Sprachlich ist diese Erklärung möglich. Denn wenn man auch nur zu bestimmten Zwecken schon um das Jahr 100 einmal eine Gemeinde, die von Uraposteln gestiftet ist, „alt" genannt hat (I Clem. 47_6, Pol.

[1] Didache, zu 11_{11} vgl. noch Dogmengesch. I³ S. 568 f. II S. 11.

[2] R. Seeberg (in Gött. gel. Anzeigen, Berlin 1898. S. 707) deutet die Stelle anders, indem er unter dem μυστήριον κοσμικόν die irdische Ehe versteht. Natürlich giebt dann der Satz „welcher handelt in Gemässheit der ›Ehe‹" keinen Sinn. So will Seeberg übersetzen „gegen die Ehe", was sprachlich äusserst auffallend wäre. Wenn Seeberg darauf hinweist, dass nach der Analogie der andern Anweisungen etwas Zweideutiges in der Handlung gelegen haben müsse, so ist einmal jenes Mitführen von Frauen auffallend und bedenklich genug; aber auch wenn an dies gar nicht zu denken wäre, so muss doch auf Grund des Satzes μὴ διδάσκων δὲ ποιεῖν ὅσα αὐτὸς ποιεῖ das eigentlich Bedenkliche die Uebertragung einer solchen Handlungsweise auf alle gewesen sein. Das passt vorzüglich auf die Askese. Hätten Propheten wirklich im unsittlichen Sinne „gegen die Ehe" gehandelt, die Ehe „gemissbraucht" und „geschändet", so wäre das Urteil nicht so milde. — Die Kirche auf Erden ist aber die Braut Christi, der jüngste Tag erst die Hochzeit des Lammes.

Phil. 1_2) und der überwiegende Sprachgebrauch der zwei ersten Jahrhunderte unter „den Alten“ die alttestamentlichen Gestalten versteht[1], so spricht doch Act 21_{16} ganz in dem von Harnack geforderten Sinn von dem „alten Jünger“ Mnason. Aber wenn auch der Sprachgebrauch nicht entscheidet, so haben wir doch für den Vergleich der christlichen Propheten mit den alttestamentlichen viele Belege, deren charakteristischster bei Justin (D 82 p. 296) so lautet: „Bei uns giebt es auch jetzt noch prophetische Gaben, woran ihr selbst sehen könnt, dass, was vor alter Zeit in eurem Volk bestanden hat, auf uns übergegangen ist.“ Sogar die falschen Propheten, welche hier wie dort aufgetreten sind, gelten als Beweis für die Gleichheit. Vor allem aber — und das ist für Harnacks allgemeine Auffassung ebenso beweisend wie es seine spezielle Deutung der alten Propheten widerlegt — hat Irenäus (IV 20_{12}) unbewusst fast einen Kommentar zu jenen Worten der Didache geschrieben. Nach dem oben (S. 131) citierten Satze fährt er fort: „Deshalb empfing auch der Prophet Hosea ein buhlerisches Weib; durch die Handlung weissagt er, dass »die Erde den Herrn ehebrecherisch verlassen werde« d. h. die auf der Erde wohnenden Menschen, und dass Gott beschliessen werde, von derartigen Menschen eine Kirche sich zu erwählen, welche durch die Gemeinschaft mit seinem Sohne geheiligt werden solle, so wie auch jene geheiligt ward durch die (eheliche) Gemeinschaft mit dem Propheten. Und deshalb sagt Paulus (I Kor 7_{14}): Geheiligt wird das ungläubige Weib durch den gläubigen Mann.“ „Das, was der Prophet typisch durch seine Handlung dargestellt hat, zeigt der Apostel als wahrhaft vollbracht von Christus in der Kirche ... Durch die Heiraten des Moses wurden die Heiraten des »Wortes« angedeutet und durch die äthiopische Gemahlin die Heidenkirche kundgethan“[2].

Zeitlich näher stehen der Didache die im gleichen Sinn gehaltenen Ausführungen des Justin über die Ehen der Patriarchen. Auch diese Gestalten des alten Testaments werden wie alles in diesem Buch unter dem Gesichtspunkt der Prophetie gewertet. Justin weiss

---

[1] z. B. I Clem. 5_1: Ἀλλ᾽ ἵνα τῶν ἀρχαίων ὑποδειγμάτων παυσώμεθα, ἔλθωμεν ἐπὶ τοὺς ἔγγιστα γενομένους ἀθλητάς (Petrus, Paulus). Hebr 11_2 οἱ πρεσβύτεροι = Abel u. s. w., selbst Iren. IV $27_{1\,2}$.

[2] Schon J. R. Harris (The teaching of the Apostles. Lond. Balt. 1887. S. 71—74) hat mit Recht auf diese Stelle aufmerksam gemacht. Die talmudischen Citate auf S. 73 f. sind keine Parallelen, und dass κοσμικός soviel wie ein in Genetivverbindung stehendes עולם oder wie של עולם ist, wäre nur von Wichtigkeit, wenn die Didache eine Uebersetzung wäre. Dann könnte man fragen, ob nicht für κοσμικός ein αἰώνιος zu setzen wäre; Antwort: nein.

und beweist von diesen Ehen, dass sich in ihnen Anordnungen grosser Geheimnisse vollzogen[1]. Die Heiraten Jakobs z. B. waren Abbilder der Handlungen, welche Christus vollziehen sollte, nämlich auch hier wieder bei seiner Berufung und Sammlung der Kirche. Denn im Folgenden setzt Justin auseinander, dass Lea das Judenvolk, Rahel die Christenheit bedeutet. Bis ins Einzelste führt er den Vergleich durch; selbst die gefleckten und gesprenkelten Schafe, die schwachen Augen der Lea und die gestohlenen Teraphim finden ihren Platz in der Typologie. Justin schliesst nach einer längeren Ausführung diesen Abschnitt mit den Worten: „Nicht als Unkeusche hatten die Patriarchen viele Weiber, sondern durch sie vollzog sich eine Anordnung Gottes und jede Art von Mysterien“[2].

Man hat also ohne Zweifel im zweiten Jahrhundert die Heiraten der alttestamentlichen Propheten als geheimnisvolle Bilder von Verhältnissen in der Kirche angesehen.

Zu demselben Gedankenkreise führt uns eine andere Spur, auf welche uns die Eingangsworte des Satzes (Did. 11) hinweisen. Der bewährte, wahrhaftige Prophet steht gegenüber dem Pseudopropheten. Falsche Prophetie gehört aber, wie unser dritter Abschnitt beweisen soll, in die gnostische Bewegung hinein, deren Anfänge freilich lange Zeit vor den grossen gnostischen Systemen liegen. Da wir nun schon mehrere parallele Gedankenreihen in der Grosskirche und im Gnosticismus aufgefunden haben, jene starke Betonung des wahren Propheten uns aber dazu einen deutlichen Fingerzeig giebt, so ist zu fragen, ob nicht die Gnostiker in Bezug auf das weltliche Geheimnis der Kirche symbolische Handlungen besessen haben, welche sie alle zu thun lehrten (μὴ διδάσκων δέ). In der That erzählt Irenäus von den Markianern: „Ein Teil von ihnen richtet ein Brautgemach her und vollzieht eine Mystagogie (καὶ μυσταγωγίαν ἐπιτελοῦσι, et quasi mysticum conficiunt) mit Weihsprüchen für die, welche eingeweiht werden, und sie sagen, was sie da thun, sei eine geistliche Ehe (πνευματικὸν γάμον) nach dem Bilde der oberen Syzygieen“ (I 23,1). Obwohl hier manches dunkel bleibt, vor allem die Hauptsache, was denn „das von ihnen Vorgenommene“ war, so ist doch soviel klar, dass diese Gnostiker „pneumatische“ Handlungen vornahmen, welche das himmlische Geheimnis der Syzygieen abbildeten. Solche Gedanken müssen weiter verbreitet gewesen sein.

---

[1] Just. D 134 p. 476: .. οἰκονομίαι τινὲς μεγάλων μυστηρίων ἐν ἑκάστῃ τινὶ τοιαύτῃ πράξει ἀπετελοῦντο. ἐν γὰρ τοῖς γάμοις τοῦ Ἰακὼβ τίς οἰκονομία καὶ ἀποκήρυξις ἀπετελεῖτο, ἐρῶ . . .

[2] Ib. 141 p. 496.

Denn auch von den Valentinianern wird berichtet, dass sie gelehrt hätten, ein jeder müsse durch Geschlechtsgemeinschaft mit einer Frau das Mysterium der Syzygie darstellen[1]. Hier hat man also eine Lehre, nach der alle „in Bezug auf das Geheimnis der Kirche" handeln mussten. Es ist nicht deutlich, ob diese Valentinianer von jedem ihrer Anhänger die Ehe oder die geschlechtliche Gemeinschaft überhaupt verlangt haben, das letztere legt der ironische Bericht des Irenäus sogar näher. Die Ehe hat jedenfalls aber vor allem das heilige Buch des Elkesai verlangt, von welchem Epiphanius (h. 19) berichtet: „Er ist Feind der Jungfräulichkeit, hasst die Enthaltsamkeit und zwingt (seine Anhänger) zur Ehe". — Auch hier werden wir also, wie oben, auf den Gedankenkreis zurückgeführt, auf dem auch Harnack die Lösung des Rätsels gesucht hat.

Inzwischen haben sich uns aber die Lösungsmöglichkeiten bedeutend vermehrt.

1. Nach dem Vorbild des Hosea können einzelne Propheten notorisch schlechte Frauen geheiratet haben, um darzustellen, dass Christus sich aus den Sündern eine Gemeinde zur Heiligung berufen habe.

2. Nach dem Vorbild des Moses können Propheten ungläubige Frauen geheiratet haben, um darzustellen, dass Christus sich aus den Heiden eine Kirche sammle.

3. Aehnlich den Markianern können Propheten ihre Ehen in besonderer Art vollzogen haben, um zugleich symbolisch das Verhältnis Christi zur Kirche darzustellen. Damit kann sich das Verlangen verbunden haben, alle sollten heiraten, um dieses Verhältnis zu allegorisieren.

4. Propheten können ehelos geblieben sein, „ihr Fleisch bewahrend", wie die reine Braut sich bewahrt für ihren Gatten.

5. Dabei können sie mit Frauen in einem reinen Verhältnis zusammengelebt haben.

6. Sie können mit ihren Ehefrauen „wie mit Schwestern" zusammengelebt haben als ein Bild jener himmlischen Ehe der Kirche mit Christus. Darauf kann Herm. V. II 2_3 führen, wo es von der Frau des neuen Propheten heisst, dass sie in Zukunft seine Schwester sein solle. Hermas wird Prophet, seine Frau „seine Schwester".

7. Ein Prophet könnte zwei Frauen geheiratet haben wie Jakob,

---

[1] Iren. I 6_4: Διὸ καὶ ἐκ παντὸς τρόπου δεῖν αὐτοὺς ἀεὶ τὸ τῆς συζυγίας μελετᾶν μυστήριον. καὶ τοῦτο πείθουσι τοὺς ἀνοήτους, αὐταῖς λέξεσι λέγοντες οὕτως· ὃς ἂν ἐν κόσμῳ γενόμενος γυναῖκα οὐκ ἐφίλησεν, ὥστε αὐτὴν κρατηθῆναι, οὐκ ἔστιν ἐξ ἀληθείας ....

um die Vereinigung von Juden und Heiden in der Kirche darzustellen.

Als Mittel der Ausscheidung sehr unwahrscheinlicher Möglichkeiten bleibt der Satz „wenn er nicht zu thun lehrt, was (alles) er selbst thut“ und das Wort „weltlich“. Man kann sich nun nicht vorstellen, wie jemand den Gemeinden hätte vorschreiben wollen, zu handeln wie Moses oder Jakob oder Hosea. Also fallen die Möglichkeiten 1, 2 und 7 weg[1].

Da die Möglichkeiten 4, 5, 6 aus denselben Gedanken entspringen, sind sie zusammenzunehmen und als eine Lösung der Möglichkeit 3 gegenüberzustellen. Zwischen diesen beiden aber ist die Entscheidung sehr schwer. Deutet man die Worte „in Bezug auf das weltliche Geheimnis der Kirche“ = in Gemässheit des irdischen Geheimnisses der Kirche, so ist man genötigt, die asketische Gedankenreihe in ihnen zu finden; setzt man aber jene Worte = so dass ein irdisches Mysterium (= Sinnbild) der Kirche entsteht, so liegt es näher, an die Ehe zu denken. Für die Entscheidung kommt in Betracht, dass jene Handlungsweise der Propheten auffallend und anstosserregend gewesen sein muss oder wenigstens derart, dass Menschenaugen nicht tief genug sehen konnten, um zu beurteilen, ob solche Handlungsweise wirklich gut oder vielleicht doch böse war, „denn bei Gott steht sein Gericht“. Das kann aber von der Ehe nicht gelten sondern nur von der Askese und von dem, was sich mit ihr verband. Dazu kommt, dass wir die Sitte des Zusammenlebens mit Jungfrauen bei falschen Propheten, nämlich Valentinianern, überliefert finden[2]. Auch Hermas deutet vielleicht solches an S. IX 11$_{6\,7}$. Schliesslich aber giebt das den Ausschlag für Harnacks Erklärung, dass wir in der Kirche verwandte Gedankengänge antreffen. So, wenn Ignatius schreibt: „Wenn einer in Keuschheit bleiben kann, soll er es thun ohne Selbstruhm zur Ehre des Fleisches des Herrn“[3]. Wer sein Fleisch rein bewahrt, bewahrt nämlich zugleich das des Christus rein, die Kirche. So sagt der zweite Clemensbrief (14).

Die Schwierigkeit, über diesen Gedankenkomplex ins Klare zu kommen oder etwa ein Kapitel wie II Clem. 14 zu erklären, liegt

[1] Seeberg a. a. O. will an Handlungen ähnlich der des Hosea oder der des Abraham gegen die Hagar denken. Das letzte war doch für christliches Empfinden jedenfalls schlecht, nicht bloss „zweideutig“.

[2] Iren. I 6$_3$: Ἄλλοι δὲ αὖ πάλιν σεμνῶς κατ' ἀρχάς, ὡς μετὰ ἀδελφῶν προσποιούμενοι συνοικεῖν, προϊόντος τοῦ χρόνου ἠλέγχθησαν, ἐγκύμονος τῆς ἀδελφῆς ὑπὸ τοῦ ἀδελφοῦ γενηθείσης.

[3] Ign. Pol. 5$_2$: Εἴ τις δύναται ἐν ἁγνείᾳ μένειν, εἰς τιμὴν τῆς σαρκὸς τοῦ κυρίου ἐν ἀκαυχησίᾳ μενέτω.

darin, dass sich hier drei Gedankenkreise wunderlich in einander schlingen. Da ist zuerst der eschatologische: für ihn ist die Kirche die Braut des Christus, der Messias der Bräutigam, der Tag der Parusie ihr Hochzeitstag[1]. Das Geheimnis der Kirche in der Welt ist dann ihr reiner Brautstand. — Die zweite Gedankengruppe ist die auf Grund des apokalyptischen Schemas von Urzeit und Endzeit der ersten nahe verwandte Anschauung von der Syzygie, der Ehe Christi mit der Kirche in ihrem präexistenten Dasein. Dass die Kirche „vor allem geschaffen wurde“ (Herm. V. II 4 1) ist eine weit verbreitete Ansicht. Papias hat nicht nur alles vom Paradies Gesagte allegorisch auf die Kirche Christi bezogen, sondern er hat auch das ganze Sechstagewerk auf Christus und die Kirche gedeutet[2], also ihre uranfängliche Verbundenheit gekannt. Genau so der zweite Clemensbrief (14), wenn er die Worte in Gen 1 27: „Gott schuf den Menschen als Mann und Weib“ deutet: „der Mann ist Christus, das Weib die Kirche“. Nun ist diese Kirche, welche zuerst ein Geistwesen war, herabgestiegen und offenbar geworden im Fleisch Christi, nämlich in der Gemeinde. Hier ist also das Geheimnis der Kirche in der Welt ihre zeitweilige Trennung von Christus, eine Art von Witwenschaft[3]. — Die dritte Gedankenreihe endlich mündet in diese zweite ein; es ist jene mystische Anschauung, nach welcher Christus die Kirche d. h. die Menschen in ihr durchwaltet wie der Geist den Körper. II Clem. 14: „Die lebendige Kirche ist der Leib des Christus; wenn wir aber sagen, sein Fleisch sei die Kirche und der Geist Christus, so misshandelt der die Kirche, welcher sein Fleisch durch Schandthaten entweiht. Ein solcher wird nicht den Geist empfangen, welcher Christus ist“. Hier giebt es kein weltliches Geheimnis der Kirche, welches nicht zugleich das himmlische wäre: die engste Verbundenheit der Kirche mit Christus. Ihr Abbild ist das Verhältnis von Körper und Geist in dem einen Menschen oder von Mann und Frau, welche durch die Ehe „ein Fleisch“ geworden sind. Das letzte Bild schlägt die Brücke zu jenem Gedankenkreise von der präexistenten Syzygie Christi und der Kirche. Die Ehe ist darum auch irdisches Symbol dieses Bundes.

---

[1] Apk 19 7 9 21 2 9 22 17, Joh 3 29, vgl. die Bilder Jesu, Mc 2 19 c. p. Mt 22 25 Lc 12 36.

[2] bei Anast. Sinaita (Frgm. VI VII ed. v. Gebhardt-Harnack-Zahn).

[3] Wenn Ign. Sm. 13 1 schreibt: ἀσπάζομαι ... καὶ τὰς παρθένους, τὰς λεγομένας χήρας, so könnte man daran denken, sie hiessen deshalb so, weil sie zwar Jungfrauen sind, aber verheiratet mit Christus, welcher abwesend ist; doch ist Lightfoots Deutung: „die, welche in Gottes Augen und wie ich sie deshalb auch nenne Jungfrauen sind, weil sie sich Gott ganz geweiht haben, welche die Welt aber Witwen nennt, weil sie einmal verheiratet waren“, besser.

Dieselbe Vermischung der zwei letzten Gedankenkreise wie II Clem. 14 bietet auch Ignatius (Pol. 5), wenn er vor dem oben citierten Satz, welcher deutlich dem dritten Kreise angehört, auf Grund der zweiten Reihe schreibt: „In gleicher Weise befiehl auch meinen Brüdern im Namen Jesu Christi, ihre Frauen zu lieben wie der Herr die Kirche (liebt)“ (vgl. Eph 5 $_{30}$).

Dass eine Symbolik von den beiden lezten Gedankenkreisen aus in Did. 11 wohl ausgeschlossen ist, wurde schon oben gezeigt. Hier sei nur daran erinnert, dass man auch um deswillen lieber an eine Symbolik aus dem eschatologischen Gedankenkreis denken sollte, weil es Propheten sind, die solche Handlungen vornehmen.

4.

Ist Harnacks Deutung der Handlungen der Propheten „mit Bezug auf das weltliche Geheimnis der Kirche“, im Recht, so führen sie uns bereits hinüber zu einer neuen Art des Handelns im Geist. Sie gehören dann inhaltlich zu den heroischen Thaten auf einzelnen Gebieten der christlichen Sittlichkeit, die wegen der ausserordentlichen Stärke der in ihnen sich offenbarenden Willenskraft einer besonderen Geistwirkung zugeschrieben werden und zwar dem Geist Gottes, weil sie sittliche Thaten sind. Ihrer Art nach sind es meist Steigerungen solcher sittlichen Handlungen, welche von allen Christen verlangt werden, manchmal aber auch — entsprechend den späteren consilia evangelica — Leistungen, die nur von einzelnen, von „Pneumatikern“, gefordert werden. Sie äussern sich stets als heroische Unterdrückung der stärksten Triebe im Menschen: seines Triebes nach Eigentum und Besitz, nach Nahrung und Genuss, des Geschlechtstriebes und des Triebes zum Leben.

a) Nur noch von den Amtsträgern verlangt man im nachapostolischen Zeitalter eine ziemlich weitgehende freiwillige Armut. Was einst in der ersten Zeit glühender Bruderliebe und flammender Zukunftshoffnung die kleine Urgemeinde als selbstverständlich übte, das liess sich naturgemäss auf die grosse Heidenkirche nicht übertragen. Paulus hat auch nie den Versuch dazu gemacht, im Gegenteil alle ähnlichen Stimmungen mit dem Scharfblick des grossen Organisators trotz seiner gleichen Zukunftserwartung in seinen Gemeinden heftig bekämpft (I Thess 4 $_{11}$ f.). Indem er so von den Gläubigen stets nur soviel Selbstverleugnung in bezug auf irdischen Besitz forderte, als die brüderliche Liebe — allerdings eine wahre und grosse brüderliche Liebe — verlangte, hat er für seine Person es als eine Pflicht seines besonderen Berufes angesehen, ein sich alles versagender, seinen Körper in strengster Askese „trainierender“ Kämpfer Christi zu sein (I Kor 9 24—27). Ueber den Befehl des Herrn (Mt 10) ging er sogar darin noch hinaus, dass er von dem Herrnwort: „Ein Arbeiter ist seines Lohnes wert“, für sich selbst keinen Gebrauch machte, sondern in der Regel sein tägliches Brot sich selbst verdiente.

Auf das Herrngebot geht die Didache (11) zurück, ohne dass doch das, was sie selbst bestimmt, irgendwie von Jesus gefordert sein könnte, da sie nur über das Verweilen der Apostel in christlichen Gemeinden Anweisung giebt, Jesus aber daran natürlich nicht denkt. So passt der Eingang: „Inbetreff der Apostel und Propheten handelt nach der Satzung des Evangeliums so“ nicht recht zum Folgenden: „Jeder Apostel, der zu euch kommt, soll aufgenommen werden wie der Herr[1]; doch soll er nur einen Tag bleiben (?), wenn es nötig ist, noch den andern; bleibt er aber drei Tage, so ist er ein falscher Prophet. Wenn er fortgeht, soll der Apostel nichts annehmen als Speise bis zum nächsten Nachtlager; wenn er Geld fordert, ist er ein falscher Prophet.“ Leider ist nichts darüber gesagt, wie sich der Apostel im Heidenland in seinem Beruf ernähren soll. Jedenfalls ist er in völliger Armut gedacht.

Das Gleiche gilt von dem Propheten, „der sich ärmer macht als alle Menschen“[2]. Freilich bekommt er seine Nahrung von der Gemeinde. Nach der Didache (13) werden ihm — und wohl auch dem Lehrer — alle Erstlinge der Früchte und Besitztümer der Gemeinde dafür geliefert; indessen muss man in der Regel erwartet haben, dass er alles, was er nicht selbst nötig brauchte, den Armen gab. Sonst wäre der Satz der Didache: „Wenn ihr keinen Propheten habt, so gebt (die Erstlinge) den Armen“ ebenso unerklärlich wie der angeführte Satz des Hermas, da doch bei einigermassen starken Gemeinden die Propheten nicht gewusst hätten, was mit dem Ueberfluss anfangen.

Dass ein solches System trotz des allgemeinen Verbotes des Geldnehmens für Prophetie und Lehre Missbrauch und Ausbeutung

[1] Vgl. Did. 4 1: Τέκνον μου, τοῦ λαλοῦντός σοι τὸν λόγον τοῦ θεοῦ μνησθήσῃ νυκτὸς καὶ ἡμέρας, τιμήσεις δὲ αὐτὸν ὡς κύριον· ὅθεν γὰρ ἡ κυριότης λαλεῖται, ἐκεῖ κύριός ἐστιν. Es ist derselbe „Geist“.

[2] Herm. M. XI 8: ἑαυτὸν ἐνδεέστερον ποιεῖ πάντων τῶν ἀνθρώπων. Doch verlangt Hermas das eine Prinzip von allen Christen, freilich nur beim Propheten wird es ein Kriterium des wahren Propheten (M. VIII 10).

nicht ausschloss, lehrt Lucians Peregrinus Proteus und die eifrig in der Kirche erörterte Frage nach den Kriterien wahrer und falscher Prophetie, unter denen der Geldpunkt nie fehlt.

Von sonstigen Beispielen grossherzigen Verzichtes auf Besitz ist nur noch jenes Geschenk des Marcion an die Gemeinde in Rom überliefert. Wie dieses Tertullian (adv. Marc. IV 4) mit Recht auf „die erste Glut des Glaubens“ zurückführt, so zeigt der Umstand, dass man aus dem Verzichten eines Propheten oder Apostels auf Geld schloss, er sei ein rechter Prophet, der das „Auftreten des Herrn“ habe, wie man in der That in jener Kraft des Verzichtleistens ganz allgemein eine Wirkung des Geistes sah. War doch alles von Gott gewirkt und in Kraft des Geistes gethan, was diese ersten heldenhaften Verkündiger des Christentums vollbrachten, und bewies doch solcher Verzicht die Kraft ihrer geistgewirkten Liebe zu Gott[1].

b) Wenn man auch das Amt der Diakonie (wir fassen unter diesem Namen Bischöfe und Diakonen zusammen) auf eine besondere Geistesgabe zurückführte, so lag dieselbe zum grossen Teile ebenfalls auf diesem Gebiete des aussergewöhnlichen sittlichen Handelns und der Kraft der Entsagung, auch wenn an die Träger desselben nicht jene besonders strengen Forderungen wie an die Träger des Wortes gestellt wurden. Es ist notwendig, das „Amt“ auch einmal von dieser Seite aufzufassen und es als Dienst zu würdigen, zu empfinden, dass nicht bloss eine „Gabe der Leitung“ (I Kor 12 28), der sich die Gemeindeglieder „unterordnen“ (I Kor 16 16), dazu gehört, sondern, dass es dabei vor allem auch gegolten hat, sich „in den Dienst der Heiligen zu stellen“ (I Kor 16 15). Was die besondere Gabe dieses Amtes alles in sich geschlossen haben mag, muss man aus den Anforderungen entnehmen, welche an seine Träger gestellt werden; denn Gabe ist Aufgabe. Und mag danach Ansehen bei den Heiden, organisatorisches und Verwaltungs-Talent und später Lehrgabe (I Tim 3 2) vor allem zu jenem Charisma gehören, so bleibt doch seine Grundlage eine besondere Kraft christlicher Weisheit und Mässigkeit, sittlichen Wandels uud entsagender Selbstlosigkeit, zumal in Geldsachen (I Tim 3 2—10). Auch eine besondere geschlechtliche Askese, wenn auch keine vollkommene, wird verlangt (I Tim 3 2 12, 5 9, Tit 1 6). „Ein Vorbild der Gläubigen in Wort, Wandel, Liebe, Glauben und Keuschheit“, bewies ein guter Bischof und Lehrer in Schriftlesen, Trost und Lehre seinen Fortschritt und das Vorhandensein der Gnadengabe, die er empfangen hatte (I Tim

[1] Eph 4 11, Heb 2 3 f., I Petr 1 12, I Clem. 42 2, Hermas S. IX 25 2, Just. D 42 p. 140, Euseb. h. e. V 1 49 u. ö.

4 12—16). Und dies Charisma ist ein Geist der Kraft, der Liebe und der Besonnenheit (II Tim 1 6 7), den wohl jeder Christ haben soll, der aber bei den dienenden Geistesträgern in besonders starkem Masse sich kund thun muss. Auch hier soll das Amt seinen Träger ernähren (II Tim 2 6), vor allem um ihn freizuhalten von allen Geldgeschäften (2 4).

Kein Wunder, dass man sich bewusst ist, dies „Dienen" gehe hervor aus einer Kraft, *die Gott darreicht* (I Petr 4 11), dass man betont: *Christus selbst* hat sie gegeben, die Hirten und Lehrer so gut wie die Apostel, Evangelisten und Propheten (Eph 4 11). Einen „nimmermüden Geist" hat der Bischof empfangen (Ign. Pol. 1 3), und von einem guten Bischof sagt derselbe Ignatius: „Von diesem Bischof habe ich erkannt, dass er nicht von sich noch durch Menschen seinen Dienst an der Gemeinde bekommen hat, auch nicht auf unbegründeten Ruf hin, sondern *in der Liebe Gottes des Vaters und Jesu Christi*; seiner Freundlichkeit bin ich verpflichtet, und er thut schweigend mehr als die leeren Schwätzer. Denn er fügt sich so vollkommen den Geboten wie die Zither ihren Saiten"[1]. Auch scheint es nicht übertünchte Höflichkeit, wenn er von guten Bischöfen, Presbytern und Diakonen rühmt, Christi Wille habe sie eingesetzt und in ihrem Amt mit *Kraft gestärkt durch seinen heiligen Geist* (Phil. inscr.). Solche Apostel, Episkopen, Lehrer und Diakonen, welche gewandelt sind gemäss der heiligen Majestät Gottes, sind das Fundament der Kirche[2]. Alle diese und ähnliche Urteile versteht, wer sich lebendig die Kraft der Entsagung vorstellt, welche den verwaltenden Beamten zugemutet wurde, ihr fortwährendes Bereitseinmüssen für Arme und Reisende, ihre mancherlei Versuchungen, besonders wenn sie junge, heissblütige und strebsame Menschen waren. Wie mag es solchen schwer gefallen sein, die Mahnung zu beherzigen: „Verkünde das Wort, sei dabei zur Zeit und zur Unzeit, strafe, bedrohe, mahne in aller Langmut und Lehre" (II Tim 4 2), und jene andere: „Einen Aelteren erschrecke nicht, sondern rede ihm zu wie einem Vater, den Jüngeren wie Brüdern, den alten Frauen wie Müttern und den jungen wie Schwestern in aller Ehrbarkeit" (I Tim 5 f.). Und das alles in einer Zeit, in der die Gnosis ihre sinnen- und geistbestrickenden Lehren in die Gemeinden trug und auf der andern Seite mancherlei Quälereien und Verfolgungen zum Abfall lockten, eine Zeit, deren Signatur es war: von aussen Kämpfe, von innen Aengste. Auch da wurde das Schwerste meistens von dem verlangt, welchen man gewöhnt war, die Gemeinde nach aussen hin vertreten zu sehen.

---

[1] Phil. 1. Vgl. Euseb. h. e. V 1 49 und Ign. Magn. 2. 3. 13 5.

[2] Herm. V. III 5 1. (Eph 2 20 Apk 21 14 nur Wortträger!)

Nicht umsonst wird in den Pastoralbriefen der junge Lehrbischof gemahnt: „Schäme dich nicht des Zeugnisses für unsern Herrn noch meiner, seines Gefangenen, sondern leide mit dem Evangelium *gemäss der Kraft Gottes*, welche uns gerettet hat und berufen mit heiligem Ruf". Eben dafür hat er auch jenen Geist der Kraft empfangen (II Tim $1_{8\ 7}$). Und dass dies wirklich eine Mahnung zum Martyrium ist, zeigen die stete Berufung auf das Vorbild des Paulus (1_{9-14}) und die Mahnungen des zweiten Kapitels ($2_{3\ 9\ 11\ 12}$, vgl. noch 3_{12}, $4_{5\ 17}$ f.).

c) Damit sind wir schon auf das Gebiet einer anderen Geistwirkung übergetreten, bei der sich die allgemeine sittliche Kraft des Christenglaubens in heldenhafter Weise bethätigt. Es ist das *Martyrium*. Wir werden an einer späteren Stelle gemäss unserer psychologischen Anordnung der Thatsachen eine besonders auffallende Geistwirkung bei Märtyrern zu betrachten haben, welche ihnen durch vollkommenes Gefühlloswerden der *sensorischen* Organe das Ertragen der stärksten Folterungen möglich machte. Hier aber sind diejenigen Erscheinungen zu betrachten, bei denen es sich um Geistwirkungen auf dem Gebiet des *Willenslebens* handelt. Hier tritt nicht Anästhesie ein, sondern der in Gott ruhende Wille ist im stande, die grausamsten Martern, die *der Mensch in voller Stärke fühlt*, zu ertragen. Hat eine wundergläubige Zeit sich mehr an jenen Vorgängen erbaut, bei denen wir nur Dank gegen Gottes Vorsehung empfinden, welche die bejammernswerten Opfer eines wilden Fanatismus in die Nacht der Bewusstlosigkeit oder in die träumende Gefühllosigkeit des „Hexenschlafes" hineinrettete, so erfüllt uns, die Kinder einer Zeit, die kleiner in Hass und Liebe, im Bösen wie im Guten ist, die Kraft eines gottgeeinten Willens mit tiefer Ehrfurcht.

„Geliebte, seid nicht befremdet über die Feuerprobe, der ihr unterzogen werdet, als ob sich etwas Fremdartiges an euch vollziehe, sondern *wie ihr teilnehmet an den Leiden Christi*, so freuet euch . . . Wenn ihr geschmäht werdet im Namen Christi, selig seid ihr, *weil der Geist der Herrlichkeit und Gottes auf euch ruht*" (I Petr 4_{12} ff.). Das ist das Urteil des gesamten Christentums. Dass die Welt die Christen hasst und schmäht, ist schon ein Zeichen dafür, dass sie Gottes Geist in sich tragen, der die Welt und ihre Sünde straft (vgl. z. B. Joh 7_{7}). Vor allem aber zeigt sich Gottes Geist in der Kraft, mit der sie Hass und Verfolgung ertragen in dem stolzen Bewusstsein, den Geist der Herrlichkeit zu besitzen, der sie durch die Gewissheit der künftigen Herrlichkeit über alle Schmähungen hoch emporhebt. Beides liegt in der citierten Stelle. Das Vorhandensein des Martyriums dient daher auch als Erkennungszeichen für das Dasein des heiligen Geistes in den Streitigkeiten mit den Montanisten (Euseb. h. e. V $16_{12\ 20}$) und anderen häretischen Richtungen (Just. I 26_{1}, Iren. IV 33_{9}). Als dann die Montanisten selbst Märtyrer aufzuweisen hatten, waren sie sich bewusst, in ihrer grösseren Strenge gegen „die Flucht bei Verfolgungen“ die grössere Echtheit ihres Geistbesitzes zu zeigen. *Ignatius* geht von solchen Gedankenreihen aus, wenn er den Märtyrer als *unbedingte Autorität* für die Richtigkeit der kirchlichen Christologie in Anspruch nimmt[1]. Auch Sünden kann der Märtyrer vergeben (Euseb. h. e. V $18_{6\ 7}$) und ein Vorbild christlichen Lebens nach anderen Seiten hin werden (Euseb. h. e. V $2_{5\ 7}$ 3_{2}). Das alles gründet sich auf das Urteil der gesamten Christenheit, welches der Brief an den Diognet in seiner prägnanten Art am treffendsten so formuliert: „Siehst du sie nicht vorgeworfen den Tieren, und sie werden nicht besiegt? Siehst du nicht, wie, je mehr sie gestraft werden, desto mehr andere gewonnen werden? Das scheint nicht Menschenwerk zu sein, das ist *Kraft Gottes*, das sind die Zeichen *seiner Gegenwart*“ (7_{7} ff. vgl. S. 43). Anders drückt denselben Gedanken *Irenäus* mit den Mitteln der Pneumatologie aus: „So legen die Blutzeugen ihr Zeugnis ab und verachten den Tod, nicht dem Fleische folgend, welches schwach ist, sondern dem *Geiste*, der bereit ist. Dadurch, dass die Schwäche des Fleisches überwunden wird, zeigt sie den Geist in seiner Macht; der Geist wiederum, die Schwäche überwindend, nimmt das Fleisch als Erbe in sich auf, und aus beiden wird „der lebendige Mensch“[2].

Die Martyrien enthalten manche Beispiele solchen christlichen Heldenmutes und geistgewirkter Willensstärke im Leiden. Hervorgehoben seien nur die, bei welchen ausdrücklich auf die Geistbegabung des Märtyrers hingewiesen wird. So jener *Vettius Epagathus* (Euseb. h. e. V 1_{9} f.), der „ein Vollmass der Liebe zu Gott und dem Nächsten empfangen hatte“, „voll Eifer für Gott und kochend in

---

[1] Sm. 4 f.: Εἰς τὸ συμπαθεῖν αὐτῷ (Χριστῷ) πάντα ὑπομενῶ, *αὐτοῦ με ἐνδυναμοῦντος τοῦ τελείου ἀνθρώπου γενομένου.* ὃν τινες ἀγνοοῦντες ἀρνοῦνται ... οὓς οὐκ ἔπεισαν αἱ προφητεῖαι οὐδὲ ὁ νόμος Μωσέως, ἀλλ' οὐδὲ μέχρι νῦν τὸ εὐαγγέλιον οὐδὲ τὰ ἡμέτερα τῶν κατ' ἄνδρα παθήματα (vgl. 4_{2}), ähnliche Aussagen Eph 3_{1} Magn. 12_{1} Trall. 5_{1} vgl. S. 121. Hochschätzung der Märtyrer sonst bei Hermas V. III 1_{9} S. VIII 3_{6}, Lucian. Per. Prot. 12, Euseb. h. e. V 28_{11}.

[2] Iren. V 9_{2}; vivens homo = der auferstehende. Spiritus ist hier der heilige Geist, anders als in der Stelle, auf die Irenäus anspielt (Mc 14_{38}).

der Feuerglut des Geistes“ als Verteidiger der gefangenen Christen auftrat und nach einem mutigen Bekenntnis getötet wurde, „nachdem er sich als Anwalt der Christen gezeigt hatte, in sich selbst den **Anwalt** (παράκλητον) **tragend, den Geist** in höherem Mass als Zacharias, den er durch die Fülle seiner Liebe zeigte, da er beschloss, für die Verteidigung seiner Brüder sogar sein eigenes Leben hinzugeben“ [1]. Auch durch jene **Blandina** in Lyon „zeigte Christus, dass, was in Menschenaugen armselig und unscheinbar und verächtlich ist, grosser Herrlichkeit bei Gott gewürdigt wird wegen der Liebe zu ihm, wenn **sie in Krafterweisung gezeigt** und nicht (etwa) durch gleissenden Schein prahlerisch erheuchelt wird“ [2]. „Denn wir alle fürchteten“, schreibt der Erzähler, „— auch ihre Herrin nach dem Fleisch, welche ebenfalls eine der Kämpferinnen unter den Märtyrern war — sie würde bei dem Kampf nicht einmal das Bekenntnis freudig aussprechen können, so schwach war ihr Körper“; aber Blandina ward „**mit solcher Kraft erfüllt**“, dass sie vom Morgen bis zum Abend alle Qualen ertrug, ja „wie ein tüchtiger Kämpfer verjüngte sie sich in dem Bekenntnis, und es war ihr Erholung, Ruhe und Schmerzlosigkeit zu sagen: »Ich bin Christin, und bei uns geschieht nichts Unrechtes«“ (1_{18} f.). Hier ist also Bewusstsein vorausgesetzt und ein von Gott gekräftigter Wille die Ursache, aus der so grosse Qualen ertragen werden (vgl. 1_{41}). Aehnlich bei **Sanctus**, der bei allen Foltern, selbst als schliesslich glühende Kupferstückchen auf die Weichteile seines Körpers gelegt wurden, „ungebeugt blieb und sich nicht ergab, **fest im Bekenntnis** (er hatte also Bewusstsein), **von der himmlischen Quelle des Lebenswassers**, das aus dem Leibe des Christus entspringt, **überrieselt** und gekräftigt (1_{22} vgl. $_{34}$)“. Auch nach der Folterung zeigte sich diese Kraft, als die Gemarterten mit auseinander gespreizten Beinen an Holzblöcke gefesselt in der Nacht des Gefängnisses lagen, wo viele starben. „Denn die man so schwer gefoltert hatte, dass man hätte meinen sollen, sie würden nicht am Leben bleiben, auch wenn ihnen alle Pflege zuteil geworden wäre, blieben im Gefängnis zwar ohne alle menschliche Hilfe, aber **gestärkt von dem Herrn und gekräftigt an Leib und Seele**,

[1] Euseb. h. e. V 1_{9} f.; ζέων τῷ πνεύματι nach Rm 12_{11}, wo es vom heiligen Geist und Act 18_{25}, wo es vom **Temperament** des Menschen gebraucht ist. Wie es hier gebraucht ist, wird nicht deutlich; sicher auf den Geistbesitz gehen die Worte: ἔχων δὲ τὸν παράκλητον ἐν ἑαυτῷ, τὸ πνεῦμα πλέον τοῦ Ζαχαρίου.

[2] Ib. 1_{17}: . . . διὰ τὴν πρὸς αὐτὸν ἀγάπην τὴν ἐν **δυνάμει** δεικνυμένην καὶ μὴ ἐν εἴδει καυχωμένην.

sogar noch die anderen mahnend und tröstend" (1_{28}). Also auch hier ist Bewusstsein mit der Einflössung übernatürlicher Kraft verbunden.

d) Wurde diese gewaltige Unterdrückung des Triebes zum Leben und des Schmerzgefühles von allen Christen gefordert — wenigstens im Prinzip, in der That hat man bekanntlich je länger je mehr ein Auge zugedrückt — so gilt das Gegenteil von der gewaltsamen Unterdrückung des Geschlechtstriebes in vollkommener Askese. Man hat diese in der Grosskirche nie als allgemeines Gesetz aufgestellt, wenn man auch in ihr eine besondere Kraftwirkung des Geistes zu sehen pflegte.

So hat schon Paulus geurteilt, wenn er schreibt (I Kor 7_{7}): „Ich möchte, dass alle wären wie ich (ohne Frau); aber jeder hat sein eigenes Charisma von Gott empfangen, der eine so, der andere anders". Ganz dieselbe Anschauung vertritt wieder Ignatius (ad. Pol. 5. S. 136, 138). Auch er sieht Keuschheit als eine besondere Begabung und Kraft (δύναται) an. Mitunter finden wir mit dieser Gabe die der Prophetie verbunden, wie ja mehrere Geistwirkungen auf verschiedenen Gebieten des psychischen Lebens sich oft mit einander vereinigen. So betont Act 21_{9}, dass die Töchter des Philippus Jungfrauen waren, die die Prophetengabe besassen (παρθένοι προφητεύουσαι). Ganz ebenso ist auch Melito nach den Briefen des Polykrates (Eus. h. e. V 24_{7}) „Eunuch" gewesen und stets „im heiligen Geiste gewandelt". Der letzte Ausdruck deutet auf seine prophetische Gabe hin, ganz wie bei den Töchtern des Philippus, von denen Polykrates ebenfalls erzählt (ib. 24_{5})[1]. Auffallend ist, dass das Verharren der Witwen in ihrem Stand nicht ausdrücklich auf den Geistbesitz zurückgeführt wird. Möglich wäre es durchaus, da man sie hochschätzt und besondere Dienste von ihnen erwartet; ja die apostolische Kirchenordnung (21) setzt deutlich Offenbarungen an Witwen als häufige Vorkommnisse voraus. Die Kraft des Entschlusses ist bei ihnen ähnlich wie bei den Jungfrauen[2].

---

[1] Vgl. Hieronymus de vir. inl. 24: (Melitonis) elegans et declamatorium ingenium Tertullianus ... cavillatur, dicens eum a plerisque nostrorum prophetam putari. „Ebenso galt Johannes dafür (für παρθένος), wie die Prophetin Philumene des Apelles". Harnack, Did. S. 129.

[2] Vgl. I Tim 5, Ign. Sm. 13, Herm. V. II 4_{3}; sonst werden sie zumeist als besondere Objekte der Wohlthätigkeit zusammen mit den Waisen genannt: Act 6_{1} 9_{39} Jac 1_{27}, Herm. M. VIII $_{10}$ S. I $_{8}$ V 3_{7}, Barn. 20_{2}, Ign. Sm. 6_{2} Pol. 4_{1}, Polyc. Phil. 4_{3} (wichtig) 6_{1}, Arist. 15 S. 38. Die Diakonen haben für sie zu sorgen: Herm. S. IX 26_{2}, die Bischöfe Herm. S. IX 27_{2}, Just. I 67.

Schroffe Asketen waren dagegen einige Gnostiker mit ihren Anhängern[1]. Sie begründeten ihre Verbote der Geschlechtsgemeinschaft mit der Notwendigkeit, „das Fleisch, die Materie“ völlig abzuthun, damit man seinen Charakter als Pneumatiker bewahre und bekunde. So sahen sie wohl auch in ihrer Enthaltsamkeit einen Beweis ihres Geistesbesitzes. Nicht ganz so schroff stand der Montanismus: „Die Ehe ist zwar gestattet, aber nur als eine Art geringeren Uebels“[2]. So war denn auch die Prophetin Priska eine Jungfrau, und sie selbst hat den Zusammenhang zwischen ihrer Askese und ihren Visionen als einen causalen beschrieben (vgl. u. in VIII 9).

War das montanistische Urteil über die Ehe, zumal über die zweite, in der Kirche nicht geradezu unerhört[3], so finden wir auch in der Apokalypse (14_{1-5}) eine Schätzung der Asketen, die der enkratitischen sehr nahe steht. Jene 144000, welche mit dem Lamm auf dem Zionsberg stehen und seinen und des Vaters Namen auf ihrer Stirne tragen, sind die, „welche sich mit Weibern nicht befleckt (sic) haben“. Denn sie sind jungfräulich (παρθένοι); sie sind die Nachfolger des Lammes im besonderen Sinn, die Aparche, die es sich von den Menschen erkauft hat. Ja es scheint, als wollten ihnen die folgenden Worte irgendwie auch die Gabe der Prophetie oder Lehre zuschreiben; oder was soll es heissen, dass nun noch gesagt wird: „In ihrem Munde ist keine Lüge erfunden worden“?

Aehnliche Aussagen finden sich noch in den Acta Pauli et Theclae. Auf den Geistbesitz der Asketen spielt an (5): „Selig, die ihr Fleisch rein bewahrt haben, denn sie werden ein Tempel Gottes werden“ (vgl. u. in VIII 9). Doch ist hier wie bei Priska und in der oben citierten Stelle (II Clem. 14) der Geistbesitz als eine Folge der Askese gedacht. Die hohe Stellung der Asketen bezeugt das andere Wort (6): „Selig alle, die aus Liebe zu Gott die weltliche Gestaltung (des Lebens) aufgegeben haben, denn sie werden Engel

---

[1] Valentinianer Iren. I 6_3, Saturninus, Marcion, Tatian οἱ ἐγκρατεῖς Iren. I $28_{1\,2}$, Clem. Strom. III 12.

[2] Bonwetsch, Mont. S. 83, vgl. S. 82—93. Mit guten Gründen hat Harnack (Dogmengesch. I[3] 393) die Ansicht vertreten, der Montanismus sei ursprünglich völlig enkratitisch gewesen.

[3] Athen. leg. 33 p. 172: Εὕροις δ' ἂν πολλοὺς τῶν παρ' ἡμῖν, καὶ ἄνδρας καὶ γυναῖκας, καταγηράσκοντας ἀγάμους ἐλπίδι τοῦ μᾶλλον συνέσεσθαι τῷ θεῷ . . . οὐ γὰρ <ἐν> μελέτῃ λόγων ἀλλ' ἐπιδείξει καὶ διδασκαλίᾳ ἔργων τὰ ἡμέτερα * * ἢ οἷός τις ἐτέχθη μένειν ἢ ἐφ' ἑνὶ γάμῳ, ὁ γὰρ δεύτερος εὐπρεπής ἐστιν μοιχεία. Milder urteilt Hermas, M. IV 4_2: . . . ἐὰν δὲ ἐφ' ἑαυτῷ μείνῃ τις (ein Witwer oder eine Witwe) περισσοτέραν ἑαυτῷ τιμὴν καὶ μεγάλην δόξαν περιποιεῖται πρὸς τὸν κύριον· ἐὰν δὲ καὶ γαμήσῃ, οὐχ ἁμαρτάνει. Vgl. Arist. Ap. 15 S. 37.

richten und zur Rechten des Vaters gesegnet werden". Darum erzählt auch der Roman ein Wunder, wie man es auf den Geist, welcher als Feuer sichtbar wird[1], zurückzuführen gewohnt war: Als Thekla sich in den Robbenteich warf „im Namen Jesu Christi", wurden die Robben durch das Leuchten eines Feuerblitzes geblendet und schwammen tot auf dem Wasser. Thekla aber war eingehüllt in eine Feuerwolke, so dass die Tiere sie weder antasten noch man sie nackt sehen konnte[2]. Das ist gleichsam der ins Sinnliche übersetzte Gedanke Tatians: „Mit dem Panzer des himmlischen Geistes gewappnet, wirst du im stande sein, alles von ihm Umschirmte heil zu erhalten" (S. 44).

Weshalb man in dieser schwankenden Weise den Geistbesitz bald als Ursache, bald als Folge der Askese aufgefasst hat, muss später besprochen werden.

Uebrigens konnten auch die Dämonen in den orgiastischen orientalischen Kulten heroische Enthaltsamkeit bewirken; aber es geschah in einer widernatürlichen Weise, welche die Kirche, schon bevor ihr grosser Lehrer sich dahin verirrte, als kapernaitischen Missverstand von Mt 19 12 und Dämonenwerk bekämpfte[3].

e) Ganz denselben Standpunkt nimmt die nachpaulinische Kirche gegenüber der Nahrungsaskese ein, mag dieselbe nun als zeitweilige Enthaltung von aller Nahrung, als Vegetarianismus (Iren. I 28 1, Epiph. haer. 53 1), oder als Enthaltung von berauschenden Getränken oder von Getränken überhaupt, oder als eine Verbindung mehrerer dieser Formen auftreten. Während Paulus noch alles derartige entweder als jüdischen Sauerteig scharf verurteilte oder höchstens als „Schwachheit" gewähren liess (Rm 14), hat die spätere Zeit auch die Nahrungsaskese als eine Kraft angesehen. Ganz parallel jenem oben citierten Grundsatz des Paulus und des Ignatius inbezug auf geschlechtliche Enthaltsamkeit, ist der Grundsatz der Didache, der auch hier wieder die kirchliche Stellung im allgemeinen treffend bezeichnet: „Inbetreff der Speise aber — trage was du kannst, nur vom Götzenopferfleisch halte dich ganz fern"[4]. Doch hat sie selbst

---

[1] Vgl. Evg. sec. Heb. Taufe, Act 2 u. ö.

[2] 34 vgl. 35.

[3] Athen. leg. 26 p. 138: Οἱ μὲν ἀποτέμνουσι τὰ αἰδοῖα, οἱ περὶ τὴν Ῥέαν, οἱ δὲ ἐγκόπτουσιν ἢ ἐντέμνουσιν, οἱ περὶ τὴν Ἄρτεμιν . . . καὶ ὅσα εἴδη δαιμόνων· οὐ γὰρ θεοῦ κινεῖν ἐπὶ τὰ παρὰ φύσιν.

[4] Sollte das Vorhergehende: εἰ μὲν γὰρ δύνασαι βαστάσαι ὅλον τὸν ζυγὸν τοῦ κυρίου, τέλειος ἔσῃ· εἰ δ᾽ οὐ δύνασαι, ὃ δύνῃ τοῦτο ποίει, nicht auf die Ehe und Ehelosigkeit gehen? Das folgende δὲ erfordert, dass etwas Neues mit der

bereits ein allgemeines Fastengebot für zwei Tage (8 1), wie Hermas die Sitte des „Stationfastens" bezeugt (S. V 1). Besonders hoch schätzt wieder der zweite Clemensbrief (16 4) auch das Fasten: „Gut ist Almosen wie das Bereuen der Sünden: wertvoller als das Gebet ist das Fasten, als beide das Almosen". Doch wird es auch hier nicht als Geistwirkung bezeichnet.

Die Kirche stand dem Fasten um deswillen nicht so freundlich gegenüber, weil einige gnostische und verwandte Richtungen einen besonderen Gottesdienst hierin suchten[1]. Zweimal wird sogar eine ausdrückliche Offenbarung gegen das Fasten ins Feld geführt. So ward dem Attalus, einem der Lugduner Confessoren offenbart, dass sein Genosse Alcibiades nicht recht thue, indem er das von Gott Geschaffene nicht gebrauche und anderen ein Anstoss gebendes Vorbild lasse; er lebte nämlich nur von Brot und Wasser[2]. Und dem Hermas offenbart der Bussengel, dass das wahre Fasten die Enthaltung nicht von Nahrung sondern von Schlechtigkeit sei, und dass man das Fasten nur zum Zweck des Wohlthuns üben solle (S. V 1 4 5, 3 7). Freilich war diese Offenbarung nicht gerade neu; entsprach sie doch einem verbreiteten und wohl auch viel geübten Grundsatz der Kirche[3]. Diese hat hier wie sonst den goldenen Mittel-

---

Speise kommt; was soll das erste für Christen anders sein? Dem τέλειος würde ἄμωμος in Apk 14 4 wohl entsprechen und dem ὅλος ζυγός das „überall hin folgen sie dem Lamme".

[1] Vgl. z. B. Iren. I 28 1, Epiph. haer. 53, Herm. S. V 1. 3, Euseb. h. e. V 3 2 und Harnack, Dogmengesch. I[3] S. 220 f. 260. 363.

[2] Euseb. h. e. V 3 2: Ἀλκιβιάδου γάρ τινος ἐξ αὐτῶν, πάνυ αὐχμηρὸν βιοῦντος βίον, καὶ μηδενὸς ὅλως τὸ πρότερον μεταλαμβάνοντος, ἀλλ᾽ ἢ ἄρτῳ μόνῳ καὶ ὕδατι χρωμένου, πειρωμένου τε καὶ ἐν τῇ εἱρκτῇ οὕτω διάγειν, Ἀττάλῳ μετὰ τὸν πρῶτον ἀγῶνα, ὃν ἐν τῷ ἀμφιθεάτρῳ ἤνυσεν, ἀπεκαλύφθη, ὅτι μὴ καλῶς ποιοίη Ἀλκιβιάδης, μὴ χρώμενος τοῖς κτίσμασι τοῦ θεοῦ καὶ ἄλλοις τύπον σκανδάλου ὑπολειπόμενος.

[3] Vgl. Aristid. Ap. 15 S. 38: „Und wenn jemand unter ihnen arm oder bedürftig ist, und sie haben keine überflüssigen Lebensmittel, so fasten sie zwei oder drei Tage, damit sie den Bedürftigen den Bedarf ihrer Speise ergänzen". Vgl. Did. 1. Ebenso Barn. 3 3–5 = Jes 58 6–10 (καὶ ἐὰν δῷς πεινῶντι τὸν ἄρτον σου ἐκ ψυχῆς σου, καὶ ψυχὴν τεταπεινωμένην ἐλεήσῃς). Eine Position, die niemand würdiger vertreten und treffender dargestellt hat als Ptolemäus, der Gnostiker, dessen Brief an die Flora einen so ausserordentlich wohlthuenden Eindruck des Ernstes, der Vernünftigkeit und der Frömmigkeit macht. Er sagt darin (c. 3 S. 932 Iren. ed. Stieren): καὶ νηστεύειν δέ — ἀλλ᾽ οὐ τὴν σωματικὴν βούλεται (der Heiland) νηστείαν ἡμᾶς νηστεύειν, ἀλλὰ τὴν πνευματικήν, ἐν ᾗ ἐστιν ἀποχὴ πάντων τῶν φαύλων. φυλάσσεται μέντοι γε καὶ παρὰ τοῖς ἡμετέροις ἡ κατὰ τὸ φαινόμενον νηστεία, ἐπεὶ καὶ ψυχῇ τι συμβάλλεσθαι δύναται αὕτη μετὰ λόγου γινομένη· ὁπότε μηδὲ διὰ τὴν πρός τινας μίμησιν γίνεται μήτε διὰ τὸ ἔθος μήτε διὰ τὴν ἡμέραν ὡς ὡρισμένης εἰς τοῦτο ἡμέρας·

weg gefunden; so rät auch der „Apostel" in den Pastoralbriefen dem jungen Lehrbischofe, ein wenig Wein zu trinken (I Tim 5 23). Entschiedener stand doch Paulus gegen jeden selbstgemachten Gottesdienst im Kampf, und der Verfasser des Hebräerbriefes wehrt sich ebenfalls mit aller Kraft gegen eine jüdisch beeinflusste Richtung, welche mit Spekulationen über die Engel die Anbetung dieser Mittelwesen verband und eine Festigung ihres Heilsstandes im Fasten suchte: „Es ist gut", sagt er 13 9, „dass das Herz durch Gnade sicher wird und nicht durch Speisen; denn die in ihnen wandelten, hatten keinen Nutzen davon."

Hier hat eine kirchliche Gefahr einer gewaltigen Geistesströmung zum Trotz eine Position des Evangeliums selbst bewahren helfen. Auch „stand die Vorstellung von dem christlich-sittlichen Leben als einem Ganzen noch im Vordergrund, und die Ermahnungen zur Liebe gegen Gott und den Nächsten, welche als Ermahnungen zu einem sittlichen Leben in allen denkbaren Beziehungen entfaltet wurden, ergänzten die allgemeine Aufforderung zur Weltflucht ebenso, wie die geordnete, vom Kultus ausstrahlende Gemeindediakonie dem Zerfall der Gemeinden in eine Gesellschaft von Asketen vorbeugte"[1].

5.

Auch auf dem Gebiet der Einwirkung des Geistes auf das menschliche Willensleben betreten wir jetzt die höchste Stufe, wenn wir die Durchdringung des ganzen Willens mit der sittlichen Kraft eines neuen, gottgeweihten Lebens ins Auge fassen. Auch hier verschwinden die allgemeinen Kriterien für eine Geistwirkung fast vollständig; das sittliche Thun des Christen unterscheidet sich nur seinem Inhalt nach von ihrem sonstigen Handeln oder dem Thun anderer Leute. Und so schliesst man denn auch hier nicht zuerst aus dem Geheimnisvollen oder Wunderbaren des Eindrucks auf eine Geistwirkung im allgemeinen, sondern aus dem sittlichen Inhalt des christlichen Thuns auf sein Gewirktsein durch den Gottesgeist und darum auf eine Geistwirkung überhaupt. Allerdings ist auch hier das Erlebnis noch von ziemlicher Stärke; das Christwerden bedeutet für die Meisten noch einen radikalen Bruch mit der Vergangenheit und ein Sicheinleben in ganz andersartige Lebensgrundsätze, als Erziehung und Gewohnheit sie in den Menschen gepflanzt hatten.

ἅμα δὲ καὶ εἰς ἀνάμνησιν τῆς ἀληθινῆς νηστείας, ἵνα οἱ μηδέπω ἐκείνην δυνάμενοι νηστεύειν, ἀπὸ τῆς κατὰ τὸ φαινόμενον νηστείας ἔχωσι τὴν ἀνάμνησιν αὐτῆς.

[1] Harnack, Dogmengesch. I[3] S. 196[4].

Bei den folgenden Ausführungen ist zu beachten, dass hier nicht die Lehre über die sittlichen Wirkungen des Geistes gegeben werden, sondern dass auf grund der vorliegenden Aeusserungen das thatsächlich Erlebte ans Licht treten soll. Die Mannigfaltigkeit in den auf dasselbe Erlebnis hinweisenden Aussagen soll erst im vierten Abschnitt beachtet, beschrieben und erklärt werden.

a) Mit vollem Bewusstsein hat zuerst Paulus die oben dargestellte Betrachtungsweise, die sich durch ihre Uebereinstimmung mit Jesus als genuin christlich erweist, durch jenes 13. Kapitel des ersten Korintherbriefes in die Kirche eingeführt[1], welches der Markstein ist, an dem sich Sekte und Kirche trennen, und das umso mehr Bewunderung verdient, als es ein Mann geschrieben hat, der ein mit auffallend starken Geistwirkungen begnadeter Pneumatiker war. Genuin christlich ist es, aus der christlichen Vorstellung vom Wesen Gottes, der die Liebe ist, auf die Art seiner und seines Geistes Wirkungen in der Welt zu schliessen (Mt 5_{48}) und somit den köstlichsten Weg in der Liebe zu sehen, sie selbst für eine Gnadengabe und zwar für die grössere, ja schliesslich für die grösste zu erklären. Auch ruht es auf psychologisch feiner und richtiger Beobachtung, wenn man die Liebe auf den Geist zurückführt; und nicht bloss da, wo man die Liebe als die Summe aller christlichen Tugenden versteht, welche stets „Kräfte“ sind (virtutes, ἀρεταί): auch jenes Gefühl der Freude an dem Menschen und seines Wertes für uns, das sich mit dem Bestreben, ihm zu seinem Besten, nämlich zu seinem Ideal, zu verhelfen, verbindet, das heisst die Liebe im engeren Sinne, kann nur auf der neuen Betrachtung der Welt ruhen, welche

[1] Dies ist das Epochemachende an der Lehre des Paulus über den Geist, wie fast allgemein anerkannt ist. Gunkel's Buch dient in seinem zweiten Teile hauptsächlich dem Nachweis dieses Gedankens. Doch fragt sich, ob hier die Originalität des Apostels nicht etwas überschätzt wird. Gunkel muss zugeben, dass Wirkungen des heiligen Geistes auch nach der populären Anschauung „nur solche Menschen betreffen, welche der Verbindung mit Gott nicht unwürdig sind“, m. a. W. dass da kein heiliger Geist wirksam ist, wo etwa Unsittlichkeit sich mit der geheimnisvollen Kraft verbindet. Ferner aber ist die Apostelgeschichte ihrer Art nach zu so feinen Untersuchungen nicht geschaffen; dazu ist sie zu sehr Kompilation und in ihrer Gesamtheit zu spät. Was sie an Geistwirkungen berichtet, hat sich zudem stets an erprobten christlichen Männern vollzogen oder entstammt besonderer göttlicher Absicht. Wenn aber ein Petrus eine Vision hat, so erhebt sich weder bei ihm noch in der Gemeinde die Frage, ob gute oder böse Geistwirkung vorliegt. Da genügen die allgemeinen Kriterien. — In der oben angegebenen Beschränkung trifft indessen jene Anschauung wohl das Richtige.

die Menschheit als auf grund eines göttlichen Missionsbefehls zur Teilnahme an demselben Geiste Gottes berufen und befähigt anschaut. Eine empirische Betrachtung der Menschheit wird sich jener enthusiastischen Illusion der Liebe stets entgegensetzen und in den Menschen nur das Objekt der Selbstsucht, des ästhetischen Genusses, des Spottes oder der Verachtung sehen können.

Liebe als das mit Freude erlebte Bewusstsein der Gemeinsamkeit des höchsten Besitzes ist jene „Liebe im Geist“, welche die Kolosser (1 8) für den Apostel empfinden.

In der Liebe hat dann Johannes ebenso nicht nur das Wesen Gottes gesehen (I 4 8 16), sondern er bezeichnet mit diesem Worte auch die innigste Beziehung des Menschensohnes und der Gläubigen zu Gott, wie der Gläubigen zu Jesus und unter einander: „Gott hat niemand gesehen; wenn wir einander lieben, (so erleben wir seine Gegenwart in uns, nämlich) so bleibt Gott in uns, und seine Liebe ist in uns in Vollkommenheit. Daran erkennen wir, dass wir in ihm bleiben und er in uns: dass er uns von seinem Geist gegeben hat“ (I 4 12 13). Diese Liebe bewährt sich äusserlich gegen Gott als das Halten seiner Gebote, gegen die Brüder als Wohlthun (I 3 18): „Und das ist sein Gebot, dass wir glauben dem Namen seines Sohnes Jesu Christi und einander lieben, wie er uns geboten hat. Wer seine Gebote hält, bleibt in ihm und er in ihm. Und daran erkennen wir, dass er in uns bleibt: an dem Geiste, den er uns gegeben hat“ (I 3 23 f.). Es sind die zwei einzigen Stellen (I 4 13 und 3 24), wo Johannes in gemeinchristlicher Art den Gedanken, dass das ganze sittliche Verhältnis der Christen zu Gott wie zu dem Nächsten durch das Eintreten himmlischer „Kraft“ in den Menschen bedingt ist, mit Hilfe der Pneumatologie ausdrückt. Er bedient sich sonst meist der Mittel der Christologie und der Theologie, um die Kraft der Liebe zu erklären, welche jetzt die vereinigt, die vorher feindlich, kalt und lieblos an einander hingingen, jetzt aber sich zusammengefunden haben in der Liebe zu Gott und seinem Sohne — und in dem Bekenntnis, dass Jesus der Christ sei, im Fleisch gekommen. Das ist nämlich das Charakteristische für Johannes und kündet schon die spätere Zeit an: was diese Liebe an Intensität gewonnen haben mag, das ist ihr an Extension verloren gegangen. Verlangt wird eigentlich nur eine kirchlich beschränkte Liebe zu den Brüdern; draussen liegt die Welt. So ist es fast dasselbe, wenn Johannes an die Stelle der Liebe auch wohl die Einigkeit setzt (17 22). Und nicht viel mehr will es besagen, wenn Irenäus, der hier wie so oft den Schlussstein im Fundament der Kirche legt, zwar mit den Worten des Apostels die Liebe preist: „Sie ist kostbarer als die Erkenntnis, herrlicher als die Prophetie und überragt alle anderen Gnadengaben", sie aber in einem Atem mit der Succession der Bischöfe, dem Kanon und seiner rechten Auslegung als Kennzeichen der wahren Kirche nennt (IV 33 8).

Gerade diese Einigkeit und Einheit in dem einen Gottesgeist, die man an der Gleichartigkeit der Erkenntnisse, der sittlichen Grundsätze und Handlungen, sowie an der Uebereinstimmung der Charismen untereinander erprobte, bildete auch die Grundlage aller Mahnungen, als durch die beginnende gnostische Bewegung die Geister lebhafter aneinander gerieten und sich zu trennen anfingen[1]: „Ich ermahne euch, ich der Gefangene im Herrn, würdig zu wandeln der Berufung, mit der ihr berufen seid, mit aller Demut und Sanftmut, mit Langmut tragend einander in Liebe, eifrig, zu bewahren die Einheit des Geistes in dem Band des Friedens: ein Leib und ein Geist, wie ihr auch berufen seid in einer Hoffnung eurer Berufung; ein Herr, ein Glaube, eine Taufe; ein Gott und Vater aller (Eph 4 1—6 vgl. 2 18 2 22 1 3 13). Schärfer ins Auge gefasst ist die Gefahr schon bei Ignatius, wenn er wünscht: „Bleibt gesund in Einigkeit Gottes, da ihr den Geist besitzt, der sich nicht in Zweifel bringen lässt, welcher ist Jesus Christus" (Magn. 15). Und Irenäus: „So wie aus trockenem Weizen nicht ein Teig werden kann ohne Feuchtigkeit, noch ein Brot, so konnten auch wir viele nicht eins werden in Christus Jesus ohne das Wasser, welches vom Himmel ist. Unsere Körper haben durch jenes Bad zur Unvergänglichkeit die Einheit empfangen, die Seelen aber durch den Geist" (III 17 2). Ohne antignostische Beziehung ist die Mahnung des Hermas (S. IX 31 4): „Ich sage euch aber allen, die ihr dies Siegel (Taufe) empfangen habt, schlichten Sinnes zu sein und Beleidigungen nicht nachzutragen noch in eurer Schlechtigkeit zu beharren oder im steten Denken an bittere Beleidigungen, sondern zu einem Geist zu werden (in unum quemque spiritum fieri) und diese bösen Risse in eurer Mitte zu heilen und abzuthun".

Von diesem Einheitsband ausgehend beschreibt Clemens (I 2 2) das neue Leben der Christen als eine Wirkung des heiligen Geistes in trefflichen Worten: „So (nämlich bedingt durch demütige Gesinnung und mitteilende Liebe, welche aus dem Worte Gottes und der Betrachtung der Leiden Christi erwuchsen) ward tiefer und herrlicher Friede allen gegeben und eine unersättliche Lust zum Wohlthun, und eine volle Ausgiessung des heiligen Geistes kam über alle:

[1] Auch die johanneischen Stellen verraten deutlich diese Situation.

voll heiligen Willens in Bereitschaft zum Guten mit frommem Vertrauen hobt ihr eure Hände empor zu dem allmächtigen Gott, bittend, euch gnädig zu verzeihen, wenn ihr wider euren Willen gefehlt". Hier erscheint die Fülle des heiligen Geistes als eine Folge schon vorhandenen christlichen Lebens. Dies entspricht der Beobachtung des stetigen Wachsens in christlicher Gesinnung, das man auf den Geist zurückführt, da es ein Wachsen in jener grundlegenden Macht ist, die man bei der Taufe in sich aufgenommen hat, mag man diese nun als „Geist" oder als „Christus" bezeichnen oder als beides, wie es der Epheserbrief thut (3 14—18): „Deshalb beuge ich meine Kniee vor dem Vater ..., dass er euch gebe nach dem Reichtum seiner Herrlichkeit in Kraft gefestigt zu werden durch seinen Geist am inneren Menschen, dass der Christus sich Wohnung mache durch den Glauben in euren Herzen, in Liebe gewurzelt und gegründet, damit ihr begreifen könnt, ..." Ist hier der Glaube das Erste, kommt durch ihn der Christus-Geist in die Herzen, bewährt sich dieser Besitz dann in der Liebe und führt hernach zur Erkenntnis des alles Erkennen Uebersteigenden, so ist damit eine ziemlich genaue Umschreibung der Entstehung und des Wachstums jenes verborgenen Menschen des Herzens, des Geistes oder Christus in dem Menschen, gegeben. Ungenauer in der psychologischen Zeichnung, doch nicht ohne Recht, verfährt man da, wo man alles, auch den Glauben, auf den Geist zurückführt. So der Verfasser des Barnabasbriefes (16 8), wenn er, in sehr ungenauer Ausdrucksweise, das Tauferlebnis so umschreibt: „Nachdem wir Vergebung der Sünden empfangen hatten und zur Hoffnung auf den Namen gekommen waren, wurden wir neue Menschen, wiederum von Anfang an geschaffen, deshalb wohnt in unserer (Herzens-)Wohnung wahrhaftig Gott in uns"; oder (11 11): „Wir steigen hinab ins Wasser, starrend von Sünden und Schmutz, und steigen herauf, fruchtbringend im Herzen, die Furcht und die Hoffnung des Herrn in dem Geiste habend". Hier wird sichtlich die Bedeutung des Augenblicks in dogmatischer Weise gesteigert und gegen die psychologische Beobachtung alles auf einen Moment gehäuft, was Resultat einer lange vorausliegenden Entwicklung ist. Und wenn der Verfasser im Anschluss an den Satz 16 8 fortfährt: „Wie (wohnt Gott in uns)? Sein Wort des Glaubens, die Berufung zu seiner Verheissung, die weisheitsvolle Erkenntnis seiner Satzungen, die Gebote seiner Lehre .." (16 9), so ist auch hier einzelnes hinter den Empfang des Geistes gesetzt, was schon vorher vorhanden war. Noch undeutlicher ist 1 2; Barnabas preist die eingewurzelte Gnade des Geistbesitzes, die seine Leser empfangen haben, „wahrhaft sehe ich in euch ausgegossen Geist von dem Herrn, der an Liebe reich ist“, und augenscheinlich will er diesen Geistbesitz, den „Anbruch“ der künftigen Güter (1 $_7$), erblickt wissen in „dem grossen Glauben und der grossen Liebe durch die Hoffnung auf ein Leben mit dem Herrn“[1]. Ein Bekehrter vermag eben sein neues Leben von vorn zu betrachten und wird dann im stande sein, die einzelnen Momente auseinander zu halten und den Zeitpunkt, da das Neue zum Durchbruch kam, genau zu bestimmen; oder er kann rückwärts schauen und wird dann geneigt sein, auch die leiseste Regung des Neuen schon als Wirkung desselben zu verstehen. Dazu kommt noch die begreifliche Versuchung, alles auf den Moment der Taufe zu häufen. Kurz, man hat sich zumeist ohne Peinlichkeit im Ausdruck damit begnügt, die gesamten Lebensäusserungen des Christen auf jene innere, geheimnisvolle, dem Subjekt selbst nicht völlig durchschaubare Macht zurückzuführen. Hörte man doch zu deutlich, dass das „Lebenswasser“, das alles erdenliebende Feuer erstickt hatte, rauschte und rief: Her zu dem Vater! (vgl. S. 86). So wünscht denn Ignatius den Smyrnäern (13 vgl. inscr.): „Bleibt mir ›gesund‹ in Kraft des Geistes. Ich grüsse das Haus der Tavia, welches ich wünsche gegründet durch Glauben und Liebe, fleischliche und geistliche. Bleibt gesund in der Gnade Gottes“.

Den Menschen „für Gott geschickt zu machen“ (aptare Deo), ist auch nach Irenäus das Werk des Geistes. „Sowie nämlich trockene Erde, wenn sie nicht Feuchtigkeit empfängt, nicht Früchte tragen kann, so waren auch wir trockenes Holz zuerst und würden niemals Lebensfrucht bringen ohne den Regen, der von selbst von oben kommt“. Und nach der symbolischen Erklärung der Gideonsgeschichte fährt er fort: „Deshalb ist uns der Thau Gottes nötig, damit wir weder verbrannt noch unfruchtbar erfunden werden, und wir, wo wir einen Ankläger haben, auch einen Anwalt (paracletum) hätten“ (Iren. III 17 $_{2\ 3}$). „›Vollkommen‹ sind also die, welche den Geist Gottes als beharrenden Besitz in sich tragen .. Gottes d. h. welche den Glauben an Gott bewahren und die Gerechtigkeit gegen den Nächsten beobachten“ (V 6 $_1$).

b) Eine andere Art des psychischen Erlebnisses wird geschildert

[1] Barn. 1 $_2$: ... οὕτω ἔμφυτον τῆς δωρεᾶς πνευματικῆς χάριν ειλήφατε. $_3$ διὸ καὶ μᾶλλον συγχαίρω ἐμαυτῷ ἐλπίζων σωθῆναι ὅτι ἀληθῶς βλέπω ἐν ὑμῖν ἐκκεχυμένον ἀπὸ τοῦ πλουσίου τῆς ἀγάπης κυρίου πνεῦμα ἐφ' ὑμᾶς .... $_4$ ὅτι μεγάλη πίστις καὶ ἀγάπη ἐγκατοικεῖ ἐν ὑμῖν ἐλπίδι ζωῆς αὐτοῦ.

mit Zuhilfenahme der Vorstellung der beiden Wege und der an ihnen aufgestellten Engel, nämlich der *Kampf des guten* Willens mit den bösen Trieben. Da beobachtet man den *intermittierenden* Charakter des sittlichen Willenslebens und seine Zerlegung in einzelne Entschlüsse und Handlungen, führt sie aber doch auf eine einheitliche Kraft zurück, ohne sie andrerseits bis in ihre letzte psychische Grundlage zu verfolgen. Das Subjekt schaut in solchen Stunden fast wie ein Dritter dem Spiel seiner Triebe und Entschlüsse zu. Diese Darstellungsweise ist von ihrem ersten Auftreten an mit der Lehre von den zwei Wegen verknüpft und findet sich daher überall, wo der Einfluss der Urgestalt der Didache bemerkbar wird; so in dem lateinischen Fragment der Apostellehre[1] und bei Barnabas, wo der gute Engel mit Christus, der böse mit dem Teufel identifiziert wird (18 21_1). Eine anschauliche und psychologisch feine Schilderung bietet Hermas (M. VI 2): „*Zwei Engel* sind bei dem Menschen, *einer der Gerechtigkeit und einer der Bosheit*“, sagt der Bussengel. Darauf Hermas: „Wie also, Herr, erkenne ich ihre Wirkungen, dass beide Engel bei mir wohnen?“ — „Höre, antwortete er, und verstehe! Der Engel der Gerechtigkeit ist zartfühlend und schamhaft und sanft und ruhig. Wenn dieser in dein Herz steigt (ἀναβῇ), spricht er sogleich mit dir über Gerechtigkeit, Keuschheit, Heiligkeit, Genügsamkeit und über jedes gerechte Werk und jede herrliche Tugend. Wenn dies alles in deinem Herzen aufsteigt, erkenne, dass der Engel der Gerechtigkeit bei dir ist.“ Analog ist die Schilderung des bösen Engels. Bemerkenswert ist, dass auch hier der Wille als eine redende Stimme dargestellt wird (vgl. Ign. S. 86). Nicht auffallen kann, dass anstatt oder neben Ausdrücken, welche Willensvorgänge bezeichnen, für solche auch Wörter aus dem Erkenntnisgebiet verwendet werden[2]. Die Verwechslung des sittlichen Willens mit der sittlichen Erkenntnis ist in der damaligen Kulturwelt weit verbreitet; sie ist nicht nur seit Sokrates der griechischen Philosophie geläufig, sondern auch auf dem Boden einer statutarischen Religion, wie der jüdischen, selbstverständlich. Schliesslich liegt der Verwechslung auch eine psychische Besonderheit zu Grunde (vgl. S. 67). In gleicher Weise mag man auch zweifeln, ob sittliche Erkenntnis oder sittliche Kraft unter der Geistwirkung gemeint sei, wenn Barn. 4_{11}, mit der Erkenntnis beginnend und mit dem

---

[1] Vgl. *Harnack*, Did. S. 277.

[2] Vgl. λαλεῖ μετὰ σοῦ περί, σύνιε αὐτὰς καὶ πίστευε τῷ ἀγγέλῳ 2_6, das πιστεύειν ist nach einem schon in den LXX vorliegenden Sprachgebrauch für שמע soviel als ἀκολουθεῖν $2_{9\,10}$.

Thun schliessend, folgendes ausführt: Haltet euch zu den Gemeindeversammlungen. „Denn es sagt die Schrift: »Wehe denen, die in ihren Augen verständig sind und nach ihrem Urteil klug«. Lasset uns geistlich werden, lasset uns ein vollkommener Tempel für Gott werden. Soviel an uns ist, lasset uns trachten nach der Furcht Gottes und kämpfend erstreben, seine Gebote zu halten."

c) Nun erlebt man aber nicht bloss den guten Willen und die bösen Triebe und Leidenschaften je als ein Ganzes für sich, aus dem die einzelnen Tugenden oder Laster hervorgehen, und das man demgemäss unter dem Bilde des guten oder des bösen Engels darstellen kann. Man erlebt auch die Wirkungen einer bestimmten Tugend oder Sünde an sich mit solcher konstanten Aehnlichkeit, oder man sieht, wie sie sich bei vielen in so ganz gleicher Weise äussert, dass man sie ebenso als eine für sich bestehende Macht auffassen kann. Man führt diese dann entweder auf einen einzigen Geist der betreffenden Tugend zurück oder denkt sich eine Gruppe gleicher Geister, welche in den vielen Subjekten die Träger dieser bestimmten Willensrichtung sind. Wie man sich das Verhältnis dieser „Verteilungen des Geistes", dieser „Geister", zum Geiste selbst zu denken habe, ist oft schwer zu entscheiden, weil all diese „Geister" bereits eine lange Geschichte hinter sich haben und in der neutestamentlichen Zeit schon zu Bildern zu verblassen beginnen. Doch ist hier nicht die Stelle, davon zu handeln.

So soll nach I Petr 3 4 der Schmuck der Frau sein „der verborgene Mensch des Herzens in dem unvergänglichen Wesen des sanften und ruhigen Geistes, welcher in Gottes Augen sehr kostbar ist". Hier ist eine Uebergangsform zwischen jener ersten Art des Ausdrucks, welche den heiligen Geist verwendet, und dieser dritten Art[1]. Deutlicher liegt diese vor, wenn Justin von dem Geist der Kraft, des Rates u. s. w. im Anschluss an Jes 11 spricht. (Vgl. D 39 p. 132, D 87 p. 314.) Vor allem finden wir diese Art psychologischer Darstellung bei Hermas. Da treten zwölf Jungfrauen auf, „heilige Geister"; und es heisst: „Anders kann kein Mensch gefunden werden im Reiche Gottes, wenn nicht diese ihm ihre Kleider angezogen haben .. denn diese Jungfrauen sind die Kräfte des Sohnes Gottes" (S. IX 13). Sie heissen: Glaube, Enthaltsamkeit, Kraft und Langmut, die vier Haupttugenden; zwischen je zwei von ihnen stehen: Einfalt und Unschuld; Keuschheit und heitrer Sinn; Wahrheit und Verstand; Einmütigkeit und Liebe (S. IX 15). In der dritten Vision

[1] Analog II Tim 1 7 πνεῦμα δειλίας.

sind es bloss sieben Geister, die eine naive Psychologie der religiösen Erlebnisse auch noch in nähere Beziehung zu einander setzt: eine ist immer die „Tochter“ der andern: Glaube, Enthaltsamkeit, Einfalt, Wissen, Unschuld, Ehrwürdigkeit, Liebe (V. III 8). Dass alle Tugenden Töchter des Glaubens sind, leuchtet ein; im einzelnen aber wird man die Gründe der Anordnung in beiden Reihen schwer verstehen, wenn Hermas überhaupt Gründe gehabt hat. Diese Figuren gehören nicht nur den Visionen an, sondern Hermas lässt den Bussengel auch in den Mandaten die Tugenden (und Laster) als Geister bezeichnen[1]. Auch die Testamente der zwölf Patriarchen sind voll von solchen „Personificationen“ der Tugenden und Laster; doch verzichten wir auf die Anführung von Stellen, weil sie weder etwas Neues hinzubringen noch für den kleinen christlichen Teil dieses Buches charakteristisch sind.

d) Diese Zurückführung des sittlichen Willenslebens auf eine oder mehrere von aussen in den Menschen gekommene Geistmächte ist manchmal so entschieden, dass der heilige Geist wie eine Naturkraft erscheint, die nicht verloren gehen oder dauernd unterdrückt werden kann. Augenblicke christlichen Hochgefühls — man schreibt doch gewiss meist in solchen — treffen mit dem Zweck der Paränese zusammen, um hier mitunter ein „kann nicht“ hervorzubringen, wo ein „soll nicht“ stehen müsste. Hebr 6 $_4$: „Es ist unmöglich, dass die, welche einmal erleuchtet wurden, die himmlische Gabe geschmeckt haben und teilhaftig geworden sind des heiligen Geistes . . . wiederum, gefallen, sich zur Busse erneuen, aufs Neue für sich kreuzigend und an den Pranger stellend den Sohn Gottes“; hier ist allerdings nur die Möglichkeit der zweiten Busse, nicht die des Falls abgelehnt, aber diese doch als etwas Nichtzuerwartendes in jener gleichsam eingeschlossen. Stärker drückt sich Johannes aus, für den Aussprüche typisch sind wie I Joh 3 $_9$: „Jeder, der geboren ist aus Gott, thut keine Sünde, weil sein (Gottes) Same in ihm bleibt; und er kann nicht sündigen, weil er aus Gott geboren ist“ (vgl. I 3 $_{6\ 24}$ I 5 $_{18}$ Joh 14 $_{20\ 21}$). Aber auch Hermas behauptet schlechtweg: „Der Mensch, der den Herrn im Herzen hat, kann aller Dinge, auch dieser Gebote, Herr werden“ (M. XII 4 $_3$ 6 $_4$).

Indessen finden sich — und oft in denselben Schriften — Angaben darüber, dass der heilige Geist wieder durch Unsittlichkeit verloren gehen, dass er zeitweilig betrübt werden kann, ja dass er leicht

[1] M. V 2 $_3$ ff. μακροθυμία ὀξυχολία, IX $_{10\ 11}$ πίστις διψυχία, IX 22 $_8$, S. VIII 6 $_1$ πνεῦμα μετανοίας.

zu betrüben ist. Ob dem Hebräerbrief als entfernte Möglichkeit doch der Verlust des Geistes vorschwebt, ist deshalb nicht auszumachen, weil an der 6_{4} parallelen Stelle (10_{29}) zwar von einem Mit-Füssen-Treten des Sohnes Gottes, aber nur von einem Uebermütig-Behandeln des Geistes die Rede ist. Hermas, in der Frage der zweiten Busse im Gegensatz zum Hebräerbrief stehend (M. IV 3), weiss doch, dass der heilige Geist verloren gehen kann. „Wenn ein Jähzorn (zum heiligen Geist) hinzukommt, so gerät sogleich der heilige Geist, der sehr feinfühlend ist, in die Enge (τὸ πνεῦμα τὸ ἅγιον, τρυφερὸν ὄν, στενοχωρεῖται), da er keinen reinen Platz hat, und sucht den Ort zu verlassen; denn er wird beengt von dem bösen Geist und hat keinen Ort, dem Herrn zu dienen, wie er will, befleckt von dem Jähzorn; denn in der Langmut wohnt der Herr, im Jähzorn aber der Teufel“ u. s. w. (M. V 1_{3}). „Wenn diese Geister (Jähzorn, Thorheit, Erbitterung, Groll, Zorn, Wut; grosse und unheilbare Sünde) in einem Gefäss wohnen, wo auch der heilige Geist wohnt, fasst sie das Gefäss nicht, sondern wird übervoll. Der zarte Geist nun, welcher nicht gewöhnt ist, mit dem bösen Geist zusammenzuwohnen noch mit der Härte, verlässt den betreffenden Menschen und sucht bei Sanftmut und Ruhe zu wohnen. Dann, wenn er von jenem Menschen, in dem er gewohnt hat, weg ist, wird jener Mensch leer von dem gerechten Geist; und hinfort erfüllt von den bösen Geistern ist er unruhig in jeder Handlung, hin und her gezogen von den bösen Geistern und verliert ganz und gar die gute Gesinnung. So geht es allen Jähzornigen“ (M. V 2_{5} ff.). Die Richtigkeit dieser auf guter Beobachtung ruhenden „Bilder“ erklärt selbst, was für psychische Vorgänge mit ihnen beschrieben werden. — Freilich nicht für immer braucht der Geist den Menschen verlassen zu haben; „wenn der Jähzorn über irgend etwas den Menschen überfallen hat und er sehr erbittert gewesen ist, geht wieder die Trauer in das Herz des Jähzornigen hinein, und er trauert über seine Handlung und bereut, dass er Böses gethan“. Diese Reue „rettet den heiligen Geist“ (M. X 2). Es giebt aber auch Trauer, welche den heiligen Geist austreibt (ἐκτρίβει), nämlich der trauervolle Zweifel an Gottes Gnadenwillen, oder die Traurigkeit, welche der heilige Geist empfinden muss, wenn ein Christ Böses thut (M. X 2). „Entferne darum von dir die Traurigkeit und bedränge nicht den heiligen Geist, der in dir wohnt, damit er nicht wider dich Gott anrufe und dich verlasse. Denn der Geist Gottes, in dieses Fleisch gegeben, erträgt weder Betrübnis noch Enge.“ Auch Johannes setzt wenigstens in 15_{6} die Möglichkeit, dass ein Christ „nicht in Jesu bleibe“, also wohl auch von ihm verlassen werde, wenn auch dann lieber ein Wort wie I 2 19 auf solche Menschen angewandt wird: „Sie sind von uns ausgegangen, aber sie waren nicht aus uns".

Ueber die Augenblicke und Stunden sittlicher oder religiöser Schwäche oder positiver böser Energie kann man auch noch anders denken, als es Hermas nach den citierten Stellen gethan hat. Er selbst hat jene Stunden nicht bloss als ein Fortgehen des Geistes sondern auch als Verdunkelungen oder Befleckungen desselben aufgefasst: „Die, welche lügen, verletzen den Herrn und berauben den Herrn, da sie ihm das Pfand nicht zurückgeben, welches sie von ihm empfangen haben. Denn sie empfingen von ihm einen nicht lügenden Geist; wenn sie diesen als lügenhaft zurückgeben, so haben sie das Gebot des Herrn befleckt und sind Räuber geworden" (M. III 2). S. V 7: „Wenn du das Fleisch befleckst, wirst du auch den heiligen Geist beflecken; wenn du aber den Geist befleckst, wirst du nicht leben". Am deutlichsten sagt es S. IX 32: „Der Herr wohnt in denen, die den Frieden lieben; denn ihm ist der Friede lieb; von Streitsüchtigen aber und Boshaften ist er weit entfernt. Gebt ihm also den Geist unverletzt zurück, wie ihr ihn empfangen habt ... Was, glaubst du, wird der Herr dir thun, der dir einen unversehrten Geist gab, und du hast ihn ganz unbrauchbar gemacht, sodass er seinem Herrn von keinem Nutzen sein kann?"

Sehr verwandt mit solchen und oben angeführten Aeusserungen des Hermas sind die Worte des Epheserbriefs (4 30): „Kein schlechtes Wort soll aus eurem Munde ausgehen ... Und betrübt nicht den heiligen Geist Gottes, in dem ihr versiegelt seid (Taufe) auf den Tag der Erlösung. Jede Bitterkeit, Groll, Zorn, Geschrei und Lästerung soll von euch entfernt sein mit aller Schlechtigkeit". Der zuletzt bei Hermas besprochene Gedanke scheint auch in dem Citat vorzuliegen, welches Jac 4 5 anführt: „Bis zur Eifersucht begehrt Gott den Geist, den er in uns hat wohnen lassen, doch giebt er grössere Gnade". Eifersüchtig verlangt Gott das Pneuma zurück, wie er es gegeben hat. Wer es so bewahrt, dem giebt er noch grössere Gnade. „Deshalb", fährt der Brief fort, „heisst es: »Gott widersteht den Hoffärtigen, aber den Demütigen giebt er Gnade«. Ordnet euch also Gott unter, widersteht dem Teufel, und er wird vor euch fliehen." So bewahrt man also den Geist rein und verliert sich nicht an die Welt und den Teufel (4 5—7).

e) Ganz parallel sind die Schilderungen auf dem Gebiet

des sittlich bösen Willenslebens. Auch hier kann man jene unheimliche Gewalt des Bösen, die den Menschen in verkehrten sittlichen Empfindungen gefangen hält oder ihn wider Willen und besseres Wissen in sündhafte Entschlüsse und Handlungen hineintreibt, als ruhend auf einer dauernden oder vorübergehenden Besessenheit durch die oberste Macht des Bösen, durch den Teufel, beschreiben. Es fehlt freilich hier die Möglichkeit, mehrere Formen zu bilden wie auf dem Gebiet des sittlich guten Willenslebens, wo Gott, Christus und Geist für einander eintreten können[1]. So folgt auf jene schon oben aus dem ersten Johannesbrief angeführte Stelle über das Nichtsündigen dessen, der „aus Gott ist", nachher der Satz: „Wer Sünde thut, ist »aus dem Teufel«, denn von Anfang an ist der Teufel ein Sünder"[2]. Aus der Kraft des Teufels heraus thun auch Christen Sünde; so weiss Hermas, dass der Teufel zu allen Knechten Gottes kommt, sie zu versuchen. „Alle nun, die des Glaubens voll sind, widerstehen ihm fest, und jener geht von ihnen weg, da er keinen Platz findet, wo er eindringen kann. Dann geht er hin zu den leeren, und da er Platz hat, geht er in sie hinein und thut in ihnen, was er will, und sie werden seine Knechte"[3]. Eine in ihrer Form eigenartige Schilderung, die uns schon zur folgenden Gruppe hinüberführt, bietet Justin: die Christen „bedrängt der Teufel in ständiger Feindschaft und in der Absicht, alle zu sich zu ziehen, und der Engel Gottes, d. h. die Kraft Gottes, die uns gesandt ist durch Jesus Christus, droht ihm, und er lässt von uns ab" (D 116 p. 414).

Wie hier der Teufel und der heilige Geist im Herzen der Christen miteinander kämpfen, so der böse und der gute Engel nach den schon oben citierten Stellen. Man erkennt nach Hermas das Dasein des Engels der Schlechtigkeit daran, dass die Begierde nach unruhiger Vielgeschäftigkeit, nach sinnlichen Genüssen jeder Art, Habgier, Ehrgeiz und dergleichen im Herzen aufsteigen[4]. Der „böse

---

[1] Da von den Wirkungen des Teufels und der Dämonen diejenigen, welche sich an Nichtchristen vollziehen oder als Versuchung der Christen auftreten, bereits behandelt sind (vgl. S. 16 ff.), so werden hier die noch übrigen, welche von wirklichen oder gedachten Sünden der Christen handeln, besprochen.

[2] I 3 $_{8}$ vgl. 3 $_{10}$ und Theoph. II 29 p. 138.

[3] M. XII 5 $_{4}$ vgl. S. IX 31 $_{2}$, M. V 1 $_{3}$ ἐν δὲ τῇ ὀξυχολίᾳ (κατοικεῖ) ὁ διάβολος.

[4] M. VI 2 $_{5}$: Ὅταν ὀξυχολία σοί τις προσπέσῃ ἢ πικρία, γίνωσκε ὅτι αὐτός ἐστιν ἐν σοί· εἶτα ἐπιθυμία πράξεων πολλῶν καὶ πολυτέλεια ἐδεσμάτων πολλῶν καὶ μεθυσμάτων καὶ κραιπαλῶν πολλῶν καὶ ποικίλων τρυφῶν καὶ οὐ δεόντων, καὶ ἐπιθυμία γυναικῶν καὶ πλεονεξία καὶ ὑπερηφανία πολλή τις καὶ ἀλαζονεία, καὶ ὅσα τούτοις παραπλήσιά ἐστι καὶ ὅμοια.

Engel“ wird also da zur Verkörperung des gesamten bösen Trieblebens, wo man es als eine Einheit fasst und zugleich das Kommen und Gehen, das Wechseln der Leidenschaften beobachtet.

Schliesslich konnte man auch die bösen Triebe, die Leidenschaften und die Laster als besondere Geister oder Gruppen von gleichartigen Geistern denken. Das hatte nicht nur einen subjektiven psychologischen Grund — die Beobachtung ihres stets gleichbleibenden Charakters —, sondern es war auch objektiv darin begründet, dass gewisse Seiten des menschlichen Trieblebens, welche leicht zu schlechten Thaten verführen und im Heidentum dazu geführt hatten, unter dem Schutz besonderer heidnischer Gottheiten standen. Man denke an Aphrodite oder Hermes. So weiss Clemens (I 51 $_1$ S. 17), dass man Böses thut „durch irgend einen aus der Schar des bösen Feindes“. Besonders reiche Beispiele liefert wiederum Hermas. Da erscheinen zwölf schwarzgekleidete, schöne aber wilde Weiber in aufgelösten Haaren (S. IX 9 $_5$), von denen vier, „mächtiger“ als die andern, heissen: Unglaube, Unreinheit, Ungehorsam, Betrug; ihnen folgen Trauer, Schlechtigkeit, Unkeuschheit, Jähzorn, Lüge, Unbesonnenheit, Verleumdung, Hass (S. IX 15 $_3$). Auch diese bösen Geister treten neben manchen andern in den Mandaten auf[1].

V.

Das geistgewirkte Hören, Sehen, Vernehmen und Erkennen.

1.

Auf dem Gebiete des Gehörssinnes lässt sich analog der Glossolalie ein Zustand denken, in dem der Pneumatiker, teilweise oder vollkommen gegen die Eindrücke der Aussenwelt abgeschlossen, die Willensherrschaft über das in Thätigkeit befindliche Organ so sehr verloren hat, dass dieses wie von einer fremden Macht bewegt und in Thätigkeit versetzt ganz unbestimmt als Organ reagiert, ohne deutlich unterscheidbare seelische Produkte zu liefern. Auf dem Gebiete des Gehörs müsste dieser Zustand ein Hören unverständlicher Laute oder Stimmen sein, die von grösserer oder geringerer Stärke, vom „Donner“

[1] So heisst es M. II 3: πονηρὰ ἡ καταλαλιά, ἀκατάστατον δαιμόνιόν ἐστιν. Vgl. M. V 1 2 ὀξυχολία, IX $_{9\ 11}$ διψυχία, θυγάτηρ ἐστὶ τοῦ διαβόλου, X 1 $_{1\ 2}$ λύπη, XII 2 $_2$ ἡ ἐπιθυμία ἡ πονηρά; vgl. noch S. IX 17 $_4$ 18 $_3$ 20 $_4$ 22 $_3$ 23 $_5$.

bis zum „Flüstern“ abnehmend[1], im Ohr mit aller sinnlichen Deutlichkeit eines von aussen kommenden Lautes vernommen werden.

Zweimal haben in der nachapostolischen Zeit Geistträger Aeusserungen gethan, welche auf dies Erlebnis schliessen lassen. Zuvor aber sei noch eine ähnliche Stelle aus Paulus zugefügt: „Und ich weiss“, sagt er, „dass der betreffende Mensch — ob im Leib oder getrennt vom Leib, weiss ich nicht — Gott weiss es — dass er entrafft ward in das Paradies und hörte unsagbare Worte, die kein Mensch aussprechen darf“ (II Kor 12_2). Paulus erlebt hier eine Ortsversetzung mit der Empfindung des Fliegens; er hat ein Gesicht (12_1), durch welches er den Ort, an den er versetzt wird, erkennt; und er hört schliesslich jene geheimnisvollen Worte. Aeusserst charakteristisch ist, dass er nicht sagt, wer jene Worte ausgesprochen hat. Wir dürfen auch nichts dazu ergänzen. Der Pneumatiker hört oft Stimmen irgendwoher, aus der Luft, aus dem Dunkel, aus dem Licht, im letzten Grunde freilich „in seinem Ohr“. Das Subjekt, das hinter diesen Worten steht, das redende Pneuma, erschliesst er vielleicht nachher aus dem Inhalt der Rede, zuweilen wohl auch überhaupt nicht. „Es“ kommt über ihn, „es“ redet in ihm und um ihn. — Nun aber, worauf es hier ankommt, weshalb darf kein Mensch diese Worte aussprechen? Wie verträgt sich ein solcher Satz mit der paulinischen „Theologie“, die freilich einen Unterschied von „Unmündigen“ und „Vollkommenen“ kennt, die aber sonst nichts davon weiss, dass ein Christ nicht dasselbe sagen dürfe wie Gott oder der Herr oder gar wie ein Engel oder Dämon? „Wisst ihr nicht, dass wir Engel richten werden?“ Ehe hier eine Antwort versucht wird, müssen die beiden anderen ähnlichen Stellen besprochen sein.

Hermas erzählt — die „Alte“ hat ihm zuvor Massregeln gegeben für sein Verhalten in seinen Familienleiden —: „Nachdem sie diese Worte beendet hatte, spricht sie zu mir: Willst du mir zuhören, wenn ich vorlese? — Ich antwortete: Ja, Herrin. — Sie spricht zu mir: Höre zu und vernimm den Lobpreis Gottes. Ich hörte (lesen) gross und wunderbar (Geschriebenes), das ich nicht behalten konnte; denn alle Worte waren schrecklich, wie sie kein Mensch ertragen kann. Die letzten Worte nun behielt ich; denn sie waren nützlich und lieblich.“ Sie kommen jetzt und enthalten eine der kirchlichen Liturgie entnommene oder ihr nachgebildete Doxologie mit angehängter Verheissung Gottes[2]. Auf-

[1] So nimmt auch die Glossolalie ab vom „Rasen“ bis zum „Seufzen“.

[2] V. I 3_3. Vgl. 4_2: Προσκαλεῖται δέ με καὶ ἥψατο τοῦ στήθους μου καὶ

fallend; derselbe Mann, der diese „letzten Worte“ auswendig behalten hat, die an liturgischer Plerophorie und Fülle des Ausdrucks und darum an Schwierigkeit für das Gedächtnis ihres Gleichen suchen, will aus Schrecken die vorhergehenden Worte wohl verstanden aber nicht im Gedächtnis behalten haben! Entweder ist das Fiktion, oder?[1]

Schliesslich erzählt Tertullian: „Ebenso wird durch die heilige Prophetin Priska verkündigt, dass (nur) ein heiliger Diener das Heilige verwalten könne. »Denn Reinheit vereint (mit Gott, dem Geist)«, sagt sie, »und sie (die Reinen) sehen Visionen und das Antlitz niederbeugend hören sie auch deutliche Worte, sowohl heilsame als verborgene«“[2]. Hier wird durch das Niederbeugen des Antlitzes derselbe Zustand der Abgeschlossenheit gegen die Aussenwelt, wahrscheinlich die Ekstase, erzielt, welche sich bei Paulus und Hermas von selbst eingestellt hat. Aber auch hier ist derselbe Widerspruch in der Angabe über die Worte: deutlich hört die Prophetin die Worte, aber ein Teil von ihnen ist „geheim, verborgen“.

Paulus sagt „unaussprechlich“, Hermas „unbehältlich“, Priska „geheim“. Alle drei sehen dies Erlebnis als einen besonders hohen Zustand des Seins im Geiste an; bei Paulus und Hermas sind starke Gefühlseindrücke mit der Gehörserscheinung verbunden. Paulus ist im Paradies, und in dem Ton, in dem er von diesem Erlebnis erzählt, zittert noch jenes geheimnisvoll entzückte Grauen nach, das er einst empfand; Hermas ist sehr stark erschrocken; Priska schweigt allerdings über das, was sie empfunden hat, aber auch sie hat das Hören von Geisterstimmen mit einem „auch“ als das von all ihrem mystischen Besitz ihr Wertvollste an den Schluss ihrer Aufzählung gestellt. Als einen Teil ihrer höchsten pneumatischen Erfahrungen bezeichnen also alle drei Worte, welche sie nicht mitteilen können. Liegt es da nicht nahe, zur Erklärung jener eigentümlichen und widerspruchsvollen Angaben anzunehmen, dass der Pneumatiker in jenem Zustande neben einem starken Gefühlsausbruch nur ganz undeutlich eine ihm selbst nicht verständliche Gehörserscheinung erlebt hat, die er dann zum Teil schon in der Ekstase, zum Teil aber auch nachher nach seinem dabei em-

λέγει μοι· Ἤρεσέν σοι ἡ ἀνάγνωσίς μου; καὶ λέγω αὐτῇ· Κυρία, ταῦτά μοι τὰ ἔσχατα ἀρέσκει, τὰ δὲ πρότερα χαλεπὰ καὶ σκληρά.

[1] Jedenfalls nicht Nachbildung von IV Esr. 6 17 (Jachmann vgl. dagegen Zahn, Der Hirt des Hermas, Gotha 1868. S. 366 f.).

[2] Tertull. de exhort. cast. 10 (B. No. 8): Item per sanctam prophetidem Priscam ita evangelizatur, quod sanctus minister sanctimoniam noverit ministrare. Purificantia enim concordat, ait, et visiones vident, et ponentes faciem de orsum etiam voces audiunt manifestas, tam salutares quam et occultas.

pfundenen Affekt deutet. Solche Erklärungsversuche stellen die Aeusserungen des Paulus, des Hermas und der Priska dar: ein Mensch darf solche Himmelsworte nicht aussprechen, deshalb ist es mir unmöglich, jetzt mich ihrer zu erinnern; sie waren zu entsetzlich, deshalb konnte ich sie nicht behalten; es sind Geheimworte, nicht für die Ohren gewöhnlicher Menschen bestimmt. So erklärt sich der Geistträger, dass er „Offenbarungen“ vernommen hat, deren er sich doch nicht erinnern kann. — Diese Erklärung scheint im Hinblick auf die verwandten Erscheinungen die einfachste zu sein.

2.

Der Pneumatiker kann aber auch die Worte, welche der Geist oder die Geister zu ihm sprechen, vollkommen deutlich hören und verstehen. Sein Bewusstsein zerlegt sich dann gleichsam in eine redende und in eine zuhörende Person. Die Form dieses Vorgangs ist eine Erfahrung, die im Traume ganz gewöhnlich ist, und die in schwächerem Grade auch bei wachem Bewusstsein oft genug gemacht wird, besonders häufig bei sittlichen Entscheidungen: wann sich die Gedanken einander verklagen oder entschuldigen (Rm 2 15). Auffallend und doch wieder begreiflich ist, dass auch im pneumatischen Doppelbewusstsein diese Form des sittlichen Gewissens sehr häufig angetroffen wird, indem die Geisterstimme nicht bloss die höhere Erkenntnis sondern auch die grössere sittliche Kraft gegenüber dem schwankenden oder zweifelnden menschlichen Subjekt vertritt. So in der Apokalypse, so auch im Hermasbuch. Anders ist das Erlebnis wieder, wo eine Leidenschaft oder ein böser Trieb als Dämon zu dem das normale Bewusstsein vertretenden Ich des Geistträgers spricht.

Zunächst sollen diejenigen Erlebnisse dieses Doppelbewusstseins besprochen werden, bei denen die gehörten Stimmen wirklich von sinnlicher Deutlichkeit sind. Mit der Gehörserscheinung verbindet sich in der Regel eine Vision. Die besprochenen Erlebnisse des Paulus und Hermas sind Beispiele dafür. Aus diesem Grunde müssen uns Hören und Sehen „im Geist“ in einem Zusammenhang beschäftigen, doch sollen im Folgenden die reinen Gehörserscheinungen den andern Vorgängen vorausgestellt werden.

Hierher gehört vielleicht die vom Parakleten handelnde Stelle Joh 16 13. Dass der Paraklet hier der in den Propheten und Lehrern der Gemeinde redende Geist ist, wurde bereits bewiesen. Wenn es nun heisst: „Alles was er hört (beachte das Präsens!), wird er aussprechen“, so scheint das auf das Hören himmlischer Worte durch die Propheten hinzuweisen. Solche Erfahrungen des Propheten, der in sich die Stimme des Geistes reden hört, hat der Evangelist gekannt und wahrscheinlich selbst erlebt [1].

Das Gleiche gilt wohl von Barnabas. Um nachzuweisen, dass sich an der Gemeinde das Wort der Schrift (Dan 9 24 ff.?) erfülle: „Es wird herrlich ein Tempel Gottes im Namen des Herrn gebaut werden“, beruft er sich auf die Erfahrungsthatsachen, welche bezeugen, dass „in unserem Hause (= Herzen) wahrhaftig Gott wohnt“ (16 7 ff.). An die in dem Citat auf S. 153 angeführten Besitztümer der Christen schliesst er als letztes an: „Er selbst in uns prophezeiend, er selbst in uns wohnend; er öffnet uns die Thüre des Tempels, d. h. den Mund, giebt uns Busse und führt die dem Tode Verknechteten ein in den unvergänglichen Tempel“. Wenn Barnabas sagt, dass „Gott selbst in uns spricht und wohnt“, so deutet er damit doch wohl ebenfalls das Hören einer geheimnisvollen Stimme durch den Pneumatiker an [2].

Die Feinheit der Schilderung dieses Erlebnisses mag man bei Ignatius bewundern, wenn er beschreibt, wie der Geist in ihm redet: „Lebend schreibe ich euch, mich sehnend nach dem Tod. Meine Leidenschaft ist gekreuzigt, und kein erdeliebendes Feuer brennt mehr in mir; sondern Wasser, lebendig und redend, (quillt) in mir, das in meinem Innern zu mir sagt: Her zu dem Vater!“ [3]. Ein Hauch des Lebens weht aus diesen Worten. Wer sie liest und sich ihnen hingiebt, vor dessen Auge steht der Märtyrer, wie er dem Tode entgegengehend auf die geheimnisvoll rauschende Stimme in seiner Brust lauscht, wenn die Versuchung (7 1), die Stimme der Sehnsucht nach dem Leben, sie übertönen will; da lauscht man mit ihm der einfachen und monotonen aber gewaltigen Melodie: Her zu dem Vater! [4].

---

[1] Dafür, dass Johannes ein geistbegabter Verkündiger des Wortes ist, sei hier zu den im Vorausgehenden mehrfach gegebenen Hinweisen noch I Joh 4 6 angeführt: „Wir sind aus Gott; wer Gott kennt, hört uns; wer nicht aus Gott ist, hört uns nicht“. Mit „wir“ sind hier die Geistträger von den Gemeindegliedern unterschieden (ὑμεῖς 4 4) und den falschen Propheten, den Trägern des Irrgeistes, gegenübergestellt.

[2] Dieselbe Auslegung der Stelle deutet auch O. Pfleiderer (Urchristent. S. 670) an. Die Gemeinde ist nicht der Tempel Gottes, weil nur der Einzelne das „Haus der Dämonen“ gewesen sein kann (16 7).

[3] Ign. Rm. 7: Ζῶν γὰρ γράφω ὑμῖν, ἐρῶν τοῦ ἀποθανεῖν. ὁ ἐμὸς ἔρως ἐσταύρωται, καὶ οὐκ ἔστιν ἐν ἐμοὶ πῦρ φιλόϋλον· ὕδωρ δὲ ζῶν καὶ λαλοῦν ἐν ἐμοί, ἔσωθέν μοι λέγων· „δεῦρο πρὸς τὸν πατέρα“. Der Geist ruft δεῦρο, denn er ist vom Vater ausgegangen.

[4] Lightfoot ist im Irrtum, wenn er ἁλλόμενον für λαλοῦν lesen will; ἁλλόμενον ist Citat aus Joh 4 10 11; λαλοῦν aber ist charakteristisch und psychologisch sehr fein: ein Wasser, das in ihm rauscht und tönt, λέγον giebt nach-

Wie weit der in der Moskauer Handschrift des Martyrium Polycarpi angefügte, angeblich aus einer Schrift des Irenäus stammende Bericht über ein von Irenäus selbst erlebtes Hörwunder auf guter Tradition beruht, muss dahingestellt bleiben. Es heisst da: „Auch das wird berichtet in den Schriften des Irenäus, dass an demselben Tage und zu derselben Stunde, da Polykarp in Smyrna als Märtyrer starb, Irenäus in Rom, wo er sich aufhielt, eine Stimme hörte, wie von einer Trompete, welche sagte: „Polykarp ist Blutzeuge geworden“[1]. Für die Möglichkeit solcher Ereignisse werden später Parallelberichte aus unbezweifelbaren Quellen angeführt werden. Hier ist die Bezeugung freilich sehr schlecht. Die Beschreibung der Stimme erinnert an die erste Stimme, welche der Apokalyptiker Johannes gehört haben will: „Ich geriet in Ekstase am Sonntag und hörte hinter mir eine laute Stimme wie von einer Trompete, welche sagte: Was du siehst, schreibe in ein Buch“ (1 10 f.). Diese Schilderung beruht auf einem Erlebnis; die Stärke solcher Stimmen ist oft sehr gross, wie noch weitere Beispiele zeigen werden.

Dass man solche Erfahrungen, auch wenn keine Gesichtserscheinungen weiter damit verbunden waren, als Wirkungen unsichtbarer Geistwesen auffassen musste, ist deutlich. Lag doch hier für das Bewusstsein des Hörenden eine von aussen sich aufdrängende sinnliche Wahrnehmung vor, ohne dass man ein Subjekt bemerkte, von dem sie ausgegangen sein konnte. Dazu kommt, dass der Pneumatiker sich in solchen Augenblicken meist eines abnormen Seelenzustandes bewusst ist, und dass der damit verknüpfte starke Affekt auf eine stark wirkende Ursache hinweist.

3.

Lagen den bis jetzt geschilderten Vorgängen, soweit unsere Quellen dies erkennen lassen, keine aus der Sinnenwelt stammenden Ursachen zu Grunde, so kommen auf beiden Sinnesgebieten doch auch solche Erfahrungen vor, bei denen die pneumatische Erscheinung lediglich die symbolische Ausdeutung oder Weiterbildung eines Gegenstandes oder Vorganges aus der Sinnenwelt ist. Einmal wird ein Vorgang mitgeteilt, der auf eine solche Gehörs„illusion“ schliessen lässt. Das Martyrium des Polykarp erzählt: Während man den Polykarp zum Tode führte, „war ein solcher Lärm in dem Stadion, dass

her die Interpretation des λαλεῖν. Man beachte den Unterschied von λαλεῖν und λέγειν.

[1] Πολύκαρπος ἐμαρτύρησεν lautet die Geisterstimme. Lightfoot, Apost. Fathers II 2 b S. 986 und vgl. dazu II 1 S. 439.

man einander nicht verstehen konnte. Als nun Polykarp in das Stadion hineinging, kam zu ihm eine Stimme aus dem Himmel: Sei stark, Polykarp, und mannhaft! Und den Sprechenden sah niemand, die Stimme aber hörten die von den unseren, die zugegen waren. Und als er vollends hineingeführt wurde, machten die, welche hörten, dass Polykarp ergriffen sei, einen grossen Lärm"[1]. Dass das Martyrium des Polykarp gerade in der Art, wie es erzählt, deutlich beweist, dass es etwas Erlebtes berichtet und die geschilderten Vorgänge fast ohne Ausnahme genau kennt, wird sich noch öfters zeigen[2]. Auch hier giebt es uns die Mittel an die Hand, den Vorgang zu durchschauen. — Eine kleine Zahl von Gläubigen, in denen die Liebe zu ihrem alten Bischof und Lehrer mit der noch stärkeren Liebe zu Christus ringt, folgt, die Herzen voll Angst und Freude, voll Schmerz und Triumphgefühl zugleich, dem Polykarp hin zu dem Feind. Und spricht jene Liebe für Schonung und Nachgeben, die Stimme Christi ruft in ihnen allen: Sei stark, Polykarp, sei ein Mann! Und nun treten sie ein. Hundertstimmiges Geschrei der feindseligen Menge umtobt sie. Da hören sie plötzlich jene Worte ihm zurufen — vom Himmel her — denn woher sollten sie kommen, da niemand den Rufer sieht? Nun ist ja, man mag sonst über Stimmen aus dem Himmel denken wie man will, deutlich, dass hier schon um deswillen keine Stimme vom Himmel gekommen sein kann, weil sie bei dem ungeheuren Lärm so stark hätte sein müssen, dass alle sie mit Entsetzen hätten hören können. Es hörten sie aber nur die Christen. So bleibt nur die Wahl zwischen zwei Annahmen: entweder haben sich diesen ihre Gedanken — zuerst wohl einem, der sie den anderen mitteilte (vgl. u. in VIII 5) — im Ohr zu deutlichen Worten verdichtet; oder eine Stimme unter den Vielen, die so ähnlich, vielleicht auch anders, gelautet haben mag, ist von einem der Christen aufgegriffen und unbewusst nach dem, was ihn selbst aufs Stärkste beschäftigte, gedeutet worden. Wer hätte nicht schon ähnliches bei Zurufen erlebt? Diese Deutung muss unbewusst gewesen sein, weil sonst die Auslegung des Vorgangs als Wunder nicht möglich gewesen wäre. Von diesen beiden Möglichkeiten der Erklärung scheint die zweite die wahrscheinlichere zu sein. Dass man jenes Hören, welches nur bei Christen eintrat, für geistgewirkt hielt, ist schon um der Analogie von c. 15 willen vorauszusetzen[3].

[1] Mart. Pol. 8_3 9_1: Τῷ δὲ Πολυκάρπῳ εἰσιόντι εἰς τὸ στάδιον φωνὴ ἐξ οὐρανοῦ ἐγένετο· „Ἴσχυε Πολύκαρπε καὶ ἀνδρίζου". καὶ τὸν μὲν εἰπόντα οὐδεὶς εἶδεν, τὴν δὲ φωνὴν τῶν ἡμετέρων οἱ παρόντες ἤκουσαν.

[2] Vgl. auch Lightfoot II 1 S. 598 ff. Die Ausnahmen vgl. u. S. 169.

[3] Analogon ist auch Joh 12_{28} f., wo alle hören, die Deutung aber eine

4.

Diese Stelle stützt überhaupt unsere ganze Auffassung der vorigen Erzählung, weil sie eine „Illusion“ auf dem Gebiete des Gesichtssinnes bietet, bei der mit aller Deutlichkeit der äussere Sinneseindruck zu konstatieren ist, an den sie anknüpft. Polykarp steht auf dem Scheiterhaufen, die Hände an den Pfahl gebunden. Da betet er. „Und als er das Amen (zu Gott) hinaufgeschickt und sein Gebet beendet hatte, zündeten die ›Feuermenschen‹ (Wortspiel) das Feuer an. Als nun die Flamme hoch emporloderte, sahen wir, denen es zu sehen gegeben wurde, ein Wunder, wir, die wir auch bewahrt wurden, um den übrigen das Geschehene zu verkünden. Denn das Feuer nahm die Gestalt eines Wagens an, und wie das Segel eines Schiffes im Winde sich aufblähend, umgab es rings den Leib des Märtyrers wie eine Mauer. Und der war darin (anzusehen) nicht wie verbrennendes Fleisch sondern wie Brot, das man backt, oder wie Gold und Silber, das man im Ofen schmilzt“[1]. Hier haben wir die deutliche Angabe eines Augenzeugen über den Vorgang, der zu grund liegt: eine eigentümliche Gestalt der Flamme, die wohl ein Windstoss wegtrieb und dabei so ausbauchte, dass sie wie ein aufgeblähtes Segel aussah[2], und die eigentümliche Färbung des brennenden Körpers. Wir finden die ehrliche Angabe, dass nur einzelne die besondere Gabe empfingen, das Wunder zu sehen; sie sind also wahrscheinlich als „im Geiste“ sehend gedacht. Was ihnen „gegeben ward“, war nun nicht der Anblick der Flamme, sondern die Deutung ihrer angeblichen Gestalt: die Flamme sah aus wie ein Feuerwagen, und schützend wie eine Mauer umgab sie den brennenden Körper, dessen seltsame Farbe mit ihrer Deutung gleichfalls nur dem begnadeten Auge und Sinn sich erschloss[3]. Es

---

verschiedene ist. Freilich ist hier Legende; aber eine solche, die Erlebtem nacherzählt ist (Mc 1 11).

[1] Mart. Pol. 15: Ἀναπέμψαντος δὲ αὐτοῦ τὸ ἀμὴν καὶ πληρώσαντος τὴν εὐχὴν οἱ τοῦ πυρὸς ἄνθρωποι ἐξῆψαν τὸ πῦρ. μεγάλης δὲ ἐκλαμψάσης φλογός, θαῦμα εἴδομεν, οἷς ἰδεῖν ἐδόθη· οἳ καὶ ἐτηρήθημεν εἰς τὸ ἀναγγεῖλαι τοῖς λοιποῖς τὰ γενόμενα. τὸ γὰρ πῦρ καμάρας εἶδος ποιῆσαν, ὥσπερ ὀθόνη πλοίου ὑπὸ πνεύματος πληρουμένη κύκλῳ περιετείχισε τὸ σῶμα τοῦ μάρτυρος· καὶ ἦν μέσον οὐχ ὡς σὰρξ καιομένη, ἀλλ' ὡς ἄρτος ὀπτώμενος, ἢ ὡς χρυσὸς καὶ ἄργυρος ἐν καμίνῳ πυρούμενος.

[2] Vgl. Lightfoot II 1 S. 598 f. Hier sind auch parallele Beispiele von dem Feuertod Savonarolas und Hoopers († 1555 unter Maria der Blutigen) erzählt; auch dort ist der Umstand, dass der Wind die Flamme wegtrieb, als Wunder aufgefasst worden.

[3] Ausserdem der Wohlgeruch vgl. u. in VI 2.

ist begreiflich, dass jene Christen in Smyrna von ihrem Bischofe, der Prophet, Wunderthäter und Märtyrer war, erwarteten, er werde wie Elias auf feurigem Wagen in den Himmel fahren. Wir verstehen, wie sich ihnen dieser Gedanke, als sie die auffallende Gestalt der Flamme sahen, mit unwiderstehlicher Gewalt aufdrängte. Und eine Mauer von feurigen Wagen und Rossen hatte einst auch den Propheten Elisa beschützt (II Kön 6 17). Ein ähnlicher Gedanke liegt auch jenem Feuerwunder zu grunde, das die Legende von Thekla erzählt (S. 147). Bei dem Tode christlicher Märtyrer erwartete man das Höchste und Wunderbarste. Was die Legende erfand, konnte das der Volksglaube nicht erleben?[1]

---

[1] Das 16. Kapitel scheint dagegen dringend verdächtig, später zu sein Nicht wegen des Satzes: „Schliesslich, als die Gottlosen sahen, dass sein Körper nicht vom Feuer verzehrt werden konnte, befahlen sie dem Confector, heranzutreten und ihm das Schwert in die Brust zu stossen“, denn der Wind konnte in der That die Hinrichtung zu sehr verzögert haben. Aber nach 15 2 brannte ja schon der Körper (οὐχ ὡς σάρξ καιομένη). „Und als er das gethan hatte“, heisst es weiter, „sprang an der Spitze ein Strom Blutes heraus, sodass er das Feuer verlöschte und das ganze Volk mit Staunen sah, dass ein solcher Unterschied zwischen den Ungläubigen und den Auserwählten“. Das Schlimmste aber ist das nun Folgende: ... „von denen einer auch dieser gewesen ist, der wunderbare Blutzeuge Polykarp, in unseren Zeiten apostolischer und prophetischer Lehrer, Bischof der katholischen Kirche in Smyrna. Jedes Wort aus seinem Munde ist in Erfüllung gegangen und wird noch in Erfüllung gehen“. Mag bei den letzten Worten auch wieder echtes Gut zum Vorschein kommen, wem erzählt denn das Martyrium die Lebensstellung Polykarps mit solchen Worten? — Man vergleiche damit die Erzählung vom „Kampfe“ des Saturus (Martyr. Perp. et Fel. ed. Franchi, 14 fin.), welche die gleiche Tendenz hat. Auch hier gelingt die Tötung des Märtyrers mit den gewöhnlichen und zuerst angewandten Mitteln nicht, sondern eine geheimnisvolle Gewalt hält von ihm zunächst jede Verletzung ab und zeigt dadurch, dass sie den Märtyrer wohl auch vom Tode hätte befreien können, wenn es in Gottes Willen gelegen hätte. Und doch, wie natürlich ist jene Erzählung, wie hält sie sich in den Schranken des Denkbaren: ὥστε καὶ τῷ συt διακονούμενος ἐσύρη μόνον, σχοινίῳ προσδεθείς, ὁ δὲ θηρατὴς ὁ τῷ συt αὐτὸν προσβαλὼν ὑπὸ τοῦ θηρὸς κατετρώθη οὕτως, ὡς μεθ' ἡμέραν τῶν φιλοτιμιῶν ἀποθανεῖν. ἀλλὰ καὶ πρὸς ἄρκον διαδεθείς (in ponte), ὑγιὴς πάλιν διέμεινεν· ἐκ γὰρ τοῦ ζωγρίου αὐτῆς ἡ ἄρκος οὐκ ἠθέλησεν ἐξελθεῖν. Dass solcher Glaube schon damals weit verbreitet war, bezeugt auch der Umstand, dass Saturus vorausgesagt hatte, keines der Tiere werde ihn berühren (21 in). Allerdings hatte er gemeint (und vorausgesagt), er werde durch einen Biss eines Leoparden getötet werden (21 und 19). So war seine Prophezeiung zunächst nicht in Erfüllung gegangen, was für die Wahrheit der Erzählung spricht; aber sie war auch nicht widerlegt. Auch das Hervorströmen von viel Blut wird ähnlich wie im Martyrium Polycarpi erzählt (21), nur fehlt das Wunderhafte. Alles zeigt, dass hier weit verbreitete Gedanken vorliegen, welche ebensosehr die Märtyrer selbst zu Erwartungen und Prophezeiungen wie

Einen ähnlichen Vorgang hätten wir vor uns bei dem Gesichte, in dem Hermas das grosse Ungeheuer sieht, wenn hier der Vorgang deutlich genug erzählt wäre (V. IV 1). Als Hermas auf seinen Acker geht, betet er um Vollendung der Visionen. Er hört, dass „es" ihm antwortet wie der Laut einer Stimme (wieder sehr charakteristisch geschildert, auch das verrät Erlebtes!): „Zweifle nicht Hermas!" (Der Geist ist die religiöse Kraft). Es heisst weiter: „Ich begann bei mir zu überlegen und zu sagen: Ich? was habe ich zu zweifeln, so fest gegründet von dem Herrn und Herrlichkeitsdinge sehend? Und ich ging ein wenig vorwärts, und siehe, ich sehe einen Staubwirbel wie bis zum Himmel, und ich begann zu mir zu sprechen: Kommen da nicht Schafe und wirbeln den Staub auf? Es war aber ungefähr ein Stadion von mir entfernt. Als aber der Staubwirbel grösser und grösser ward, vermutete ich, es sei etwas Göttliches[1]. Da brach die Sonne ein wenig durch, und siehe, ich erblicke ein riesiges Tier wie einen Meerdrachen ...." Th. Zahn (a. a. O. S. 213) ist mit Entschiedenheit dafür eingetreten, dies Erlebnis — denn den Stempel des Erlebten trägt jeder Zug der Erzählung an sich — als eine Illusion, nicht als eine Hallucination aufzufassen. Er sagt: „Ein Sonnenblick beleuchtet die Scene und plötzlich sieht er, was kein Mensch gesehen hat. Und dennoch sind wir keinen Augenblick darüber zweifelhaft, wo das Gesicht beginnt. Die Staubwolke, deren natürliche Erklärung wahrscheinlich die buchstäblich richtige war, und die plötzliche Sonnenhelle gehören noch dem gewöhnlichen Bewusstsein an und geben Anstoss zu dem Bilde, das in seiner entzückten Seele sich darstellt". Mit dieser feinen psychologischen Nachempfindung verbindet Zahn den Hinweis darauf, dass Hermas, wo er eine Ortsversetzung durch den heiligen Geist erlebt hat (V. I 1_3 II 1_1 a. a. O. S. 212), dies deutlich sagt. Allein trotzdem ist diese Erklärung

---

die Augenzeugen zu Ausschmückungen antrieben. Auf diesem fruchtbaren Boden sind schliesslich auch die Legenden erwachsen. Deshalb ist es so schwer, hier Erlebnis, Deutung und Legende auseinanderzuhalten. Uebrigens findet sich das gleiche Motiv der Legendenbildung in den Hexenprozessen. Der Hexenhammer (ed. Frankf. 1580. S. 519 bei Horst, Dämomagie I, Frankf. 1818, S. 108) erzählt: „Bei Regensburg waren verschiedene berühmte Hexen, die zum Scheiterhaufen verdammt waren, doch war zugleich in der Sentenz bemerkt, dass sie ersäuft werden sollten, falls das Feuer keine Gewalt über sie habe. Es half aber Alles nichts. Man konnte sie weder verbrennen noch ersäufen". Solche Geschichten, scheinbar erfunden in majorem diaboli gloriam, dienten doch zur Ehre Gottes und der Hexenrichter.

[1] Auch hier ist das „Göttliche" noch das Furchtbare, Gewaltige, Ueberirdische, Uebermenschliche.

nicht sicher, wenn auch wahrscheinlich, da ja der Pneumatiker auch „im Geiste“ die Empfindung des Gehens haben kann, und jenes „Zweifle nicht!“ mindestens zeigt, „wie das Tagesbewusstsein mit der damit schon beginnenden Entzückung ringt“, ja vielleicht, dass es schon ganz aufgehoben ist. Dann würde auch der Staubwirbel dem „Gesicht“ angehören und dieses eine Hallucination gewesen sein.

Viel unsicherer ist die gleichartige Erklärung des „Gleichnisses“ von den zwölf Bergen, welche Zahn auch als Illusion, erlebt in der Gegend von Arikia (statt Arkadia), auffassen will (a. a. O. S. 213—217). Hier hat Zahn sich die Frage nicht psychologisch genug gestellt.

Charakteristisch ist für diese Erscheinung, dass der Visionär dabei stets den natürlichen, in der Sinnenwelt gegebenen Hintergrund deutlich sieht, neben dem, was ihn der Geist auf diesem Hintergrund sehen lässt. Jene Christen in Smyrna sehen den Holzstoss, die Flamme und die ganze Umgebung, Hermas sieht den Staubwirbel und den Acker, auf dem das „Tier“ liegt. Nicht überflüssig ist es vielleicht zu bemerken, dass diese Bilder mit vollkommener sinnlicher Evidenz gesehen, nicht bloss „vorgestellt“ werden[1].

5.

Mit der soeben geschilderten Geisteswirkung haben wir bereits das Gebiet des Gesichtssinnes betreten.

a) Auch hier ist, jenen starken Reizungen der peripherischen Organe auf andern Gebieten entsprechend, eine Erscheinung möglich, bei der das Auge von undeutlichen aber starken Lichteindrücken, Lichtfluten erfüllt ist. Dann sieht der Pneumatiker seine ganze Umgebung im Licht erstrahlen oder von Feuerflammen umlodert. Wir finden in unserer Zeit nur eine dem ähnliche Erscheinung, das Traum-

[1] Von ähnlichen Vorgängen auf nicht religiösem Gebiet sei hier nur an das bekannte Gesicht des Rationalisten Nicolai erinnert, der auf der Strasse vor seinem Hause viel hundert Menschen sah, und an das Gesicht Goethe's, welches er selbst so erzählt: „Nun ritt ich auf dem Fusspfade gegen Drusenheim, und da überfiel mich eine der sonderbarsten Ahnungen. Ich sah nämlich, nicht mit den Augen des Leibes, sondern des Geistes, mich mir selbst, denselben Weg, zu Pferde wieder entgegenkommen und zwar in einem Kleide, wie ich es nie getragen: es war hechtgrau mit etwas Gold. Sobald ich mich aus diesem Traum aufschüttelte, war die Gestalt ganz hinweg“. Nachher nennt er die Erscheinung ein „wunderliches Trugbild“; die Beschreibung ist nicht deutlich genug, um ganz die Erscheinung erkennen zu lassen. (Aus meinem Leben. XI. Buch, Ende.) Freilich ist hier nur der sinnliche Hintergrund, keine sinnliche Unterlage der Vision gegeben.

gesicht des Polykarp, welches nachher besprochen werden soll. Wer dächte aber nicht bei der gegebenen Beschreibung an die Bekehrungsgeschichte des Paulus, Act $9_{3\,4}$? „Und da er auf dem Wege war und nahe bei Damaskus kam, da umstrahlte ihn plötzlich ein Licht vom Himmel; und er fiel auf die Erde, und hörte eine Stimme, die sprach zu ihm: Saul, Saul, was verfolgst du mich?" Wichtige Züge fügen noch die Stellen 22_6 und 26_{13} hinzu. Danach war es Mittagszeit, als Paulus das Licht sah[1], und dieses selbst ein starkes Licht, strahlender als der Glanz der Sonne. Ueber das, was die Gefährten hörten, sind die Nachrichten begreiflicher Weise nicht einig; sie haben überhaupt nur nachempfunden. Aber das Erlebnis des Paulus hat nicht nur an anderen Gesichtserscheinungen seine Analogieen[2], auch die „Stimme" (jenes geheimnisvolle „Es") ist ebenso trefflich gezeichnet; sie spricht aus dem innersten Gedankenkreis des Apostels heraus, wenige, knappe, bedeutungsvolle Worte der Anklage und der Weisung, welche, wie oft, weitere Gesichte in Aussicht stellen.

b) Die Gesichtserscheinung kann nun aber auch fest umrissene Gestalt annehmen und sich als ein deutliches, sinnlich gesehenes Bild mit genauer Unterscheidung der Farbe und Form dem Auge darstellen. Eine — allerdings schwache — Analogie sind unsere Traumbilder, welche in ähnlichem Bewusstseinszustand, wie der des Pneumatikers bei seiner Vision ist, gesehen werden. Besser noch ist vielleicht die Analogie der sogenannten Schlummerbilder, welche man noch bei wachem oder halbwachem Bewusstsein unmittelbar vor dem Einschlafen mit derselben sinnlichen Evidenz wie Traumbilder für Augenblicke wahrnehmen kann, wenn man darauf achtet.

---

[1] Die Mittagsstunde in jenen Ländern des Südens, die Stunde, in der über Steppe und Sand die schimmernde Hitze brütet und die schweigende Einsamkeit sich lagert, da der grosse Pan schläft, ist eine Stunde, in der die Geister erscheinen, so gut wie die Stunde der dunklen oder mondscheindurchflimmerten Mitternacht. Es giebt auch ein „Mittagsgespenst", Empusa.

[2] Ausser der nachher (u. in VI 3 b) geschilderten Vision Symeons ist besonders nahe verwandt die erste Vision der Jeanne d'Arc, deren eigene Aussagen Kerner (a. a. O. S. 34) nach Delavergy (Nachricht von den Handschriften der königlichen Bibliothek [?]) so citiert: „Im Alter von 13 Jahren liess sich mir im Garten meines Vaters zu Donremy eine Stimme hören (sie geht hier voraus). Sie war zur Rechten, von der Seite der Kirche, und von einer grossen Helle begleitet. Im Anfang fürchtete ich mich, aber ich erkannte bald, dass es die Stimme eines Engels sei, welcher mich seitdem geleitet und gelehrt hat. Es war der heilige Michael". Nachher sieht sie auch deutliche Gestalten, wenigstens „Köpfe", meist im Lichtschein. Doch sind bei ihr „redende Stimmen" die Haupterlebnisse gewesen.

— Hierher sind auch diejenigen Träume zu stellen, in denen Bilder gesehen wurden, und die sich durch irgend einen Umstand, gewöhnlich durch ihre Erfüllung, als pneumatisch erweisen. Auch dämonische Träume müssen Wahrträume sein, sonst sind auch für antike Menschen Träume nur Schäume. Schliesslich bedarf jedes Traumgesicht der Deutung, die als solche pneumatisch ist.

Wir ordnen hier die Erscheinungen nach sachlichen Gruppen und führen zuerst die Fälle an, in denen das Geschaute irdische Dinge oder Vorgänge darstellt oder andeutet, die entweder zeitlich zukünftig oder räumlich entfernt sind. Es sind die Thatsachen des „Hellsehens“ und „Fernsehens“, welche hier in Betracht kommen. Als Beispiele seien hier zwei Fälle angeführt, welche die Apostelgeschichte von Agabus erzählt; er verkündete die grosse Hungersnot (11 28) und die Gefangennahme des Paulus (21 10 11). Ueber die Form, in der ihm die Offenbarungen zu Teil geworden sind, wird uns allerdings nichts erzählt, aber ihrem Inhalt nach gehören sie hierher. Für unhistorisch dürfen wir diese Erzählungen ihres Inhaltes wegen nicht halten, denn während wir hier sogar psychologische Vermittlungen des Wissens um die Zukunft finden können — die grosse Not gehörte zur feststehenden Zukunftserwartung, und die Stimmung der Juden und Judenchristen war dem von Jerusalem kommenden Propheten wohl bekannt und liess ihn wohl Schlimmes fürchten —, sind uns sonst viel „wunderbarere“ Erscheinungen auf diesem Gebiet des Seelenlebens berichtet[1]. — Von hier aus liegt auch kein Grund vor, die Erzählung des vierten Evangeliums (11 11) für unglaubwürdig zu halten, nach der Jesus, jenseits des Jordans weilend, plötzlich zu seinen Jüngern sagt: „Lazarus, unser Freund, ist entschlafen“. Gerade diese Art des Ferngesichts beim Sterben ist so häufig bezeugt, dass die Wissenschaft ihre Möglichkeit einfach anzuerkennen hat, wenn sie auch bis jetzt diese Thatsachen nicht zu erklären vermag[2]. Legen uns bei der Stelle im Johannesevangelium

[1] Für die Erscheinungen des „Hellsehens“ sind z. B. unbezweifelbare Beweise die Weissagungen der mit dem „zweiten Gesicht“ begabten Bewohner von Schottland und den Faer Oer. Vgl. darüber z. B. G. C. Horst, Deuteroskopie, Frankf. 1830. I S. 57—72 und die Bestätigung dieser Nachrichten eines Forschers durch eine Kommission der englischen Hochkirche II S. 215 ff.

[2] W. v. Kügelgen erzählt in seinen „Jugenderinnerungen eines alten Mannes“, Berlin 1896 [17] S. 274 f., Ferngesichte eines jungen Mädchens aus seinem Bekanntenkreise. „Ohne dass im entferntesten an magnetische Behandlung gedacht war, .. verfiel die Kranke bisweilen ganz von selbst in einen Zustand, der alle Symptome des magnetischen Schlafes zeigte. Dann erging sie sich als Improvisatrice in dichterischen Ergüssen (vgl. o.

andere Gründe nahe, an Legende zu denken, so müssen wir doch anerkennen, dass sie sich durchaus in den Grenzen des Möglichen hält, zumal Jesus zuvor von der Krankheit des geliebten Freundes erfahren hat.

Von Polykarp wird uns ein ähnliches Erlebnis berichtet. Auf dem Landgut, wohin er entflohen war, „weilte er mit einigen wenigen und that Tag und Nacht nichts anderes, als dass er betete für alle und die Gemeinden in der ganzen Welt, wie er es zu thun pflegte. Und als er betete, hatte er ein Gesicht drei Tage, bevor er gefangen genommen wurde: er sah sein Kopfkissen im Feuer verbrennen. Da drehte er sich um und sagte zu denen, die bei ihm waren: Es ist von Gott bestimmt, dass ich lebend verbrannt werden soll“[1].

Wenn Euseb (h. e. IV 15 $_{10}$) den Vorgang in die Nacht verlegt, so ist er damit im Recht, nur hätte er den Ausdruck „er wachte auf“ für „er drehte sich um“ vermeiden müssen, er passt nicht zu der Angabe „als er betete“. Das Erlebnis fand entweder in jenem Augenblick statt, wo noch während des Nachtgebets das Bewusstsein gerade dem Schlafzustand zu weichen beginnt. Oder im Verlauf der

S. 80 f.), eine Gabe, die ihrer nüchternen Natur sonst fremd war, oder sie nahm weitentfernte Dinge und Ereignisse wahr, als wären sie im Zimmer. Freunde, die sie besuchten, sah sie von weitem kommen, markirte alle Stationen, die sie passirten, den Altmarkt, die Brücke, die Allee. Jetzt träte der Kommende in's Haus, sagte sie, jetzt sei er auf der Treppe, nun vor der Thür und schneuze sich — und siehe da! — da zog die Klingel an.

Der interessanteste Fall mochte der folgende sein. Marianne erblickte ein jenseit der Elbe wohnendes Ehepaar in anscheinend grosser Trauer. Die Frau hatte ihr Gesicht in's Sophakissen gedrückt, während ihr Mann mit einem offenen Briefe bei ihr stand. Das Zimmer aber, in welchem sich beide befanden, schien der Kranken unbekannt. Da sie sich nun mit der Frage quälte, was dort vorgefallen, so eilte mein Vater nach der Altstadt, um jene Personen aufzusuchen. Es waren dies ein Consistorialrath Nauwerk und seine Frau, eine Tochter des bekannten leipziger Professors Plattner. Beide fand mein Vater in Thränen, da sie soeben die Nachricht von Plattner's Tode erhalten hatten. Das Zimmer aber war neu tapeziert, und die Meubles umgestellt. Wohl weiss ich, dass man dergleichen Geschichten gern in's Fabelbuch verweist; auch kann ich nicht als Augenzeuge reden, da ich damals nicht in Dresden war; dennoch aber glaube ich, auf die Autorität des Arztes und meiner Eltern hin, die obige Begebenheit hier als wohlverbürgte Wahrheit geben zu dürfen. Marianne genas auf den Gebrauch von Mitteln, die sie sich in ihrem hellsehenden Zustande selbst verordnete.“ (Vgl. oben S. 118.) Diese zwei Beispiele für viele. Für das Wahrnehmen des Todes auf grosse Entfernungen vgl. die Erzählung von Lysius S. 176.

[1] Mart. Pol. 5: Καὶ προσευχόμενος ἐν ὀπτασίᾳ γέγονε πρὸ τριῶν ἡμερῶν τοῦ συλληφθῆναι αὐτὸν καὶ εἶδεν τὸ προσκεφάλαιον αὐτοῦ ὑπὸ πυρὸς κατακαιόμενον· καὶ στραφεὶς εἶπεν πρὸς τοὺς σὺν αὐτῷ· „δεῖ με ζῶντα καυθῆναι“ (vgl. 12 $_{3}$).

Nacht ist der Bischof aufgewacht und hat in dem allen bekannten Zustand des Halbschlafes zu beten begonnen. Das erste ist wahrscheinlicher, weil es einfach heisst „er drehte sich um und sagte“; seine Gefährten sind also wohl noch wachend gedacht. Hier haben wir einen Fall des Hellsehens, der durch genaue Beschreibung und unsere Kenntnis aller psychologischen und physiologischen Elemente zu einer Erklärung reizt, die wir mit allem Vorbehalt versuchen. Wir kennen den Gemütszustand des Greises: höchste Erregung und Erwartung der ihn suchenden Soldaten, Sorge für die Christen, Gewissenskämpfe wegen seiner Flucht, wie wir sie aus 5_1 erschliessen müssen; dies alles sich spiegelnd und gesteigert in langem und anhaltendem Gebet. Er ruht auf dem Bett, die eine Wange auf dem Kissen[1], dessen Berührung er unbewusst fühlt. Zu diesem Gefühlseindruck gesellt sich nun vielleicht jenes bekannte Lichtflimmern im Auge, das besonders stark in der Dunkelheit auftritt und öfters die Veranlassung der Schlummerbilder ist[2]. Hier kommt vielleicht noch eine Wärmeempfindung hinzu, um die Lichterscheinung zu gestalten: das Kopfkissen brennt. Dies Gesicht erzeugt einen starken Affekt des Schmerzes oder des Schreckens, weil es sich sofort mit der Deutung verbindet: es ist ein Hinweis auf den Feuertod. Diese Deutung ist dem Gedankenkreise entnommen, welcher den Polykarp am stärksten beschäftigt. Sie (Euseb. h. e. V $15_{10\ 39}$) giebt der „Prophet“, der Pneumatiker (ib. V 20_6) Polykarp[3]: er weiss jetzt, es ist Gottes Wille, dass er verbrannt werden soll[4].

---

[1] Dies ist aus στραφείς zu erschliessen.

[2] Vgl. W. *Wundt*, Grundzüge der physiologischen Psychologie [4] 1893. II. S. 537.

[3] Vgl. die Erzählung aus der Kirche der Wüste S. 95.

[4] Eine — allerdings viel unerklärlichere — Parallele bietet eine Erzählung aus der Lebensbeschreibung eines D. *Lysius*, der nach 1700 Professor, Consistorialrat und Hofprediger in Königsberg war. Diese Biographie ist teilweise abgedruckt in *Horsts* Deuteroskopie. Lysius ist ein für seine Zeit aufgeklärter Mann, der der teuflischen Besessenheit skeptisch gegenübersteht und einmal einen „Teufel“ mit einem Glas Wein und einer angedrohten Ohrfeige ausgetrieben hat, da er bald merkte, „dass der böse Geist das hysterische malum, und die vermeinte Besessene dabei eine rechte boshafte Kreatur wäre“ (a. a. O. I S. 178). Man wird also geneigt sein, ihm Glauben zu schenken. Er war 1695 in Kopenhagen. „Als ich da“, erzählt er selbst, „einstmals des Nachts unter einem Pavillon in meinem Bette lag, *mit dem Gesicht gegen die Wand zugekehrt* (vgl. στραφείς), *ward es plötzlich* und unvermuthet *ganz helle* in dem Zimmer, und an der dichten Seite des Pavillons *ging es, wie eines Menschen Schatten*, vom Haupte des Bettes bis zu den Füssen; wobei mir auf das nachdrücklichste, *gleichsam als ob es laut und vernehmlich geredet worden, innerlich imprimirt*

Durchaus verwandt mit dem Gesicht des Polykarp, nur viel komplizierter, sind die beiden Gesichte oder Träume der Perpetua, welche sich auf ihr nahes Ende beziehen[1]. Auch ihr sagt das erste, welches später besprochen werden soll, deutlich, „dass sie sterben müsse". „Und ich begann", fügt sie hinzu, „von da an keine Hoffnung mehr für diese Welt zu haben". Sie hatte sich ja über den Kopf des Drachen durch Schwerter und Spiesse auf einer engen Leiter in den Himmel emporsteigen sehen (4). Das zweite Gesicht führt sie an der Hand des Pomponius in die Arena (10), wo sie, in einen Mann verwandelt, mit einem scheusslichen Aegypter kämpft und ihn siegend „mit Füssen tritt". Als Kampfrichter tritt ein Mann in glänzendem Gewand auf, der an Grösse das Amphitheater überragt und ihr als Siegespreis einen grünen Zweig mit goldenen Aepfeln reicht[2]. Und dann geht sie ein mit Herrlichkeit zu dem Thore,

wurde: Umbra matris tuae. Ich stand also sogleich vom Bette auf und untersuchte, woher doch solches Licht und ein solcher Schatten gekommen seyn möchte, da denn die Stube ganz finster war, und ich so wenig desselbigen Abends, als des nächstfolgenden Morgens Gelegenheit dazu finden oder es sonst erraten konnte." Mit der nächsten Post kam ein Brief, der den Tod der Mutter meldete. Horst, dessen Standpunkt solchen Erzählungen gegenüber ein sehr verständiger ist, macht dazu die Bemerkung: „Hier sieht man den wahrheitsliebenden und denkenden Mann; ein anderer, minder vorsichtiger und zuverlässiger Beobachter würde sich in einem solchen Falle nicht so ausgedrückt haben". In der That ist die Angabe des Lysius psychologisch sehr genau. Die äusseren Umstände sind auffallend denen bei der Vision des Polykarp ähnlich; übrigens befand sich auch Lysius in Sorge, allerdings nicht um die Gesundheit seiner Mutter, von Hause abwesend. Damit ist natürlich der Vorgang keineswegs erklärt. — Auch der Frau des Lysius wurde auf ähnlich wunderbare Weise — sie hörte ihren Namen rufen — der Tod ihrer Mutter angezeigt (a. a. O. I S. 185. Vgl. das Wunder des Irenäus S. 166). Und es existieren aus alter und neuer Zeit viele ähnliche durchaus glaubwürdige Berichte. Man braucht nur auf einzelne Erlebnisse Swedenborgs hinzuweisen, um unanfechtbare Beweise über ähnliche, bis jetzt unerklärliche aber des höchsten wissenschaftlichen Interesses werte Vorgänge anzuführen. Eine Sammlung und Kritik aller literarisch bekannten Berichte und solcher, die als Erzählung von Mund zu Mund gehen, wäre dringend nötig, um die Grundlage für Erklärungsversuche zu liefern.

[1] Das Martyrium Perpetuae et Felicitatis nimmt in einer prinzipiellen Erklärung im ersten Kapitel für alle in ihm erzählten „Wunder" Geistgewirktsein in Anspruch. Es spricht seinen montanistischen Standpunkt so aus: ἡμεῖς δὲ οἵτινες προφητείας καὶ ὁράσεις καινὰς δεχόμεθα καὶ ἐπιγινώσκομεν καὶ τιμῶμεν, <καὶ> πάσας τὰς δυνάμεις τοῦ ἁγίου πνεύματος ὡς χορηγεῖ τῇ ἁγίᾳ ἐκκλησίᾳ. Uebrigens hielten auch die Katholiker alles Derartige für Geistwirkungen, wenn es bei ihren Märtyrern stattfand; nur werteten sie alles dogmatisch und kirchenpolitisch anders. (Vgl. Euseb. h. e. V 1.)

[2] Vgl. Herm. S. VIII 1_{18} 2_{1} 3_{6}.

welches Lebensthor (ζωτική, sanavivaria) hiess. „Und ich erwachte“, fährt sie fort, „und erkannte, dass ich nicht mit den Tieren sondern mit dem Teufel zu kämpfen haben würde, und ich begriff, dass ich ihn besiegen würde.“ Auch hier sind die mit starkem Affekt verbundenen, im Mittelpunkt ihres Bewusstseins stehenden Vorstellungen, welche diesen Traum gestaltet haben, ebenso leicht zu fassen wie die objektiven Elemente, welche sich um diese Gedanken krystallisiert haben und sie im einzelnen ausbilden helfen. Auch hier deutet die Seherin nachher selbst ihren Traum, und in mancher Hinsicht anders, als man erwarten würde. Bei dem zweiten zeigt sich deutlich, dass sie durchaus nicht denkt, alle Einzelheiten würden sich wie geschaut zutragen. Sie zieht nur sehr allgemeine Folgerungen aus dem Gesehenen. Doch geht ein symbolisch gewerteter Zug wörtlich in Erfüllung, ihr Eingehen durch das „Lebensthor“; freilich war dies wohl der gewöhnliche Weg aller Kämpfer.

c) Viel häufiger als dies Sehen entfernter oder künftiger Dinge oder Vorgänge dieser Welt, ist bei Pneumatikern das Sehen von Gegenständen und Personen aus dem Reiche der übersinnlichen Welt; allerdings verbindet sich mit dem Sehen hier meist das Hören, denn der Zweck solcher Gesichte ist Offenbarung.

Eine treffliche Schilderung des Beginnes einer Vision bietet Valentin; sie bezeugt eine feine Beobachtungsgabe. Hier die Uebersetzung des Textes (vgl. S. 80):

„Wie alles hängt, sehe ich im Geiste,
Wie alles getragen wird, begreife ich im Geist:
Das Fleisch (die Materie) hängt an der Seele,
Die Seele wird getragen von der Luft,
Die Luft hängt an dem Aether,
Aus dem Abgrund aber sehe ich Früchte entsprossen,
Aus dem Mutterschosse ein Kind entspringen“.

Valentin schaut das Bild der Welt, des Daseins Ketten, die „Sphären“, die in einander greifen. Wir müssen uns die Figuren ähnlich jenem Diagramm der Ophiten denken, von dem Celsus berichtet (Hilgenfeld, Ketzergesch. S. 279). Die Ringe, die aneinander hängen, heben sich von der Materie auf bis zur Höhe der Gottheit. Materie — Seelisches — Luft — Aether (Lichthimmel) — Bythos (höchster Himmel = Gott) sind die Glieder der Kette, die aneinander hängen. So das Sein. Nun beginnt das Werden. Die früheren Sphären sind verschwunden, Valentin sieht nur noch den Bythos. Augenscheinlich ist immer ein Kreis dem andern gefolgt. Aus dem Bythos quillt es hervor, geheimnisvoll entsprossen ihm Früchte. Da wandelt sich dem Seher das Geschaute. An der Stelle des Bythos sieht er einen Mutterschoss. Ein Kind entsteigt ihm. Die Offenbarung beginnt (vgl. Apk 12 2 4 f.). Die objektiven Bestandteile der Vision sind deutlich: die Vorstellung der übereinanderliegenden Sphären des antiken Weltbildes, die Vorstellung vom Bythos, vom Mutterschoss des Alls, vom „Wort aus dem Schweigen geboren". Woher aber die auffallende Art ihrer Verknüpfung und Gestaltung? Auch hier darf man eine Vermutung wagen. Die Kreisform von Gesichtserscheinungen wird oft bezeugt und hängt wahrscheinlich mit dem Bau des Auges zusammen (vgl. z. B. Symeons Vision u. S. 204). Das Hervorbrechen und Hervorquellen der Früchte aus dem letzten Kreis hat seine Parallele an einer häufig beobachteten Erscheinung, die Goethe von sich am besten erzählt hat. Er sagt: „Ich hatte die Gabe, wenn ich die Augen schloss und mit niedergesenktem Haupte (Priska: et ponentes faciem deorsum, und die Hesychasten) mir in der Mitte des Sehorgans eine Blume dachte, so verharrte sie nicht einen Augenblick in ihrer ersten Gestalt, sondern sie legte sich auseinander, und aus ihrem Inneren entfalteten sich wieder neue Blumen aus farbigen, auch wohl grünen Blättern; es waren keine natürliche Blumen, sondern phantastische, jedoch regelmässige, wie die Rosetten der Bildhauer" [1]. Aus einer gewollten Phantasievorstellung, einem Erinnerungsbild, wurde also hier durch physiologische Ursachen, wohl durch Bewegung des Lichtstaubes im Auge, ein wirkliches Bild, über dessen Gestaltung der Wille die Herrschaft verloren hatte. Es scheint, dass der Künstler hier als Blume gesehen, was dort dem religiösen Menschen Grundlage für das Schauen göttlicher Dinge geworden ist. Diese Vermutung wird bei der auffallenden Aehnlichkeit der Beschreibung nicht zu gewagt sein; natürlich hat Valentin sein Gesicht nicht gewollt, und sein Bewusstseinszustand im Ganzen war ein völlig anderer als der Goethes: die Ekstase.

Im Traum sah der zu den Theodotianern übergetretene Confessor Natalius — ein Confessor ist wie ein Märtyrer stets ein Pneumatiker — mehrere Gesichte, in denen ihm vielleicht der Herr, sicherlich aber eine Anzahl von Engeln erschien [2]. Von Gesichten christlicher Pneumatiker berichtet Irenäus in sehr allgemeinen Ausdrücken (II 32 4), doch verrät er da, wo er über das Schauen Gottes

---

[1] Goethe, Zur Naturwissenschaft im Allgemeinen, VI S. 579, grosse Ausgabe in 6 Bänden, Stuttgart, Cotta.

[2] Euseb. h. e. V 28 11 f., vgl. über dieses Erlebnis u.

redet (IV 20 4—11), eine ziemlich gute Kenntnis des pneumatischen Sehens, wenn dieselbe auch zumeist aus dem alten Testament geschöpft scheint. Konnte man sie aber dort entnehmen, wenn man nicht selbst eine Anschauung von solchen Vorgängen mit heranbrachte?

Zum Schluss darf vielleicht hier noch auf das sehr interessante Gesicht der Perpetua (Mart. 7 8) hingewiesen werden, welches ihr das Schicksal ihres jungverstorbenen Bruders offenbart. Sie sieht ihn zuerst am Ort der Qual; nach innigem Gebet für ihn erblickt sie ihn dann in einem zweiten Traum an derselben Stelle aber in ganz veränderter Gestalt, und sie erkennt, „dass er der Qual entnommen sei". Zwei Visionen, die ihrem schwesterlichen Herzen alle Ehre machen — übrigens gesteht sie selbst, dass sie lange nicht an diesen in schwerer Krankheit gestorbenen Bruder gedacht hat, und die Erinnerung an ihn kam über sie wie eine Offenbarung (vgl. S. 87). Beide Visionen haben einen leisen Beigeschmack, der an den Kampf der Märtyrer mit den Bischöfen um das Recht der Sündenvergebung erinnert. Leider ist hier nicht der Ort, näher auf diese Visionen einzugehen, doch ist das Gewebe objektiver Vorstellungen, aus dem sie bestehen, leicht zu entwirren. Auch dass die Märtyrerin solche Träume durchlebte, nachdem sie sich ihres Bruders und seines entsetzlichen Endes erinnert und herzlich für ihn gebetet hatte, ist erklärlich.

d) Das Sehen von Dämonen und ihren Veranstaltungen wird uns häufig berichtet, doch kein Beispiel ist uns anschaulich erzählt.

Ueber derartige Visionen bei Heiden macht Justin neben der früher angeführten allgemeinen Aussage (I 14 vgl. S. 9) nähere Angaben da, wo er zum Beweis, dass die Seelen auch nach dem Tode Bewusstsein besitzen, anführt „Totenorakel und Gesichte unschuldiger Kinder und Citierungen menschlicher Seelen und die bei den Magiern sogenannten traumsendenden und dienenden Dämonen"[1].

Auf die Visionen der Pneumatiker, der vom göttlichen wie vom widergöttlichen Geist getriebenen, kommt auch Tatian zu sprechen im Zusammenhang mit der Unsterblichkeitsfrage: „Die Dämonen",

[1] Just. I 18: Νεκυομαντεῖαι μὲν γὰρ καὶ αἱ ἀδιαφθόρων παίδων ἐποπτεύσεις καὶ ψυχῶν ἀνθρωπίνων κλήσεις καὶ οἱ λεγόμενοι παρὰ τοῖς μάγοις ὀνειροπομποὶ καὶ πάρεδροι καὶ τὰ γινόμενα ὑπὸ τῶν ταῦτα εἰδότων πεισάτωσαν ὑμᾶς, ὅτι καὶ μετὰ θάνατον ἐν αἰσθήσει εἰσὶν αἱ ψυχαί. Es folgt dann jene Stelle von den besessenen Kranken S. 111.

sagt er, „versetzen, schlecht wie sie sind, die Menschen in Ekstase (τοῖς ἀνθρώποις ἐκβακχεύοντες) und verdrehen ihnen mit vielgestaltigen und erlogenen Machinationen ihre nach unten gerichteten Gedanken, damit sie sich nicht mehr zu dem Wandel im Himmel erheben können. Aber uns ist einmal, was in der Welt vorgeht, nicht verborgen, und andererseits das Göttliche begreiflich (εὐκατάληπτον), da die Kraft, welche die Seelen unsterblich macht, in uns eingegangen ist“ [1]. „Es werden aber auch von den Psychikern (Heiden) die Dämonen gesehen (also auch von den Christen), da sie sich manchmal den Menschen zeigen, damit man glaube, sie seien etwas Rechtes“ [2].

Athenagoras versteht es sogar gut, den psychischen Hergang bei solchen Visionen zu schildern: „Die unvernünftigen und leicht Meinungen in Bilder umsetzenden (ἰνδαλματώδεις περὶ τὰς δόξας) Bewegungen der Seele abstrahieren hier diese, dort jene Idole teils von der Materie, teils bilden und erzeugen sie dieselben aus sich selbst. Die Seele erleidet dies aber zumeist, wenn sie von dem hylischen Geist an sich genommen und mit sich vermischt hat und nicht nach dem Himmlischen und ihrem Schöpfer sondern nach dem Irdischen und überhaupt auf die Erde blickt, weil sie bloss Fleisch und Blut und nicht mehr reiner Geist (sittlich!) ist. Diese unvernünftigen und bilderreichen Erschütterungen der Seele erzeugen Phantasiebilder, welche eine verrückte Sucht nach Göttern bekunden [3]. Wenn aber eine zarte und leicht lenkbare Seele, die starke Worte nicht gehört und vernommen und das Wahre nicht geschaut hat, dazu den Vater und Schöpfer des Alls nicht kennt, sich falsche Meinungen über sich selbst macht, dann ergreifen die hylischen Dämonen, . . . indem sie diese trügerischen Erregungen der Seele, die sich bei vielen einstellen, als Veranlassung nehmen, Besitz von ihren Gedanken und inspirieren ihnen (εἰσρεῖν παρέχουσι) Phantasiebilder, die von den Idolen und Statuen herzurühren scheinen“ (27). Mit Deutlichkeit geht daraus hervor, dass Athenagoras weiss, dass solche Visionen in Augenblicken grosser seelischer Erregung eintreten. Natürlich muss der Dämon noch dazu kommen, um sie nun wirklich hervorzurufen. Jener seelische Zustand wird beschrieben als ein „Leiden“ (Tatian. Or. S. 117) auf grund von „unvernünftigen und bilderreichen“ und „falschmeinenden“ „Bewegungen“

[1] τῆς ἀπαθανατιζούσης τὰς ψυχὰς δυνάμεως ἡμῖν προσελθούσης d. i. der heilige Geist.

[2] 16 p. 72 vgl. 14 p. 64 S. 9.

[3] Vergeblich suche ich nach einer kürzeren und besseren Uebersetzung von εἰδωλομανεῖς φαντασίας; „idolomane Phantasmata“ würde man wohl auch verstehen.

der Seele; diese selbst muss „zart“ und „leicht lenkbar“ sein, leicht zu beeinflussen, „mediumistisch“, und nicht christlich; ein Christ ist den Dämonen nicht in diesem Sinn zugänglich (vgl. noch 18).

Von Gnostikern werden ebenfalls Visionen berichtet. Eine Vision Valentins haben wir bereits betrachtet. Von Kerinth wird erzählt, allerdings im Zusammenhang mit der unglaubwürdigen Tradition von der Abfassung der Apokalypse durch ihn, dass er im Traume Offenbarungen gehabt habe, welche seinem Triebleben die religiöse Unterlage gaben. Wir hätten also hier einen Vorgang vor uns, der den strafenden oder mahnenden Gewissensträumen gerade entgegengesetzt ist[1]. Auf ähnliche Vorgänge bei Gnostikern weist auch das Wort des Judasbriefs ($_8$) hin: „In Träumen beflecken sie das Fleisch“. Wie früh in der Gnosis solche pneumatische Erscheinungen auftraten, zeigt der Umstand, dass bereits die im Kolosserbrief bekämpften Irrlehrer sich auf ihre Visionen berufen und auf Erfahrungen in der Himmelswelt ihre Spekulation gegründet haben (Kol 2$_{18}$). Lange Zeit blieben ihnen diese Gaben treu. Irenäus deutet sie an mehreren Stellen an. Freilich liefen wohl auch Täuschungen mit unter. Solche wirft ihnen Irenäus vor, wenn er sagt: „Aber auch wenn sie etwas (Jesu Handlungen Aehnliches) thun, so wirken sie es, wie gesagt, durch Magie und versuchen die Dummen damit zu betrügen. Frucht und Nutzen aber hat es für keinen, an dem sie Wunder zu thun vorgeben; wenn sie aber unbekleidete Knaben einführen (vgl. Justin S. 179) und die Augen betrügen und Gespenster zeigen, die sofort wieder verschwinden und nicht einmal einen Augenblick anhalten, so zeigen sie auch damit, dass sie nicht Jesu ähnlich sind, sondern dem Magier Simon (II 32$_3$)“. Es lässt sich vermuten, dass bei solchen Vorgängen sowohl mechanische Mittel wie psychische Beeinflussung, Hypnose und Aehnliches, eine Rolle gespielt haben.

6.

Wo längere Visionen oder Reihen von Visionen erzählt werden, sind sie meist mit redenden Stimmen verbunden, wie denn auch schon bei einzelnen der seither behandelten Berichte die beiden Sinnesgebiete sich nicht ganz auseinander halten liessen. In dieser Art sind die Apokalypsen unseres Zeitraumes, wie alle Apokalypsen, „ge-

[1] Euseb. h. e. III 28$_{1\,2}$ Gaius, $_3$ ff. Dionys. Alex.: Καὶ ὧν αὐτὸς ὠρέγετο φιλοσώματος ὢν καὶ πάνυ σαρκικός, ἐν τούτοις ὀνειροπολεῖν ἔσεσθαι, γαστρὸς καὶ τῶν ὑπὸ γαστέρα πλησμοναῖς, τουτέστι σιτίοις καὶ ποτοῖς καὶ γάμοις . . .

schaut“ und „gehört“ (vgl. S. 103 ff.). Wir führen von den reichen Beispielen, die sie liefern, keine an, weil uns die Beantwortung der Frage, was an den Apokalypsen echt d. h. erlebt ist, im dritten Abschnitt beschäftigen muss.

Auch die montanistischen Prophetinnen haben in dieser Weise Visionen und Auditionen erlebt. Darauf weist sowohl der schon öfter citierte Ausspruch der Priska (vgl. S. 163) hin wie die von Epiphanius überlieferte Erzählung von einer Vision der Quintilla oder Maximilla, bei der Christus der schlafenden Prophetin in weiblicher Gestalt, mit dem Strahlengewande der Himmlischen[1] bekleidet, erschienen sei und ihr offenbart habe, in Pepuza komme das himmlische Jerusalem auf die Erde nieder[2]. Hier hat die Prophetin wohl die Gestalt gefragt, wer sie sei (vgl. Apk 1_{17}, Herm. V. II 4, Valent. S. 177), und es von ihr gesagt bekommen, sie hat also wohl ein Wechselgespräch erlebt. Allerdings könnten die Angaben „er flösste mir die Weisheit ein“[3] und „er offenbarte mir“ auch ein unmittelbares Gewisswerden ohne sinnliche Lautvorstellung andeuten. Auch hier ist charakteristisch, dass „sie“, ihr menschliches Subjekt, bloss wie der Ort erscheint, auf dem sich die Vorgänge abspielten. Ihrem Inhalt nach ist diese Offenbarung eschatologisch, wie wahrscheinlich der erste Montanismus überhaupt.

Auch hier sei nur verwiesen auf die unserem Zeitraum nicht mehr angehörenden Visionen, welche im Martyrium Perpetuae et Felicitatis in so ausgezeichneter Weise von den Geistträgern selbst erzählt sind. Auch in ihnen verbinden sich Gehörs- und Gesichtsempfindungen mit einander und mit beiden die ganze Reihe der Gefühle vom Schmerz bis zur höchsten Freude und vielerlei Empfindungen von Handlungen und Bewegungen, als Gehen, Fliegen u. ä. Es sind die Visionen des Saturus (11—13) und die beiden der Perpetua über ihr Ende (4 und 10). Dagegen vernimmt Perpetua in den beiden Träumen über das Schicksal ihres Bruders (6 7) keine Stimmen.

Zum Schluss muss noch auf die ausserordentlich lebendige Wiedergabe der Erzählung vom brennenden Busch und vom Hören der Gottesstimme durch Moses hingewiesen werden, die sich bei Justin (D 59, 60) findet, da sie Bekanntschaft mit Visionen zu verraten scheint;

---

[1] Diese allgemeine Auffassung teilen auch die Montanisten, vgl. den Ausspruch Montans bei Epiph. haer. 48_{10}, B. No. 2.

[2] Den Text siehe S. 97.

[3] Die Vorstellung von der Inspiration ist der des Hermas in M. XI_9 verwandt, ähnlich in dem bei Tert. adv. Prax. 30, B. No. 20, citierten Orakel. Anders in dem des Montan o. S. 92.

ähnlich steht es bei der Wiedergabe von Act 10 durch Irenäus (III 12 15).

7.

Die bisher besprochenen Erscheinungen hatten das Gemeinsame, dass mit der Erregung der höheren Thätigkeiten des Seelenlebens durch den Geist ein Erregungszustand der Sinnesorgane Hand in Hand ging. Nun kann aber auch jener Sinnesreiz wegfallen, so dass die Geistwirkung in einem geheimnisvollen Vernehmen oder Verstehen eines anderen Menschen verborgenen gegenwärtigen Zustandes oder im Voraus„sehen“ eines zukünftigen Vorganges besteht. Dann gleicht der Pneumatiker Gott, welcher „scharf hört und sieht, nicht mit Augen und Ohren, sondern durch eine unaussprechliche Macht; und doch sieht er alles und weiss alles, und keiner von uns ist vor ihm verborgen“ (Just. D 127 p. 428). Bei diesem „Vernehmen“ oder, wie Lysius sagt, „innerlich Imprimiert“-Bekommen durch den Geist, ist es sehr schwer und nur aus den gebrauchten Bildern zu entscheiden, ob das Erlebnis mehr als ein geheimnisvolles Hören oder mehr als ein Sehen vorgestellt wird.

a) Hier treffen wir zuerst auf eine Erscheinung, welche man jetzt „Gedankenlesen“ zu nennen pflegt, ein Wort, das freilich ebensowenig wie das andere „Gedankenübertragung“ eine Erklärung des Vorganges bietet. Da Paulus diese Geistwirkung am besten schildert, sei sein Bericht den andern vorangestellt. „Wenn aber alle prophezeien und ein Ungläubiger oder (der Sache) Unkundiger kommt hinzu, so wird er von allen überführt (ἐλέγχεται), er wird von allen (richtig) beurteilt, die geheimen Gedanken seines Herzens werden offenbar, und so wird er auf sein Angesicht niederfallen und Gott anbeten, verkündend, dass Gott wahrhaftig in euch ist.“ Paulus zeichnet hier sichtlich nach der Wirklichkeit [1]. Der Heide ist tief erschüttert. Bis ins Innerste ist er getroffen von der Thatsache, so völlig von den christlichen Propheten durchschaut zu sein, wie nur Gott oder die Götter in Menschenherzen zu blicken vermögen. Gott ist wirklich in den Christen und spricht aus ihnen; diesen Gedanken vermag auch ein Heide zu vollziehen. Nach der starken Schilderung, die Paulus giebt, ist es unmöglich an eine allgemeine Sündenaufzählung durch die Propheten zu denken. Dazu brauchte kein „Gott“ vom Himmel herabzukommen. Es ist vielmehr anzunehmen, dass christliche Propheten geheime Gedanken und ver-

[1] I Kor 14 24 f. Vgl. H. Gunkel a. a. O. S. 54.

borgene Sünden ihrer Zuhörer erkannt und ihnen auf den Kopf zugesagt haben. Ein solches Gedankenlesen ist nicht unerhört[1]. Es bleibt freilich für uns unerklärbar; auch wenn man sich wohl bewusst ist, dass Neubekehrte sehr gut wissen konnten, wie es einem

[1] So hat George Fox, der Quäker, manchen seiner Zuhörer durch solches Aufdecken seiner geheimen Sünden erschüttert und bekehrt. — Einen der auffallendsten Fälle von Gedankenlesen auf nichtreligiösem Gebiet aus neuerer Zeit füge ich noch ausführlich an, weil der Mann, der diese Erscheinung an sich selbst erlebt hat, ebenso ehrwürdig ist und Glauben verdient, wie ihm Wundergläubigkeit oder gar Mysticismus und Aberglaube fern gelegen haben: es ist der bekannte H. Zschokke. Er sagt: „Es begegnete mir zuweilen, beim einmaligen Zusammentreffen mit einer Person, wenn ich schweigend ihr Reden hörte, dass dann ihr bisheriges Leben mit vielen kleinen Einzelheiten darin, oft nur diese oder jene besondere Szene daraus, traumhaft und doch klar an mir vorüberging, ganz unwillkürlich und oft im Zeitraum weniger Minuten. Während dessen ist mir gewöhnlich, als wär' ich in das Bild des fremden Lebens so völlig versunken, dass ich zuletzt weder das Gesicht des Unbekannten, in welchem ich absichtslos las, deutlich mehr sehe, noch die Stimme des Sprechenden verständlich höre [dieser Bewusstseinszustand ist zu beachten, er nähert sich der »Ekstase«], die mir vorher gewissermassen, wie Kommentar zum Text der Gesichtszüge klang....... An einem Markttage in der Stadt Waldshut kehrt' ich hier mit zwei jungen Forstzöglingen (die noch leben), von einer Waldbereisung ermüdet, Abends im Gasthof zum Rebstock ein. Wir speiseten an der zahlreich besetzten Wirthstafel zu Nacht, wo man sich eben über allerlei Eigenthümlichkeiten und Sonderbarkeiten der Schweizer, über Mesmer's Magnetismus, Lavater's Physiognomik u. dgl. herzlich lustig machte. Einer meiner Begleiter, dessen Nationalstolz die Spötterei beleidigte, bat mich, etwas zu erwidern, besonders einem hübschen, jungen Manne, der uns gegenübersass und den ausgelassensten Witz trieb. Gerade das Leben desselben war an mir vorbeigeschwebt. Ich wandte mich an ihn mit der Frage, ob er ehrlich antworten werde, wenn ich ihm das Geheimste aus seinem Leben erzählen würde. Das wäre denn doch noch mehr, meynt' ich, als Lavater's Physiognomik. Er versprach, offen zu gestehen, wenn ich die Wahrheit berichten würde. So erzählt' ich, was mir mein Traumgesicht gegeben, und die ganze Tischgesellschaft erfuhr die Geschichte des jungen Kaufmanns, seiner Lehrjahre, seiner kleinen Verirrungen, endlich auch eine von ihm begangene kleine Sünde an der Kasse seines Prinzipals. Ich beschrieb ihm dabei das unbewohnte Zimmer, mit geweissten Wänden, wo, rechts der braunen Thür, auf einem Tische, der schwarze Geldkasten gestanden u. s. w. Es herrschte Todtenstille in der Gesellschaft bei der Erzählung, die ich nur zuweilen mit einer Frage unterbrach, ob ich Wahrheit rede? Jeden Umstand bestätigte der Schwerbetroffene, sogar, was ich nicht erwarten konnte, den letzten. Da reicht' ich ihm, gerührt von seiner Aufrichtigkeit, freundlich die Hand über'n Tisch und endete ..... Kein Wort weiter von dieser seltsamen Sehergabe, von der ich nicht einmal sagen kann, dass sie mir je genützt habe; die sich nur selten, und dann unabhängig von der Macht des Willens, und mehrentheils in Beziehung auf Personen geäussert hat, an deren Durchschauung mir wenig gelegen war." H. Zschokke, Eine Selbstschau. Aarau 1842. I S. 274 ff.

Manne zu Mute war, der heilsverlangend in die christlichen Versammlungen kam; auch wenn man sich die Prädisposition eines solchen, vielleicht von Schuld und Todesfurcht schwer bedrückten Menschen noch so gross vorstellen mag. Etwas Ueberraschendes und Geheimnisvolles muss diese Gabe auch für die, welche sie besassen, gehabt haben, sonst hätten auch sie nicht urteilen können, dass der heilige Geist ihnen solches Wissen verliehen habe. — Die für diese Geistwirkung charakteristischen Worte sind: ἐλέγχειν, ἀνακρίνειν, φανεροῦν; vor allem ἐλέγχειν, welches zugleich heisst: aufdecken, auf den Kopf zusagen, die Wahrheit sagen, überführen und strafen.

Eph 5 8—14 mahnt: „Wandelt als Kinder des Lichtes .., prüfend, was dem Herrn wohlgefällig ist, und nehmt nicht teil an den unfruchtbaren Werken der Finsternis, vielmehr deckt sie noch auf (μᾶλλον δὲ καὶ ἐλέγχετε). Denn was von ihnen heimlich gethan wird, ist schändlich auch nur zu sagen; aber alles, was aufgedeckt wird (ἐλεγχόμενα), wird vom Lichte offenbar gemacht. Denn alles Offenbare ist licht. Deshalb heisst es: »Wache auf, der du schläfst, und stehe auf von den Toten, und Christus wird dir aufleuchten«." Diese Stelle wird nur da ganz verstanden, wo die Erlebnisse, auf die sie anspielt, gewürdigt werden. Gedacht ist, dass Christen und Heiden zusammen sind, vielleicht in der Gemeindeversammlung, vielleicht anderswo. Der Zustand des Heiden ist „schlafen", „tot sein" (vgl. S. 22). Die erste Mahnung: „Nehmt nicht teil an den Werken der Finsternis" bedarf keiner Begründung, wohl aber die zweite: „Vielmehr deckt sie noch auf". Konnte man nicht entgegnen: Welchen Zweck hat es, etwa Streit mit dem Heiden anzufangen oder sich Gefahren auszusetzen, indem man ihm die Wahrheit über seinen Zustand sagt? Wird es ihn nicht noch verstocken? Oder schliesslich: sind diese Dinge nicht schändlich, auch nur zu sagen? Daher die Begründung: allerdings sind sie schändlich, auch nur zu sagen; aber sie auszusprechen hat grossen Wert. Alles was aufgedeckt wird, kommt ans Licht und wird, vom Licht umstrahlt, selber Licht. Wie fein ist hier die befreiende Macht der Wahrheit dargestellt! Die starken Bilder sind gewiss nicht blosse Rhetorik[1], sondern geben die starke Erschütterung des Menschen wieder, der jenes Neuwerden eines von der geheimen Sünde gequälten Herzens

[1] Es ist zu beachten, dass hier wie oft im neuen Testament psychische Vorgänge mit den Ausdrucksweisen jener himmlischen „Physik" wiedergegeben werden, welche gleichzeitig auch für die Eschatologie das richtige Ausdrucksmittel ist. Solche ursprünglich metaphysischen Begriffe und Ausdrucksmittel sind ja auch für den aus der Himmelswelt stammenden Geist durchaus angemessen.

erlebt, dem jetzt der Mund sich öffnet und der seine Sünde endlich heraussagt, ja herausschreit [1]. Da wird es nach dem Dunkel Licht, nach dem Tode Leben, da leuchtet Christus in der Seele auf. Auch hier weist die Schilderung der grossen Erregung des Heiden wie die gebrauchten Ausdrücke (κρυφῇ, φανεροῦσθαι, ἐλέγχειν) darauf hin, dass das Wissen um den Seelenzustand des anderen ein ausserordentliches ist. Auch hier mag man sich psychologische Vermittlungen denken; ist doch vielleicht der Heide eben im Begriffe gewesen, den Christen zu einer schlechten Handlung zu verleiten (5 11). Aber es scheint doch auch hier ein geheimnisvolles, überraschendes, von der Wahrheit unwiderstehlich überzeugendes Verstehen geheimer Regungen gemeint zu sein.

Deutlich spielt auch Ignatius auf diese Gabe an, wenn er sein Erlebnis in Philadelphia schildert (Phil. 7 2 vgl. S. 86). Dass sein Ruf vom heiligen Geist gewirkt war, wird daran erprobt, dass er den verborgenen Zustand der Gemeinde enthüllt hat. „Denn der Geist weiss, woher er kommt und wohin er geht, und das Verborgene deckt er auf (καὶ τὰ κρυπτὰ ἐλέγχει)", und zwar der Geist, nicht Ignatius. Denn das kann er versichern: „Wenn einige argwöhnten, ich hätte die sektiererische Neigung (μερισμόν) einiger gekannt und deshalb so gesprochen, so ist mir der, in dem ich gebunden bin, Zeuge, dass ich durch menschliche Mitteilung (ἀπὸ σαρκὸς ἀνθρωπίνης) nichts erfahren hatte". Auch hier haben wir Anknüpfungspunkte für einen Erklärungsversuch: da ist das Ausgesprochene selbst, wie so oft bei Pneumatikern, der den Ignatius vollkommen beherrschende Gedanke: haltet euch einträchtig zum Amt! Da ist jene Stimmung in der Gemeinde, bei der man den Zwiespalt, der sich schon zeigt, dem Fremden verhehlen will, jene halbversteckten Worte und Befehle, jene verstohlenen Blicke, jenes Zurückhaltende und Fremde in der Art, wie sich die Menschen geben; eine Stimmung, die uns sofort befällt, wenn wir etwa in ein Haus treten, in dem die Familie nicht zusammenhält und dem Gast dies zu verbergen wünscht. Da ist schliesslich die als harmlos hingestellte Bitte an den fremden Bischof, er möge doch einmal in einem Konventikel predigen und das Abendmahl austeilen (6 3 7 1). Aber trotz alledem muss es ein den Geistträger selbst überraschender, unerwarteter Vorgang gewesen sein, als plötzlich jener Ausruf sich seinen Lippen entrang. — Bei den Römern setzt Ignatius augenscheinlich dieselbe Gabe voraus, wenn er seinen flammenden Worten, die, von schwärmerischer Sehnsucht nach dem Martyrium

[1] Man denke an die ähnlichen Erfahrungen bei Methodisten und vgl. Zündel, Blumhardts Leben S. 166.

durchglüht, auf den ruhigen Gemütszustand des Durchschnittschristen den Eindruck unglaubwürdiger Uebertriebenheit machen können, die Bitte und die Versicherung hinzufügt: „Mit zwei Worten flehe ich euch an: glaubt mir! Jesus Christus aber wird euch offenbaren, dass ich die Wahrheit sage, er, der nie lügende Mund, durch den der Vater wahrhaftig geredet hat“ (Rm. 8). — Auf dieselbe Gabe, aber an Gemeindegliedern geübt, bezieht sich auch eine Stelle im Briefe des Ignatius an den Polykarp, deren gewöhnliche Deutung auf die Gabe der Weissagung oder das Schauen himmlischer Dinge[1] ausgeschlossen ist. Es heisst da (1 2): „Die ›Krankheiten‹ (Mt 8 17) aller trage du als ein vollendeter Kämpfer. Je mehr Mühe, desto grösser der Lohn. Wenn du nur gute Schüler liebst, hast du keine Belohnung zu erwarten. Vielmehr, je schlimmer sie sind, mit desto grösserer Sanftmut führe sie zum Gehorsam. Nicht jede Wunde wird mit demselben Pflaster geheilt. Lodernde Ausbrüche dämpfe mit Wassergüssen. Werde klug wie eine Schlange in allem und ohne Falsch allezeit wie eine Taube. Deshalb bestehst du aus Fleisch und Geist, damit du das, was deinen Sinnen wahrnehmbar ist, mit Milde behandelst; um das Unsichtbare aber, bitte, dass es dir offenbart werde (φανερωθῇ), damit es dir an nichts mangele und du jedes Charisma im Ueberfluss habest“. Der Zusammenhang verlangt hier gebieterisch, dass man in dem „Unsichtbaren“ den Gemütszustand der „Schüler“ sehe. Die Gabe ist eben das Charisma des ἐλέγχειν, welches der Bischof nötig hat, um zu durchschauen, was sich nicht unter seinen Augen vollzieht. Hier beginnt sich die Gabe schon mit dem Amt zu verknüpfen.

Aehnlich steht es in I Tim 5 20, II Tim 4 2, Tit 1 9, nur dass hier alles viel weniger pneumatisch gedacht ist; und gerade die letzte Stelle, die als Voraussetzung des ἐλέγχειν, das auch hier noch widerlegen und durchschauen heisst, das „Festhalten an dem der Lehre entsprechenden Wort“ nennt, klingt schon viel katholischer als die Ignatiusstelle. Doch zeigt noch Tit 1 13 als Zweck des ἐλέγχειν die Bekehrung, allerdings in antignostischer Formulierung, „damit sie im Glauben gesunden“[2].

Mit der montanistischen Prophetie erschien auch

---

[1] So Zahn, Patr. Apost. z d. St., Lightfoot undeutlich: things that are invisible, a revelation of the unseen world.

[2] Neben diesem ἐλέγχειν hat es noch ein anderes gegeben, das man nicht auf den Geist zurückführte (das geschieht ja auch nicht in den Pastoralbriefen, aber es wird dort von Amtsträgern als solchen geübt), wie Did. 15 3 und Mt 18 15 beweist. Did. 2 7, Jud 15 22 heisst es strafen.

diese Geistesgabe[1] wieder. Der Anonymus bei Euseb (h. e. V 16 9) erzählt, dass der Geist die Anhänger der neuen Prophetie glücklich gepriesen und durch die Grösse der Verheissungen aufgebläht habe, „manchmal aber auch verurteilte (κατακρίνειν) er sie direkt (ἀντικρύς, ins Gesicht hinein) das Richtige treffend und glaubwürdig, damit er auch ein strafender Herzenskündiger (ἐλεγκτικόν) zu sein schiene“. Also auch hier war es ein sehr auffallendes und geheimnisvolles Gedankenlesen, und es galt als ein Erfordernis des Propheten, andere durchschauen zu können[2]. In der That liegt es so nahe, bei einem Propheten diese Gabe zu suchen: kennen doch Gott oder Christus, welche den Geist geben, die Herzen der Menschen, wenn auch der Mensch nur sieht, was vor Augen ist[3].

Auch Irenäus erzählt von dieser Gabe, wahrscheinlich in Anlehnung an Paulus, doch beweist seine Aeusserung ebenfalls, dass man sie als notwendig für einen echten Propheten ansah[4].

Wir haben noch ein Beispiel davon, wie wohl ein Pneumatiker bei diesem ἐλέγχειν gesprochen hat: die sieben Sendschreiben der Apokalypse. Denn was Jesus da spricht, nennt er selbst ein ἐλέγχειν (3 19). Ueberall sind ganz bestimmte Sünden angedeutet und gerügt, aber in geheimnisvoller, einem Dritten nicht

---

[1] Man darf dieselbe nicht mit der διάκρισις πνευμάτων verwechseln; diese wird an Pneumatikern, das ἐλέγχειν an allen geübt. (Vgl. S. 67).

[2] Auch h. e. V 18 10 schliesst Apollonius aus der Unfähigkeit des Montanus, den Alexander zu durchschauen, dass Montanus kein rechter Prophet ist. „Den der Prophet nicht kennt, obwohl er viele Jahre mit ihm zusammen war, den durchschauen wir (ἐλέγχοντες, die Katholiker) und decken so durch ihn auch das Wesen des Propheten auf (ἐξελέγχομεν)“.

[3] So nahe liegt dies Kriterium, dass Antoine Court, der für die Umbildung der enthusiastischen Gemeinden in die reformierte Kirche Südfrankreichs eine ähnliche Bedeutung hat wie die Bischöfe für die werdende katholische Kirche, dasselbe als ganz selbstverständlich angewandt hat. Er beginnt die Erzählung von einer Prophetin — wir haben sie schon öfters citiert — mit den Worten: On tint le soir même une petite assemblée où je fus invité. Bientôt l'esprit de révélation s'empare de la prophétesse; elle tombe en extase; chacun est attentif et demeure dans un religieux silence. Enfin elle ouvre la bouche et commence par la louange du prédicateur (das ist er selbst) qu'elle exalte jusqu'au nües. Que son esprite la trompoit bien, dans ce moment, et qu'elle connoissoit mal ce qui se passoit dans le coeur de celuy qui faisoit l'objet de ses éloges! Uebrigens hat die Frau nicht geheuchelt. Was ihr „eingegeben wurde“, war die Ueberzeugung ihrer gesamten Umgebung. Der Prediger verdiente auch das Lob; freilich wusste man damals noch nicht, dass er ein prophetenmordender Kirchenmann war.

[4] V 6 1: . . . καὶ τὰ κρύφια τῶν ἀνθρώπων εἰς φανερὸν ἀγόντων ἐπὶ τῷ συμφέροντι, (καὶ τὰ μυστήρια τοῦ θεοῦ ἐκδιηγουμένων).

völlig durchschaubarer Weise, welche ihre tiefe Wirkung auf den wohl gehabt haben mag, der von jedem andeutenden Worte bis ins Tiefste getroffen wurde. Die Aeusserung des Paulus I Kor 14 25 „Gott ist wahrhaft in euch" und die des Ignatius, der für seine Worte jede Vermittlung seines eigenen Bewusstseins ablehnt, sowie die Art der Aussagen in den Sendschreiben lassen vermuten, dass auch an der Form des Spruches oftmals erkannt werden konnte, dass nicht der Mensch sondern der Geist sprach. Ein Beispiel dieser Gabe, freilich sehr ins Wunderhafte gesteigert — spricht doch der Sohn Gottes selbst — ist das Gespräch Jesu mit der Samariterin (Joh 4)[1]. Auch in den synoptischen Evangelien wird Aehnliches von Jesus erzählt (M 2 8), doch ist dies Durchschauen der Pharisäer durchaus den geschichtlichen Thatsachen entsprechend und uns psychologisch näher gerückt.

Wenn wir uns erst jetzt zu jener dunklen Stelle im Johannesevangelium (16 7—11 vgl. S. 53) wenden, welche zeigen will, wie der Paraklet kommen und die Welt überführen wird (ἐλέγξει !), so sind wir vor der Meinung bewahrt, dass dies eine „Weissagung" und jene Thatsachen, von denen uns Ign. Phil. 7, Pol. 2 und Euseb. h. e. V 16 9 ein deutliches Bild geben, aus der litterarischen Benutzung dieser Quelle herausgesponnen seien. So entstehen die Dinge im Leben nicht. Vielmehr ist jene Verheissung Jesu nur ein Widerhall gleichartiger Vorgänge. Jene Stellen zeigen vielmehr, was es heisst Joh 16 9 „inbetreff der Sünde, weil sie nicht an mich glauben": der Geist offenbart die geheimen Sünden, welche aus dem Unglauben kommen. Aber auch die Deutung der beiden ersten Glieder wird vertieft. Der Teufel ist gerichtet, weil er aus der „Wohnung" bei den Unsittlichen (und Kranken) durch den Geist vertrieben wird, wenn Christus „aufgeht" in ihren Herzen (Eph 5 14). Und diese Auferstehung Christi im Lichtglanz, welche nicht nur auf Golgatha geschehen ist, sondern in jedem Herzen durch den Geist geschieht, „rechtfertigt" ihn vor der Welt. Das Schillern der Ausdrücke vom Objektiven ins Subjektive, aus der Metaphysik in die Ethik, ist gerade für die Johannes-Schriften charakteristisch.

Mit denselben Mitteln wie Eph 5 11—14 drückt die entgegengesetzte Erfahrung die Stelle Joh 3 20 aus. Der Sünder verschliesst seine Bosheit in sein Herz; er kommt nicht ans Licht, „damit seine Werke nicht aufgedeckt werden" (ἐλεγχθῇ). Es war in der That wohl für

[1] Auch sonst deutet Johannes diese Gabe bei Jesus an, allerdings stets als Zeichen seiner Allwissenheit 6 70 (apologetisches Motiv vgl. Orig. c. Cels. II 17) 2 25.

manchen sehr unangenehm, eine Versammlung zu besuchen, in der seine geheimsten Gedanken schonungslos ans Licht gezogen werden konnten. Auch aus dieser Stelle geht hervor, dass das Johannesevangelium solche Erfahrungen kennt.

Vielleicht liegt die Vorstellung, dass der Pneumatiker Menschenherzen zu durchschauen vermöge, auch der Bedeutung der Propheten und Confessoren für das Bussinstitut zu grunde, wenn man auch in der Regel mehr an die Offenbarung eines Willensentschlusses Gottes als an die Erkenntnis des inneren Zustandes des Menschen gedacht hat[1].

b) Ein ähnliches innerliches Vernehmen ohne Erregung der Sinnesorgane muss bei den korinthischen Propheten zur Zeit des Paulus die Regel gewesen sein (I Kor 14_{29-31}). Dabei sassen die Gemeindeglieder um den sprechenden Propheten her, und wenn einem von ihnen im Anschluss an das, was jener sagte, eine neue Erkenntnis, Mahnung oder Tröstung einfiel, so stand er auf und begann zu sprechen. Das Bewusstsein war dabei völlig normal, doch muss der eingegebene Gedanke mit Gewalt, wenn auch nicht mit unwiderstehlicher, zur Aussprache gedrängt haben ($_{32}$); sonst hätte man nicht bei allen auf den Geist geschlossen. In gleicher Weise wird in Lugdunum Attalus seine schon oben (S. 148) citierte Offenbarung erhalten haben, für deren Zustandekommen von Wichtigkeit ist, dass der asketische Confessor Anstoss erregte und Attalus bereits einen „Kampf“ im Amphitheater hatte überstehen müssen. Hier trat der Geist als „Ratgeber“ (V 3_3) auf und gab nicht Weissagung sondern Anweisung für die rechte Lebensgestaltung[2].

8.

Dem normalen Bewusstsein nahestehend, ja in es übergehend erscheint das Auftauchen neuer religiöser und sittlicher Erkenntnisse im Vorstellungsleben der Christen. Sie werden auf den Geist zurückgeführt, sofern sie mit jener eigentümlichen Lustempfindung und dem Gefühl des Sichaufdrängens verbunden sind, welches einer intuitiv gewonnenen Erkenntnis eigen zu sein pflegt. Wenn aber schon hier-

[1] Vgl. Harnack, Dogmengesch. I[3] 403 f.

[2] I Clem. 44_1: Καὶ οἱ ἀπόστολοι ἡμῶν ἔγνωσαν διὰ τοῦ κυρίου ἡμῶν Ἰησοῦ Χριστοῦ ὅτι ἔρις ἔσται ἐπὶ τοῦ ὀνόματος τῆς ἐπισκοπῆς wird man wohl nicht auf etwaige den Aposteln gewordene Offenbarungen sondern auf Weissagungen zu beziehen haben, welche den Aposteln durch den Herrn geworden sind wie Mc 13_{22} c. p. Weissagungen der Apostel auf spätere Ketzer stehen II Petr 2_1 Jud $_{17}$, II Tim 3, I Tim 4_1.

bei der christliche Inhalt dieser Erlebnisse mehr für ihren geistgewirkten Charakter spricht als die Form, in der sie erlebt werden, so lassen sich von ihnen die Angaben nicht trennen, die eine christliche Erkenntnis überhaupt — einerlei, ob sie alt oder neu ist — auf den Geist zurückführen. Ist doch dazu, was dem einen längst bekannt ist, für den andern oft überraschende Offenbarung. So können auch hier schliesslich alle Kriterien einer Geistwirkung im allgemeinen wegfallen, und die christliche Beurteilung einer Erkenntnis als dem Geiste Gottes entsprechend kann die Kriterien der Geistwirkung im allgemeinen ersetzen und jene von aussen her übernommene formelle Betrachtung völlig verdrängen.

Jeder Christ hat diese Erfahrung einmal an sich erlebt, die meisten in jener Zeit ihres Uebertritts zum Christentum, da der Schatz christlicher Erkenntnis in wenigen Wochen oder Monaten in sie einströmte. ihnen eine neue Welt offenbarte und die alte in neuem Licht zeigte. Nicht umsonst hat man die Taufe Erleuchtung (φωτισμός) genannt. Und die meisten haben gewiss auch Wiederholungen und Fortschritte in dieser Gabe durch Mehrung ihrer theoretischen wie praktischen Erkenntnis der neuen Religion und Sittlichkeit erlebt.

Hierher gehören auch alle diejenigen schon früher citierten Stellen, welche berichten, dass eine in der eben beschriebenen Weise vom Geiste gewirkte Erkenntnis durch Wort oder Schrift mitgeteilt worden sei. Auf ihre nochmalige Anführung muss hier verzichtet werden.

Solche Erkenntnis kann durch Glauben und Liebe vermittelt sein und sich auf die Geheimnisse der Engelwelt und die alles übersteigende Liebe des erhöhten Herrn, also auf Himmelsdinge erstrecken[1]. Da diese Himmelswelt der zukünftige Besitz der Christen ist, so ist solche Erkenntnis zugleich Erkenntnis der Zukunft. Und wie diese verbürgt ist durch die Kraft Gottes, so hat Gott seine Kraft bewiesen in der Auferstehung Jesu und in der Erhöhung Christi über alle Engelmächte. Dies alles zusammen ist christliche Erkenntnis des Wesens Gottes, wie sie der Geist wirkt[2]. Sehr treffend ist an dieser Stelle die Erkenntnis durch den Geist im Bilde so ausgedrückt: (Gott gebe euch) erleuchtete Augen eures Herzens. Gleichfalls aus dem Gebiet des Gesichtssinnes sind die Bilder in Eph 3 9,

---

[1] Eph 3 16–19. (Nach den S. 153 citierten Worten) 18: ἵνα ἐξισχύσητε καταλαβέσθαι σὺν πᾶσιν τοῖς ἁγίοις τί τὸ πλάτος καὶ μῆκος καὶ ὕψος καὶ βάθος (vgl. den Engelnamen μέγεθος bei Markus, Iren. h. e. I 13 3, den Gottesnamen μεγαλωσύνη in Heb 1 4 8 2), γνῶναί τε τὴν ὑπερβάλλουσαν τῆς γνώσεως ἀγάπην τοῦ Χριστοῦ.

[2] Eph 1 17–23: .. πνεῦμα σοφίας καὶ ἀποκαλύψεως ἐν ἐπιγνώσει αὐτοῦ . . .

Joh 1_{9}, II Tim 1_{10}, Heb 6_{4} 10_{32} entnommen.

Genau so führt *Ignatius* seine Erkenntnis himmlischer Wesen und Zustände auf seinen Geistbesitz zurück[1], wenn er auch hier wieder den Gedanken nicht mit Zuhilfenahme der Pneumatologie ausspricht. Aber himmlische Wesen allein können Mitteilungen über die Engelwelt machen.

Es ist die gemeinchristliche Ansicht, dass eine aus dem Himmel stammende Inspiration — man nenne sie Geist, Logos, Gott oder wie immer — die Erkenntnis der himmlischen Dinge und des Wesens Gottes vermittele. Nur in der einseitigen Betrachtungsweise zu einem bestimmten Zweck ist es begründet, wenn Athenagoras diese Erkenntnis der menschlichen Vernunft zuschreibt[2]. Wie sehr jener andere Gedanke der herrschende ist, zeigt der Umstand, dass er da zu tage tritt, wo der Mensch unmittelbar *religiös* redet, im Gebet. *Iren.* III 6_{4}: „Durch unseren Herrn Jesus Christus verleihe auch die Herrschaft (Gabe?) des heiligen Geistes; gieb jedem Leser meines Buches dich zu erkennen, dass du allein Gott bist, und in dir befestigt zu werden . . “. So stark kann dieser Gedanke wirken, dass *Justin* die richtige Gotteserkenntnis heidnischer Philosophen auf das Einwohnen der Keime göttlicher Vernunft in ihnen zurückführen kann (ὁ σπερματικὸς θεῖος λόγος II 13_{3}).

Aber auch die Erkenntnis irdischer Dinge, die *Tradition der Herrnworte* ist Sache des Geistes (Joh 14_{26} und andere Stellen von Parakleten, s. o.), das heisst hier der geistbegabten Lehrer (διδάξει); denn dass Johannes hier auf Verhältnisse innerhalb der Gemeinde anspielt, sagt er selbst im 29. Vers. Jenes Wort Christi nämlich: „Jetzt habe ich es euch gesagt, bevor es geschieht, damit ihr glaubet, wenn es eintritt“, bezieht sich zwar zunächst auf Tod und Auferstehung ($_{27}$ f.), es ist aber auch auf das, was vorher steht, anwendbar. Auch hier ist Johannes der Begründer eines *katholischen* Gedankens — der Lehre von der geistgewirkten Tradition —, aber wie stets im *religiösen* Sinne. Den Schlussstein legt auch hier wieder *Irenäus* durch die Umbiegung des religiösen Gedankens in einen kirchlichen[3]. Bei ihm soll der Geist die ewige Identität

[1] Πολλὰ φρονῶ ἐν θεῷ (Trall. 4). καὶ γὰρ ἐγώ, οὐ καθότι δέδεμαι (S. 121) καὶ δύναμαι νοεῖν τὰ ἐπουράνια καὶ τὰς τοποθεσίας τὰς ἀγγελικὰς καὶ τὰς συστάσεις τὰς ἀρχοντικὰς . . (Trall. 5).

[2] de res. 15 p. 248: Εἰ δὲ καὶ νοῦς καὶ λόγος δέδοται τοῖς ἀνθρώποις πρὸς διάκρισιν νοητῶν, οὐκ οὐσιῶν μόνον ἀλλὰ καὶ τῆς τοῦ δόντος ἀγαθότητος καὶ σοφίας καὶ δικαιοσύνης . . .

[3] Iren. III 24_{1}: . . . *praedicationem vero ecclesiae undique constantem* et aequaliter perseverantem et testimonium habentem a pro-

der Tradition auch in quantitativem Sinne beweisen, bei Johannes nur im prinzipiellen, qualitativen. Ja bei Johannes dient die Berufung auf den Geist noch dazu, um die Abweichung christlicher Lehrer und Propheten von der Lehre der Gemeinde und Jesu in einzelnen und, wie das Evangelium beweist, sehr tief greifenden Punkten zu begründen (16 13 s. o. S. 98).

Die Tradition war ja auch — abgesehen von noch wichtigeren, von aussen kommenden Einflüssen — schon dadurch einer ständigen Umwandlung ausgesetzt, dass sie stets in Begleitung neuer apologetischer Gesichtspunkte und eines fortlaufenden geistgewirkten Schriftbeweises erschien, der, so kühn er auch mit den alten Texten verfuhr, doch durch sie selbst veranlasst wurde, an der Tradition umzubilden. Die hier in Betracht kommenden Stellen sind schon oben (S. 105 ff.) angeführt. Sie seien hier nur zusammengefasst in einem Worte des Irenäus (IV 33 15), der seine Erörterung über die Grundsätze der pneumatischen Exegese so abschliesst: „Und alles andere, was, wie wir gezeigt haben, in einer grossen Reihe von Schriftstellen die Propheten gesagt haben, wird der wahre Pneumatiker (spiritalis vere qui est d. h. nicht der Gnostiker, sondern wer in der Kirche den Geist besitzt) auslegen, indem er von jedem einzelnen Ausspruch zeigt, auf welchen Zug der Heilsgeschichte Gottes er gemeint ist, und so das Ganze des Heilswerks des Gottessohnes aufweist."

In gleicher Weise wird auch die sittliche Erkenntnis der Christen von dem Geiste abgeleitet. So in der schon öfter angeführten Stelle Barn. 16 9 „die weisheitsvolle Erkenntnis der Satzungen, die Gebote der Lehre". Von „oben her", aus dem Himmel stammende Weisheit verrät nach Jakobus ihre Herkunft in sittlicher Erkenntnis, Gesinnung und That (1 5 3 13 15 17: ἡ σοφία ἄνωθεν κατερχομένη). Und Justin führt im Anschluss an Jes 11 (D 39 p. 132) unter den „Geschenken, die jeder nach Würdigkeit empfangen hat, erleuchtet durch den Namen dieses Christus" einen Geist der Einsicht, des Rates, des Vorherwissens, der Lehre und der Gottesfurcht an, an der Parallelstelle einen Geist der Weisheit und der Einsicht, des Rates und der Kraft, der Erkenntnis, der Frömmigkeit und der Furcht

phetis et ab apostolis et ab omnibus discipulis, quemadmodum ostendimus per initia et medietates et finem et per universam Dei dispositionem et eam, quae secundum salutem hominis est, solitam operationem, quae est in fide nostra; quam perceptam ab ecclesia custodimus et quae semper a Spiritu Dei quasi in vase bono eximium quoddam depositum juvenescens et juvenescere faciens ipsum vas in quo est.

Gottes, und er illustriert die hierhergehörigen Gaben an alttestamentlichen Beispielen: „Weisheit" hatte Salomo, man denke an die Sittensprüche, den Prediger und die „Weisheit"; Daniel besass „Rat", er beurteilte die Lage und die Zukunft richtig; Wissen (Vorherwissen) war dem Jesaias verliehen (87 p. 314, 316).

So kann denn schliesslich die *gesamte christliche Erkenntnis* auf den Geist zurückgeführt werden. „Und ihr habt ›die Salbung‹ (= den heiligen Geist) von dem Heiligen und habt alle das Wissen. Ich schreibe euch nicht, weil ihr *die Wahrheit nicht kennt*, sondern weil ihr sie *kennt*" (I Joh 2 20 f.). Dies schreibe ich euch über die, welche euch irre führen. Und ihr — *die Salbung*, welche ihr von ihm empfangen habt, *bleibt in euch*, und ihr habt nicht nötig, dass euch jemand belehre; sondern wie euch seine *Salbung lehrt über alle Dinge* — und sie ist wahr und keine Lüge — und wie sie euch gelehrt hat, so bleibet in ihm" (I Joh 2 26 f.). „Salbt euch nicht mit dem Uebelgeruch der Lehre des Herrschers dieses Aeons, damit er euch nicht wegfange von eurem vorhandenen Leben. Weshalb werden wir nicht alle vernünftig, nachdem wir Gottes Erkenntnis *empfangen haben* d. h. *Jesus Christus*? Weshalb gehen wir in unserer Thorheit verloren, indem wir die Gabe (χάρισμα) nicht erkennen, welche *wahrhaftig* der Herr gesandt hat" (Ign. Eph. 17). Wie die Gnostiker sich auf ihren Geistbesitz berufen haben, so hebt ihnen gegenüber *Ignatius* das „wahrhaftige" Charisma hervor, welches die rechte Gotteserkenntnis d. h. hier den christlichen Gemeinglauben lehrt.

Einen zunächst überraschenden Schluss, der aber vieles erklärt, zieht *Justin*. Er führt (I 60) einige Lehren an, die die Philosophen von Moses und den Propheten haben, und fährt dann fort: „Bei uns nun kann man dies hören und erfahren von denen, die nicht einmal die Formen der Buchstaben kennen, die Ungebildete und Wilde der Sprache nach, *Weise und Zuverlässige aber an Vernunft sind*, und doch äusserlich vielleicht gebrechlich und verlassen; da muss man einsehen, dass dies nicht durch Menschenweisheit geschehen ist, sondern *durch Kraft Gottes gesprochen wird*" (vgl. S. 143). Diese Kraft Gottes ist der heilige Geist, der die Verachteten, an Bildung des Körpers wie des Geistes Vernachlässigten mit so hoher Erkenntnis erfüllt, wie sie die feingebildeten Philosophen der Griechen in all ihrer Weisheit doch — haben stehlen müssen, ohne sie wirklich zu begreifen[1]. Das war das Gewaltige,

---

[1] I 66 6: Ἃ ἀναγνοὺς Πλάτων καὶ μὴ ἀκριβῶς ἐπιστάμενος . .

Ueberraschende, welches den Schluss rechtfertigte: das scheint nicht Menschenwerk zu sein, das ist Kraft Gottes. Auch ein Evangelium der Armen, aber ein griechisches!

Von Gott gelehrt sind die Christen. Das meint auch Theophilus (III 15 p. 224), wenn er sagt, dass bei den Christen „die Wahrheit den Sieg entscheidet, die Gnade bewahrt, der Friede beschirmt, das heilige »Wort« den Weg weist, die »Weisheit« lehrt, das Leben herrscht, Gott König ist“. Und Irenäus (III 4_1) schliesst ähnlich wie Justin, nur nicht mehr für die Zwecke der Apologetik sondern für die der katholischen Traditionslehre: die Barbarenvölker, welche an Christus glauben, bewahren die ungeschriebene Tradition unverfälscht; wer anders unterweist sie als der Geist?[1]

Die daneben herlaufende Gedankenreihe und ihre Aussagen, welche die Tradition und die christliche Erkenntnis an das Bischofs-Amt und seine besonderen Gaben knüpfen, sind zum teil schon besprochen zum teil im dritten Abschnitt zu besprechen.

Es genügt, an dieser Stelle darauf hinzuweisen, dass die Gnostiker all ihre besondere Erkenntnis, mochten sie dieselbe wie immer empfangen haben, auf den Geist zurückführten; sie sind vor allem als „Pneumatiker“ auch „Gnostiker“. Bei ihnen finden wir zuerst die enge Verbindung von Geist und Erkenntnis, welche in der Theologie unserer Tage eine so grosse Rolle spielt. Doch haben die Gnostiker noch keineswegs beide aufeinander reduziert. Stellen hier anzufühen, würde zu weitläufig sein; auch giebt es fast keine, die charakteristisch genug wäre, um es zu verdienen[2].

Dass man auch heidnische Erkenntnis auf Inspiration zurückführte, und zwar sofern sie der christlichen oder in sich selbst widersprechend war, auf dämonische Inspiration, haben wir bereits früher mit Bezug auf die sittliche Erkenntnis und die Weisheit der

---

[1] Iren. III 4_2: Ἧι τάξει (τῆς παραδόσεως) πολλὰ ἔθνη τῶν βαρβάρων τῶν εἰς Χριστὸν πιστευόντων, χωρὶς χάρτου καὶ μέλανος γεγραμμένην ἔχοντες διὰ πνεύματος ἁγίου ἐν ταῖς καρδίαις τὴν σωτηρίαν καὶ τὴν ἀρχαίαν παράδοσιν ἐπιμελῶς φυλάσσοντες.

[2] Die vielleicht am meisten charakteristische Stelle steht im Bericht des Irenäus über Markus (I 21_4): Ὑπ' ἀγνοίας γὰρ ὑστερήματος καὶ πάθους γεγονότων, διὰ γνώσεως καταλύεσθαι πᾶσαν τὴν ἐκ τῆς ἀγνοίας σύστασιν· ὥστε εἶναι τὴν γνῶσιν ἀπολύτρωσιν τοῦ ἔνδον ἀνθρώπου. καὶ μήτε σωματικὴν ὑπάρχειν αὐτήν· φθαρτὸν γὰρ τὸ σῶμα· μήτε ψυχικήν, ἐπεὶ καὶ ἡ ψυχὴ ἐξ ὑστερήματος, καὶ ἔτι τοῦ Πατρός (interpr. πνεύματος) ὥσπερ οἰκητήριον· πνευματικὴν οὖν δεῖ καὶ τὴν λύτρωσιν ὑπάρχειν. λυτροῦσθαι γὰρ διὰ γνώσεως τὸν ἔσω ἄνθρωπον τὸν πνευματικόν, καὶ ἀρκεῖσθαι αὐτοὺς τῇ τῶν ὅλων ἐπιγνώσει.

Dichter gehört. Hier sei noch auf Hermias verwiesen, welcher I Kor 3_{19} citiert: „Die Weisheit dieser Welt ist Thorheit bei Gott" und hinzufügt: „Das hat er treffend gesagt. Denn mir scheint sie ihren Anfang genommen zu haben vom Fall der Engel, weshalb die Philosophen weder gleichförmig noch mit einander übereinstimmend ihre Lehren darstellen"[1].

VI.

Die Wirkungen des Geistes auf dem Gebiet der anderen Sinne.

Ebensogut wie auf diejenigen Sinne, welche deutliche Vorstellungen zu liefern imstande sind, auf Gehör und Gesicht, können Geistwirkungen sich auch auf die Sinnesgebiete erstrecken, welche bloss mit Empfindungen ausgestattet sind, auf Geschmack, Geruch und Tastsinn. Naturgemäss sind solche Erscheinungen seltener, weil diese Sinne überhaupt eine viel weniger wichtige Rolle spielen als Gehör und Gesicht. Doch verdienen sie nicht, dass man sie, wie gewöhnlich geschieht, ganz unbeachtet lässt.

1.

Aus dem Gebiete des Geschmacks ist ausserhalb der Apokalypse, soviel ich sehe, keine Thatsache überliefert. Apk 10_{10}: „Ich empfing das Buch aus der Hand des Engels und ass es. Es schmeckte in meinem Munde wie süsser Honig; als ich es aber gegessen hatte, verursachte mir seine Bitterkeit Bauchgrimmen". Hier hätten wir eine starke doppelte Geschmacksempfindung vor uns, welche ein Pneumatiker „im Geiste" erlebt hätte, wenn nicht die Stelle zu sehr wie eine bewusste Nachahmung von Ezech. 2_8—3_3 aussähe. Doch zeigt Apk 10_{10} einen selbständigen Zug gegenüber Ezechiel, die Schmerzempfindung im Leibe, und es ist nicht ausgeschlossen, dass der Apokalyptiker, dessen Geist von der Lektüre der Prophetenbücher erfüllt war, das von Ezechiel Erzählte in selbständiger Weise in der Ekstase noch einmal nacherlebt haben könnte. Wir sahen ja

[1] Hermias, Irr. 1: ... δοκεῖ γάρ μοι τὴν ἀρχὴν εἰληφέναι ἀπὸ τῆς τῶν ἀγγέλων ἀποστασίας, δι' ἣν αἰτίαν οὐδὲ σύμφωνα οὐδὲ ὁμόλογα οἱ φιλόσοφοι πρὸς ἀλλήλους λέγοντες ἐκτίθενται τὰ δόγματα. Die Klammern Ottos müssen wegbleiben.

stets, dass bei Visionen die objektiven Elemente, aus denen sie sich zusammensetzten, der Gedanken- und Vorstellungswelt des Visionärs, die ihm von aussen gegeben ist, entnommen waren.

In dem Martyrium Perpetuae et Felicitatis wird ein Traum der Perpetua erzählt, der als Analogon wichtig ist. Ihr war es, als steige sie auf einer Leiter (vgl. S. 176) in einen grossen Garten empor, in welchem ein alter Mann in der Kleidung eines Schäfers beschäftigt war, seine Schafe zu melken. „Da er das Haupt erhob“, erzählt sie, „sah er mich und sprach: ›Schön, dass du gekommen bist, Kind‹. Und er rief mich zu sich und gab mir von dem Käse, den er bereitete, einen Bissen. Ich empfing ihn, nachdem ich die Hände gefaltet hatte, und ass. Und alle Umstehenden sagten: Amen. Und bei dem Erschallen dieses Wortes wurde ich wach[1], gerade noch etwas Süsses kauend. Sogleich erzählte ich es meinem Bruder, und wir erkannten (Auslegung!), dass ich leiden müsse“. Also noch mit dem Geschmack von etwas Süssem im Munde ist sie aufgewacht. Auch hier haben die Erlebnisse sinnliche Evidenz.

2.

Aus dem Gebiete des Geruchssinnes ist in unserer Zeit zweimal dasselbe Erlebnis berichtet. Nach den oben (S. 168) citierten Worten fährt das Mart. Polycarpi 15 (= Euseb. h. e. IV 15_{37}) fort: „Auch einen solchen Wohlgeruch nahmen wir wahr, als ob Weihrauch uns umdufte oder irgend ein anderes kostbares Gewürz“. Man braucht seine Zuflucht weder zu wohlriechenden Hölzern zu nehmen, die man zufällig beim Herrichten des Scheiterhaufens verwandt hätte, noch zu Spezereien, die man den Märtyrern zugeworfen hätte, um diese Angabe als richtig festzuhalten. Wir haben hier eine „Illusion“ auf dem Gebiete des Geruchssinnes vor uns, so gut wir oben solche auf anderen Sinnesgebieten beobachtet haben. Den Seelenzuzustand der Christen, welche dies Erlebnis hatten, haben wir bereits oben geschildert. Die objektiven Vorstellungen aber, welche das Erlebnis in dieser Gestalt zustande kommen liessen, sind die bekannten, in der Kirche weit verbreiteten Vorstellungen von dem „Geruch der Unsterblichkeit“[2]. Dazu kommt wohl das Bestreben, das

[1] Auch dieser Zug beweist, dass der Traum erlebt ist; man denke an ähnliche Träume, die mit Erwachen durch ein im Traum gehörtes Geräusch enden.

[2] Vgl. A. Harnack, Zu Eusebius H. e. IV 15_{37} Z. f. Kirchengesch. Gotha II 1878. S. 291—296 und z. B. II Kor 2_{14-16}: ὀσμὴ ἐκ ζωῆς εἰς ζωήν, Ign. Eph. 17: διὰ τοῦτο μύρον ἔλαβεν ἐπὶ τῆς κεφαλῆς αὐτοῦ ὁ κύριος ἵνα πνέῃ τῇ ἐκκλησίᾳ

Schönste und Beste auf jedem Sinnesgebiete für den heiligen Geist und den Himmel in Anspruch zu nehmen. So sind himmlische Geister weiss und rot (Apk. Petr. 7 ff. u. ö.) wie der Himmel voll Glanz, Licht, Wohlgeruch (ib. 15 ff. u. ö.) und schöner Musik[1]. Auch hier liegen freilich objektiv gegebene Vorstellungen mit zu grunde.

Wie nicht daran gezweifelt werden kann, dass jene Augenzeugen wirklich den Geruch der Unsterblichkeit bei Polykarps Tod gerochen haben, so haben wir keinen Grund, den gleichen Bericht im Mart. Lugdunense zu bezweifeln, wo es heisst: „Die einen schritten fröhlich voran, das Antlitz erfüllt von Freudenglanz und Anmut, sodass auch die Fesseln sie wie ein kostbarer Schmuck zierten . . und zugleich duftend vom Wohlgeruche Christi, sodass einige meinten, sie seien auch mit wohlriechendem Oel gesalbt gewesen“[2]. Auch hier lässt also die siegesfreudige Haltung der Märtyrer die Gläubigen nicht nur den Herrlichkeitsglanz sehen, sondern auch den Geruch des ewigen Lebens riechen[3].

ἀφθαρσίαν. Auch Joh 12 $_3$ scheint auf solche Spekulationen hinzuweisen. Lucian Peregr. 3, Iren. III 11 $_8$ I 4 $_1$ u. in VIII 2, Basilid. bei Hipp. Phil. VII 22 und Mart. Perp. et Felic. 13. Die Herkunft dieser Vorstellung ist bis jetzt noch dunkel, Meyer-Heinrici denken an den Gebrauch von Räucherwerk bei Triumphzügen; das mag bei II Kor 2 $_{14-16}$ mit in Betracht kommen, erklärt aber das Ganze nicht. H. Gunkel macht mich darauf aufmerksam, dass in der jüdischen Litteratur dem Baum des Lebens im Paradiese ein wundervoller Duft des Lebens charakteristisch ist, vgl. slavisches Henochbuch 8 $_3$, aeth. Henoch 24 f.; dieser Duft giebt nach dem aeth. Henochbuch das Leben. Hierin ist nach Gunkel die Quelle der Vorstellung vom Duft des Lebens zu suchen.

[1] Noch heute erlebt oder erfindet das Volk genau so, jedenfalls empfindet es ebenso. Mir selbst hat ein Bauer in vollem Glauben etwas Aehnliches erzählt, als ein an schwerer Hysterie Leidender durch seine in starrkrampfähnlichem Zustande ausgestossenen längeren Reden religiösen Inhaltes die Bewohner seines Heimatsdorfes und der Umgegend in grosse Erregung versetzt hatte. Der Bauer erzählte mir, dass in dem Augenblicke, da der „Engel“ zu reden beginne, ein Geruch wie von Veilchen und Rosen das Zimmer durchziehe. Und diese Legende hatte sich gebildet und wurde geglaubt, vielleicht auch erlebt, noch während der Kranke an seinen Anfällen litt.

[2] Euseb. h. e. V 1 $_{35}$: Οἱ μὲν γὰρ ἱλαροὶ προῄεσαν, . . . (vgl. o. S. 51) . . τὴν εὐωδίαν ὀδωδότες ἅμα τὴν Χριστοῦ, ὥστε ἐνίους δόξαι καὶ μύρῳ κοσμικῷ κεχρῖσθαι αὐτούς.

[3] Man kann die Möglichkeit solcher Erlebnisse nicht bestreiten; zeigt doch die Hypnose, dass derartiges auf dem abnormen Gebiete menschlichen Seelenlebens nicht unerhört ist. „Der Hypnotische isst eine Zwiebel statt einer Birne, trinkt Wasser für Champagner, um es im nächsten Augenblick wieder für Tinte zu halten. Sein Mienenspiel verrät dabei jedesmal den Geschmackseindruck der (vom Hypnotiseur) eingegebenen Vorstellung. . . . Er riecht an einer imaginären Blume, wenn man

3.

Auf dem Gebiete des Tastsinnes, insbesondere seiner peripherischen Organe, der Tastnerven und der mit ihnen in Verbindung stehenden Muskeln und Blutgefässe, haben wir zwei Gruppen von Erscheinungen zu unterscheiden: entweder bewirkt der Geist positive Empfindungen von grösserer oder geringerer Stärke (Hyperästhesieen) oder vollkommene Empfindungslosigkeit (Anästhesieen).

a) Von Hyperästhesieen sind uns nur zwei pneumatische Träume, allerdings aus etwas späterer Zeit, überliefert, welche aber besonders interessant sind.

Natalius, ein Confessor, war zur Lehre des Gerbers Theodotus übergetreten. „Als er sich ihnen angeschlossen hatte, wurde er häufig durch Gesichte von dem Herrn gestraft (ἐνουθετεῖτο). Denn unser barmherziger Gott und Herr Jesus Christus wollte nicht, dass ein Zeuge seiner eigenen Leiden aus der Kirche austrete und verloren gehe. Als er sich aber zu leichtsinnig über die Gesichte hinwegsetzte (ῥαθυμότερον προσεῖχε) . . , wurde er zuletzt von heiligen Engeln die ganze Nacht hindurch unter grossen Qualen gegeisselt, so dass er früh morgens aufstand, einen Sack anzog, Asche über sich streute mit grossem Eifer und weinend dem Bischof Zephyrin zu Füssen fiel, indem er sich zu den Füssen nicht bloss des Klerus, sondern auch der Laien wälzte und mit seinen Thränen die milde Kirche des barmherzigen Christus erschütterte (συγχέαι)". Bis hierher (Euseb. h. e. V 28 11 12) wird man den Bericht eines katholischen Zeitgenossen für ganz begreiflich und in der Hauptsache für zutreffend halten. Man kann verstehen, wie solch ein Traum aus dem bösen Gewissen entspringen und wie sich mit ihm eine starke Schmerzempfindung verbinden kann. Nun aber folgt noch ein Satz: „Und da er eindringlich bat und die Striemen der Schläge zeigte, die er erhalten hatte, wurde er endlich wieder aufgenommen". Was soll man dazu sagen? War hier ein Betrug des Confessors oder des Bischofs oder beider im Spiel? Oder wird hier doch eine Legende erzählt? Es giebt noch eine dritte Möglichkeit, auf welche uns Parallelen hinweisen. Wir müssen uns von unserem Gesichtspunkt aus mit ihrer Anführung begnügen und die Untersuchung der Erzählung auf ihre Glaubwürdigkeit andern von andern Gesichtspunkten aus überlassen. Parallel sind

---

ihm sagt, dass er sie in der Hand halte." . . (Wundt, Hypnotismus und Suggestion S. 12 [17]).

jenem Vorgang die Stigmatisationen in der katholischen Kirche. Freilich „sind diese Fälle, in welchen eine exacte Controle regelmässig vereitelt wird, nicht beweiskräftig." Trotz dieses kräftigen Wortes von Jolly (S. 503) müssen ihnen Wahrheitsmomente zu grunde liegen. Denn er selbst gesteht zu: „Dagegen kann die Möglichkeit nicht in Abrede gestellt werden, dass unter Umständen (bei Hysterischen, und sie sind, wie wir sahen, für die alte Zeit dämonisch; was sie erleben, Geisterwirkungen) in Folge von Ruptur kleiner Gefässe blutige Beimengungen im Schweisse und in der Thränenflüssigkeit auftreten, und dass es so auch zu stärkeren Blutungen kommen kann. So scheint bei einer von Parrot beobachteten Kranken der Fall gewesen zu sein, bei welcher zu verschiedenen Zeiten während allgemein convulsivischer Anfälle ein Austritt blutig gefärbter Flüssigkeit aus der Haut der Finger, der Kniee, der Schenkel, der Brust . . beobachtet wurde. . . . Bei einer jungen siebzehnjährigen Dame hat die Brust das Aussehen, als ob sie gequetscht sei." Wie hier durch seelische Einflüsse physiologische Wirkungen eintreten — übrigens ist das Bleichwerden, Rotwerden u. ä. im Affekt nur eine mildere Art desselben Erlebnisses — so auch bei der Hypnose. „Ebenso", schreibt Wundt (a. a. O. S. 16 [23]), „konnten Brandblasen durch Auflegen von Briefmarkenpapier erzeugt werden, wenn dabei die geeignete Vorstellung, z. B. dass das aufgelegte Papier ein Blasenpflaster sei, eingegeben wurde. Auch Nasen- und Hautblutungen, sogenannte Stigmatisirungen . ., sind gelegentlich erzeugt worden, insbesondere wenn zuvor ein starker Tasteindruck auf die betreffenden Hautstellen ausgeübt wurde". Solche Parallelen werden nicht angeführt, um den heiligen Geist auf Hysterie oder Hypnose zu reduzieren. Aber da Hysterie „dämonische" Krankheit ist, so ist sie als Beispiel vollkommen berechtigt, und aus beiden Parallelen erkennt man, wie weit geistiger Einfluss selbst auf die „vasomotorischen und sekretorischen" Nerven und auf die Blutgefässe, kurz auf das körperliche Leben einwirken kann[1]. Dies zu

[1] Dass man auch sonst Wirkungen auf dem physiologischen Gebiete des menschlichen Lebens der Wirkung des Geistes oder Gottes zuschreiben konnte, geht deutlich aus dem Bericht der Perpetua (Mart. Perp. et Fel. 6) hervor: „Da mein Kind von mir gesäugt wurde und deshalb gewöhnlich bei mir im Gefängnis geblieben war, schicke ich den Diakon Pomponius zu meinem Vater und lasse um das Kind bitten. Mein Vater aber gab es nicht. Doch Gott lenkte es so, dass das Kind von dem Augenblick an nicht mehr nach der Brust begehrte und auch ich kein Fieber bekam, vielleicht, damit ich nicht durch die Sorge um mein Kind und die Schmerzen meiner Brust entkräftet

empfinden ist nötig, um zu verstehen, was Geistwirkungen sind, da uns der heutige Sprachgebrauch zu leicht irre führt. — Man halte also die Erzählung von Natalius wegen ihrer Wunderbarkeit nicht für unglaublich. Er ist Confessor, also Pneumatiker; er hat auch vielleicht schon eine Folterung und in ihr Geistwirkungen auf demselben Gebiete des Tastsinnes von der im Folgenden erzählten Art erlebt; seine Geisselung ist das letzte von einer Reihe von Traumgesichten. Es ist also nicht als unmöglich abzuweisen, dass durch den Einfluss seiner Traumgesichte seine Haut an einzelnen Stellen wie gequetscht oder zerschlagen aussah und deutliche Striemen zeigte.

Dem normalen Traumleben steht ein anderer von ähnlicher Empfindung begleiteter Traum viel näher, dessen psychische Basis gleichfalls das böse Gewissen ist. Tertullian erzählt (De virg. vel. 17): „Uns hat der Herr (Christus hat den Traum gesandt) sogar durch Offenbarungen (revelationibus) die Länge des Schleiers vorgemessen. Denn einer unsrer Schwestern (erschien) im Traum ein Engel, klopfte ihr wie beifallsspendend auf den Nacken und sagte: Ein herrlicher Nacken! Und mit Recht unverhüllt!“ Hier ist das sinnliche Element des Traumes ebenso deutlich, wie dass es sofort als Sünde empfunden wird. Denn dass die „Schwester“ ihren Traum als eine Warnung Gottes aufgefasst hat, ist nach der Art, wie Tertullian davon erzählt, deutlich. Der Schleierstreit bildet den allgemein-psychischen Hintergrund, auf dem der Traum erwachsen ist; die Vorstellung von den bösen Engeln, welche Frauen zu verführen trachten, hat ihn gestalten helfen (I Kor 11 10). Anders als bei Natalius gehört hier die Hautempfindung nicht zu der sittlichen Seite der Vision.

b) Die Erscheinungen der Empfindungslosigkeit der den Tastsinn tragenden Organe zerlegen sich in zwei Gruppen. Die eine ist die Empfindung des Entrücktwerdens, die andere der sogenannte Hexenschlaf.

Ausserordentlich treffend stellt Paulus mit wenigen Worten seine Empfindung im Zustand des Entrafftwerdens dar. Es sind die bekannten Worte in II Kor 12 2 3. Er weiss nicht, ob „er“ in dem Leibe oder getrennt von dem Leibe entrückt worden ist, nur das weiss er, dass er „in Christo“ gewesen ist (12 2). Jenes Nichtwissen hat darin

---

würde“. Fälle ähnlicher Art wie der des Natalius, Visionen mit dem Gefühl des Ausgepeitschtwerdens, sind auch bei Mönchen vorgekommen. Horst, Dämonomagie I S. 55. 65.

seinen Grund, dass er zwar das Gefühl hatte, ausserhalb seines Körpers zu sein, weil er in die Höhe flog, dass er aber, als er aus der Ekstase erwachte, sich doch nicht erklären konnte, was aus seinem Körper geworden wäre, wenn ihn seine Seele, „sein innerer Mensch, der auch in ihm sprach, der unsichtbare“ (Iren. II 30_{7}), verlassen hätte. — Die Vergröberung eines solchen Erlebnisses ins Objektive scheint die Erzählung Act 8_{39} zu sein, nach der der Geist des Herrn den Philippus nach Azdod entrückte. — Das Hebräerevangelium hat einen Spruch Jesu überliefert, der auf Aehnliches hinweist, indessen sicher nicht von Jesus stammt: „Soeben ergriff mich meine Mutter, der heilige Geist, an einem meiner Haare und trug mich auf den grossen Berg Tabor“ (Orig. in Joann. Tom. II_{6})[1]. — Der Apokalyptiker behauptet, von einem Engel in der Ekstase (ἐν πνεύματι) einmal in die Wüste und einmal auf einen hohen Berg getragen worden zu sein (17_{3} 21_{10}). — Hermas hat solche Entrückungen erlebt: V. I 1_{3} „Und der (ein) Geist ergriff mich und trug mich fort durch eine unwegsame Gegend“; V. II 1_{1} „Und wieder hebt mich der (ein) Geist empor und trägt mich weg an den Ort, wo ich auch voriges Jahr war“; S. IX 1_{4} „der Bussengel brachte mich nach Arkadien auf einen Berg, der die Form einer Brust hatte, und setzte mich auf die Höhe des Berges“.

Auf ähnliche Erfahrungen müssen sich die Gnostiker berufen haben, wenn Irenäus sie mit folgenden Worten verspottet: „Wenn sich aber einer gleich einem Schäflein ihnen hingiebt, erlangt er durch Nachahmung auch ihre »Erlösung«; der Betreffende ist dann »inspiriert« (und aufgeblasen) und meint, er sei weder im Himmel noch auf der Erde, sondern er sei in das Pleroma eingetreten und habe seinen Engel erfasst ... sie sagen, der Ort ihrer Erquickung im Pleroma sei ihnen schon bekannt“ (se nosse jam dicunt eum qui sit intra pleroma ipsorum refrigerii locum III 15_{2}). Es scheint hier auf Himmelswanderungen angespielt zu sein, welche diese Gnostiker in ihren Ekstasen erlebten[2].

---

[1] Zweimal erzählen die Synoptiker Aehnliches von Jesus: seinen Wüstenaufenthalt und die Versuchungsgeschichte. Mc 1_{12}: καὶ εὐθὺς τὸ πνεῦμα αὐτὸν ἐκβάλλει εἰς τὴν ἔρημον, Mt 4_{1}: τότε ὁ Ἰησοῦς ἀνήχθη εἰς τὴν ἔρημον ὑπὸ τοῦ πνεύματος, Lc 4_{1}: καὶ ἤγετο ἐν τῷ πνεύματι ἐν τῇ ἐρήμῳ. Mt $4_{5\,8}$ παραλαμβάνει — ἔστησεν, Lc 4_{9} ἤγαγεν — ἔστησεν, Lc 4_{5} ἀναγαγὼν ἔδειξεν. Auch das Wort des Markus „er war bei den Tieren“ erinnert sehr an die Erlebnisse der Mönche in der Wüste, wo die Dämonen in Tiergestalt hausen.

[2] So berichtet auch Epiphanius (haer. 40_{7}), die Archontiker hätten von zweien ihrer Propheten, Martiades und Marsianus, erzählt, sie seien in die Himmel entrafft worden, und dreissig Tage habe ihr Abstieg gedauert.

— Auch Hermias weiss, wie man solche Erfahrungen der Himmelswelt macht, wenn er spottet: „Ich aber gerate wiederum in Enthusiasmus (ἔνθεος γενόμενος), verachte Haus, Vaterland, Frau und Kinder, und es liegt mir nichts mehr an ihnen; ich fahre empor in den Aether selbst, von Pythagoras leihe ich mir die Elle und beginne das (Welt-) Feuer zu messen“ (Irr. 9 p. 26). — Solche bekannte Erfahrungen des Theodotus scheint auch die fromme Legende der Katholiken ausgebeutet zu haben, wenn sie vom Ende des Ketzers erzählte: „Er sei einst aufgehoben worden und aufgenommen in die Himmel, sei in Ekstase geraten und habe sich dem Truggeist anvertraut, sei aber von ihm herabgeschleudert elend gestorben“ (Anonym. bei Euseb. h. e. V 16 14).

Welche objektiven Vorstellungen die Elemente der Ausgestaltung dieser Erfahrungen bilden, ist deutlich. Es sind die Vorstellungen von den Himmeln über der Erde, wie sie das antike Weltbild denkt, vom himmlischen Paradies, vom Pleroma u. ä. Dann aber auch die alten Erzählungen von Entrückungen in den Himmel, z. B. die Geschichten von Henoch und Elia. Man darf nun keineswegs glauben, damit schon die Entstehungsursachen der Berichte aus unserer Zeit angegeben zu haben. Vielmehr ist aller Nachdruck auf das subjektive Erlebnis zu legen. Welches war dies?

Um diese Frage zu beantworten und damit das Recht nachzuweisen, die Erscheinung an dieser Stelle zu behandeln, sei hier noch ein Bericht eingefügt von einem, der sie an sich erlebt hat. Saturus beschreibt in den Act. Perp. et Felic. sein Versetztwerden in den Himmel also: „Schon war es, als hätten wir gelitten, wir hatten das Fleisch verlassen (ἐκ τῆς σαρκὸς ἐξεληλύθειμεν, man denkt unwillkürlich an II Kor 12 2) und fingen an getragen zu werden von vier Engeln[1] nach Osten, und ihre Hände berührten uns nicht“. Es verbindet sich also das Gefühl des Schwebens mit dem Gefühl, nirgends anzustossen oder berührt zu werden; man fühlt seinen Körper nicht mehr. „Wir bewegten uns in die Höhe, und zwar nicht auf dem Rücken liegend (also aufrecht stehend), sondern wie durch einen ganz ebenen Aufstieg wurden wir (empor)getragen“. „Und als wir die erste Welt durchflogen (ἐξελθόντες) hatten, sahen wir ein sehr glänzendes Licht“ (11). Es ist ein gleichförmiges unbeschwerlich mit Lustgefühl verbundenes Schwebegefühl, nicht die Empfindung des Getragenwerdens im gewöhnlichen Sinne. Dann kamen sie in einen Garten voller Rosenbäume so hoch wie Cypressen, deren Blätter

[1] So wird Theodotus vom Teufel getragen s. o.

fortwährend niederfielen[1]. Jetzt hört die Bewegung des Schwebens auf. „Wir durchschritten den Raum mit unsern Füssen". Ebenso, ja vielleicht noch in höherem Grade interessant und lehrreich ist die erste Vision Symeons, des „neuen Theologen"[2]. Er stellt nämlich deutlich dasselbe Erlebnis mit ganz anderen Mitteln dar. Er schildert zuerst seine Lichtvision: „Was das schreckhafte Mysterium, welches sich in mir vollzieht, ist, vermag das Wort nie auszusprechen noch niederzuschreiben . . . Unsichtbares nämlich sieht er, Gestaltloses überhaupt, Einfaches, Alles unzusammenhängend, unendlich an Grösse. Denn er sieht überhaupt keinen Anfang noch ein Ende, die Mitte aber kennt er überhaupt nicht, und wie könnte er sagen, was er sieht?.. Es leuchtet auf in mir (ἐξανατέλλει ἐν ἐμοί vgl. Gal 1 16, Eph 5 14) in meinem elenden Herzen wie eine Sonne oder eine Sonnenscheibe, kreisrund sich zeigend (vgl. Valentins Vision S. 178), lichtartig, wie Licht nämlich (div. am. 2) . . . . Die alten und die jetzigen Heiligen, welche geistgewirkte Visionen haben (πνευματικῶς βλέποντες), sehen nicht Gestalt oder Form oder Bild sondern gestaltloses Licht." Hier handelt es sich ohne Zweifel um eine Vision, ähnlich der des Paulus bei Damaskus; auch er sah nur ein Licht, heller als die Sonne. Gestaltlos ist das Licht, das Symeon sieht, und doch kugel- oder kreisförmig. Er sieht hinein, ohne zu wissen, wo Anfang, Mitte und Ende ist, d. h. alles um ihn her ist in Licht getaucht, sein ganzes Auge ist erfüllt von dem hellen Schein; daher die Kugelgestalt und die Gestaltlosigkeit und ungeheure Ausdehnung des Lichtes zugleich. Hier spielt der Bau des Auges seine Rolle. — Nun aber die Empfindung, welche er zunächst dabei hatte: „Als mir jenes Licht erschien, hob sich sogleich der Bau der Cella empor, und die Welt schwand dahin, fliehend, wie ich glaube, vor seinem Angesicht. Ich blieb aber allein, ich vereint mit dem Licht allein[3]". Er hat das Gefühl, als hebe sich die Decke seines Gemaches ins Unendliche, als schwinde die ganze Welt; er schwebt allein mit dem Licht im unendlichen Raum. Wie genau diese Schilderung ist, zeigt der Umstand, dass Symeon seine eigene Deutung desselben mit einem „wie ich

[1] Auch diesem gleichmässigen Niedergleiten farbiger Blätter oder dem gleichmässigen Kommen uud Gehen von Gestalten in grosser Menge, wie es auch im Traumleben öfters beobachtet wird, liegt wohl ein physiologischer Vorgang im Auge zu grunde. Vgl. W. Wundt, Grundzüge der phys. Psych. 1874. S. 657.

[2] Vgl. K. Holl, Enthusiasmus und Bussgewalt, Leipzig 1898. S. 38. 39.

[3] Eth. 5: ὡς ὡράθη μοι .. ἐκεῖνο τὸ φῶς, ἤρθη ὁ οἶκος τῆς κέλλης εὐθὺς καὶ παρῆλθεν ὁ κόσμος φυγὼν ὡς οἶμαι πρὸ προσώπου αὐτοῦ. ἔμεινα δὲ μόνος ἐγὼ μόνῳ συνὼν τῷ φωτί.

glaube" deutlich von dem, was er unmittelbar erlebt hat, abhebt[1]. Hier also hat der Pneumatiker nicht die Empfindung gehabt, als ob er fliege, sondern als fliege die Welt weit von ihm weg. Deutlich aber beruhen beide Arten der Empfindung auf derselben physisch-psychischen Basis, deren Deutung sie vorstellen. Welche ist dies?

Es bleibt keine andere Wahl, als die körperliche Grundlage dieser Empfindung in einer Anomalie des Tastsinnes und zwar in einer Anästhesie desselben zu suchen. Denn das allen diesen Erlebnissen Gemeinsame ist, dass der Pneumatiker bei dieser bestimmten Art der Ekstase keine Berührung seiner Hautfläche durch seine Kleidung und durch das, was sonst ihn berührt, mehr empfindet. Ob man nun den Ort dieser Sinnesstörung und damit den Ort dieser Geistwirkung mehr im Centrum des Tastsinnes, auf cerebralem oder spinalem Gebiet oder mehr auf dem Gebiet der Nerven und ihrer Endigungen zu suchen habe, mag hier dahingestellt bleiben[2]. Es

[1] Auch hier sind die Folgen der Vision auf dem Gebiete des Gefühlslebens die so oft geschilderten: Symeon fühlt plötzlich, wie das Geschaute (es ist Christus, wie der Pneumatiker ahnt, vgl. οὐδὲ αὐτὸν ἐρωτῆσαι τολμᾷ Eth. 5) „in ihn einzieht". αἴφνης ὅλη πάλιν ἐν ἐμοὶ γνωστῶς εὑρέθη, ἐν καρδίᾳ μου δὲ μέσον ὡς φωστὴρ ὡς δίσκος ὄντως τοῦ ἡλίου καθωράθη . . . ἦν μοι δὲ χαρὰ ἡ καὶ νῦν συνοῦσά μοι ἄφραστος ἀγάπη τε καὶ πόθος πολὺς ὡς κινηθῆναί μου τὰ νάματα κατὰ ποταμοὺς τῶν δακρύων (ein Zug, der pietistischen Visionen eigen ist). — — Erst später wagt Symeon, die Erscheinung zu fragen, wer sie ist. Die Antwort ist die, welche er mit sehnendem Herzen erwartet, gegen alle Zweifel sich erkämpft und aus der Schrift und dem Leben der älteren Heiligen sich gewiss gemacht hat. Eth. 5: „Und allmählich wird (der Visionär) vollkommen gereinigt, und so fasst er Mut und fragt jenen selbst: »Bist du mein Gott?« Und er antwortet und spricht: »Ja, ich bin dein Gott, der deinetwegen Mensch geworden ist«". — Bei Paulus geht der Verlauf rascher vor sich, ist aber diesem sehr ähnlich. Die Lichterscheinung fängt dort von selbst an zu reden. Dass seit diesem Zeitpunkt in Paulus die Gewissheit gelebt hat: Χριστὸς ἐν ἐμοί (Gal 2_{20}), macht seine eigene Beschreibung des Vorganges deutlich (Gal 1_{16}): ὅτε δὲ εὐδόκησεν (ὁ θεὸς) . . . διὰ τῆς χάριτος αὐτοῦ ἀποκαλύψαι τὸν υἱὸν αὐτοῦ ἐν ἐμοί.

[2] H. Schüle, Handbuch der Geisteskrankheiten, Leipzig 1878. S. 106 f. führt bei Wahnsinnigen dieselben Empfindungen, die als Analogie herangezogen werden dürfen, weil sie für die Antike Wirkungen von Geistwesen sind, auf eine cerebrale Grundlage zurück: „Bei der diffusen Lähmung des Gehirns gehören derartige Anomalieen des Gemeingefühls, oft in die wunderlichsten Allegorieen übersetzt, zu den häufigeren Symptomen (Schwebegefühle, als ob der Körper Flügel hätte, mit Engelsmetamorphosen)". Er führt auch andere „Allegorieen" derselben anatomischen Veränderung an: „So war Esquirol's Kranke, welche glaubte, „ihren Körper habe der Teufel geholt", auf der Hautfläche vollkommen anästhetisch. Dasselbe fand sich bei Foville's Soldat, der seit der Schlacht von Austerlitz,

genügt, deutlich gemacht zu haben, welche Vorgänge dem Gefühl des Schwebens, Fliegens, Entrücktwerdens zu grunde liegen, um auch hier zu erkennen, wie tief der Geist in das körperliche Leben mit seinen Wirkungen eingreift.

Die stärkste und auffallendste Form der Anästhesie des Tastsinnes ist die wunderbare Erscheinung des Hexenschlafes, von welchem ein besonders interessanter Fall, den Kerner nach der „Prager Chronik“ (a. a. O. S. 32) erzählt, allem Weitern vorausgestellt sei, weil er am schnellsten über die Erscheinung aufklärt. „Es war im Jahre 1461; da gerieten die sogenannten Hussiten in grosse Verfolgung, und diese betraf unter andern auch einen frommen Mann, Georginius, den sie zu Prag auf die peinliche Folter brachten. Da begab sich dann dieses Merkwürdige mit ihm, dass, als er auf der Leiter ausgespannt und gepeinigt wurde, er gleichsam alle seine äusserlichen Sinne verlor und wie ein Toter gar keinen Schmerz mehr empfand, also dass auch die Henker der Meinung waren, er sei ganz tot ... Nach etlichen Stunden aber kam er wieder zu sich, sich verwundernd, warum ihm denn seine Seiten, Füsse und Hände so wehe thäten. Als er aber die Striemen, die Stiche, die Brand- und Blutmale an seinem Leibe und der Henker Werkzeuge gesehen, nahm er daraus ab und erinnerte sich, was vorgegangen. Er erzählt aber einen Traum, den er während der Marter hatte: ich wurde, sagte er, auf eine grüne anmutige Wiese geführt“ u. s. w. Der Traum enthält Dinge, welche Lustempfindungen wachriefen.

Diese Erzählung wirft ein helles Licht auf eine Stelle im Martyrium Polycarpi, wo von den Märtyrern erzählt wird: „Sie wurden mit Geisseln zerfleischt, sodass der Körperbau bis auf die inneren Adern und Blutgefässe sichtbar wurde; trotzdem hielten sie stand, sodass auch die Umherstehenden mit Mitleid und Schmerz erfüllt wurden. Einige hatten sogar soviel Mannhaftigkeit, dass keiner

wo er verwundet wurde, sich tot wähnte und deshalb von sich immer in der dritten Person redete“. — Das Fliegen haben später die „Hexen“ ebenfalls häufig erlebt, besonders mit Zuhilfenahme einer narkotisierenden Salbe, vgl. Horst, Dämonomagie II S. 203. Vgl. übrigens eine Parallele bei ihm in Deuteroskopie. Frankf. 1830. I S. 75. Die den meisten Menschen aus eigner Erfahrung bekannte Analogie bilden die häufigen Träume, in denen man die Empfindung des Schwebens oder Fliegens hat. Da sie sich besonders bei oder unmittelbar nach dem Einschlafen einstellen, so ist ihre körperliche Grundlage wohl ganz dasselbe Matterwerden und Abnehmen der Sinnesempfindung wie beim Fliegen in der Ekstase.

von ihnen einen Schmerzensschrei ausstiess oder seufzte, indem sie uns allen dadurch zeigten, dass sie, die Märtyrer Christi, in jener Stunde der Qual aus dem Fleische abwesend waren, oder vielmehr, dass der Herr anwesend war und mit ihnen sprach"[1]. — Man vergleiche damit, was das Mart. Lugd. vom Tode den Blandina erzählt (vgl. S. 144). „Und nach der Geisselung, nach den Tieren, nach der »Pfanne«, wurde sie zuletzt in einen Weidenkorb gesteckt, einem Stiere vorgeworfen und, nachdem das Tier sie mehrmals emporgeschleudert hatte, ebenfalls hingeschlachtet, während sie keine Empfindung mehr von dem, was ihr widerfuhr, hatte, wegen der Hoffnung und des Festhaltens an dem Anvertrauten und des Gesprächs mit Christus[2]. — Auch vom Tode des Alexander erzählt dies Martyrium, dass er weder geseufzt noch gestöhnt, sondern in seinem Herzen mit Gott gesprochen habe[3].

Dass hier wirkliche Erlebnisse berichtet werden, ist ganz sicher[4]. Dass aber keine gewöhnliche Bewusstlosigkeit diesen Schilderungen zu grunde liegt, scheint ebenso deutlich. Der Eindruck, den die Erzähler von den Märtyrern empfingen, war zwar zuerst der, dass „die Seele den Körper verlassen" habe, dass keine Empfindung der Folterpein mehr vorhanden sei. Aber manchmal muss es gewesen sein, als ob eine geheimnisvolle Freude über das Antlitz der Gequälten husche, die sich nur aus der Anwesenheit des Herrn zu erklären schien, der mit ihnen spräche. Das „Gespräch mit Christus" scheint auf einen ekstatischen, visionären Zustand, nicht auf blosse Bewusstlosigkeit hinzuweisen; jedenfalls ist es die Ausdeutung einer auf dem Antlitz jener Märtyrer sich spiegelnden Empfindung der Freude.

Die genauste und deutlichste Schilderung dieses Zustandes bietet das Martyrium Perpetuae et Felicitatis (20), welche als die unbezweifelbare Erzählung eines solchen Vorganges aus jener Zeit den andern Fällen zur Stütze hier angeführt werden soll. Felicitas und Perpetua wurden nach dem Kampf in der Arena in das Gefängnis zurückgeführt. „Dort wurde Perpetua von einem Katechumenen mit Namen Rustikus, der

[1] Mart. Pol. 2_2: ... τῆς σαρκὸς ἀπεδήμουν ... παρεστὼς ὁ κύριος ὡμίλει αὐτοῖς ...

[2] Euseb. h. e. V 1_{56}: ... μηδὲ αἴσθησιν ἔτι τῶν συμβαινόντων ἔχουσα διὰ τὴν ἐλπίδα ... καὶ ὁμιλίαν πρὸς Χριστόν ...

[3] Ib. V 1_{57}: .. μήτε στενάξαντος μήτε γρύξαντός τι ὅλως, ἀλλὰ κατὰ καρδίαν ὁμιλοῦντος τῷ θεῷ.

[4] Wer sehen will, wie hier die Legende arbeitet, vgl. z. B. Act. Paul. et Thecl. 37.

ihr nahe stand, erwartet, und wie aus dem Schlafe erwachend — denn so sehr war sie »im Geiste« gewesen und in der Ekstase[1] — und sich umschauend, sagte sie zum Erstaunen aller: »Wann werden wir der Kuh vorgeworfen, wie sie sagen?« Und als sie gehört hatte, dass sie schon zu dieser hinausgegangen waren, glaubte sie es nicht eher, als bis sie einige Zeichen der Verletzung an ihrem eigenen Körper sah. Da rief sie ihren Bruder herbei und den Katechumenen ebenfalls und ermahnte sie" ... Mit aller Deutlichkeit wird hier ihr Zustand als ein Sein „im Geiste" und als Ekstase bezeichnet. Und dieser Zustand war keine gewöhnliche Bewusstlosigkeit, eine Ohnmacht oder etwas Aehnliches. Gewiss hat Perpetua nichts gefühlt von dem, was mit ihr vorging. Und doch waren andere Gefühle und Sinne in ihr völlig wach, und sie hat wie im Traume sogar gehandelt. Denn so erzählt das Martyrium vorher — und deshalb waren auch alle über ihre Frage so sehr erstaunt —: „Als sie in die Arena kamen, fiel zuerst Perpetua von einem Stoss (der Kuh) mit den Hörnern getroffen auf die Seite; sie setzte sich wieder auf und raffte die Tunika, die an der Seite zerrissen war, zusammen und bedeckte damit ihren Schenkel, mehr gedenkend an ihre Schamhaftigkeit als an den Schmerz (αἰδοῦς μᾶλλον μνημονεύουσα ἢ πόνων). Dann suchte sie sich eine Pfeilspitze und steckte ihr Haar, das sich aufgelöst hatte, zusammen; denn es ziemte sich für eine Märtyrerin nicht, mit aufgelöstem Haar sich sehen zu lassen, damit sie nicht zu ihrer eignen Ehre zu trauern scheine. So erhob sie sich, und als sie sah, dass Felicitas ausgeglitten war, ging sie hin, fasste sie bei der Hand und hob sie auf. So standen sie beide da. Da war die Grausamkeit des Pöbels besiegt, und sie wurden zurückgeführt in das Thor Sanavivaria (ζωτική)". Alles dies muss also Perpetua in jenem traumhaften Zustand der Ekstase gethan haben, ohne irgend ein Bewusstsein davon zu besitzen, wie die fehlende Erinnerung beweist. Charakteristisch ist, dass gerade die „tiefsten" Gefühle noch wach sind, während das Schmerzgefühl fehlt: sie empfindet Scham und reicht ihrer Gefährtin die Hand, ihr liebreich beizustehen. Sie sieht auch noch den Zustand derselben; aber alles wie im Traum. Die auffallende Uebereinstimmung zwischen diesem Bericht aus dem Anfang des dritten und jenem zuerst angeführten aus dem 15. Jahrhundert bürgt ebenfalls für die Wahrheit des Erzählten[2].

---

[1] ... καὶ ὡς ἐξ ὕπνου ἐγερθεῖσα — οὕτως ἐν πνεύματι γέγονεν ἔκστασιν παθοῦσα (adeo in spiritu et in extasi fuerat) — καὶ περιβλεψαμένη ... Vgl. dazu das oben citierte Beispiel.

[2] Eine der ersten ähnliche Erzählung, nach der die gleiche Erscheinung

VII.

Die Wirkungen des Geistes im Gebiet des Gefühlslebens.

Wir fügen diesen Abschnitt hier nur deshalb ein, um auf die hohe Bedeutung aller Geistwirkungen für das Gefühlsleben noch einmal mit Nachdruck hinzuweisen. Diese Bedeutung ist so gross, dass es in der That gar keine Geistwirkung ohne mehr oder minder, gewöhnlich aber recht starken Gefühlston giebt. So sind denn auch alle Stellen, welche hier angeführt werden könnten, bereits besprochen. Ein grosser Teil der Gefühle, nämlich die besonderen Affekte, welche sich mit pneumatischen Erfahrungen verbinden, sind an den Stellen behandelt worden, wo die mit ihnen verknüpften Vorstellungen besprochen wurden, da diese die Hauptsache, die begleitenden Gefühle aber eben das Begleitende sind. Nur sei hier nochmals hervorgehoben, dass kein pneumatischer Vorgang ohne ein starkes Gefühl möglich ist. Von tödlicher Furcht und heftigem Schrecken bis zur höchsten Freude, vom stärksten Schmerz bis zum intensivsten Lustgefühl können sich alle Affekte mit Geistwirkungen verbinden. — Die allgemeine Wirkung aber des Geistes auf das Gefühlsleben, der Friede und die Freude, die aus dem Bewusstsein des Geistbesitzes fliessen, sind im ersten Abschnitt ausführlich besprochen.

---

bei einer „Hexe“ eintrat, steht bei Kerner a. a. O. S. 33, bei Horst, Dämonomagie 1818. II S. 108 und stammt aus dem Hexenhammer (Neudruck Frankf. 1580. S. 519). Eine andere, die, wie es scheint, gut beglaubigt ist, steht ebenfalls dort S. 531 (Horst II S. 111); danach hat eine Hexe glühendes Eisen ohne Schmerzempfindung in der blossen Hand sechs Schritte weit getragen. Was alles auf diesem Gebiet möglich ist, zeigt auch eine Erscheinung bei den Inspirierten der Cevennen, welche ihr Feind Brueys (Histoire du fanatisme, Utrecht 1737. 1 S. 150 f.) beschreibt. Wenn eine grosse Gottesdienstversammlung war, so rief der „Vorsitzende“: „Miséricorde! on lui répondoit de même, et autant de fois qu'il le repetoit; après quoi il crioit encore à haute voix qu'on se laisse tomber à la renverse sans se faire mal. . . Ces chûtes à la renverse, et sans se faire mal, étoient régardées par ces fols comme un pouvoir extraordinaire du Prophête principal qui par sa parole renversoit souvent tout à la fois trois ou quatre mille personnes (die Erscheinung ist epidemisch), sans qu'aucun, disoient-ils, en fut blessé.

VIII. Anhang.

Veranlassungen zur Entstehung und Mittel zur Erzeugung pneumatischer Zustände.

1.

Dass die Taufe allen Christen den Geistbesitz vermittele, ist eine zwar nicht für das Urchristentum[1], wohl aber für das nachapostolische Zeitalter feststehende Ueberzeugung[2]. Man erkennt hieran, dass sich jetzt die Gemeinschaften der Messiasgläubigen immer mehr zur Kirche verfestigen. Die Taufe wird wohl überall und ständig geübt[3]. Diese Erscheinung auf dem Gebiet des Kultus geht parallel der Bewegung auf dem Gebiet der Lehre, wo man jetzt feste, dogmatisch greifbare Formeln zur Umschreibung des Erlebnisses zu bilden sucht oder sie anderswoher entlehnt.

Aber dieser allgemeinen Ueberzeugung liegt doch noch in unserer Zeit bei den meisten Christen ein starkes Erlebnis zu grunde, und wohl nicht nur bei denen, die in nichtchristlicher Umgebung aufwuchsen. Diese bildeten aber immer noch die Mehrzahl. Schon öfters ist darauf hingewiesen worden, welch eine Fülle neuer Entschlüsse, Erkenntnisse und Gefühle das Christwerden bedeutete, das seinen krönenden Abschluss in der Taufe fand. Wir wollen nun versuchen, um uns die Wirkung der Taufe in jener Zeit begreiflich zu machen, uns in die Seele eines Täuflings, der früher Heide war, zu versetzen und nachzufühlen, was man erlebte, wo man Ernst machte mit der neuen Religion.

Seit Jahren hatte ein solcher Mensch nach Erlösung und Wahrheit gesucht, war von Lehrer zu Lehrer, von Weihe zu Weihe, von Gott zu Gott gewandert; nirgends hatte er es gefunden, das Grosse, Wunderbare, die Gewissheit. Da war er auch zu den Christen gekommen. Das Alter ihrer Lehre, das Eintreffen der Weissagungen, ihre Heilungen und Kraftthaten, vor allem aber die Freude, in der

---

[1] Vgl. I Kor 1 $_{14-17}$ und Act 8 $_{15}$ f. 10 $_{44-48}$, wenn hier nicht Tendenz vorliegt.

[2] Wir werden im folgenden fast keine Stellen anführen, da dieselben in dem Abschnitt von der Lehre über den Geist genauer zu besprechen sind. Indessen wird man leicht sehen, dass unsere Schilderung fast ganz aus Citaten zusammengesetzt ist.

[3] Vgl. z. B. Just. I 61, er bietet als Herrnwort: ἂν μὴ ἀναγεννηθῆτε, οὐ μὴ εἰσέλθητε εἰς τὴν βασιλείαν τῶν οὐρανῶν, Joh 3 $_{5}$, Did. 7 u. ö.

er sie durch die Gewissheit der Erlösung und des zukünftigen Erbes sah, und die wunderbare Kraft ihres sittlichen Lebens bis zum freudigen Tod für ihren Glauben hatten ihn gewonnen. Er hatte glauben gelernt, dass es wahr sei, was sie lehrten. Und nun bereitete er sich seit Wochen vor, einer der Ihren zu werden. Er glaubte jetzt selbst, so leben zu können, wie er sie leben sah. Nur auf eins wartete er noch; auf das Geheimnisvolle, das Einswerden mit der Gottheit. Alle erzählten davon in dunklen Worten, die das Höchste ahnen liessen; alle wollten es erlebt haben. Da sollte ihm das geheimnisvolle „Siegel“ aufgedrückt werden, das ihm die Weihe für dieses und die Anwartschaft auf ein ewiges seliges Leben geben sollte. Nun kamen die letzten Tage. Durch anhaltendes Gebet und strenges Fasten bereitete er sich vor, bittend um die Vergebung der Schuld, die ihn noch von Gott trennte, fastend, um in Reinheit und Nüchternheit, nicht erschlafft vom Genuss, ein reines Gefäss der Gottheit zu sein. In seinem Haus ein Fremdling, ein Sonderling, von allen beobachtet und misstrauisch betrachtet; und doch klärt er niemand über sein sonderbares Benehmen auf und hüllt sich in Schweigen.

Und nun steht er am Ufer des Flusses, umgeben von denen, die seine Brüder werden sollen in Leben und Tod. Der Morgen dämmert. Noch ruhen die Schatten über der Heimat, nur fern im Osten kündet die erste Röte die nahende Sonne. Jetzt steigt er hinab in den Fluss. In feierlichem Bekenntnis weiht er sich, seinen Leib und seine Seele, dem neuen Gott, dem Einen, dem Schöpfer des Alls, und seinem Sohn, dem Gekreuzigten, und dem heiligen Geist. Da fühlt auch er, wie die Schatten der Dunkelheit aus seinem Herzen scheiden, da sinkt die Nacht der Unwissenheit und Bosheit der Heidengötter ins Nichts, und in seinem Herzen ist Christus aufgegangen, alles in den Himmelsglanz der Freude und der Gewissheit der Erlösung eintauchend, gleich der Sonne, welche nun ihre Strahlen über die Heimat ausgiesst. Ein „Erleuchteter“ steigt aus dem Wasser empor. Alles sieht er in neuem Lichte: Heimat und Vaterhaus — nicht mehr auf der Erde liegen sie sondern im Himmel; Eltern und Geschwister — stärker als die Bande des Blutes ist das Band des Geistes, des Christus in allen Brüdern; sein Herr, sein Herrscher, sein Volk, sein Vaterland — man muss Gott mehr gehorchen als den Menschen, und ein neues Menschengeschlecht hat ihn in sich aufgenommen: die Christenheit. „Erleuchtung“ nennt man dieses Bad; es ist aber noch mehr: er fühlt es, es ist etwas in ihm gestorben; er ist eine neue Kreatur ein Wieder-Geborener: „Nicht ich lebe, sondern Christus lebt in mir“.

Da sind denn bei manchen die wunderbaren Wirkungen des

Geistes hervorgebrochen (Act 19 6). Mancher ist zum Propheten geworden, der vorher einen stummen Geist besessen. Mancher ist verstummt und hat in sich der Stimme der Offenbarung gelauscht[1] und die Bilder geschaut, die der Geist ihm zeigte, ihm, der sich früher vielleicht an die Welt verloren hatte oder im Geschwätz und Getändel und Geschäft des Tages keine Zeit hatte, auf das zu hören, was in ihm sprach.

Von dieser einzigartigen Stunde des Christenlebens spricht man nur in halbverhüllten Andeutungen, im Flüstertone, in Schattenrissen mehr als im Bild. „Wahrlich, wahrlich, ich sage dir: es sei denn, dass jemand geboren werde aus Wasser und Geist, so kann er nicht in das Reich Gottes kommen.“ In den Aussagen über die Taufe liegt viel von dieser eigentümlichen Stimmung, welche sie einer Erklärung mehr entzieht als zugänglich macht[2].

2.

Mit der Taufe verbanden schon im zweiten Jahrhundert einige Gnostiker die Salbung. Irenäus (I 21 3 f.) berichtet von einem Teil der Markianer: Nach der Taufe „salben sie den Eingeweihten mit Balsamöl. Diese Salbe nennen sie ein Bild des überweltlichen Wohlgeruchs. — Einige von ihnen sagen auch, es sei überflüssig, (den Täufling) zum Wasser zu führen; sie giessen Oel und Wasser zusammen unter Weiheformeln . . . und giessen (davon) auf den Kopf des Einzuweihenden und wollen, dies sei die ›Erlösung‹. Auch sie haben daneben eine Salbung mit Balsamöl“. Während jene erste Gruppe der Markianer die Salbung als eine symbolische Handlung[3] geübt zu haben scheint — der Getaufte ist versetzt in die Himmelswelt, trägt an sich den Geruch der Unsterblichkeit (vgl. S. 197) —, so tritt bei der zweiten Gruppe durch die Verbindung mit dem Wasser der Taufe zugleich eine sakramentale Deutung des Oeles zu

[1] So erlebt noch Perpetua ihre erste Offenbarung bei der Taufe: καὶ ἐν αὐταῖς ταῖς ἡμέραις ἐβαπτίσθημεν· καὶ ἐμὲ ὑπηγόρευσεν τὸ πνεῦμα τὸ ἅγιον μηδὲν ἄλλο αἰτήσασθαι ἀπὸ τοῦ ὕδατος τοῦ βαπτίσματος εἰ μὴ σαρκὸς ὑπομονήν. Was man in dieser Stunde erbittet, geht in Erfüllung. Auch hier ist die Offenbarung eine Antwort auf die Frage, die Perpetua am meisten beschäftigt und quält.

[2] Die magische Schätzung des Taufwassers findet sich in der Kirche erst seit Tertullian, bei Häretikern früher (vgl. S. 121).

[3] Doch hat man mit Recht darauf hingewiesen, dass ein Symbol für jene Zeit etwas anderes ist als für uns: für uns ist es ein sinnliches Ding, das einen unsichtbaren Gegenstand darstellt, aber nicht enthält; für jene Zeit fällt in irgend einem Sinne beides zusammen.

Tage. Auch bei den Elkesaiten spielt das Oel eine bedeutungsvolle Rolle neben Wasser und Salz. Es ist einer der sieben Zeugen (vgl. S. 121 und Hipp. Phil. IX 15, Epiph. Haer. 19 1 30 17), welche bei den Taufen angerufen werden; ob es dabei auch angewendet wurde, ist unklar.

In die Kirche ist das Charisma erst viel später übergegangen. Doch sind im zweiten Jahrhundert bereits so auffallende Anspielungen auf die Salbung und so eigenartige Verwendungen derselben als Bild für den Geist zu belegen, dass man bezweifeln kann, ob diese Bilder allein auf dem schon im Judentum vorhandenen Gedanken[1] beruhen, dass Salbung Geistbesitz übertrage, und ob nicht vielmehr auf irgend eine kultische Handlung angespielt sei. Hierher gehören die schon oben citierten Stellen Ign. Eph. 17 und I Joh 2 20 27 (vgl. S. 194). Dazu kommt noch eine Stelle bei Theophilus (12 p. 36): „Wenn du mich aber mit Spott einen Christen nennst, so weisst du nicht, was du redest. Denn erstens ist das Gesalbte (χριστόν) angenehm, nützlich und nicht verächtlich ... dann aber wird die Luft und alles unter dem Himmel mit Licht und (Lebens-) Geist ›gesalbt‹. Du aber willst nicht gesalbt werden mit dem Oele Gottes? Denn wir nennen uns deshalb Christen, weil wir gesalbt werden mit dem Oele Gottes". Die merkwürdige Herbeiziehung des Pneuma, des Lebensgeistes, erklärt sich daraus, dass Theophilus bereits an das andere Pneuma, den heiligen Geist, die Salbung, denkt. Licht ist ein Korrelatbegriff zu Geist, „Erleuchtung" ist die Taufe. Man kann auch hier die Salbung rein bildlich für Geistbesitz verstehen, muss aber zugeben, dass die Ausdrucksweise als Bild auffallend und für den Heiden ganz unverständlich ist.

Die gleiche Auffassung der Salbung als einer geheimnisvollen Mitteilung des Geistes, der dann als Kraft der Unvergänglichkeit und heilende Macht vorgestellt wird, liegt auch der Anwendung des Oeles bei wunderbaren Krankenheilungen zu grunde[2]. Dass es in der nachapostolischen Zeit angewandt wurde, ist sowohl aus einer allgemeinen Notiz bei Marcus (6 13) wie aus der bekannten Anordnung des Jakobusbriefes zu entnehmen, 5 14 f.: „Ist einer unter euch krank, so lasse er die Presbyter der Gemeinde rufen, und sie sollen für ihn beten, nachdem sie ihn im Namen des Herrn mit Oel gesalbt haben. Das Gebet des Glaubens

[1] Das Christentum hat ihn früh übernommen oder vielmehr aus dem Judentum mitgebracht, II Kor 1 21, Act 4 27 10 38, Luc 4 18.

[2] Natürlich kann auch das Oel rein als medizinisches Mittel in Betracht kommen, Lc 10 34.

wird den Kranken retten, und der Herr wird ihn aufstehen lassen (vom Krankenlager). Und wenn er Sünden gethan hat, wird ihm vergeben werden“ [1].

3.

Der Geistbesitz oder die von ihm ausgehende Kraftwirkung kann auch ohne Zuhilfenahme eines sinnlichen Substrates, welches ihn zugleich symbolisiert und enthält, allein durch die Auflegung der Hände von Seiten eines Geistträgers mitgeteilt werden. Auch diese Anschauung ist viel älter als das Christentum. — So erbitten die Zeitgenossen Jesu die Handauflegung von ihm als ein Mittel, seine heilende (Mc 5_{23} 7_{32}, Mt 9_{18}) und segnende Kraft zu übertragen (Mc 10_{13-16}, Mt 19_{13-15}, Lc 18_{15-17}); und er selbst hat sie in diesem Sinne geübt [2]. Auch nachher hat man in der Christenheit in dieser Weise geheilt (Act 9_{12-17} 28_{8}). Wahrscheinlich liegt auch dem Bericht des Irenäus über solche Heilungen Erlebtes zu grunde [3].

[1] Im Handkommentar hat v. Soden die allgemein protestantische Auffassung dieser Stelle, welche sie auf Krankenheilungen bezieht (vgl. z. B. B. Weiss, Bibl. Theologie [6] 1895 S. 193), bestritten und wie die katholischen Erklärer die Salbung auf eine „letzte Oelung“ gedeutet. Mit Unrecht. ἀσθενεῖν heisst lediglich krank sein, κάμνειν braucht nicht „mit dem Tode ringen“ zu heissen. Indessen auch einen mit dem Tode Ringenden kann das Gebet des Glaubens noch retten; ἐγείρειν aber steht ebenso gut vom Gesundmachen (= Aufstehenmachen vom Lager) wie vom Auferwecken (Mt 8_{15} $9_{5\ 6\ 7}$, Mc $2_{9\ 11\ 12}$, Lc 5_{23} f., Act 3_{7} u. s. w.). Dass der Kranke nicht beteiligt erscheint, ist Zufall und kann nicht zum Beweis dafür verwendet werden, dass er zu krank sei, um noch Teilnahme zu zeigen. Wer die Aeltesten kommen lässt, hat Glauben; dass das Gebet nicht erwähnt ist, ist stilistisch bedingt durch den Gleichlaut der drei Sätze: κακοπαθεῖ — προσευχέσθω, εὐθυμεῖ — ψαλλέτω, ἀσθενεῖ — προσκαλεσάσθω; das Sündenbekenntnis ist aber ausdrücklich vorausgesetzt, da nach dem Satze: „Wenn er aber Sünden gethan hat (nämlich, welche die Krankheit verursacht haben), so wird ihm vergeben werden“ der Schriftsteller fortfährt: bekennet also eure Sünden. Eben dieser Satz in seinem Fortgang beweist aber auch, dass nicht bloss die Möglichkeit einer Deutung auf die Heilung des Kranken vorliegt, sondern ihre Notwendigkeit. Denn das οὖν schliesst den folgenden Satz eng an, und dieser spricht nicht im Bild sondern in Wirklichkeit von Krankenheilung. Denn ein Wunder, eine Kraftthat vom Himmel, wird als Beispiel der Gebetsheilung angeführt.

[2] Nicht nur allgemeine Angaben, welche auch aus dem Brauch der späteren Zeit entsprungen sein könnten, wie Mc 6_{5} (16_{18}) Lc 4_{40}, sondern auch spezielle wie Mc $8_{23\ 25}$ Lc 13_{11} bestätigen dies. Vgl. noch Apk 1_{17}, wo Jesus durch Auflegen der Hände den Seher ins Bewusstsein ruft und stärkt.

[3] Iren. II 32_{4} = Euseb. h. e. V 7_{4}: Ἄλλοι δὲ τοὺς κάμνοντας διὰ τῆς τῶν χειρῶν ἐπιθέσεως ἰῶνται καὶ ὑγιεῖς ἀποκαθιστᾶσιν. Dies wird deutlich, wenn man diesen Satz mit dem folgenden vergleicht: ἤδη δὲ καὶ νεκροὶ ἠγέρθησαν.

Die Apostelgeschichte erzählt weiter, dass man die Handauflegung auch bei der Taufe angewendet habe, um den heiligen Geist zu übertragen. Diese Erzählungen würden den Brauch der nachapostolischen Zeit darstellen, wenn die Ansicht der Kritik im Recht ist, dass ihnen die Uebung der Urzeit nicht entsprochen habe. Man stützt sich darauf, dass in ihnen die Uebertragung des Geistes als ein Vorrecht der Apostel betrachtet wird, und zwar sowohl der Zwölf in ihren Vertretern Petrus und Johannes (Act 8 15—17)[1] als des Paulus (Act 19 6). Ausserdem schweigen die echten Briefe des Paulus über solche Sitte vollständig[2]. Indessen hat Baldensperger[3] die Geschichtlichkeit der Erzählung 19 1—6 überzeugend dargethan, und mit Bezug auf den Magier Simon ist man jetzt ebenfalls geneigt, die Darstellung der Apostelgeschichte für wesentlich richtig zu halten[4]. Freilich könnten einige Züge später und dogmatischer Art sein. So ist nicht recht verständlich, weshalb Philippus wohl Wunder thun kann, also ein Geistträger ist, aber dennoch den Geist nicht zu übertragen vermag[5]. Andrerseits lassen sich doch nicht mit Sicherheit diese Züge beider Erzählungen als Ausdruck eines zurechtgemachten Systems auffassen; denn sonst scheint die Apostelgeschichte die Handauflegung durch die Apostel nicht als Erfordernis einer vollkommenen Taufe anzusehen, wie z. B. nichts darauf hinweist, dass der Taufe des Kämmerers durch Philippus irgend etwas gefehlt habe (8 38). Ebenso findet zwar bei der Taufe des Paulus Handauflegung statt (9 17 f.), aber diese bewirkt in erster Linie die Heilung seiner Blindheit, und der sie vollzieht ist kein Apostel sondern „irgend ein Jünger" Namens Ananias. Jedenfalls aber müsste die Apostelgeschichte ihr System durchbrochen haben dem Gedanken zu liebe, dass die Heidenmission auf ausdrücklicher göttlicher Weisung beruhe. Denn Act 10 47 spricht fast verächtlich von dem „blossen Wasser", und der Geist kommt hier ohne jede menschliche Vermittelung hernieder, obwohl eine kleine Aenderung dem „System" Genüge gethan hätte. Kurz, es muss dahin gestellt bleiben, ob den Erzählungen in Act 8, 10 und 19 nicht doch gute Ueberlieferung zu grunde liegt, was freilich bei

[1] Hierauf spielt wohl Irenäus an IV 38 2.

[2] Vgl. Gunkel a. a. O. S. 8, Weizsäcker, Ap. Zeitalter S. 552 und 591.

[3] Der Prolog des vierten Evangeliums 1898. S. 93—99.

[4] Vgl. Hilgenfeld, Ketzergesch. S. 164, Pfleiderer, Urchristentum S. 565, Weizsäcker, Ap. Zeitalter S. 466.

[5] Act 8 6 16. In sehr geschickter Weise erklärt Pfleiderer (Urchristentum S. 592) diesen Widerspruch durch die Vermutung, dass 8 14 ff. der zweiten Stelle nachgebildet sei, und nicht umgekehrt. Aber auch dann bleiben die oben weiter angeführten Bedenken bestehen.

Act 10 wegen anderer, inhaltlicher Gründe fast ausgeschlossen erscheint.

Dass man in der nachapostolischen Zeit mit der Taufe Handauflegung verbunden hat, beweist wahrscheinlich auch die Stelle Heb 6 2, welche als „Fundament" eines Christenlebens „Umkehr von toten (bösen) Werken, Glaube an Gott, Lehre über Taufen, Auflegung der Hände, Auferstehung der Toten, ewiges Gericht" nennt. Die Zusammenstellung ist zwar etwas hart, aber deutlich genug, um den Zusammenhang der Taufe mit den elementarsten Lehren des Christentums und mit der Handauflegung erkennen zu lassen[1]. Auch I Tim 5 22: „Die Handauflegung vollziehe an niemandem in Uebereilung" gehört wegen des Zusatzes „nimm auch nicht teil an fremder Sünde" wahrscheinlich hierher; denn dieser passt am besten auf die von Sünden reinigende Taufe. Der Zusammenhang ist zwar etwas undeutlich und legt es näher, an Christen zu denken; aber vom Amt spricht schon Vers 20 nicht mehr, von anderer Handauflegung (bei Wiederaufnahme der Sünder etwa) wissen wir nichts, und leicht konnten Katechumenen auch schon halb und halb als Gemeindeglieder gelten.

Sicher eine Uebertragung von späterem Brauche aus ist es, wenn die Apostelgeschichte bereits in alter Zeit von Einführung der Beamten durch Handauflegung berichtet. Hier wird sie nämlich von den echten Paulusbriefen nicht nur im Stiche gelassen, sondern ihre Angaben werden direkt als unrichtig aufgezeigt, während ihr für die spätere Zeit die Pastoralbriefe bestätigend zur Seite treten[2]. Allerdings bleibt auch da manches dunkel. Weshalb die Apostel den „Sieben" die Hände auflegen, wenn es doch Männer sind „voll des Geistes und der Weisheit" (Act 6 3 6), ist nicht recht deutlich, man müsste denn diese Geste hier für eine blosse Zueignung des Fürbittegebetes halten. Act 13 3, wo Propheten und Lehrer den aus ihrer Mitte durch den Geist erwählten Aposteln nach Fasten und Gebet die Hände auflegen, versetzt uns in die gleiche Fragestellung, wird aber durch die Aussage des Paulus (Gal 1 1 16 mit δι' ἀνθρώπου lehnt Paulus selbst eine Vermittlung durch Prophetenmund ab!) als nicht korrekt hingestellt, wenn irgendwie eine Ueber-

[1] Weizsäcker (Ap. Zeitalter S. 475) will Heb 6 2 allerdings gegen die allgemeine Annahme (vgl. z. B. B. Weiss, Bibl. Theol. S. 517, Pfleiderer, Urchristentum S. 625) auf den jüdischen Proselytenstand der jetzigen Christen beziehen, aber das ist durch den ganzen Zusammenhang ausgeschlossen. θεμέλιος des Christentums ist auch nicht das Judentum, νήπιος : τέλειος ist nicht = Jude : Christ; ferner beachte στοιχεῖα τῆς ἀρχῆς τῶν λογίων τοῦ θεοῦ. Wie βαπτισμοί zu deuten, ist unsicher.

[2] Vgl. Pfleiderer, Urchristentum S. 818.

tragung einer Gabe hier angedeutet werden sollte. In der That kann das Handauflegen an beiden Stellen, da es sich um Pneumatiker handelt, nicht viel mehr bedeuten als was 14 23 etwas anders so ausspricht: Paulus und Barnabas „wählten ihnen in den einzelnen Gemeinden Presbyter, betend unter Fasten und übergaben sie dem Herrn, an welchen sie gläubig geworden waren“[1]. Es ist auffallend, dass das gleiche Schwanken sich auch in den Pastoralbriefen findet. Ist in I Tim 4 14 die Uebertragung des Charismas ausdrücklich an die Prophetie geknüpft, wobei die Handauflegung nur begleitende Handlung ist, so führt doch wieder die Stelle II Tim 1 6 das Charisma auf die Handauflegung von Seiten des Apostels zurück. Die Angaben widersprechen sich nicht direkt; aber Klarheit wird man vergeblich suchen, solange man sich nicht klar macht, dass hier drei Anschauungsweisen mit einander verschlungen sind, welche nach einander entstanden und aus verschiedenen Wurzeln emporgewachsen sind, nun aber alle drei durch eine bestimmte liturgische Handlung zusammengehalten werden. Im Hintergrund steht noch die alte Anschauung, wonach das Charisma vor der Wahl und Handauflegung vorhanden und die Uebernahme des Amtes auf grund desselben die selbstverständliche und von niemandem angeordnete freie That des Pneumatikers ist. Dazu kommt die Anschauung, wonach der Hinweis der Propheten auf einen Mann auch ein Beweis und die Vermittlung für die „Amts“gnade ist; beides wirkt derselbe Geist. Solcher Hinweis fand statt während des Wahlvorgangs, wobei auch andere „angesehene Männer unter Zustimmung der Gemeinde“ (I Clem. 44 3) oder die Gemeinde selbst in Thätigkeit traten; diese Wahl gründete sich entweder auf ein sichtliches Charisma oder man erwartete, Gott werde es dem Gewählten geben durch Handauflegung oder in anderer Weise. Schliesslich wirkt noch ein die dogmatische Theorie von der Successio der Bischöfe seit der Einsetzung der Erstlinge durch die Apostel mittels Handauflegung (I Clem. 42 4). Alles dies findet sich in mannigfachen Mischungen.

Was uns hier interessiert, ist die Thatsache, dass durch die Handauflegung der Geist von einem Geistträger auf den anderen übertragen worden ist. Dass dieser Uebung wirkliche Erlebnisse entsprochen

---

[1] So, als Symbol des Gebetes, deutet B. Weiss (Bibl. Theol. S. 140) die Handauflegung im allgemeinen; aber man hat wirklich mehr dabei erlebt als nur die Ceremonie, nämlich in der That die Mitteilung des Geistes, wie andere Stellen, vor allem die von den Heilungen beweisen. Doch vgl. S. 518: „Handauflegung, welche als Symbol des Gebetes für den Täufling demselben die Geistesmittheilung vermittelte“.

haben, wird der nicht bezweifeln, welcher aus eigener Erfahrung den Einfluss kennt, den allein schon die Gegenwart eines Mannes auf ihn ausüben kann, der für sein religiöses Leben von Bedeutung gewesen ist. Welche Kraft des Glaubens und des sittlichen Entschlusses kann sich da entzünden! Wie viel mehr wird dies der Fall gewesen sein, wenn in entscheidenden Augenblicken des Lebens, wie sie die Taufe oder die Uebernahme eines Amtes waren, mit einem bedeutsamen Wort sich eine bedeutsame Handlung verband. Freilich nur ein Geistesträger konnte den Geist übertragen. Und wer ihn empfangen sollte, musste in dem Manne, der ihm die Hände auflegte, den Hauch des göttlichen Geistes fühlen und verehren.

4.

Auf demselben seelischen Erlebnis beruht es, wenn der Träger des Geistes bei der Berührung gar nicht selbstthätig eingreift, sondern die Gläubigen sich, mitunter wider seinen Willen, herandrängen, um ihn zu berühren, und wirklich von dem in ihm wohnenden Geist der Kraft oder der Heilung auf sich übergehen fühlen. Wir bekommen dies mehrmals in der Geschichte Jesu erzählt, ebenso aus dem Leben des Paulus (Act 19 11 f.). Und wenn nach der späteren Legende selbst der Schatten des Petrus heilen konnte (Act 5 15)[1], so scheint man doch in der Regel eine Berührung mit der Haut des Geistesträgers als das stärker Wirkende vorgezogen zu haben. So nach dem guten Bericht Act 19 12 und nach einer Erzählung des Mart. Polycarpi (13 2), wo es heisst: „Nachdem der Holzstoss bereitet war, legte er alle seine Kleider ab, löste seinen Gürtel auf und machte sich daran, seine Schuhe auszuziehen. Er that es nicht früher, weil beständig jeder einzelne Gläubige danach strebte, zuerst seine Haut zu berühren. Denn mit allem Guten war er auch schon vor seinem Martyrium wegen seines guten Wandels geschmückt" (vgl. 17 und Mart. Perp. et Fel. 21).

5.

Auch ohne solche körperliche Berührung überträgt sich unter gleichen Verhältnissen der pneumatische Zustand oder treibt der heilige Geist den Dämon der Krankheit aus. Solche Heilungen durch das Wort sind schon oben geschildert. Hier sei nur noch darauf hinge-

[1] Wegen dieses Zuges allein darf die Erzählung durchaus nicht für unglaubwürdig gehalten werden.

wiesen, dass der pneumatische Zustand in andern empfänglichen Menschen einen gleichen oder ähnlichen Vorgang hervorrufen kann, also gleichsam ansteckend wirkt. Besonders die Besessenheit, d. h. irgend eine Form der Hysterie, die Epilepsie und verwandte Krankheiten, die „Tanzwut“ (Chorea) und andere wirken sehr ansteckend[1]. Ohne Zweifel waren in den ersten Jahrhunderten unserer Zeitrechnung diese Nervenkrankheiten in den Ländern um das Mittelmeer epidemisch; die überaus häufigen Nachrichten von Besessenen und Exorzismen bezeugen dies. In gleicher Weise traten im Mittelalter die grossen Epidemieen der St. Veitstänzer und Geisseler auf. Auch während des Camisardenkrieges nahmen ähnliche Erscheinungen den Charakter einer Volks„krankheit“ an. Ein Beispiel solcher Massenwirkung haben wir oben gegeben. Die ganze Erscheinung der „Prophetie“ in den Cevennen hat nach den besten Quellen ihren Anfang von einigen Kindern genommen, die allem Anschein nach an Chorea litten. Die Prophetie der Irvingianer hat sich ebenfalls in solcher Wellenbewegung von einem Mittelpunkt aus verbreitet.

Erscheinungen wie die enthusiastischen Versammlungen der korinthischen Gemeinde nach der Schilderung des Paulus sind nur aus der gleichen Eigenschaft des heiligen Geistes zu erklären. Insonderheit ist es deutlich, dass ein Prophet sich am andern entzündet (I Kor 14_{30} f.). Einen ähnlichen enthusiastischen Zustand einer ganzen Gemeinschaft hat Irenäus (I 13_4 vgl. S. 89 f.) von den Markianern geschildert. Die Wertung desselben als eines gemachten muss dem Irenäus überlassen bleiben. Auch der Antimontanist bei Eusebius (V 16_9) weiss noch recht geschickt das Umsichgreifen der Prophetie zu schildern.

Dass auch Visionen und Auditionen sich von einem Mittelpunkt aus weiter verbreiten können, ist eine nicht mehr wegzuleugnende Thatsache[2]. Aus unserem Zeitraum sind uns im Mart. Polycarpi Vorgänge berichtet, die auf solche „Ansteckung“ hinweisen. Sowohl jene Stimme vom Himmel (S. 167) als die eigentümliche Gestalt der Flamme (S. 168) und den Wohlgeruch (S. 197) haben zu gleicher Zeit oder in rascher Aufeinanderfolge mehrere Personen wahrgenommen.

---

[1] Jolly, Hysterie a. a. O. S. 568 und 506 f. v. Ziemssen, Chorea in Ziemssen, Handbuch der speciellen Pathologie und Therapie XII 2. Leipzig ²1877. S. 435 f.

[2] Beispiele siehe bei Horst, Deuteroskopie 1830. I S. 38 81 (157 f.) und vergleiche Jolly a. a. O. S. 568 (ansteckende Hyperästhesie) und Wundt, Grundzüge der physiologischen Psychologie, Leipzig ⁴1893. II S. 359.

Auch hier ist es wahrscheinlich, dass diese Erlebnisse von einer Person ausgegangen sind und sich durch ein fragendes oder mitteilendes Wort, vielleicht auch ohne alle äussere Vermittlung — doch ist dies unwahrscheinlich, weil man sofort ausspricht, was man Auffallendes und doch Erhebendes erlebt — auf die andern übertragen haben.

6.

War bei den bis jetzt ins Auge gefassten Beispielen die Uebertragung der Geistwirkungen ohne Zuhilfenahme äusserer Mittel eine mehr oder weniger unwillkürliche — ausser bei Heilungen — und jedenfalls eine unabsichtliche, so erzählt uns Irenäus sehr anschaulich, wahrscheinlich nach dem guten Berichte des „Presbyters" (vgl. S. 124 u. I 13 3), wie der Gnostiker Markus in voller Absicht andere zu Pneumatikern macht, wir würden sagen durch „Suggestion". „Es ist wahrscheinlich", schreibt jener, „dass er auch einen dienenden Dämon hat, durch den er selbst zu prophezeien scheint und alle, die er der Teilnahme an seiner »Gnade« für »würdig« hält, zu Prophetinnen macht. Besonders macht er sich nämlich viel zu schaffen mit Frauen und zwar mit den eleganten, in Purpur gekleideten und sehr reichen, welche er oft durch Schmeicheleien zu verführen versucht. Er sagt: »Ich will, dass du teilhabest an meiner Gnade, denn der Vater des Alls sieht deinen Engel stets vor seinem Angesicht. Der Ort deiner Grösse aber ist in mir (?). Wir müssen eins werden. Empfange zuerst von mir und durch mich die Gnade. Bereite dich wie eine Braut, die ihres Bräutigams wartet, damit du werdest was ich und ich was du. Empfange in deinem Brautgemach den Samen des Lichtes. — Nimm hin von mir den Bräutigam, fasse ihn und lasse dich von ihm fassen. — — Siehe die Gnade ist herabgekommen in dich; öffne deinen Mund und weissage!« Wenn aber die Frau antwortet: »Ich habe nie geweissagt und verstehe es nicht«, so beginnt er von neuem mit Beschwörungen (invocationes), um die Betrogene zu erschrecken, und er befiehlt ihr: »Oeffne deinen Mund, sprich, was immer, und du wirst prophezeien!« Jene aber, verführt und gehoben von solchen Worten, ihre Seele erhitzt von der Erwartung, prophezeien zu sollen, während ihr Herz über die Massen pocht, wagt es und spricht verrücktes Zeug und was ihr in den Sinn kommt, leeres und unbesonnenes Gerede, erhitzt von einem leeren Geist — wie ein Grösserer als ich von solchen Propheten gesagt hat: ein freches und schamloses Ding ist die Seele, welche von leerer Luft erhitzt ist — und dann hält sie sich selbst für eine Prophetin und dankt dem Markus als dem, der ihr seine Gnade mitgeteilt habe. Und sie trachtet danach, ihn zu belohnen, nicht allein durch eine Gabe von ihrem Vermögen — wovon er grossen Reichtum sich gesammelt hat — sondern auch durch körperliche Vereinigung mit ihm, denn in allem wünscht sie sich mit ihm zu vereinigen, um ganz mit ihm eins zu sein" (I 13$_3$). Abgesehen von der Angabe einer unsittlichen Abzweckung des Ganzen, welche wir bei der notorischen Uebertreibungssucht der Ketzerbestreiter auf diesem Gebiete nicht kontrollieren können, und die ebensogut ein Missverständnis der eigentümlichen von der Ehe hergenommenen Bilder sein kann, wie diese aus einer erotischen Phantasie geboren sein können — abgesehen davon scheint der Bericht vortrefflich, mit seiner genauen Zeichnung des Zustandes, in welchem sich die den Geist empfangende Frau befindet, wie mit seiner geschickten Formulierung der Worte des „Suggerierenden". Zuerst eine lange, feierliche Formel, dann kurze Verheissungen und Befehle im geheimnisvollen Helldunkel der Bilder und schliesslich, wenn sich doch noch ein Gegenwille regt [1], das kurze Gebot: „Oeffne deinen Mund und sprich was immer! Und du wirst prophezeien!" — Auch das Bild, welches Irenäus nach derselben Quelle im folgenden Paragraphen (I 13$_4$ vgl. S. 89 f.) von den Anhängern des Markus giebt, wie sie einander zu prophezeien „befehlen", ist hierher zu ziehen.

Gewiss haben solche Magier, wie nach der Schilderung des Irenäus Markus einer war, und wie wir uns den Peregrinus denken müssen, neben mechanischen Hilfsmitteln auch die abnormen Funktionen des menschlichen Seelenlebens, wie Suggestion [2] und Hypnose zu benutzen gewusst. Dies vor allem hilft uns, das eigenartige Selbstbewusstsein jener Männer zu verstehen. Sie waren keine gewöhnlichen Schwindler, sonst hätten sie nicht an sich selbst glauben können. Und das haben sie gethan. Ein gewöhnlicher Schwindler und Beutelschneider geht nicht freiwillig in den Tod, und sei's auch aus Eitelkeit, und weil es einen schönen Theatereffekt abgiebt. Jene Männer müssen Kräfte in sich lebendig gefühlt haben, deren sie selbst nicht ganz Herr waren, die sie selbst nicht zu durchschauen vermochten. Das gab ihnen auch ihre grosse Macht über Menschenherzen. Dazu kommt freilich, dass auch jene mechanischen und chemischen Hilfs-

[1] Das „aber" (δὲ autem) beweist, dass bei manchen Frauen schon die erste feierliche Anrede Erfolg hatte.

[2] Auch die Becherwunder (vgl. o. S. 125 f.) können auf Suggestion beruhende Illusionen des Gesichtssinnes gewesen sein. Doch liegt es näher, an chemische oder mechanische Mittel zu denken.

mittel, die für unser Empfinden eitel Betrug sind, von ihnen ganz anders angesehen wurden. Wie sie dieselben wahrscheinlich in einer feierlichen Stunde von einem andern „Propheten“ empfangen hatten, so sahen sie ihr besonderes Wissen um eigenartige Stoffe und geheimnisvolle Kräfte und Verhältnisse in der Natur an als im letzten Grunde geflossen aus der Offenbarung Gottes an die sagenhaften Weisen der grauen Vorzeit.

Die Kirche hat, wie alles bewusste Machen auf diesem Gebiete, so auch diese „suggestive“ Methode der Geistübertragung, um Prophezeiungen zu erzielen, streng verpönt[1]. Höhnisch meint Irenäus (I 13 $_4$): „Einige fester gläubige Frauen, welche Gottesfurcht hatten und sich nicht betrügen liessen, die er ähnlich wie die andern zu verführen suchte, indem er ihnen zu prophezeien befahl, haben sich, ihn „wegblasend“ und verfluchend, von diesem Wahnsinnigen getrennt, welcher vorgab, göttliche Inspiration zu vermitteln (lat.): sie wussten gewiss, dass die Gabe der Weissagung nicht von dem Magier Markus den Menschen verliehen wird.“

7.

Wie die Kirche es verbot, dass man sich von einem andern zum Propheten „machen“ liess, so verabscheute sie es, dass man sich selbst zum Propheten „machte“ in der Weise etwa, wie es der Antimontanist Miltiades treffend beschreibt, wenn er dem Montan vorwirft: „Der Pseudoprophet spricht in Ekstase, worauf Unverschämtheit und Frechheit folgt; er beginnt mit absichtlicher Verdunkelung des Bewusstseins und gerät in unfreiwillige Raserei der Seele“[2]. Aus den Beschreibungen der deutschen Mystiker wie der Hesychasten ist diese Methode mit ihren Uebergängen wohl bekannt. Es ist aber sehr unwahrscheinlich, dass Montan auf diesem Wege Prophet geworden ist, weil man in diesem Falle nicht seinen Glauben an seine Mission versteht. In der Mystik ist die Beurteilung eine ganz andere, da man Erkenntnis oder ein Mönchsideal des Visionärs sucht. Ausserdem hat das Werk des Miltiades mit dem Titel: „Ein Prophet darf nicht in Ekstase sprechen“, wie wir sahen, ganz falsche Massstäbe an die Erscheinung der montanistischen Prophetie angelegt.

[1] In durchaus naiver Weise hat sie freilich bei der Taufe und bei Heilungen eine ähnliche Art, den Geist zu übertragen, geübt; aber die Beurteilung hinderte, dass man die Verwandtschaft erkannte.

[2] Euseb. h. e. V 17 $_2$: . . . ἀλλ’ ὁ γε ψευδοπροφήτης ἐν παρεκστάσει, ᾧ ἕπεται ἄδεια καὶ ἀφοβία, ἀρχόμενος μὲν ἐξ ἑκουσίου ἀμαθίας, καταστρέφων δὲ εἰς ἀκούσιον μανίαν ψυχῆς.

Wenn so die „Autosuggestion" — um dies Wort zu gebrauchen, welches freilich auch nichts mehr als eine Etikette ist — auch nicht die Ursache der montanistischen Prophetie war, so wurde sie doch von den Montanisten geübt, um einen einzelnen pneumatischen Zustand herbeizuführen, das beweist der bei Tertullian (de exhort. cast. 10, B. Nr. 8) aufbewahrte Spruch der Priska, der S. 163 citiert worden ist. Das „Niederbeugen" des Antlitzes zur Erde erinnert auffallend an die Art, wie die Hesychasten verfuhren, um die Lichtvision zu haben. Auch Maximilla weiss von solcher Autosuggestion; freilich vollzieht sie sie, ohne es sich selbst ganz einzugestehen, aber in jenem „wollend und nicht wollend" (vgl. S. 93 f.) liegt ein unwillkürliches Zugeständnis. Die Kirche hat solches stets abgelehnt. Der Prophet antwortet nicht, wann er gefragt wird (Herm. M. XI). Gab es in Rom Propheten, die es doch thaten, so müssen auch diese sich in einen pneumatischen Zustand haben versetzen oder den Anschein eines solchen haben vortäuschen können. Das lässt die Angabe des Hermas deshalb vermuten, weil er dem Reden des falschen Propheten ein ausgesprochenes Sein des rechten Propheten „im Geiste" gegenüber stellt.

8.

Dieser pneumatische Zustand des Propheten tritt nach Hermas ein unter allgemeinem Gebet der Gemeinde. Das Gebet darf auch der Prophet selbst anwenden, um in besonderer Lage eine Offenbarung zu erhalten, nachdem ihn Gott durch deutliche Zeichen als einen Propheten gekennzeichnet hat. Niemand aber darf versuchen, sich durch forciertes Gebet zum Propheten machen zu wollen. So bekommt Hermas seine erste Vision zwar beim Gebet, aber nicht als er um eine Offenbarung, sondern als er um Vergebung der Sünden bittet (V. I 1_4). Die zweite Vision hat er bei der Erinnerung an die erste (V. II 1_1). Bei der dritten Vision hat er im Gedächtnis die Verheissung der „Alten" auf weitere Offenbarung und betet nun unter Fasten um Mitteilung derselben (V. III 1_2). Nach drei Wochen betet er abermals, dass Gott die Offenbarungen und die Gesichte, welche er ihm durch die heilige Kirche gezeigt hatte, vollende (sic! V. IV 1_3). Ebenso überraschend, wie die erste, trifft ihn nun unter andersartigem Gebet die neue grosse Offenbarung, welche mit Visio V anhebt[1]. — Auch Ignatius weist den Polykarp auf das Gebet um eine beson-

[1] Nicht zu verwechseln mit diesem Gebet ist die Bitte um Auflösung eine symbolischen Vision innerhalb oder ausserhalb eines pneumatischen Zustandes.

dere Gabe hin (Pol. 2 2 o. S. 187). Im Gebet erfährt auch Polykarp die Offenbarung seines nahen Endes. Ebenso bittet auf Anraten ihres Bruders Perpetua um ein Gesicht, das ihr den Ausgang ihrer Gefangenschaft kund thun soll (4)[1].

Aber auch das gemeinsame Gebet hat gleiche Kraft (Herm. M. XI 9 14). So ist denn auch um die Mitte des zweiten so gut wie um die Mitte des ersten Jahrhunderts noch die Gemeindeversammlung der hauptsächlichste Schauplatz, auf dem die Charismen zu Tage treten; die Didache lässt uns dasselbe Bild sehen, wie Hermas und Paulus, da sie die Gemeinde stets beim Auftreten des Propheten zugegen denkt. Die geschichtliche Brücke bilden die Mahnungen des Kolosser- und Epheserbriefs (vgl. S. 79 f.) und die Angabe des Apokalyptikers, dass er am Sonntag seine erste Vision gehabt habe. Das geschah wohl nicht ohne Beziehung zu seinem öfteren Auftreten in der Versammlung der Gemeinde an diesem Tage[2]. — Wiederum erzählt Perpetua von sich: „Nach wenigen Tagen, als wir alle beteten, entfuhr mir plötzlich mitten im Gebet ein Wort: der Name Dinokrates; und ich war erstaunt.“ Sie sieht dies Ausstossen des Namens ihres jung verstorbenen Bruders als eine Offenbarung an (7 vgl. 15).

Ueber das Gebet bei Heilungen fliessen unsere Quellen sehr spärlich; doch hat es sicher eine Rolle gespielt. Das beweisen Stellen wie Mc 9 29: „Diese Art (von Dämonen) kann durch nichts vertrieben werden als durch Gebet“[3], Jac 5 15 f. (S. 213 f.) und Joh 14 12 f. Wenn es an der letzten Stelle heisst: „Wer an mich glaubt — die Werke, die ich thue, wird auch er thun, und grössere als diese wird er thun, weil ich zu dem Vater gehe und alles, was ihr erbittet in meinem Namen, thun werde“, so wird sich das Gebet gewiss auch auf solche Werke beziehen, wie Jesus sie gethan hat und auf „grössere als diese“. Noch Irenäus weiss zu berichten, dass „Totenerweckungen“ unter gemeinsamem Gebet der Gemeinde stattgefunden haben (II 31 2 S. 115).

9.

Mit dem Beten verbindet sich wie an der soeben citierten Stelle so noch häufig das Fasten. Mögen wir, den Zusammenhang der

[1] Vgl. noch Act 8 15.

[2] Apk 1 10, vgl. Weizsäcker, Ap. Zeitalter S. 547.

[3] Hier steht das Gebet trotz Mc 9 25 f. vielleicht im Gegensatz zu dem blossen Befehlswort, darauf führt die Betonung des ἐν οὐδενί; aber das Wort nimmt sich in seiner Umgebung überhaupt sehr fremdartig aus.

physiologischen mit den psychologischen Prozessen besser erkennend, die Wirkungen des lang anhaltenden starken Fastens in einen andern Zusammenhang mit visionären Zuständen setzen als jene Zeit: in der Kirche hat man jedenfalls damals nie mit Bewusstsein das Fasten geübt, um einen ekstatischen Zustand hervorzubringen, sondern man hat es als ein starkes Gebet und einen Beweis der Demut betrachtet. Manchmal, doch selten, hat man es auch als eine besondere Reinheit und Nüchternheit des geistleiblichen Zustandes angesehen, welche der Heiligkeit des über dem Menschen kommenden Geistwesens besser entspräche[1]. Wohl von diesem Gedanken aus fastete man allgemein vor der Taufe (Just. I 61 Did. 7). Denselben Grund hatten auch wohl die Montanisten für ihre Fastenordnung[2]; in der Kirche war sonst wohl der erste Gedanke mehr verbreitet. So wird den fünf Propheten in Antiochien die Weisung des heiligen Geistes, als sie „Gottesdienst hielten" und fasteten (Act 13_{2})[3]. Ob der Prophet, „der sich ärmer als alle Menschen machte", wie Hermas versichert, soweit ging, dass er gelegentlich auch streng fastete, wissen wir nicht; es ist aber wahrscheinlich[4]. Jedenfalls berichtet Hermas von sich selbst, dass er öfters streng gefastet habe[5]. Und es scheint,

---

[1] Schon Gunkel hat (a. a. O. S. 24) diesen Zusammenhang bemerkt und richtig auf den Widerspruch hingewiesen, welcher zwischen einem „Eifern" um Gnadengaben (I Kor $14_{1\ 12\ 39}$, II Tim 1_{6}) und der Vorstellung vom Empfang des Geistes besteht; ebenso richtig hat er ihn erklärt durch die Bemerkung, dass man damals nicht sowohl über den Geist reflektierte als vielmehr im Geiste lebte. Er hätte noch hinzufügen können, dass jenes „Eifern" in frommer Weise als Gebet geübt wurde, welches als Bitte nicht „zwingen" sollte, wie die Zauberei (δεσμοί), auch wo sich Fasten mit dem Beten verband. Anders ward es wieder im Mönchtum, wo ganz ebenso wie in den „Schulen der Propheten" im alten Israel bestimmte Methoden angewandt wurden, durch welche sich der Mensch, besonders mit Hilfe der Askese, zum Pneumatiker ausbildete. Dies kann vom unterchristlichen Gottesglauben aus geschehen, wo man durch Askese einen Zwang auf die Gottheit ausüben will, wie denn solche Methoden auch im Heidentum vorkommen; aber auch vom christlichen Gottesglauben aus, sofern alle pneumatischen Wirkungen als Mittel zum Ziel der sittlichen Vollkommenheit aufgefasst werden können, welche schliesslich stets nur durch Anspannung des eignen Willens erreicht werden kann. In der Urkirche hat man diesen Umweg noch nicht gekannt.

[2] Vgl. Bonwetsch, Montanismus S. 92—99, und Harnack, Dogmengesch. I S. 393.

[3] Vgl. noch Lc 2_{37}, Mt 17_{21} (späterer Zusatz), Act 14_{23} 10_{30} D rec.

[4] Herm. M. XI_{8} vgl. z. B. Arist. 15 S. 38 und o. S. 148.

[5] V. II 2_{1} III 1_{2}: νηστεύσαντός μου καὶ πολλὰ ἐρωτήσαντος, νηστεύσας πολλάκις καὶ δεηθεὶς, vgl. S. V 3_{7}. V. III 10_{6} spricht sogar die Alte: πᾶσα ἐρώτησις ταπεινοφροσύνης χρῄζει· νήστευσον οὖν, καὶ λήμψῃ δ αἰτεῖς παρὰ τοῦ κυρίου.

als habe Hermas in dieser Hinsicht seinen Körper durchaus nicht geschont. Strenges Fasten, verbunden mit der grossen geistigen und Gemüts-Erregung der visionären Zustände, dazu die Folgen der Gefangenschaft und des Vermögensverlustes, das alles mag zusammengewirkt haben, um bei Hermas die körperliche Grundlage zu bilden für die Mahnung des Engels: „Was verlangst du alle Augenblicke (ὑπὸ χεῖρα) im Gebet Offenbarungen? Siehe zu, dass du nicht durch vieles Beten deinem Körper schadest. Diese Offenbarungen sind genug für dich.“ Hier treffen wir eine Andeutung jener gottfernen Stunden, die sich bei jedem Mystiker einstellen (V. III 10_7).

Auffallend selten sind die Aeusserungen über den Zusammenhang der geschlechtlichen Askese mit pneumatischen Zuständen, der doch, wie besonders aus der Geschichte des Mönchtums, vor allem auch der Nonnen, bekannt ist, für viele Naturen ein sehr enger sein kann[1]. Ein sinnliches Element haben wir auch bereits in manchen Visionen, besonders der Gnostiker, aber auch des Hermas, bemerken können. Ferner hören wir mit besonderer Betonung erzählen, dass es in der Kirche jungfräuliche Prophetinnen und Propheten gab (vgl. S. 145 ff.). Aber nur einmal haben wir eine ausdrückliche Bezeugung des ursächlichen Zusammenhangs der geschlechtlichen Askese mit Visionen, in jenem schon oft citierten Ausspruch der Priska bei Tertullian (de exhort. cast. 10, vgl. S. 163). Dass dieser Zusammenhang übrigens dazu beigetragen hat, die geschlechtliche Askese auch der Kirche zu empfehlen, ist leicht zu erkennen. Hatte man doch in den Geistesthatsachen den Beweis dafür, dass die Askese Gott angenehm macht, dass sie mit Gott vereinigt.

10.

Dieser Abschnitt wäre unvollständig, wenn er schliessen würde ohne Hinweis darauf, wie treffend schon Tatian und Theophilus beobachtet haben, wenn sie angeben, dass dämonische Besessenheit oftmals Erregungszustände und Krankheiten des körperlichen oder seelischen Lebens zur Grundlage hat. Auch die Askese ist als die Hervorbringung einer abnormen physiologischen Beschaffenheit, verbunden mit einer bestimmten seelischen Disziplinierung, zu betrachten.

[1] Vgl. die Worte der Vita Antonii 34, welche so auffallend mit dem Wort der Priska von der geschlechtlichen Askese übereinstimmen: ἐγὼ γὰρ πιστεύω ὅτι καθαρεύουσα ψυχὴ πανταχόθεν καὶ κατὰ φύσιν ἑστῶσα δύναται, διορατικὴ γενομένη, πλεῖονα καὶ μακρότερα βλέπειν τῶν δαιμόνων ἔχουσα τὸν ἀποκαλύπτοντα κύριον αὐτῇ. Dazu vgl. Holl, a. a. O. S. 148 f.

Dass abnorme körperliche Zustände wie die Folge so auch die Grundlage von Wirkungen des heiligen Geistes sein können, zeigen Erscheinungen wie die des Hexenschlafes bei Folterungen u. ä.

In noch höherem Masse gilt es von starken seelischen Erregungszuständen, dass sie die Grundlage von Geistwirkungen bilden können. Auf den vorstehenden Blättern sind reichliche Beispiele solcher Erlebnisse, die individueller Natur sind, verzeichnet. Aber auch psychische Erregungszustände ganzer Gemeinschaften kommen in Betracht. Wer sich die Nachrichten von dem Auftreten der Propheten in den Gemeindeversammlungen vor Augen stellt, der empfindet wohl, welche Bedeutung auch solche Stunden gemeinsam feiernder Andacht für das Hervorbrechen der Geisteswirkungen gehabt haben. Und wie für die Prophetie im alten Israel[1], so gilt es auch noch für die altchristliche Zeit, dass Gott vor dem Wetter her seine Sturmvögel, die Propheten, sendet, wenn die bleigrauen Wolken schwer schattend am Himmel hängen. Die Offenbarungsbücher entstammen Tagen, in denen die Not ihre ersten Schatten in die Gemeinden warf und eine tiefe Erregung sich aller Gemüter bemächtigt hatte. Was einst im Volke Israel die Zeit der Kriege waren, sind jetzt die Tage der Verfolgungen. In der Apokalypse schreien die Seelen der Märtyrer schon um Rache hinauf zu Gott (6_9). Im Hirten ist bereits die erste Woge der Verfolgung vorübergerauscht. Schon preist man selig, die für den Sohn Gottes gelitten haben, und harrt der neuen Drangsal. Und wenn wir auch nicht mehr feststellen können, welche Wolken den Horizont der kleinasiatischen Gemeinden beschatteten, als die montanistische Prophetie auftrat: so ist doch sicher, dass das drohende Unheil der Endzeit einen Hauptbestandteil ihrer Weissagungen bildete[2]. Die Gnostiker bekunden ihr dem urchristlichen ganz abgewandtes Interesse auch darin, dass ihre Offenbarungsbücher jede Beziehung der Art vermissen lassen und alle das Bedürfnis ihrer Verfasser nach anschaulichem Erleben und göttlicher Bezeugung ihrer theoretisch entwickelten Erkenntnis verraten; doch beweist diese gerade dadurch ihre Kraft, dass sie sich zu Visionen verdichten konnte.

Wir haben im Vorhergehenden den ganzen Umkreis der Erscheinungen durchwandert, die uns die nachapostolische Zeit als Wirkungen

[1] Vgl. J. Wellhausen, Israelitische und jüdische Geschichte. Berlin ²1895. S. 109.

[2] Vgl. Euseb. h. e. V 16_{18}: Maximilla prophezeite, πολέμους ἔσεσθαι καὶ ἀκαταστασίας. Vgl. den S. 93 citierten Spruch von ihr (τούτου τοῦ πόνου).

des Geistes und der Geister in ihren schriftlichen Denkmälern überliefert hat. Das Bild, das auf dieser Wanderung vor den Augen unseres Geistes vorübergeschwebt ist, mag in einzelnen Punkten schattenhaft, in andern unzutreffend sein. Vielleicht war jene Zeit reicher, als sie uns heute noch zu erkennen giebt. Von manchen Vorgängen haben wir sichtlich nur noch verworrene und geheimnisvolle Kunde. Wahrscheinlich habe ich selbst auch einzelne, vielleicht interessante, Punkte übersehen, wie ich denn erst nach und nach den Reichtum des pneumatischen Lebens jener Zeit zu erkennen gelernt habe. Trotzdem hoffe ich, dass das Bild, das uns vor Augen gestanden hat, die Wirklichkeit im wesentlichen vollständig wiedergiebt. Zu dieser Hoffnung berechtigt mich der Plan, der unserer Wanderung zu grunde gelegen hat. Denn die Einteilung, die ich gewählt habe, umspannt das gesamte geistig-leibliche Leben des Menschen. Daher umfasst sie prinzipiell alle Auswirkungen der zentralen, das ganze Leben beherrschenden religiösen Kraft, aus der die meisten Geistwirkungen entspringen und von der selbst diejenigen Geistwirkungen, welche auf eine körperliche Grundlage hinweisen, ihre entscheidende Ausgestaltung und Deutung empfangen. Diese Einteilung, die sich aus der Natur der Sache ergiebt, empfiehlt sich als heuristisches Schema für die Erforschung der Geistwirkungen auch in anderen Perioden der Religionsgeschichte.

Die Erlebnisse, die uns auf den vorstehenden Blättern beschäftigt haben, erregen teils durch ihre Seltsamkeit und wunderbare Natur Erstaunen und Interesse, teils nötigen sie durch die in ihnen sich kundthuende „Tod, Teufel und Welt“ überwindende Kraft dem Beschauer Bewunderung und Ehrfurcht ab. So ist es denn wohl begreiflich, dass in dem, der sie schildert, der lebhafte Wunsch erwacht, auch in eine prinzipielle Erörterung der durch sie angeregten Fragen einzutreten. Der Historiker muss dieser Versuchung widerstehen. Er würde doch unmöglich auf wenigen Seiten all den interessanten und ungemein wichtigen psychologischen, erkenntnistheoretischen, metaphysischen und praktisch-religiösen Fragen gerecht werden können, die sich an die pneumatischen Erscheinungen anknüpfen. Sein Bedauern über diesen Verzicht, der ja für ihn persönlich nicht endgiltig zu sein braucht, wird dann verringert, wenn er überzeugt ist, dass eine viel umfassendere historische Induktion, als sie bis jetzt auf diesem Gebiet vorhanden ist, die notwendige Unterlage bilden müsste, auf der jene Fragen ihrer Lösung näher geführt werden können.

Wenn ich von der Fülle geistgewirkter Erfahrungen und von ihrer hohen Bedeutung für das Leben der ältesten Christenheit spreche, so ist das keineswegs so gemeint, als ob man sich alle Christen der ersten Jahrhunderte in einem Zustand fortwährender enthusiastischer Aufgeregtheit denken solle. Ich habe im Gegenteil auch und vor allem die Durchdringung des Gefühlslebens, des Willens und der Erkenntnis selbst mit der Kraft eines neuen Lebens im Auge, wie ich ja auch diese, selbst wenn sie sich nicht in auffallenden Formen äussert, als die höchste Stufe pneumatischer Wirkung bezeichnet habe. Es wäre eine starke Verkennung der Thatsachen, wenn man übersehen wollte, dass, von jener Kraft getragen, eine durchdringende Klarheit des Verstandes und ein bewusster, ernster sittlicher Wille, der, im Kleinen treu, schlicht die Pflicht des Tages thut, sich mit jenen auffallenden Erscheinungen verbunden hat, und zwar nicht bloss in derselben Gemeinde vereint, sondern sehr oft in denselben Individuen, und vor allem in den grossen Persönlichkeiten, innig miteinander verknüpft. An der Spitze dieser Persönlichkeiten steht Paulus: der gewaltige Pneumatiker, der mehr als alle mit Zungen redet, der den Geist in sich schreien und seufzen hört, der Gesichte sieht und Verzückungen erlebt, er ist der grosse Gründer der Heidenkirche, ein Gläubiger voll ruhiger, steter Zuversicht, ein Organisator und Kirchenmann von unbeugsamer Willenskraft und grosser Nüchternheit in der Beurteilung des Wirklichen und Möglichen, ein Dialektiker von rabbinischer Schulung und schneidender Verstandesschärfe. Die Reihe dieser Männer führt von dem Apokalyptiker, in dessen Seele die sieben Gemeindebriefe und das Gesicht von der Himmelsmutter und vom Drachenkampf Raum hatten, über Ignatius, Polykarp und Melito, die Propheten und Bischöfe, über Hermas, den Visionär mit dem hausbackenen Verstand und der verkirchlichten Sittlichkeit, bis zu den Männern, die den Prozess der Kirchenbildung abgeschlossen haben, bis herunter auf Cyprian.

Die Entwicklung des Verhältnisses dieser beiden Elemente zu einander, von denen eins das andere bald gestützt und getragen, bald angefeindet und bekämpft hat, bis sie in der katholischen Kirche zu einer vorläufigen Ruhe gekommen sind, soll der dritte Abschnitt meiner Arbeit schildern.

Stellen-Verzeichnis.

Ueber die Ausgaben, nach denen, und die Form, in der citiert wird, giebt Anm. 5 auf S. 2 Auskunft.

Das neue Testament.

Clemens I

Clemens II

Barnabas

Papias

Ignatius

Tatian Or.

Athenagoras

Theophilus

Melito

Hermias

Irenäus

Clemens Alex.

Origenes.

Zeitfracht Medien GmbH
Ferdinand-Jühlke-Straße 7
99095 Erfurt, Deutschland
produktsicherheit@kolibri360.de